澄心清意

澄心文化

阅读致远

印度文明史

A HISTORY OF
INDIA

［美］伯顿·斯坦（Burton Stein）著

［英］大卫·阿诺德（David Arnold）修订

黄少波 译

浙江文艺出版社
Zhejiang Literature & Art Publishing House

A history of India second edition by Burton Stein edited by David Arnold, ISBN: 978−1−4051−9509−6

图书在版编目(CIP)数据

印度文明史 / (美)伯顿·斯坦著;(英)大卫·阿诺德修订;黄少波译. —杭州:浙江文艺出版社,2024.3

ISBN 978−7−5339−7253−0

Ⅰ.①印… Ⅱ.①伯… ②大… ③黄… Ⅲ.①文化史–印度 Ⅳ.①K351.03

中国国家版本馆CIP数据核字(2023)第126699号

策划统筹	柳明晔	责任编辑	邵 劼 宋文菲
责任校对	牟杨茜	数字编辑	姜梦冉 诸婧琦
营销编辑	余欣雅	责任印制	吴春娟
封面设计	安 宁		

印度文明史

[美]伯顿·斯坦 著　[英]大卫·阿诺德 修订　黄少波 译

出版发行	浙江文艺出版社
地　　址	杭州市体育场路347号
邮　　编	310006
电　　话	0571−85176953(总编办)
	0571−85152727(市场部)
制　　版	浙江新华图文制作有限公司
印　　刷	杭州富春印务有限公司
开　　本	710毫米×1000毫米　1/16
字　　数	474千字
印　　张	39.25
插　　页	6
版　　次	2024年3月第1版
印　　次	2024年3月第1次印刷
书　　号	ISBN 978−7−5339−7253−0
审 图 号	GS(2023)2605号
定　　价	138.00元

目　录

插图

地图

序　言

大卫·阿诺德（David Arnold）[1]

伯顿·斯坦（Burton Stein）的《印度文明史》是有史以来最雄心勃勃的印度次大陆历史著作之一，其雄心彰显于其是一位作者以一卷篇幅告成。该书首次出版于1998年，书中内容得益于自20世纪50年代以来由西方和南亚学者们所进行的数十年深入的学术研究，斯坦本人也是其中积极而有影响力的撰稿人。尽管斯坦在这部历史著作中很少明确提及具体的历史学家，但他们的观点至少隐含在他对印度封建制度、毗奢耶那伽罗（Vijayanagara）"帝国"的性质、莫卧儿帝国的衰落以及圣雄甘地的个性和领导力等问题的批判性处理里面。关于那些丰富的史学作品和历史辩论，斯坦本人也认为"史无前例地令人兴奋"，即使没有被强调，那也很明显，而且那始终是支撑他的讨论、使其生气勃勃的因素。不过《印度文明史》也确实强烈地反映了作者广泛的个人参与度，包括对南亚历史，特别是对中世纪至殖民时期早期的南印度历史研究的参与。

尽管斯坦在1996年去世之前未能将他的这卷史学著作定稿出版，但到他去世时，他在现代历史学家中已经尤为特殊（现代历史

---

[1] 本书英文版第二版编辑。（本书脚注，如无特别说明，皆为译者注或编者注。）

学家们通常只精研一两个世纪的历史）。他出版的著作，范围从中世纪南印度的"农民国家和社会"到已经进入现代早期开端的毗奢耶那伽罗王朝，再到托马斯·芒罗（Thomas Munro）的思想传记。托马斯·芒罗是英国在印度统治的奠基人之一，他于19世纪初帮助引入了"印度的一个新体制"。因此，斯坦占据了一席异常优越的位置，可以从漫漫历史长河的视角看待印度历史，反思其潜在的连续性，而非仅仅其假定的间断性，并在那复杂多变的历史中捕捉到强烈的演变过程感，而不是早期的历史学家们（无论是帝国的还是印度的）所偏爱的静态形式和突变式的转化。除此之外，斯坦在其著作的整体上有罕见的连贯性，他的研究基本上是基于马克思主义对历史唯物主义以及族群和阶级形成的基本过程的理解，为他的这部历史著作撰写带来了广泛的主题统一性。本书"导论"既是对该书的简洁概括，也是对斯坦成熟的史学原则的一种表述。斯坦在"导论"的三分之一处写道："我认为，所有社会关系和制度都是由现存的生产体系和生产体系内特定群体的位置所塑造的，虽然不是完全由它们决定的。"这将导向对印度历史进行充满活力、富有独创性和学术挑战性的重新评估，正如斯坦所说：这是一种"思考、陈述"，而不仅仅是对一系列事件、王朝经历和过多的名人的讨论（尽管斯坦从未忽略过将历史以持续的叙事方式进行展现的必要）。该著作具有"统一清晰的阐述"和"令人惊叹的"时间和主题范围，正如最有资格做出判断的评论家之一所言，《印度文明史》可能是斯坦"最经久不衰的"著作。[1]

大多数的印度历史都是从其北方的角度来编写的——从印度河-恒河平原开始，那里一直被视为是次大陆的地理核心和文化心脏地带，直到18世纪和19世纪欧洲入侵，该区域被视为北方入侵者拥入的地方，随后在那里，有许多带有似乎是印度或印度-伊斯兰文明的基本特征的事物开始传播。相比之下，印度南部似乎是北方革新的回流水，或缓慢而沉闷的接受方。斯坦非常熟悉南方以及其社会和历史的长期结构，这使他采取了与以前的大多数次大陆历史学者非常不同的视角，他的热情也帮助激发了美国和英国南印度历史研究的复兴。在他的《印度文明史》中，令人感觉到突变和颠覆性变化的地方较少，也较少令人有从一个古典主义高峰时期骤然回落到欧洲式的"黑暗时代"中的那种感觉。他所追踪的许多历史的变迁，特别是从6世纪开始的印度教巴克蒂运动（Bhakti），都被清楚地确定为源自南方，朱罗王朝和毗奢耶那伽罗帝国的政治制度，为他论述印度国家形成的实际情况与限制条件提供了论据——就像北方更为著名的孔雀王朝、笈多王朝和莫卧儿帝国一样。在南方，斯坦特别在泰米尔纳德邦（Tamilnadu）寻求灵感和证据。泰米尔语的文字和碑文，以及泰米尔人的社会和文化运动，为他提供了一些路径、方法，使他可以对任何一个这类的专业调查所需要的全印度层面的概括进行修改和补充细节。

如果斯坦的"半岛"观点有时使他忽略了学生和学者可能会期望在这里找到的北方历史方面的内容，例如，对自16世纪初期锡克教兴起和19世纪初以兰吉特·辛格（Ranjit Singh）为首的锡克教统治的旁遮普邦（Punjab）的讨论就相对缺乏，那么，更多地关注南方则有助于他纠正人们熟悉的北方偏见——例如，他质疑了为什么要以讷尔默达河和温迪亚山脉以北而不是以南地区的发展状况作为印度史的一个断代标准。虽然他不是第一位使用始于大约16世纪的"早期现代印度"概念来消除中世纪与现代之间过度的二分法的南亚历史学家，但他特别有效地使用了这一概念并为它提出了具有说服力的理由——在本书"近代早期的印度"这部分中。

在《印度文明史》的写作中，如同他在更广泛的学术生涯中一样，他密切关注当代资料（口头、文字和视觉资料）的性质和可用性，以及它们给历史探究带来的问题。同时，尽管他对某些被他看作似乎是某些民族主义史学流派的陈词滥调特别持批评态度（他甚至很少放下身段去质疑其帝国主义先驱），他对一贯具有分析性和扎根于马克思主义的阶级和经济变革概念的历史研究表现出了经久不衰的兴趣。尽管斯坦的学术成果大部分涉及的是英国统治之前的几个世纪及印度独立之后的继承者，但正如他的"导论"所阐明的（尤其是通过其开头和结尾的评述），许多他所关心的问题都受到二战后世界的影响。尽管斯坦经常撰写有关宗教的文章，但他对强调印度所谓"超凡脱俗"性质的南亚研究方法深表怀疑。他所采用的是一种"现代主义"，"发展性"的方法，其中社会和经济变化的实质内容比"价值观"的假定作用要重要得多。[2] 广义上讲，他是以一名经济史学家的身份开始他的职业生涯的——他最早出版的著作之一是与莫里斯·大卫·莫里斯（Morris David Morris，1921年—2011年，美国布朗大学教授）共同于1961年出版的关于印度经济历史的论文，他在本书中非常重视贫困、剥削、人口增长和环境变化、性别不平等以及小资产阶级的兴起等问题，这与他持续关注南亚历史的物质基础是相呼应的。自由、愉悦和诗意很少会成为讨论的前沿话题：《爱经》（Kama Sutra）未被列入推荐阅读书单，印度小说和宝莱坞电影在其中也未扮演任何角色。有关经常广受赞誉的南亚文明的艺术想象力，宗教的深奥和精妙，哲学思辨的敏捷性和创造力，在这里都是无声的或几乎不存在的主题。无论是对关乎东方主义方面的问题（从爱德华·萨义德将其普及化的意义上讲）还是在"殖民地见闻"上，斯坦都没有表现出太大的兴趣：南亚学术中的话语转向并没有给斯坦带来深刻的印象。

他也不满足于赞叹那些伟大的男性与女性，他们的生活和作品装饰了许多印度的历史。芒罗在斯坦的著作中几乎恰好意味深长地出现在该书全文中间的位置，悬浮于旧世界与新世界之间，他更像是连续性和变化的典范，而不是个人在历史上的主导作用的佐证。斯坦对英雄史观持怀疑甚至是反传统态度，这表现在他对甘地的研究观察中，有时他对甘地的态度甚至是轻蔑的。斯坦承认甘地在领导和塑造印度的反殖民斗争中的历史重要性，同时，斯坦尖锐批评他个人态度和其在维护印度许多最严重的不平等现象方面的有害影响。此书既不试图吹捧民族主义情感，也非蓄意去减轻帝国的负罪感。

　　伯顿·斯坦于1926年8月1日出生在芝加哥。他在那个透着坚韧务实气息的城市里长大。在第二次世界大战中服役后，他回到家乡潜心撰写一篇博士论文，并于1957年完成，主题是中世纪印度南部的蒂鲁伯蒂神庙的经济功能：从一开始，他对"宗教"的研究方法就是通过研究经济历史的重要性切入的。他曾在明尼苏达大学任教，然后于1966年转到夏威夷大学并任教十七年。1983年，他与妻子多萝西（Dorothy）移居伦敦，担任伦敦大学东方与非洲研究学院的教授级研究助理，直到1996年4月26日去世。斯坦那时居住在距离位于伦敦黑衣修士区的印度事务部图书馆仅几个街区的地方，得以对芒罗展开研究并与来自世界各地的许多访问伦敦和印度事务部图书馆的学者进行交流（笔者就是当年与他一起在附近的酒吧就印度的历史研究现状进行午餐聊天的许多人之一），他的大部分学术成果是在他"退休"的这些年间完成的，因此没有受到传统学术环境的限制。

　　斯坦直言不讳自己对从现在开始往后倒着研究的兴趣，并且在理论上也头头是道，兴趣盎然。这位历史学家像一位考古学家那样，仿佛在竭力将时间形成的沉积物一层层抽丝剥茧，以追溯到更久远的过去，而他同时又掌握着关于之后发生的一切事情的实际知识，在一定程度上反映了他作为南亚历史学家的职业轨迹。正如他在1989年出版的芒罗传记 [3] 中提到，他在20世纪50年代开始在芝加哥大学撰写博士论文时就想研究锡兰（斯里兰卡）和印度南部的现行农村发展计划。但是他几乎立刻发现自己"陷入了南印度的过去"。他最初仅仅是研究当代现代化的"背景"，后来在既存史学研究不足的情况下，他的研究成了一种个人探索，以及对南印度前现代农业社会复杂性的深度探究。也许正如克里斯托弗·贝利（Christopher Bayly）所说的那样，斯坦研究印度的方法就像20世纪50年代和60年代的许多美国学者一样，具有"公开的反殖民精神"，至少在质疑帝国类别和历史假设的意义上如此。他的大部分学术工作动力都源于他的一个夙愿，那就是："深入到殖民地社会类别的背后，发现什么是真正的统一性，什么是可能促进或阻碍发展的真正的政治和社会结构。" [4]

当然，斯坦在这本书和他的早期著作中对印度历史的研究方法在许多方面都是激进的。正如大卫·沃什布鲁克（David Washbrook）在向斯坦的学术研究致敬时所讲的，斯坦试图摆脱并挑战殖民统治"从根本上打破了印度过去的模式"这一"几乎不证自明"的观念。这并不是说斯坦认为殖民主义的干预无足轻重，或者说它未能改变印度历史的轮廓，而是说他独特的研究轨迹——从10世纪的朱罗王朝到帝国殖民总督芒罗——贯穿了南印度一千年的历史，"让他感到那是对已经在发生的事情的干预，而这些事情本身具有动力和能量，不会被少数戴着滑稽帽子的白人所阻止"。在沃什布鲁克看来，凭借他的这种站在殖民主义框架之外并能在更大、更无限复杂的变化模式中审视它的能力，斯坦对南印度长时段历史的感知是至关重要的。这种能力使他能够看到，影响南方（并且延伸至整个印度）过去历史进程的因素，"源于其自身地方遗产的东西与英国和整个西方强加给它的任何成分至少是分量相当的"。斯坦的天赋表现在"灵感中所透出的那种与众不同的'现代主义者'气息"，这跟许多与他同时代的专门从事印度前现代史研究的人不同。他不接受"中世纪的历史是由'文明''文化'和宗教信仰等非人格化体系的规范性力量'制造的'"这一主流看法。相反，斯坦认为，那段历史，就像在现代历史中更常见的情况一样，应被展示为是由"具有自我意识的人们自己，首先通过他们与自然的相互作用，其次通过他们彼此之间的相互作用而形成的"。

对于一个对印度中世纪和近代早期进行过深入研究的人来说，也许有些自相矛盾的是，斯坦对现在和对过去一样充满热情。对他来说，一个根本的而且反复出现的问题是，"一个现代国家的特定版本和一个资本主义的特定版本是何时、为何以及如何在南亚建立起来的？"在探究印度社会的潜在本质时，斯坦并没有转向印度零星而短暂的帝国历史，尽管他早期对"商会"（merchant guilds）很感兴趣，但他也没有像许多印度历史学家以前和以后所做的那样，转而去研究那些将印度与海洋贸易、全非洲大陆贸易联系在一起的贸易体系。斯坦对帝国的宏伟没有太多的关注，他本能地注意到日常和当地生活的重要性（应该讲，这是许多其他20世纪60年代和70年代的历史学家、人类学家和政治学家的共同之处）。甚至他对芒罗的研究，也更多的是关于殖民者与印度乡村直接交往方面的语用学，而非关于宏大的帝国叙事或西方对帝国的哲学思考内容。相反，他着眼于小规模和直接的东西——农民社会（peasant communities）的本质特征和作用，基于血缘关系和礼仪的合法性结构，寺庙在当地财富、权力和影响力系统中的功能，以及社会和环境独特的亚地区（泰米尔纳德邦），南部讲泰米尔语的农民社会主要在这些地区运作。这种对印度地方的基础重要性的了解不仅对斯坦早期有关农民社会的著作的撰写至关重要，而且对他的这本《印度文明史》的写作同样重要。

克里斯托弗·富勒（Christopher Fuller）在从人类学角度评述斯坦的著作时讲，尽管斯坦建议学生不要成为"回顾型的人类学家"，但他自己仍然将人类学视作和经济学同等重要的推动力，有助于他以不同的方式思考历史，考察历史学家们使用的术语、范畴和概念。斯坦关于印度南部的研究、写作，广泛地借鉴了人类学，正如富勒所言，这尤其是因为，他的南印度国家模式"依赖于对当地社会（包括种姓、亲属关系、乡村经济和政治）以及宗教和仪式象征的分析"。斯坦对争议毫不陌生，如果说人类学给斯坦提供了用以抨击其他历史学家错误观点的手段，那么他自己也"比大多数学者更能深刻地意识到跨学科工作的陷阱"。富勒认为，即便如此，斯坦在撰写《印度文明史》时对人类学的兴趣正在减弱，尽管他对人类学有很多贡献，但他仍然是"一个十足的历史学家"。

斯坦借鉴人类学的一个重要例子是"分段国家"（segmentary state）的概念，这是他于20世纪70年代从英国人类学家艾丹·索撒尔（Aidan Southall）1956年对乌干达阿鲁尔（Alur）社会的研究中借用来的。并且在斯坦日后的印度研究中，这一概念始终保持着影响力——有人可能会说是显而易见的影响力。他于1980年在他的第一本书《中世纪南印度的农民国家与社会》（*Peasant State and Society in Medieval South India*）中谈到关于假想的朱罗"帝国"时首次使用了这个概念，而在他20世纪80年代后期对毗奢耶那伽罗帝国的研究（其特征为"弱中央集权政体"）中也能发现明显的呼应，这也为《印度文明史》中的部分讨论提供了信息，最明显的是在"导论"和有关中世纪印度的章节中。斯坦用这个概念来论证，在印度，许多政治和行政权力（以及本应划归国家的税收和军事职能）仍然掌握在地方族长和社群首领的手中，并没有真正让渡给那些自封的——有些可能也经过正式承认——国王、领主和皇帝，至少直到英国统治所导致的国家和社会转型开始前都是如此。

"分段国家"理论还使斯坦能够强调社群及其与国家之间不断发展的关系的重要性（显然，斯坦对种姓的描述比印度其他许多历史学家要少得多，对他而言，种姓在很大程度上属于他所认为的"社群"）。在斯坦看来，社群是印度社会强大而持久的方面之一，它从最早的哈拉帕（Harappan）时代开始，可以追溯到公元前2500多年，这与阿育王或其他所谓的皇帝短暂的、表面的集权形成了鲜明的对比。从4世纪到5世纪的笈多王朝时代一直到18世纪，社区和国家并存，而后者不能对前者行使决定性的控制权。但是对于斯坦来说，印度在现代早期和现代的历史，是以商业阶级和士绅阶级的兴起，以及阶级和阶级之间的关系日益占主导地位为特征的。这导致社群变为"被剥去皮肤的躯体"，尽管仍然幸存，甚至在当代南亚仍然经常作为具有影响力的意识形态结构和有效的群众动员工具。

然而，实际上，斯坦采用的"分段国家"理论及其在印度历史研究中的运用，是他所有著作中最有争议的部分之一——可能就是争议最大的部分。许多历史学家感觉到（也许相对于印度的复杂精细而言，非洲则是过于简单粗犷的模式），斯坦在使用这一理论时严重夸大了南印度社会的分裂程度和地方自治程度，并且太过于随意地对待那些像毗奢耶那伽罗王朝这样的相对长期存在的政体的政治权威、军事和财政掌控问题，因此未能认清这类准帝国实体为后来的国家体制所奠定的基础，包括为18世纪和19世纪英国东印度公司打下的基础。在许多批评家看来，"分段国家"的想法似乎展现了一个过于静态的印度社会模式，这直接与斯坦本人所信奉的变革的长期动力背道而驰。[5]

无论是对还是错（历史上很少有什么事情可以如此轻易地被认同或被排斥），"分段国家"的理论以及捍卫它的决心无疑是斯坦工作中的重要组成部分。无论这种理论可能被证实存在有多大的问题（甚至哪怕是对于那些对他最具同情心的评论家来说都存在问题），它仍旧有助于使斯坦的著作自成一格、充满活力和饱含寓意。不过，这只是斯坦在这部丰富多彩的历史著作中所运用的众多分析要素之一，也许正是作者对社群、阶级和国家的更综合性的讨论，使这本书如此重要，并且如同有些人或许会推测的那样，作为一种历史诠释和学术尝试而经久不衰，更不用说他对印度历史全貌还有不同凡响的了解了。

在多萝西·斯坦、桑贾伊·苏拉马尼亚姆（Sanjay Subrahmanyam）和大卫·沃什布鲁克的协助下，该书的第一版在伯顿·斯坦逝世两年后的 1998 年由布莱克韦尔出版社出版问世了。在对印度历史进行长期探索的过程中，斯坦没有像以往的惯例那样结束于 1947 年英国由印度撤离以及随之而来的印巴分治，而是继续在本书"新国家，旧民族"一节中进行讨论，时间跨度直到两个后殖民地继承国（post-colonial successor states）印度和巴基斯坦的独立初期，大约一直到东巴基斯坦独立为孟加拉国为止，尽管那一章的部分内容也涉及后来的发展。在当前版本中，斯坦的原稿几乎全部被保留，仅进行了一些细微的修改和一些重新排序，不过，为了使《印度文明史》包含最新内容，"延伸阅读（参考书目）"那部分进行了扩充和更新，重新绘制了地图，并由编辑增加了标题为"另一个印度"的一节，以涵盖 21 世纪初的发展，并将其与斯坦自己的历史关注融合在一起。

伯顿·斯坦的主要出版作品

(ed.), *Essays on South India* (Delhi: Manohar, 1975: republished 1997).

(ed.), *South Indian Temples: An Analytical Reconsideration* (New Delhi: Vikas, 1978).

Peasant State and Society in Medieval South India (Delhi: Oxford University Press, 1980; republished 1999).

Thomas Munro: The Origins of the Colonial State and His Vision of Empire (Delhi: Oxford University Press, 1989).

Vijayanagara (New Cambridge History of India, Volume I: 2) (Cambridge: Cambridge University Press, 1989).

(ed.), *The Making of Agrarian Policy in British India, 1770–1900* (Delhi: Oxford University Press, 1992).

(ed.) with Sanjay Subrahmanyam, *Institutions and Economic Change in South Asia* (Delhi: Oxford University Press, 1996).

A History of India (Oxford: Blackwell, 1998; second edition 2010).

序言注释:

[1] Harbans Mukhia, 'Review of Burton Stein, *A History of India*', *Studies in History*, 15(1), 1999, pp. 169–71.

[2] Sanjay Subrahmanyam, 'Agreeing to disagree: Burton Stein on Vijayanagara', *South Asia Research*, 17(2), 1997, p. 130.

[3] Burton Stein, *Thomas Munro: The Origins of the Colonial State and His Vision of Empire*. Delhi: Oxford University Press, 1989, pp. 3–4.

　　[4] 以下评论来自克里斯托弗·贝利、大卫·沃什布鲁克和克里斯托弗·富勒，摘自1996年9月17日在东方与非洲研究学院举行的一次讲习班，以纪念伯顿·斯坦及其对印度历史的贡献。取自这些文献的论文发表于1997年的《南亚研究》（*South Asia Research*）第17卷第2期中，其中部分内容已包含在本书的第一版中。

　　[5] Subrahmanyam, 'Agreeing to disagree', pp. 127–38. 对于"分段国家"理论及其在印度南部的运用的重要批评观点，请参阅：R. Champalakshmi, 'Review of Burton Stein, *Vijayanagara*', *Studies in History*, 8(1), 1992, pp. 151–6.

致 谢

当一本书的作者在完成工作之前去世时，接手这项任务的那些人对许多慷慨地贡献自己的时间、精力和知识来帮助他们的学者和专家心存加倍感激之情。在这种情况下，除了这些年来那些阅读早期的手稿并与作者讨论过他的想法的不知名的同事和学生外，乾帕卡·拉克什米（Champakka Lakshmi）、英德拉尼·查特吉（Indrani Chatterjee）、苏米特·古哈（Sumit Guha）、大卫·凯洛格（David Kellogg）、R. I. 穆尔（R. I. Moore）、哈尔班斯·穆基亚（Harbans Mukhia）、约瑟夫·施瓦茨伯格（Joseph E. Schwartzberg）和罗米拉·塔帕尔（Romila Thapar）都参与了问题的答复，部分或全部文字的阅读，并且/或者对文体和内容进行了详细的评论和建议，在此必须向他们表示衷心的感谢。

对于插图方面得到的帮助，我们要感谢的人包括：维瓦克·南达（Vivek Nanda）、理查德·布勒顿（Richard Blurton）、K. 加詹德兰（K. Gajendran）、罗德·汉密尔顿（Rod Hamilton）、哈拉尔德·莱辰珀格（Harald Lechenperg）、乔治·米歇尔（George Michell）、迪维亚·帕特尔（Divia Patel）、纳拉辛汉·拉姆（N. Ram）和德博拉·斯沃洛（Deborah Swallow）。约瑟夫·施瓦茨伯格设计了书中的地图，这些地图由子午线制图公司（Meridian Mapping）的菲利普·施瓦茨伯格（Philip A. Schwartzberg）负责制作。对于"延伸阅读（参考书目）"建议的提出，我们要感谢苏米特·古哈、芭芭拉·哈里斯–怀特（Barbara Harriss-White）、大卫·路登（David Ludden）、乔治·米歇尔和哈尔班斯·穆基亚以及弗里茨·斯塔尔（Frits Staal）。最后，要对布莱克韦尔出版社的工作人员致以特别的谢意，他们安排了这项工作，提供了慷慨而倾心倾力的指导，并耐心地忍受了不得已的延误：约翰·戴维（John Davey）、埃玛·戈奇（Emma Gotch）、特莎·哈维（Tessa Harvey）、利恩达·诗琳普顿（Leanda Shrimpton）、约翰·泰勒（John Taylor），毫无疑问，还有一些我们未知其具体身份的其他人。至此，需要按照惯例提醒读者，任何遗留、错误和疏忽本应由作者负责，但在这种情况下，编者须一道承担责任。

多萝西·斯坦
桑贾伊·苏拉马尼亚姆
大卫·沃什布鲁克
1997 年于伦敦

第一部分

导　论

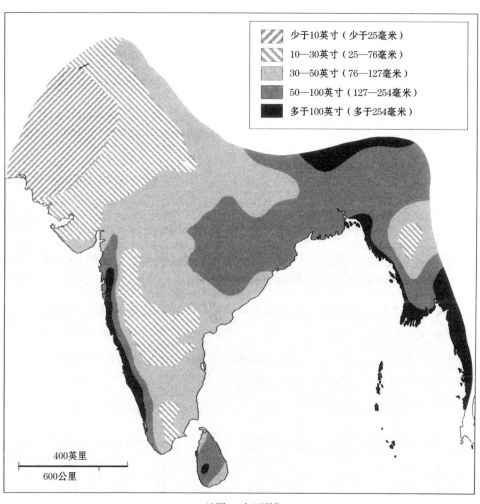

内图例：

少于10英寸（少于25毫米）
10—30英寸（25—76毫米）
30—50英寸（76—127毫米）
50—100英寸（127—254毫米）
多于100英寸（多于254毫米）

400英里
600公里

地图1　年雨量①

———————

①本书所使用地图均系原书中地图。

引 言

编写历史涉及对时间的选择性压缩，新近度是优先考量的因素。本书涉及的跨度近两个世纪的当代时期的内容中，只有一小部分篇幅用于追溯印度文明如何在公元前7000年到公元前500年间形成。通史著作常常如此，无论对于作者还是读者来说，往往对时间距离自己更近的历史会更加熟悉，而且其史料的保存和记录也更完好，基于这样的考虑，这种做法或许是合理的。此外，当代的历史学家一定会运用他或她自己时代特有的工具和方法。所有这些都表明，历史书可以从现在向过去倒着读，即使书实际不是以这种方式撰写的，也可依据那种隐性的框架去倒着读。

在历史的编写中，除了由于现存的历史证据比例不均会造成时间扭曲之外，还有一个选择性因素也会产生影响，这个因素指的是历史学家本人对每一个时期的兴趣和知识储备，以及他们关于每个历史节点对随后事态发展的重要性的观点。而且，最后还必须承认，在相关的取舍中，历史学家会采用的那些材料是在他们看来最令人惊奇和引人入胜的，可以说，一本历史书就像一座建筑，历史学家和读者站在外面，逐一凝视一个接一个的窗口，然后发现每一个窗户时而阴暗，时而被窗帘遮掩，时而出现戏剧性场景，而有时则单调无比。至于墙壁之间究竟有什么，也只能做出一些推论而已，历史学家会选择自己在哪些窗户附近逗留徘徊，这完全在于个人"取舍"。

虽然历史学家们可能会前后颠倒地看待甚至创作他们眼中的历史，但为了便于阅读，他们以这种视角看待历史的结果在本书中被呈现为一种叙事，甚至可能是一部长达九千年之久的、具有宏大背景与演员表的史诗剧，还包括结局：现在。作为导论，本章将首先通过探讨印度地理地貌的方式来介绍这一背景。然后，我们在涉及历史人物时，并非将其当作独立个体去看待，而是看他们在组成社群和国家时所扮演的角色。此外，此书也将探讨社群和国家相互排斥、共存、影响和调整的方式。需要谨记的一点是，本章中关于社群和国家问题的讨论并不是之后历史发展的概要，本章的目的仅仅是描述将要发生的事件的政治背景而已。

地理环境

历史的撰写，除了对时间的扭曲，还会造成人们对熟悉版图的曲解。就印度次大陆而言，人们熟悉的版图乍一看就像是顶端朝南的一个三角形或钻石形。然而，其大部分都与亚洲大陆紧靠在一起。现在为巴基斯坦的那片地方面向西北方，许多入侵者和定居者都是由此进入到该地区的。它北面的分界是世界上海拔最高的喜马拉雅山脉，山脉侧翼的高度逐渐降低并分别向东、西两边一直延伸到大海。在东部，它以阿萨姆邦和孟加拉国与缅甸相邻。三角形或钻石形的南端终止于科摩林角。半岛的东面和西面分别是孟加拉湾和阿拉伯海，为印度洋的海湾。跨过孟加拉湾的另一端是构成东南亚的岛屿和半岛，东南亚在历史上与印度大陆有着密切的商业和文化联系。

作为一种地貌，印度次大陆在人类历史进程中并没有改变，但作为一种概念，被我们称为印度的这个地方并不一直是像现代地图上所呈现的那样。分隔出印度河-恒河平原的山脉从未阻碍过人们及其产品、物质和精神的交流。我们继承了一批从无具体年份记载的时代开始的口头保存的文献和考古证据，证明了印度河地区的人们与西亚和中亚的人们之间存在着持续关系。在分散的遗址上发现的公元前3000年左右的工艺品呈现了印度西部的早期城市与亚洲西南部的美索不达米亚城市的关联。共同的赞美诗折射出喜马拉雅山脉以南的雅利安定居者和伊朗高原的印欧语系人之间的联系，在公元前2000年左右，雅利安定居者与后者分离。因此，对早期"印度"的准确描述应延伸到中亚和伊朗（同时淡化居住在印度河流域和半岛的人之间的联系）。此外，印度向西北的延伸，以及反映这一延伸的意境地图（mental map），一直持续到中世纪。印度与位于其西边的伊朗世界一道，共同面临着来自蒙古人和阿富汗人的危险，并进行相同的应对，由此，蒙古人和阿富汗人对印度人和伊朗人产生了重大影响。

如果印度的推测版图可以更改为涵盖西亚和伊朗这两个地方的话，那么，在东南部，我们所熟悉的次大陆的倒置三角形也会发生类似的重塑。历史上，印度与东南亚的接触可追溯到孔雀王朝阿育王的时期，当时，佛教传法僧被派往斯里兰卡以及其他更远的地方。到了公元后早期，我们对印度的意境地图就必须要将南部的许多地方，包括大陆和东南部岛屿上的王国囊括进去，这些王国都是印度文化元素传播，以及印度与南部半岛的帕拉瓦人（Pallavas）和朱罗人（Cholas）进行频繁贸易往来的受益者。因此，帕拉瓦王朝的首都甘吉布勒姆（Kanchipuram）和朱罗王朝的首都坦贾武尔（Tanjavur）或甘加贡达乔拉普兰（Gangaikondacholapuram），在其各自的时代，都可以被认为是延伸到次大陆海岸以外的印度政治中心。伊斯兰教也是后来从这些海岸和马拉巴尔海岸的另一边被带到马来半岛和印度尼西亚群岛的。所有这些都表明，如同传统看法中关于次大陆内部各区域之间的密切关系一样，次大陆与相邻地区间的关系也是紧密、重要和持久的，必须教会人们通过运用历史想象，来调整思维导图，去阐述这些地区间的这些相互作用。

从历史和史前时期看，西亚人已经从现在的伊朗和中亚静静地漂流到或雷鸣般地大举进入到印度次大陆，他们的统治者甚至偶尔会试图同化次大陆的部分地区，例如波斯的阿契美尼德人（公元前6世纪至公元前4世纪）。然而，与西藏相隔的山峰更加陡峭，以至于它只有一次在20世纪初从印度被成功入侵的经历。

印度次大陆的气候极其多样，从白雪皑皑的喜马拉雅山脉到北部的炎热平原，再到南部闷热潮湿的沿海平原，从西北部的塔尔沙漠到东北部和西南部的丰沛的水域，各种气候一应俱全。喜马拉雅山以南是印度河和恒河平原的广阔绵延地带，这一地域的连通性在造就早期帝国的崛起方面发挥了非常重要的作用。再往南，山脉和高原沿着半岛一直延伸到南端，并有将整个印度半岛的地形划分开来的势头。与北方相比，这些特点使南方在历史上孤立程度更高，政治单位更小。因此，正如人们所看到的那样，自然地理塑造了人类的政治以及经济和社会历史。

印度的气候属于季风性气候，它会被席卷整个亚洲的季节性降雨所笼罩，因此每年大部分降雨仅发生在短短几个月之内。次大陆的最大的自然降水出现在西北部的冬季、广阔中部和西海岸的夏季，以及东部半岛和斯里兰卡的十月和十一月份。

印度的每个农作物季节都曾受到过季风及其时间和幅度的影响，而且这种状况仍在持续。即使建成了现代化的灌溉工程，其供水也仍旧依赖于季风和喜马拉雅山脉积雪的融化。季风降雨使得那些为水井提供水源的地下水得到补充，或灌满那些用土堤将天然排水池加固后而形成的小水库。所有印度语言中的谚语都保留了与预测季风相关的知识，并包括应对季风来迟的防范性耕作方法。因此，经济和文化活动结合起来可以避免"大饥荒"的恐怖。降雨的过分集中以及一些年份的少雨缺雨，经常使农业生产陷入瘫痪，人工尝试主要是通过灌溉计划来对抗这种不可靠性，这些尝试也产生了自身对政治和环境的影响。

在热带气候中，一年中可被利用的水分的数量和分布，对农业生产力的决定作用超过温度的季节性差异，而且在过去曾是决定可维持的人口密度的因素。古代和中世纪的城市依赖于当地的供水和郊区的丰硕收成。这一条件甚至适用于那些似乎是主要为充当贸易站或宗教、政治中心而存在的城市。当水或木材的供给失衡时，城市就会衰落或被遗弃。这方面的一个例子是16世纪阿克巴大帝（Akbar）建造的皇城法塔赫布尔西格里（Fatehpur Sikri），该城市在水资源状况变得无法忍受时，仅使用了短短十四年就荒废了。

地理环境变化的证据

庞大的南亚人口占世界人口的五分之一，其生计维持仍然在一定程度上依赖森林和供水，而这种依赖程度并未得到充分重视。因此，在人类史前史和次大陆的历史进程中，人们对河道的变化、沙漠的推进、林地的破坏以及水土流失和沉积物沉积的证据具有持久的兴趣并认识到其意义。

史前气候变化的证据现在可以通过碳放射年代测定法、树木年轮和花粉计数等技术来源而获得。这些证据表明，从大约一万年前开始的一段时间里，印度西北部和俾路支省（位于现代的巴基斯坦）有较高的降水量，并在哈拉帕文明的早期定居点进入发展阶段之前不久，即大约公元前3000年时达到峰值。此后，降水量逐渐下降。目前，有关雅利安人的入侵和征服是导致那些曾经兴盛恢宏的哈拉帕城市神秘终结的原因这一说法不再被认同，加上那些城市详尽的城市规划和先进完善的卫生工程，以及集中居住模式向东和向南的明显扩散等因素，引发了各种环境方面的推测，包括气候变化、洪水、印度河及其支流的变化和/或当地木材供应的枯竭，至少部分原因在于当时大量消耗、挥霍燃料用于砖块烧制、铜的冶炼和其他用途。

人们普遍承认，森林砍伐会造成水土侵蚀、河流淤积和地下水流失。森林对印度人来说一直具有精神层面的意义。在他们的宗教典籍和史诗中，以及印度人关于人类生命周期的正确行为的观念中，森林占据显著位置。他们认为生命理想的和终极的方式是置身于森林之中并在沉思冥想中度过，山区居民往往出于宗教和经济原因，恪守着对森林保护或补给的传统。

森林砍伐常常是人类活动的意外结果，但有文字证据表明，故意毁林早在吠陀时期就发生了。当雅利安定居者从游牧转向定耕农业时，那些被认为生长在有碍耕种之处的森林就被有意烧毁了。像往常一样，人类行动的责任会被归于神祇，具体到这件事，则是火神阿耆尼（Agni）：

　　马塔瓦（Mathava），维德加（Videgha）［一个氏族或部落］的首领，当时在萨拉斯瓦蒂河（Sarasvati River）上［或在河水中］。他［阿耆尼］从那里开始沿着这块土地向东燃烧。在他燃烧的时候，乔达摩（Gotama Rahugana）和维德加·马塔瓦紧随其后。他烧毁［干涸？］了沿途的所有河流。现在，被称为"萨达尼拉"（Sadanira）的［河流］从北部［喜马拉雅］山脉中流淌而来：那条河他没有烧掉。婆罗门以前没有穿过那条河，认为"它并没有被阿耆尼烧毁"……当时［萨达尼拉以东的土地］是非常荒芜、非常潮湿的沼泽，因为它没有被阿耆尼品尝过。[1]

印度河-恒河平原的连通性和肥沃意味着它可以养活数量庞大而密集的人口——今天整个印度人口的40%都靠它——适合统一管辖和差别巨大的社会等级的发展。

在北部的梅尔加尔（Mehrgarh）发现了铜器，这个遗址可追溯到公元前5000年。《梨俱吠陀》（*Rigveda*）中传承下来的赞美诗，被认为是在公元前1000年以前创作的，其中提到在用作武器的箭和斧头中使用了铁。（仅仅几个世纪后，它们似乎已经被用于森林砍伐。）在恒河平原以南，较小的冲积平原上人口密集，但在其他地方则较稀疏。彼此交往的减少意味着文化传播的放缓，以及后来从石器时代过渡到铁器时代的时间较晚，这种过渡直到公元前1000年末才完成（显然中间没有铜或青铜时代）。

南部半岛

除了面积更小和环境更多样化外，南部半岛也因距离海洋更近而受到影响。内陆地区往往彼此更加孤立，而沿海地区则很早就与外界接触。甚至有可能，地中海地区的移民在远古时代就通过海路来到这里定居，当然，在公元前，文化和经济商品肯定都是双向流动的。在公元前1000年早期统治半岛东部的泰米尔国王具有持久的影响力，这在很久以后的柬埔寨吴哥王国以及斯里兰卡和马来半岛的遗址中得到证实。中国的记录提到甘吉布勒姆是公元前2世纪重要的贸易中心，罗马人也提到科罗曼德尔（Coromandel）海岸的其他贸易中心。

马拉巴尔海岸或西部沿海地区的贸易更为久远。在公元前5000年中叶之前，雪松被出口到埃及法老王朝和美索不达米亚，而硬木似乎在公元前3000年时就已被运到古老的乌尔。古吉拉特邦（Gu-jarat）至少有一处哈拉帕文明遗址表明其四千年前与西亚有海上往来。到公元初年，贸易商们将货物存放在西部港口，以便通过陆路将它们运往东部——这一点仍然可以通过所发现的大量积存的罗马硬币来追踪。来自中东的犹太商人定居在马拉巴尔海岸的科钦（Cochin），直到最近，他们的后代仍然生活在那里。

然而，到13世纪，印度人的这种海上贸易基本上已经结束。那时，穆斯林贸易商主宰了印度洋贸易路线，而半岛的内部贸易则变得更有组织、更重要。从大约9世纪开始，由"行会"联系在一起的富有商人协会并入当地的商人团体，这些商人团体已经融入发达的农业社群，并且彼此之间的联系日益紧密。对外贸易对印度南部的重要性有所减弱，直到欧洲占主导地位后这种重要性才得以恢复。事实上，到了13世纪，印度人似乎认为出海是一种只有贪婪才能引起的愚蠢行为，那个时期的王室铭文提到"那些人［外国人］在海上航行中承担了巨大的风险，他们认为财富甚至比生命更有价值"。[2]

无论如何，半岛的环境，以其分离的河流流域和干燥的高原内陆，催生了历史上持久的社会和经济组织形式。印度人自己也认识到他们生活环境的多样性所带来的巨大影响。泰米尔人在其早期诗歌中确定了五种"地貌景观"，每一种都与通常的诗歌主题、性和暴力的特定方面有关。与海岸相关联的往往是低种姓渔民，他们与妻子经常分离，并群殴激战。山丘往往是婚前求爱和抢牛（cattle raids）的场所。同样，旱地、森林和耕地有它们自己的与爱和战争的关联。

到13世纪，在农业环境中，有三种基本类型，每种类型又有各自不同的形式。这些都与居民的经济和社会模式密切相关（尽管不那么浪漫），分别为：基于严格控制且稳定的水井或蓄水池灌溉模式；仅依靠降雨进行灌溉的模式；以及将两者结合的灌溉模式。只有在西海岸才有可靠而且很强的季风，能保证单个农户种植水稻所需的充足水分，那里不需要跨地域性的合作或监管。与此相对应的另一个极端是，在干旱地区，贫瘠的土壤和稀疏的降雨只能养活那些种植小米、在很大程度上依靠畜牧业为生的散居人口。

那些水分充沛的地方，养活了大量的宗教祭司和军事专职人员（婆罗门和武士-国王），在那里，分工和地位等级最严格繁复。相比之下，在干旱地区，分工最简单，地位和等级差别很小，很少能找到婆罗门或寺庙：这些地区处于一种通常被称为"部落"的生存状态中，那里每个人都很贫穷。具有讽刺意味的是，在这两种截然不同的环境中，实际生产过程都已被高度程序化，种植者几乎没有掌握技能或发挥主动性的机会。然而，半干旱或混合式的生态形式确实为流动、独立和技术熟练的农民［他们被称为"sat"，即清洁的，首陀罗（shudras）］提供了机会；那里的商人和工匠也享有较高的地位，与占主导地位的有地农民有联系。这三种基本类型及其相关的社会模式一直延续到19世纪。

随着17世纪欧洲人的到来，印度的地貌开始从新的视角被审视。对欧洲人来说，热带地区既代表着天堂，也代表着危险。至少从古典时代晚期开始，尘世间的伊甸园经常被西方人想象为位于恒河谷（恒河被认为是来自天堂的河流之一）或在南部的科摩林角。热带气候对北方人来说在身体方面和精神方面都充满了危险，但同时也给人以轻松自在的希望。在令人能量衰竭的气温下，各种疾病肆虐流行。此外，降雨的季风性分布意味着水和土壤的定期流失，而水和土壤正是实现最大生产力所必需的。洪水、地震、干旱和饥荒也频繁发生。

　　欧洲人最初是贸易商，后来又是殖民者，他们希望从农产品中获取最大利润，同时也要确保劳动力不仅不会挨饿而且还能够不断地繁衍生息。这些利益冲突的程度取决于他们认为自己作为贸易商、伐木商、种植者或收税人的任期的保障程度。为了保护欧洲人的健康和利益，许多被远派到有希望带来巨大财富的热带伊甸园行使调查和管理任务的官员和雇员都经过了医学培训，因此也可以算是接受了科学培训。他们还沉浸在启蒙运动和浪漫主义哲学思潮熏染中，常常被美丽和具有异国情调的动植物所吸引而着迷，以致他们有时采取的立场与其商业雇主的宗旨背道而驰。最终，一旦殖民政府感到自己已地位稳固，他们实际上就能够对所在国家施加相当大的影响力，以支持他们眼中的对森林和野生动物的"保护"。因此，帝国主义的商业和政治目的有时会不同，后者需要稳定和长期的权力和收入，而前者则需要快速和最大化的利润。

　　总体结果是，"保护"这一概念往往被扭曲为是要保护森林免受当地居民及其行使利用森林资源的传统权利时所造成的伤害，而其实，当地居民的做法往往对环境有益，但是没有被认识到。相反，"保护"被当作一种借口，使国家能掌握共同财产的控制权并任意利用它为当时的政策服务——这种做法一直持续到印度独立，并且仍然在继续。因此，总的来说，也许早期植物学家和自然保护主义者在壮大西方环保主义的根基方面比对热带森林、土壤和水源供应提供任何实际保护方面更为成功。在英国殖民时期，印度北部和南部的一些森林地区被彻底损毁，取而代之的是茶叶、咖啡和橡胶的种植园，而在农业人口日益增多的压力下，甚至更大范围的土地上的野生植被被清除。其中许多这样的政策和态度在印度独立后一直被延续下来，并导致了当今的环境问题。

社会环境

我们已经看到，自然环境在塑造该环境下所产生的社会群体方面发挥了非常重要的作用。然而，不可能将印度的历史简化为研究自然对文化的影响。次大陆的文化所采用的形式具有自己的生命力。在随后的篇幅中，将特别强调其中两种形式。从中人们将看到，这些形式——社群和国家——在随后的史诗中扮演主要角色。本篇介绍将只是勾勒出一个大致框架，并提供一个相当抽象的示意图来概述其中一个是如何从另一个中产生，如何与之并存，并最终如何将另一个消灭的。

印度的"社群"概念有两方面应该注意。首先，从早期起，社群与国家就有某种关系。这种关系可能是相互的和共生的，例如在拉贾斯坦邦（Rajasthan）的世袭统治氏族与在此长期生活的一般氏族之间的关系。另外，社群和国家之间的关系也可能是对抗性的，就如同穆斯林统治者和他们所划定的"印度教"社群之间的某些情况一样。

其次是"社群主义"，自20世纪20年代以来，每当通过宣传宗教、语言和族裔的归属感及忠诚度来动员不同的政治群体参与议会和议会外活动时，这就成为次大陆政治方面的一个公认特征。无论是作为"票仓"（vote-banks），还是作为瞬时结伙（instant mobs），社群动员的成功一再引起人们对国民大会党（以下简称国大党）和国大党运动所谓的"世俗主义"的质疑。但可以说，社群意识或"社群主义"是一种古老的现象，并且它似乎源自感知到其他社群或国家的威胁。简言之，一种所谓"社群为自己"（community-for-itself）的理念在印度有着悠久的历史。

我们所知的最早的社群是那些在有国家之前就已经存在的社群。这些是新石器时代的定居点，它们分散在次大陆大部分地区。我们所掌握的记录中，最古老的是梅尔加尔遗址，由法国考古学家在现在的巴基斯坦俾路支省北部发掘。那里的人类居住史可追溯到公元前7000年至公元前3500年。当然，我们对梅尔加尔和其他早期社群的了解是有限的：仅限于它的一些食物（如小麦等栽培谷物和沼泽鹿等猎杀的动物）、家庭建筑、工具、定居点布局和墓地。关于新石器时代的社群意识，我们只能推测，但我们可以追踪后来定居点的发展。毗奢耶那伽罗城是中世纪的一个定居点，它从一个被耆那教（Jaina）和湿婆教崇拜者视为圣地的小地方发展为统治印度半岛大部分地区的王国的首都，并且在1336年至1565年之间成为世界上最伟大的城市之一。随后，它遭遇劫难，继而沦为一个种植者的小村庄，如今偶尔会有游客到访。

近代的定居点也以其他方式建立和发展起来。1907年，一片曾经靠传统的刀耕火种方法耕耘的森林演变为塔塔钢铁厂，另外，位于比哈尔邦（Bihar）的贾姆谢德布尔市（Jamshedpur），它仍旧维持着主要工业中心的地位。最新成立的社群包括位于印度次大陆另一端的泰米尔纳德邦曙光村（Auroville）：这是在联合国提供财政援助下建立的，旨在促进受到奥罗宾多·高斯（Aurobindo Ghosh）启发的人文和宗教运动，奥罗宾多·高斯是一位有魅力的教师、政治家。因此，社群的形成和变化并不仅仅是我们所关注的最早的历史时期的特征。

社会组织的三个相互关联的方面构成了审视印度社群和国家形成这个主题的框架。它们是：存在于不同时期的生产性组织结构；政治；以及占主导地位的意识形态，通常是宗教意识形态。这种意识形态是由支撑它们和被它们支撑的国家和社会群体逐渐演变而形成的。

经济和社会

关于这些方面中的第一条，我认为，所有社会关系和制度都是由现存的生产体系和生产体系内特定群体的位置所塑造的，虽然不是完全由它们决定的。在我们所知道的社会阶级变得清晰可辨之前的一段时期，大约是三百年前，人们认为使用诸如可耕作土地和牧场、矿山、渔业和劳动力等生产性资源的权利或资格本应由亲属或当地居民共有，但是，即使在很早的时候，在印度和其他地方，资源和获得资源的机会往往由那些有权势的人来把持，他们因此推行将集体所有权个人化和可继承的主张，导致集体所有权在最近一段时间急剧衰弱。

商业是财富的另一个来源，也是与外部更大世界持久联系的纽带。现代世界尽管有数十年来的经济增长，却使印度成为大规模贫困的代名词，对于这个现代世界，恐怕会令人惊讶的是，印度过去几乎一直被视为一个充斥着惊人财富和精美工艺品的地方。19世纪20年代，黑格尔对他的海德堡历史系学生所讲的话，代表了几代欧洲人的看法：

> 印度作为理想之国，是通史中不可或缺的一部分。从最古

老的时代开始，所有国家都表达了他们的愿望和渴望，希望获得这片奇迹之地的宝藏，那是地球所能给予的最昂贵的宝藏：大自然的瑰宝——珍珠、钻石、香水、玫瑰精油、大象、狮子等。它同时也是智慧的宝藏。这些珍宝向西方传递的方式，在任何时候都关乎世界历史的重要性，与国家的命运息息相关。[3]

罗马人一直在竭力寻找"大自然的宝藏"以及印度工匠们所创造的手工艺珍品，以至于他们的皇帝哈德良（Hadrian）不得不禁止出口贵金属去支付印度产品，以免罗马的黄金和白银被消耗殆尽。

国家的古老色彩

从政治上讲，在探究印度国家形成时必须追溯到很久以前的时间，因为印度的国家几乎和世界上任何国家一样古老。令人印象深刻的大型政体，可以追溯到公元前2500年，在次大陆西北部的大城市的废墟似乎说明了这点。然而，对于印度城市摩亨佐-达罗（Mohenjo-Daro）和哈拉帕的政府，以及它们是如何组织起来的，或者是由谁统治的，却知之甚少。我们也无法对任何比亚历山大大帝征服军在公元前325年左右所观察和记录的更古老的政体做出这样的判断。大约公元前270年，由佛教国王阿育王颁布的印度文献记录第一次被添加到希腊文献中。虽然阿育王的铭文在19世纪被破译，但我们仍然不能确定这位孔雀王朝国王统治下的政治形态，更别提在王国的创始人，阿育王的祖父旃陀罗笈多（Chandragupta）治下的了，他可能是亚历山大的同代人。一篇名为《政事论》（*Ar-*

thashastra）的用梵文撰写的著作，以论文的形式提供了佐证——其中描绘了一个中央集权、残暴、密探活动猖獗和强迫管控的政权——其可能与孔雀王朝时代并不相关。如果它所描述的政治世界不是纯粹的理论，那么它只能在一个小城邦（city-state）内实现，而不是像阿育王的铭文分布所界定的那样广阔的领域，即从阿富汗到印度南部大约1500英里（1英里约合1.6千米）的范围内。地方政治机构可能会是什么样子？它们离国王们的熠熠生辉相去甚远，从历史学角度上讲仍然没有定论，正如下面的讨论将清楚地表明的那样；而且，在这种情形下，社群和国家之间的界限经常是历史争论的问题，而且很可能会持续如此。

意识形态

意识形态是本书中第三个也是最后一个侧重的方面。意识形态包括被表达出的想法，而非被隐藏的动机，并涉及印度人相互之间如何解释他们自己的世界的方式，从梵文赞美诗的结构开始，其中就包括《梨俱吠陀》，这是印度最早的宗教文本。虽然理解意识形态形式的方法通常以书面形式保存下来，但几个世纪以来，这些赞美诗都是以口头形式流传的，也通过其他口头传播的"文本"，如梵书（Brahmanas）和奥义书（Upanishads）来详细阐述，它们的哲学贡献激起了古代以及当代人的钦佩和高度赞赏，这种赞美隐含在"文明"这一标签中。印度文明的宗教和哲学成就不仅是印度历史早期阶段的标志，而且延续到后来的古代和中世纪时期，得到了旨在涵盖生活各个方面的适当或有利行为的"法律书籍"（law books）和法典的支持。

"文明"的内涵是文化高度发展，传统上以文字的采用和巨大的城市环境的建设等属性为标志，然而，关于这种标志在印度是何时以及以何种方式出现的仍然存在争议。在印度河流域定居点发现的黏土制作的小印章上，发现了尚未破译的数量有限的文字样本，使人们对"印度河文明"这一术语是否合适产生了怀疑，并提倡使用"哈拉帕文化"这一更为温和的说法。具有讽刺意味的是，当时间焦点转移到笈多时代，有大量文献向我们介绍笈多时代生活的方方面面，我们却发现那里很少有达到古印度河流域定居点规模的城市，而只有一些不比现代村庄大多少的定居点。

殖民化和商业

直到最近，人们对印度的史前历史还知之甚少，并普遍认为，次大陆的第一批城市定居点——摩亨佐-达罗和哈拉帕——是美索不达米亚的殖民地，在公元前3000年左右建立。人们现在已经不认同这种对印度古代城市的传播主义式的解释，公民组织中心（centres of civil organization）被认为是印度最早的历史中的本土部分。

另一方面，人们很容易将一个和印度一样古老而丰富的文明的发展与更大的世界割裂开来，就好像它本身就是一个孤立的小世界一样。同样的误解也出现在试图理解中国的过程中。可以肯定的是，在这两个古老和文化多样化的社会中，历史发展和变革的决定性力量都产生于内部——至少直到欧洲帝国主义时代为止，在这两种情形下，欧洲帝国主义在那两个文明漫长的历史轨迹中只是昙花一现。尽管如此，远在欧洲人到达之前，外部影响力在许多关键时刻的介入，改变了发展方向，加快或减缓了发展的步伐，而最重要的是对变革结构的改变——它改变了构成整个文明的潜在动力要素，也改变了文明各部分相对于整体的位置和意义。

公元后的头几个世纪，笈多王朝崛起，那也正是印度人民与罗马和东地中海人民之间密切互动的时期。印度人远非孤立发展，从其历史上的最初时代起，印度人就是更大世界的一部分，他们的社群、文化和国家的形成都与外部世界部分相关。关于印度历史演变的一个持续主题就是与外部世界的联系，当然也涉及印度与更广泛世界的相互影响过程。

印度次大陆是所有现代国家中穆斯林人口最多的地区之一。大多数印度穆斯林不是殖民者的后裔，他们是在七个世纪中皈依这一信仰者的后裔，当时这一信仰是印度北部政治精英们所信奉的宗教。另一方面，带有明显的印度宗教色彩的佛教，虽然为亚洲大多数人所信奉，但在印度本土却几乎销声匿迹，尽管现代人试图将佛教复兴。

在古代和中世纪时期，印度众多的学习中心促进了佛教在国外的影响力，在长达数百年的时间里，这些学习中心热情接待来自中国和东南亚的僧侣并为他们提供指导。与此同时，与东南亚社会的紧密商业关系使得那些地方形成了从梵文中汲取宗教习俗和王权风格的做法。这需要东南亚人首先在印度学习梵语，然后在自己的国家建立梵语学校，这是第一次有意的"现代化"。

印度与更广阔外部世界的商业往来的踪迹可以追溯到史前时期，在分散在西方和东方的考古沉积物中都能发现印度产品的痕迹，此外，还发现了次大陆进口贸易的迹象，包括从中国进口陶瓷，从爪哇进口香木，从新月沃土地带进口宝石和印章。不仅印度的宗教观念或治国之道，而且其财富和商品，都具有魅力，首先吸引了阿拉伯人，然后是突厥穆斯林以及后来的欧洲人，他们对印度先是掠夺，继而则是征服。

人们从那些在当代孟加拉国、印度、巴基斯坦和斯里兰卡街头遇到的人的面部骨骼结构和肤色中也可以找到印度曾与这些地方交往的痕迹。印度次大陆人民对其他国家人民开放的所有这些表现，都盖过了一种流行的倾向，即认为印度曾与外部世界的势力和影响隔绝，因此，除了用"它自己的"这个表达之外，其他任何表述都不适合用于解释。从一开始，造就印度的基础就与次大陆以外的东西密切相关。

印度历史上的国家和社群

在西方社会科学中，特别是在探究公民社会（civil society）时，"印度例外论"（Indian exceptionalism）早已存在，这种观点认为印度是自成一格（*sui generis*）的，且只能用它自己的专门术语来表现。一个相关的问题是，是否可以说印度人具有建立现代国家和社会的体制基础？也就是说，现代印度人是否有能力发展成世俗的、多元的和现代化的这样具有"第一世界"特征的社会，或者他们的前途是否与那些畸形排外的、不容异己的"第三世界"人民不同。自1992年12月阿约提亚（Ayodhya）发生骚乱以来，关于这一点的疑惑肯定会重新浮出水面。①

阿约提亚事件及其暴力向孟买和其他地方的蔓延，是我们已经得到的最明确的迹象，表明目前的力量将决定世俗主义还是持续的社群暴力在印度盛行。人们不可避免地会质疑，印度这个国家，即使拥有独立后自由选举的历史、民主体制以及先进的科学和工业体系，它是否摆脱了已经造成次大陆分裂的社群间竞争这一旧习

---

① 阿约提亚为印度教圣地，据说罗摩出生于此。1992年12月6日，印度教教徒拆毁该地清真寺，要求重建罗摩神庙。

俗？对印度的评判究竟是要根据那些所谓的现代启蒙主义价值观的一般术语，还是根据新的唯我论（solipsisms）来进行呢？印度以社群及其所谓的荣耀和耻辱的过去的名义所发生的暴力，是否会继续证明将印度排除在现代性的合适对象之外是正当的呢？

在这里，我打算以我们已掌握的证据来概括几千年来社群和国家之间的关系，尝试正确看待这些问题，无论我们所掌握的内容有多大的推测性。在这几千年中，具有相当程度复杂性的地方性小社团在正式的国家建立之前就组成了"公民社会"，后来，它们与国家共存了一千多年，直到受到现代国家和资本主义的双重影响的压制。在最近的一个时期，印度的社群已经从共同居住在特定地方的功能性团体转变为一种象征符号、隐喻，通常是宗教性的，并为政治团体及其利益服务。社群从真正的和综合性的社会机构被削弱到仅是一种象征性存在，如果这样的后果之一导致人口占多数的印度教教徒对人口占少数的穆斯林和贱民（dalits，被压迫的种姓）发动暴力，那么如果这种转变不能逆转，它能被理解吗？如果在此运用比较社会科学和政治术语，其学术意义会是什么呢？

社群的概念在17世纪欧洲人的启蒙计划中占有重要地位，所谓的"正常"社会科学的现代化理论就是以此为基础的。人们认为，"自然权利"源于"自然社群"，并保护城镇自治、社会财产和个人，使其免受专制君主的侵犯。这一理论在洛克和孟德斯鸠的著作中得到了最充分的表达，他们都认同权利与社群的关联，但以不同的方式设定了国王与其臣民之间的关系。洛克认为，"自然社群（族群）"先于国家而存在，他们与国家统治者在有附加条件的契约基础上进行接触，而孟德斯鸠则认为社群和国家同时出现，它们之间的契约关系限制了国家的压迫。这两种表述都把主体权利放在首要位置，这些权利被认为存在于社群中。

从这些表述来看，这与黑格尔的看法只有一步之遥，黑格尔认为社群而非契约才是国家地位的源泉，国家的基础是"爱"。因此，情感依附既是家庭的基础，也是其本身作为"普遍家庭"的"公民社会"的基础。当欧洲出现了像托马斯·潘恩（Thomas Paine）所持的对公民社会和国家的激进理解，以及"公共"和"公众舆论"足以形成和宣传民族主义学说时，黑格尔统一了当时洛克和孟德斯鸠的思想。与此同时，资本主义也在为国家和社会奠定新的基础。

长期以来，那些欧洲之外的社会，无论其多么古老，也无论其多么令人钦佩，都被认为在很大程度上与这些发展无关。作为东方专制君主的臣民，后来又作为被殖民者，他们被剥夺了中世纪欧洲自由公民所能享有的丰富的传统权利；作为被殖民者，他们在为欧洲资本主义发展提供服务，甚至提供部分资金的同时，又享受不到资本主义所带来的利益，就如同印度为英国工业发展提供了一个世纪的资金一样。尽管如此，社群的概念在整个后洛克时代的表述中仍然显得很突出，最终人们接受了"社群"和"国家"对印度和欧洲具有同等的概念有效性。

虽然人们一直对前现代的亚洲人是否拥有"公民社会"存在疑虑，但人们对国家是否存在的怀疑却很少：亚洲，如果不是比欧洲更早的话，至少也是和欧洲在同一时期就已将国家作为一般政治组织形式。但这些国家被认为是另一种国家体制，被认为不具备前现代欧洲国家的发展潜力，特别是与法国、西班牙和英国这几个国家专制的中央集权君主制不同。正如佩里·安德森（Perry Anderson）所点评的，这些王国粉碎了中世纪社会形态的"瓜分式"（parcelled）主权，为现代国家开辟了道路：统一的领土、集中的行政和一切强制手段的掌握。现代国家被认为是国家体制：所有其他政治形式只是接近这种普遍类型。一些民族——尤其是欧洲人——注定要按照进化逻辑达到这种状态，这种逻辑把其他民族——如印度人——推向历史的一边，使其屈服于其他人的统治。

分段国家

我不赞同这种以欧洲为中心的政治表述。18世纪的殖民征服，改变且可能扭曲了印度国家形成的轨迹，但甚至在英国实行统治之前，国家与那些历史悠久的城乡社群之间的关系已经发生了不可逆转的变化，而且这很可能是这种统治得以实行的先决条件。在18世纪，有明显证据表明，次大陆许多发达地区存在阶级分化的社会，随之而来的是完全不同的公民团体的结构化。

在我以前的著作中，我采纳了人类学家艾丹·索撒尔在非洲研究中所使用的"分段国家"的概念来代替印度南部前现代国家的传统观点。所谓分段国家既不同于拥有固定领土、强制权力和中央集权管理的单一制国家，也不同于"封建"（feudal）政体，这意味着各种政治关系，但最常见的——就像盎格鲁-法国类别（Anglo-French species）一样——是一种俸禄主义（prebendalism）形式。从积极的角度来说，"分段国家"是一种政治秩序，其中：

1.有许多中心，或称政治地盘。

2.政治权力（印度古典文献中称为*kshatra*）和王道（*rajadharma*）有所不同，允许一些显要人物行使某些权力，但只有经受过灌顶的国王才能行使完整的王室主权。

3.众多中心或地盘都有自主管理能力和强制手段。

4.较小的政治中心，通常是通过某种仪式来承认一个单一的仪式中心和一个受过灌顶的国王。

在中世纪时的印度南部，数百个在朱罗时代的铭文和文献中被称为邦（*nadu*）的地方社团构成了一个社群结构，它们是社会的基本组成部分。对我来说，这数百个社群和中世纪朱罗王朝国王之间的关系，对于理解这些社会，也许还有其他工业化前的社会，似乎至关重要。在最普遍的层面上，一种观点认为，一个国家是由几个或许多社群组成的政治组织，这些社群通过其族群政治首脑（通常是"族长"）承认国王并经常为国王服务，接受甚至分享后者的受灌顶者的地位。

这种用法中，"社群"，应按照其通常的英语含义理解，即将其理解为同时作为一个民族和一个地方，而不是局限于其有限的亚种姓（subcaste）或宗教团体意义。从这个意义上说，社群与共同的情感和价值观有关。然而，它也涉及对人力和物力资源的共享权利或应享权利，因此，也是特别涉及在前现代技术条件下的小型、地方性的空间实体。正是因为非常地方化的亲缘关系、情感，特别是权利，以及捍卫这些权利的文化、社会和政治手段，一直持续存在于印度，所以我才认为"分段国家"的形式延续到了19世纪，这一概念可运用的史学研究范围相当大。

次大陆最早的文献资料——那些与佛陀的生涯和传播其教义的僧伽（僧侣团体）的演变有关的文献来源——就是这类社群的例证。文献内容是宗教性质的：是对教义的详细阐述。后来，中世纪对各国家和社群的历史记载被纳入铭文中，这些铭文记录了湿婆或毗湿奴（vishnu）的信众、国王及其更为富裕而受人尊敬的臣民的布施。同样，其内容背景是宗教性质的，它们不是偶然被保留下来的文献，而是宗教事务和信众群体的话语在国家和社会中占主导地位的反映。此外，这也不是由于到了1700年铭文几乎不再用来记录重大事件及其主要参与者，而作为偶然被人为保留的文献。这是一个建立国家的时代，一个虽然当局更加强大并掌握政权，然而却显然没有找到用于表达从前通过宗教表达的全部内容的替代语言的时代。事实上，随着20世纪的开始，在英国殖民霸权统治之前和期间，即使被日益成功的重商主义政权削弱的社群受到来自内部的阶级分裂的侵袭和国家权力从上面的渗透，宗教表现主义仍然被最脆弱的群体，也就是我们现在所说的贱民所采用。

对社群和国家的重新定位

在印度政治形态的演变中，环境因素、经济复杂性和宗教意识形态都发挥了重要且相互关联的作用。作为勾画次大陆各国家和社群相关联之悠久历史的第一步，我提出了以下按时间顺序排列的体系：

1. 没有建立国家的社群，兴盛于公元前7000年到公元前800年。

2. 笈多王朝的君主制建立时，*作为国家*（"大型社群"）的社群兴盛于公元前800年到公元300年。

3. 社群和国家*并存*，兴盛于300年至1700年。

4. 从1700年至今，没有社群的国家，"社群"的历史概念已经从历史上至关重要和不断变化的社区形式衰落为陈腐的意识形态外壳。

没有国家的社群

几年前，当我在巴黎参观位于波伦山口（Bolan Pass）附近的梅尔加尔细石器遗址精湛的专项展览时，脑海里忽然产生了复杂的社群在很长一段时间和空间内都持续存在的想法。这个遗址完全颠覆了以前关于次大陆史前史和原史时代（proto-history）的观点。长期以来，人们一直认为，西北地区的城市化阶段之前是一段非常短暂的前城市时代，那些印度河流域的城市——摩亨佐-达罗和哈拉帕——一定是公元前3000年的美索不达米亚城邦的殖民地。当时人们认为文明是从这些西亚殖民地被引入次大陆的。但梅尔加尔的放射性碳定年法的证据表明，使用石器的农牧民居住在由大型泥砖搭建、带有仓储设施的建筑物和其他公共建筑设施的社区里，并在大约公元前7000年至大约公元前2000年之间持续进行各种陶瓷、金属和纺织工业生产。

这种对复杂社群形式的反向推测使关于来自美索不达米亚的殖民化的基本观点遭到质疑，甚至被颠覆了。现在需要解释的是城市形态发展的长期迟滞。此外，根据陶器的类型，以及中亚和俾路支省之间广泛贸易网络和接触的迹象，梅尔加尔似乎与西北部其他前城市遗址有联系，这表明史前事件会有一个全新的序列。

在研究哈拉帕文化学者的最新观点中，复杂的酋长制而非统一的国家被认为是主流政治形式，一些城市地区——同时的和先后的——实际上是独立管理的通往农业和牧区腹地的门户，是贸易中心而非帝国首都。此外，现在人们普遍认为从哈拉帕文明阶段已经开始了迁移扩散，从公元前2000年左右开始，城市中心向南和向西①迁移到恒河平原、拉贾斯坦邦以及印度中部和半岛的农业文化中。这些后来的城市，当时还是发展农业和使用铁器的酋长领地，最终在列国时代（氏族领地）中发展成相当完备的形式，可以追溯到大约公元前800年，而且可能更早。

社群作为国家

自20世纪初以来，印度学家和印度历史学家已经认识到有一种政体，其令人生疑且总是出现在引号中，表达"共和"的意思。这些所谓的"共和国"，或称列国（janapadas），被更好地理解为"作为国家的社群"。在一些推算中，它们的存在时间为公元前800年左右到考底利耶（Kautilya）创作《政事论》的时代，通常认为是公元前4世纪。作为以氏族为基础的政体，从早期佛教的巴利语（Pali）资料和耆那教文本中都已发现了对列国的记载。其他资料，如《摩诃婆罗多》（*Mahabharata*）、《政事论》和波你尼（Panini）的《八章书》（*Ashtadhyayi*），也都能为此提供佐证，并将调研的范围从公元前6世纪至公元前4世纪的印度西北部转移到东北部。

吠陀时期的列国和列国时期的十六雄国（mahajanapadas）（"大型社群"）很少是君主制的。根据夏尔马（R. S. Sharma）和其他一些古印度历史学家的说法，这些政权的社会关键是迦纳（*gana*），意为"部落"。夏尔马试图避免将迦纳简化为简单的血缘关系，而是选择将其理解为生活在同一地区的人之间的关联。对另一些人来说，表达这种形式的关键术语是僧伽（*sangha*），或合并的迦纳–僧伽（*gana-sangha*），但这些术语之间在含义上似乎没有

---

① 此处应为向东迁移，疑原文有误。

显著的差异，人们普遍认为它是一个独特的政治组织形式，并可能于公元前800年左右已经存在。这种政治组织形式的特点是合议制政府：其主要成员部分是依据其出生于某个特定地方而被招募。因此，资格的获得，部分来自氏族的隶属关系和在族群应享的地位和财产的权利，其余的来自个人成就。在这样的政体中，或许某个人拥有罗阇（*raja*，即国王）的头衔，也许没有，但如果有的话，他的权力将受到议会的限制。

有一些非君主制的治理模式可以追溯到后来的吠陀时期的机构，称为萨布哈①（*sabha*）和萨米蒂②（*samiti*），这些被认为是后来吠陀时期耆那教派的著作中所称的"十六雄国"（Sixteen Mahajanapadas）的模式。"Mahajanapada"有多种译法：王国、国家、领域和政治区域。然而，考虑到夏尔马之独树一帜的表述更具文采和更加深思熟虑，我更喜欢称其为"大社群"（great community），即这是一种人与属地的共同意识，其治理往往由成熟的和宗教上合法的合议机构实行。因此，我认为一个漫长的时代——从公元前800年到公元300年——是一个以社群为国家的时代。社群作为国家继续存在于次大陆的大部分地区，直到笈多王朝政权建立，直到那时，才出现了另一种不同的君主制形式，也就是社群和君主制同时形成了国家政权的基础，可以肯定这种观点与许多旧的以及一些新的学术观点是相矛盾的。

但我并非在暗示某种形式的社群停滞；社会形态不变的画面可能构成另一种"东方主义"的扭曲。例如，罗米拉·塔帕尔的著作中大量提及多种生产方式、分工、社会分层以及相当程度的城市化。正如查托帕迪亚雅（B. D. Chattopadhyaya）关于早期拉杰普特

---

① 萨布哈，印地语和梵文的"集会"。

② 萨米蒂，古代印度协助国王统治的机构，类似于当代印度议会的下议院。

人（Rajputs）的作品所提醒的那样，这些情况一直持续到孔雀王朝建立起君主政体的宏伟秩序之后：根据他的论点，拉杰普特人中的王室血统在9世纪仍然在出现！

君主制的孔雀帝国与印度列国时代作为国家的社群有根本不同吗？从某种意义上说，答案是肯定的：阿育王的霸权言论在意识形态方面与列国时代存在深刻差异。长期以来，他的铭文一直被解释为对一片辽阔领地建立起了统治。孔雀王朝的君王们，以及在他们之前的摩揭陀国王，确实刺激了印度南部国家社会的发展。然而，孔雀王国并没有成为后来国家的典范，这方面的成就应归于笈多王朝，笈多王朝充当了千年来国家的执政模板，通过这些模板，我们在某种程度上能够界定印度的中世纪时代。

南部国家的出现是由公元6世纪帕拉瓦王国（Pallava）的建立开始的，这在很大程度上要归功于恒河流域和地中海东部的对外贸易的影响。从印度南部铁器时代的巨石文化（megalithic）时期开始，并且明显地在公元前第一个千年的后半期，发生了统治从乡村牧区高地向河岸平原转移的重大转变。与此相关的是，不同地区首领家族中的年长精英阶层的衰落，这些精英被新的精英阶层取代。在泰米尔人中，旧的族长被三个新的被称为穆文塔尔（muventar）的族系所取代，他们采用了朱罗（Chola）、哲罗（Chera）和潘地亚（Pandya）的名字，并建立了王国。泰米尔语桑迦姆诗歌（Tamil sangam）的文本中使用了"ventar"一词，意为"加冕国王"。这些王族不可能脱离以前在阿育王铭文中被注意到的世系结构，但他们一定基于复杂的定居农业社群，在南半岛的一些河流平原上进行一定程度的商品生产，即使它们保留了一些早期游牧社会和经济的要素。

北方王国继承了以血统为基础的吠陀文化后期的列国，其与后来出现的南方王国之间的差异，根据塔帕尔的描述，是源于这两个地区的不同环境和社会子结构。构成孔雀王朝中心地带及其在北部的继任者的核心族群是恒河流域的农耕村落。在孟加拉边境与恒河和亚穆纳河（the Yamuna）交汇处之间，单一的河岸延伸环境养育着同质的社群结构。相比之下，除河谷的某些地区外，大多数南部社群保持了定居耕种与牧业的平衡，这与特定地区生态型核心和周边地区一致；因此，定居点的单元也更加多变。另一个重要区别是海洋，以及先进的海上贸易，加上孔雀王朝入侵卡纳塔克邦（Karnataka）后的侵入式商业，成为泰米尔纳德邦和卡纳塔克邦南部王国发展的催化剂。

　　虽然婆罗门宗教权威和印度教往世书（Puranic）的重新确立是南北共同的因素，但耆那教和佛教的命运在两个地区之间有着有趣的不同。笈多王朝时代的记载强调耆那教和佛教机构的继续存在，以及这两种信仰中重要著作的延续。此后，佛教与耆那教一起在孟加拉蓬勃发展了几个世纪，而在其他地方佛教则开始长期衰落，这部分是由于匈奴（Huns）入侵在西北部造成的破坏，部分是由于人们将佛陀作为化身纳入了毗湿奴的复兴崇拜。当时，包括皇室在内的一些大家族的佛教徒与毗湿奴派和湿婆教信徒之间通婚的做法也造成了佛教的衰落。

　　耆那教和佛教的和平更替与南方湿婆神的巴克蒂信徒对两者的暴力镇压形成鲜明对比：帕拉瓦王朝和潘地亚王国新国王最引以为豪的是，他们屠杀了耆那教教徒。这种说法令现代历史学家感到尴尬，但并没有促使他们做出解释。对这种暴力的一个可能的解释，可以集中在南部半岛商业和社群模式的不同构建方式上。耆那教连同佛教一起，可以被描述为一种互动主义（transactionalism）思想，这是一种宗教传统，核心教义包括无神论和伦理道德，其节制和保守的社会习俗对商人具有吸引力。他们发现，由礼节守则约束的务实交往，比那些甚至是最虔诚的奉爱者的行为所伴随的放荡的社会交往规范和仪式更符合他们的商业利益。

在卡纳塔克邦，耆那教作为一种主流宗教，享有长久的显赫地位，作为早期摩揭陀国和孔雀王朝贸易的遗产，其通过来自恒河平原的著名的达克希纳帕塔（Dakshinapatha）路线①传入，并吸引了相当多的王室赞助。这种商业联系在中世纪时期和之后继续发展，而恒河沿线商品继续进入南方。耆那教教徒在卡纳塔克邦的文化中找到了他们在6世纪后被泰米尔人拒绝的位置。

泰米尔人对湿婆和毗湿奴的崇拜中所进行的虔诚的实践和神学的采纳，实际上是一种发明，与帕拉瓦人新王朝的建立和旧穆文塔尔之一的潘地亚人的复兴是一致的。印度教的奉爱在这两个王国中都成为核心思想元素。其国王不仅通过建造神庙和赠予土地来敬奉往世书里的诸神，并慷慨地捐助他们和婆罗门祭司，他们还声称已经击败了一直忠诚于佛教的诸王。这种王室主张及其与国家形成的联系，展示出了复兴的印度教作为一种地方意识形态的重要性。如果如上文所述，将耆那教和佛教说成是带有互动主义的思想是恰当的，那么将地方/领土视为奉爱崇拜的显著政治因素也同样是合适的。泰米尔人之间的社群结构与泰米尔人在公元6世纪后建立自己的宗教形式之间存在着一种令人信服的契合。

从那个时候到毗奢耶那伽罗王朝的后期，拥有土地的社群的组成是值得注意的。从前国家时代开始，聚居地就由各种生态区组合而成，从简单的高地/牧区与平原/农业到更复杂的，由河流或蓄水设施供水的大片湿润地区，与边缘地带有牧民的，干湿混合、农牧

---

① 达克希纳帕塔路线，意为南部路线。

混合区域的组合。在少数地区，如高韦里河（Kaveri，又称科弗里河）、韦盖河（Vaigai）和坦布拉帕尼河（Tambraparni）流域的部分区域，灌溉栽培的扩展延伸区域非常整齐划一，并有局部复制类似恒河流域数字聚类做法的可能性，但那是例外。在大多数情况下，社群认同是通过宗教信仰，通过供奉特定神祇的寺庙而在文化上构建的。神祇受到特定区域的部族的敬奉拜谒，包括他们的族长，他们可能是大族群部落下按等级各自分管各自的领地的。对寺庙的敬奉和资助，以及涉及社群、商业和国家政权形成的相关进程，为中世纪早期社会奠定了基础，其中出现了新的社群和国家形态。

社群和国家

描述中世纪政治的特征至今仍是件不容易的事情。我们当中大多数争辩这个问题的人都同意，有必要同时考虑正式的国家结构——不管我们如何划定它们——和仍然是地方化的公民社会，或者，正如我想要说的，"社群化"方式，大约在笈多王朝时代，我称之为"族群和国家"的这种政治体制，似乎已经变得普遍。

查托帕迪亚雅注意到，在中世纪早期的状态下，类似单一的次大陆国家这样的技术基础显然是不存在的。他指出，直到11世纪末，次大陆有大约四十个王室。婆罗门所做的工作是进行有关"国家社会"理论的传播，即国家在社会之中，是其一部分，同时又处于社会外部并对其进行管理。从事这些工作的是教派领袖、礼仪专家和中世纪早期开始存在的众多宗教中心的祭司。婆罗门还参与了另一系列社会变革，这些变革与宗教变革一起成为这个时代的标志，即：扩大种姓制度和定居式耕种生产。

社群与国家存在着平衡的关系。有时，就像拉杰普特人和奥里萨邦（Orissan）的小国君主们的情况一样，国家直接从以前的氏族/社群中产生；有时，就像朱罗王朝的情况，类似帝国的国家从地方部落崛起，并在不消除他们原生阶层的情况下延续。我认为这是一种主导印度政治的形式，直到18世纪，差异化的现代国家出现在次大陆，随之而来的是社群逐渐沦为一种意识形态的外壳。

这是一个渐进的发展。在莫卧儿时代，氏族、教派和种姓等本地化社群机构众多，往往都包含数以万计的被以各种方式划分等级的人，反映了神圣和王室荣誉、种姓和血缘关系的观念形态。当地族群也是多种多样、相互交错、相互分割的，以赋予宗族和集体财产的个人分享者以多重身份。大量的交换关系遵循了按不同的"荣誉"和"地位"进行再分配的逻辑。地方社群履行被认为是适合他们的司法和政治职能。

南印度中世纪的政体无法进行自上而下的集权和改变，即使是对于强大的莫卧儿王朝来说也是如此，这不仅是因为他们没有发展起一个官僚机构，以包容和制服其基层的世袭组织。相反，莫卧儿政权本身也因下层的发展而改变，地方与区域机构和统治者与皇权发生冲突，并使后者的权威受到削弱。在印度南部、西部以及某些东部地区，有一个明显的特征，也许可以追溯到中世纪晚期，不过到了17世纪才变得更加清晰，那就是，地方"领主"或"小国君主"从社群机构中的崛起。

在北部，情况则大不相同，莫卧儿王朝在这里安营扎寨，以掠夺性拉杰普特战士的氏族结构为基础，来巩固和利用先前的王权。由于这些结构从未被莫卧儿当局所废除，因此，以社群为基础的政治的重新出现并不令人惊讶，而这种政治最终改变了莫卧儿王朝。我之所以说"最终"是因为政治发展走过了一条漫长而曲折的道路，被无数的突发事件所扰动。在这种体系的几个不同层面上存在着君主制的倾向，在区域和地方的准国王之间制造紧张和冲突，由此产生的紧张局势和冲突在不同的地方以不同的模式出现。

从 17 世纪后期开始，大批轻装、快速行进的中亚骑兵流入南亚平原，或寻找军事工作，或建立自己的王国。他们被想要成为霸主的人广泛雇用（有时随后又取代这些人）。他们的军事技术在一定程度上改变了战争的性质，削弱了以前莫卧儿中央军队重型骑兵和攻城装备的优势。骑兵部落的涌入提供了新的军事前沿技术，使得通常以社群为基础的领主们有可能进一步摆脱莫卧儿统治的终极制约。

到 18 世纪，从这些进程中产生的国家，在权力和财产权方面与从前截然不同，尽管它有时试图回到莫卧儿式的过去。也许，国家权力最有力的巩固发生在地区文化和政治传统植根于前莫卧儿领地的省级统治或尚存的中世纪印度教王权的地方。那里的统治者试图加深和扩大他们对族群机构内部以及这些机构所维持的当地权贵们的权利和资源的主张。对税收和贡品的实际需求不断升级，皇家机构试图以新的规模支配并攫取商业资源，尤其是要为统治者现在所依赖的雇佣军买单。

到 18 世纪中叶，所有这一切对财产和国家概念的影响是相当大的。国家以前所未有的努力试图集中权力并对资源进行掌控，没收或要求支配以前归社群掌握的资源。然而，在实现“专制君主统治的梦想”过程中遇到了两个问题〔也许最理想化的是迈索尔王国（Mysore）的铁普苏丹（Tipu Sultan），他提议建立彻底的国有经济制度〕。第一个问题依旧是，缺乏官僚机构。因此，“王权”往往外包给社群机构内的商人、银行家和当地知名人士进行管理，通常以现金支付，这是一种“王权的商业化”。寻找愿意接手的金融代理人几乎没有什么困难：王室权力的新的和不断扩大的主张，除了提供丰厚可观的酬劳之外，还可被富有之人用来从社群机构手中夺取对权利和资源的控制权，并将由此产生的现金流从再分配途径转移到自己的口袋里。马哈拉施特拉邦（Maharashtra）在17世纪见证了行政管理者"大家庭"的兴起，其中包括蓬斯尔（Bhonsle）家族的沙吉（Shahji）和西瓦吉（Shivaji），他们将来自"国王"和社群机构的权利汇集在一起。所获得的权利是在各个家族经济中混杂管理的。最近对孟加拉、印度南部和旁遮普的研究也表明，这些地方也有类似的发展。

西瓦吉和铁普苏丹的17世纪和18世纪的世界，标志着在印度漫长历史中社群和国家之间辩证对立的最后阶段。正是在这个时期，"社群"被剥夺了所有目的和意义，只保留了意识形态：为此，需要在阶级框架内对社会和政治关系进行情境化处理，而这项任务在此只能用最简短的术语来勾勒。

蜕变的社群

18世纪印度的农村社群虽然部分统一，但始终是阶段分化的。此外，他们越来越与更大的政治、社会和文化世界建立联系，他们对这种关系既依赖又抗拒。这种联系和依赖性可追溯到中世纪早期，当时政体由国家政权和社群组成，社群仍然具有抵抗的手段。当权利受到外来的威胁时，反对的声音首先通过抗议集会的形式表达出来，以抗议那些被认为是不公正的国家要求。随后，异议进而变成了诸如不向国家官员交税或提供劳务等措施，最后到武装对抗。动员抵抗运动得以促进（甚至成为可能），因为农村族群仍然保留着古老的信条，即根据普遍认可的当地规则，在各种群体成员之间分享（尽管不均衡）各种地方应享的权利。

　　然而，到了18世纪，已经出现了影响国家和社群之间关系的新条件。社群变得愈加分裂，由于财富和随之而来的一些个人和家族的能力，如通过贿赂而得到首领或会计职位的能力，随意配置内部土地和股票资源的能力，雇用其他人劳动并签订或多或少有利于自己的收益分成协议的能力，社群内部日益阶级分化。应享福利还受到申请人（无论是个人还是团体）被视为是社区居民还是外来人口的身份的影响。在殖民时期，在获得福利方面的不平等现象进一步加剧，并刺激了旨在削弱族群统一行动能力的意识形态替代品的产生。

　　富有的社群成员，是那些18世纪及以后的土地特权拥有者，他们构成了19世纪新兴中产阶级的一部分。其成员成为主要的商品生产者，并与城市市场和定期农村市场建立联系，从而最终与出口生产联系起来。地主雇用劳工和专职人员，灌溉和耕种他们所拥有的田地，并运输所生产的商品。这些农业资本家往往来自以往拥有土地的族长家族和氏族。他们组成了一个小的乡村精英团体。而更多的是社会地位较低、财富较少的中产农户。乡村的中产家庭拥有以家庭劳动为基础的小型财产：他们构成了快速增长的"中下层阶级"的一部分。与他们属于同一类别的是那些通常拥有大量土地财产资源但缺乏利用这些财产方法的家庭，因此，他们依赖较富裕的种植者以低于通常土地税的税率租赁他们的土地。这些家庭中大多数是那些因特权收入条款而获得土地的人以及祭司或毛拉（mullahs）、寺庙和清真寺官员、领养恤金的士兵和乡村用人（village servants）。他们将土地出租给独立经营者耕种，是一种变相的分成制种植。

　　界定所有者（proprietors），即那些大大小小的财产拥有者，要比界定某人符合"无产阶级"的定义更容易。事实上，即使在今天的印度，后者也算得上是一项艰巨的任务了。在18世纪，存在着一个庞大的底层阶级，他们勉强能维持生计，依靠货币工资或消费和生产贷款艰难度日，他们被迫劳动。估算这部分农业人口的规模显然很困难，而且，就算估算的话，最多也只能给出比一个笼统的范围稍精确一点的数字。在18世纪末的高度商业化的孟加拉，估计70%至80%的乡村家庭所拥有的土地、工具和家畜都太少，为了维持生计，他们甚至一年四季都必须从事雇佣劳动。然而，在马德拉斯管辖区（the Madras Presidency）所在的干燥的德干（Deccan）地区，大约在同一时间，同样贫困和依赖工资的耕种家庭的比例约为35%。这个最低阶层的人均消费约为最高阶层的一半，这表明这里的收入分配比孟加拉更均匀些。

18世纪城镇的下层阶级，如果说有什么不同的话，其数量是比较难以估计的，因为在税收记录中城市贫民比农村穷人更不大可能被发现。必须假定有大量城市贫民——包括运货车夫和临时工，以及"次无产阶级"（sub-proletariat），以及只有很少库存、工具的街头摊贩与工匠。在像马德拉斯这样的18世纪城镇中，他们可能是一个不安定和骚乱的存在。

印度现代阶级的重要元素，包括当时的小资产阶级，形成于许多乡村和城市地区。18世纪占主导地位的非农业资本家是富有的税收承包商。作为当代印度重商主义政权的财政代理人，他们能够扩大商业和银行经营范围，这些业务最初使他们有资格收农业税。毫无疑问，包税制（tax farming）也涉及其他人。小额税务承包商是村长，他们充当了直接生产者与商品网络之间的重要纽带，而他们也是商品网络的一部分。大小税收承包商都对农业生产进行直接投资，作为信贷商，向与他们有长期收益分成协议的生产者提供信贷。与税收责任相伴的警务权力使所有这些投资和相关活动对大小资本家来说都更加安全。此外，由于小领主在其小管辖区促进小型重商主义的努力，大大小小的有钱人都享有军事承包的垄断权和对一般商业责任的豁免权。

18世纪的小国建设沿用了早期大小统治者的做法，包括建立城镇和市场，投资道路、仓储和放弃征收贸易税——至少在一段时间内。通过这些手段，支付日常税收的负担转移到较小的商人和手工艺商人身上。

小农业主的生存能力已经达到微妙的平衡。他们需要一定的资本主义发展水平，以吸引富裕的农民租赁其低租金土地（这一安排使他们能够避免支付更高的固定土地税），并且他们需要一种政治制度，该制度在允许他们享有少量特权的同时，依旧对较小的直接生产者收税，这些生产者为拥有土地特权的人提供了适度的租金收入。过多的资本主义或过于强大的政治制度可能会最终威胁到这个庞大的农村中间阶层的利益，并迫使许多以前的受益者进入土地市场，而他们在土地市场中相对较弱势。

新城镇是重商主义和社群结构之间的另一种枢纽，尽管城镇增长长期以来也受到宗教发展的推动。在印度南部，城镇是寺庙和教派组织的中心，为城市中心的政治和经济功能起到了将意识形态要素普及化的作用。城镇成为19世纪东印度公司和英属印度（Imperial Raj）统治时期的行政区和区域中心。在军事上，它们是国家政权的强化设防要塞，在遭遇入侵和突发事件时用来部署士兵并提供补给，以维持秩序，并协助税务承包商收税。在经济上，它们是往来于高吞吐量国际贸易的沿海港口的大宗商品的重要分销节点。在文化和意识形态方面，城镇拥有寺庙和清真寺、教派和祭祀中心，并与周围村庄也保持联系。

可以预见，18世纪小城镇的乡村腹地也将出现新兴的现代阶级。除了商人、放债人、工匠和其他通过经济活动与各种城市市场直接联系的人外，还有农民种植者，须将他们与没有土地、形成了一个庞大的工资依赖型底层劳工阶级的农业工人一起归于一个阶级的连续统一体中。与这些群体一样，新的中下阶层植根于印度古老的社群结构，但在人口激增的城镇中拥有分支，他们成为维护当地文化/意识形态形式的中坚力量，包括宗教机构和习俗、"适当的"种姓关系以及他们为之奋斗维护的权利。

宗教和意识形态的作用

印度教和种姓关系须置于某种总体社会背景下，以便它们被赋予有益的意识形态内核，而不是一种未界定和模糊的整体解释权。种姓、宗教和价值观是由印度庞大的小资产阶级所界定的，并在一定程度上由他们所捍卫，种姓和印度教被殖民政权作为有用的社会学分析所采用，用以支持他们对印度的征服。最终，这种现成的价值体系被完整地传递给了印度独立后的继任统治政权以及我们这个时代的普通社会科学。

18世纪的国家意识形态在大多数情况下与中世纪时的没有太大差别。在由印度教教徒统治的国家中，国家即是君主，其职责（*rajadharma*）是维护所谓的宇宙法规（*varnashramadharma*），即种姓的正确秩序以及对毗湿奴和湿婆崇拜场所的保护。印度教统治者继续沿用早期的仪式来赞颂他们的统治权，比如印度南部的玛哈纳瓦米节（*mahanavami*）和其他地方的十胜节（*dasara*）。①另一方

---

① 玛哈纳瓦米节，指印度九夜节的第九天。九夜节是印度人敬拜诸位女神的庆典，每年依印度历在春季和秋季各庆祝一次。九夜节和十胜节连在一起，是一个长达九晚十天的节日，前九天为九夜节，最后一天是十胜节。

面，于14世纪建立在印度北部发展起来的苏丹主义（Sultanism）的世袭制形式之上的穆斯林军事化统治，在次大陆上大多数地方蔓延开来。穆斯林统治者在寻找其自身合法性来源方面不如印度教教徒那么费心尽力。他们甚至没有向任何在伊斯兰世界中自称是哈里发①（Caliph）的人寻求任何合法的证明。18世纪印度各国家的意识形态匮乏，在一定程度上解释了其在欧洲人，包括英属东印度公司在内的不算大的军事威胁面前仍然不堪一击的原因。

然而，意识形态在国家级别之下的层级却蓬勃发展。在当时的穆斯林和印度教社群当中，都进行着十分活跃的改革、综合和意识形态重建的文化运动，这些运动的主要筹办者和焦点人物是牧师和毛拉、集市商人中的学者型指导人、中农以及城市和农村社会中其他高层次和较普通阶层的人士。他们对文化政治的参与反映在印度南部的城市混乱中，这些混乱是由左手、右手种姓②的双重划分，以及分别代表印度南部乡村和城镇居民各自守护神的女神神殿大量涌现而引起的，而在印度北部似乎也是如此。

殖民时期，地方性、社群主义者群体的转型和竞争仍有待研究，特别是18世纪的社群的自我意识，或称"社群主义"，与后来被视为是"社群主义者"（communalist）动员之间的联系。从19世纪早期开始，殖民政权就决心要取代一切有可能危及或哪怕仅仅限制对英属印度的政治忠诚的焦点势力，社群体系里许多拒绝服从东印度公司的机构和个人被摧毁了，其中包括印度南部的大多数"波

---

① 哈里发，意为先知穆罕默德的继承者。穆罕默德死后，其弟子以 Khalifat Rasul Allah（安拉使者的继承者）为名号，继续领导伊斯兰教，随后该名号被简化为哈里发。

② 印度右手种姓（valangai）指参与农业的种姓，左手种姓（ldangai）指参与制造业的种姓，双方斗争比较激烈。这种二元划分大致始于10世纪，一直持续到20世纪初，在印度独立后几近消失。

利加尔"①（poligars）和其他地方的许多"顽抗的"族长和罗阇。在19世纪初，像约翰·马尔科姆（John Malcolm）和托马斯·芒罗这样的殖民地的"奠基人"，他们很谨慎地对待印度区域性管理机构根据各种地方当局和等级制度所制定的统治方式，而这些地方当局和等级制度的合法性又源于与占优势地位的有地种姓（landed castes）和寺庙、清真寺、学校以及神学院等重要文化机构的联系。

没有社群的国家：社群作为社群主义

到19世纪后期，在1857年印度民族大起义之后，英国的政策旨在破坏社群的地方基础，这样的政策是通过几种方式实现的：将以前的地方首领转变为从属型地主，任何抵制这种变革的努力都被瓦解；拆分细化以前的统一领土；通过法律上的改变将以前属于群体的权利个人化；还有一部分是通过偏袒某类团体和个人。在这种情况下，文士种姓（scribal castes），特别是婆罗门人，兴旺起来，而长期被认为应该对民族大起义负责的穆斯林遭受了苦难；大多数地主都从中受益，而大多数佃户和无地劳工都蒙受损失。

然而，社群作为某种普遍道德的地方性体现的观念仍在继续，并且随后人们又构想出了通过社群主义促进某些群体利益的新方法。从历史和目前的情形来看，社群是印度人认为自己在其中出生、社会化并最终必然会延续的东西。他们出生在特定的地方，有语言、社会和种姓群体、政治和文化归属。地域性和时间性，或历史，一直是并仍然是社群的关键层面。"社群主义"是动员的手段，是激起人们采取行动的标志，这类行动通常是大规模和暴力的行

① 波利加尔，16世纪至18世纪南印度统治者所颁布的封建贵族头衔，为地方的行政和军事统治者。

动。这方面有一些众所周知的例子，首先是建立种姓协会（caste associations）以回应英国人在人口普查中使用的种姓类别，这些协会的目标是对殖民者推定的排名提出质疑，并挑战高等级种姓对低等级种姓的诋毁。19世纪后期，"牛保护"（cow protection）和"文字改革"（script reform）运动——后者要求用天城文（Devanagari）写的印地语（Hindi）取代用波斯语（Persian）文字写的乌尔都语（Urdu）——被证明是动员印度教教徒对抗穆斯林的有效手段，经常以此作为抗议某些地方性的令人不满事件的手段，或由此取得一些地方优势。

在这些复兴和改革运动中，增加了对单设选区的政治激励措施。1909年的莫莱–明托（Morley-Minto）改革改变了曾在19世纪60年代时向当地选民开放席位的填补方式；穆斯林拥有了一定数量的席位，他们有权选举自己的教友。[①]官员们认为，这种对民众政治参与的适度让步，只是承诺将印度教教徒与穆斯林分开，但印度自独立以来的大规模选举不可避免地造就一些能唤起记忆的、动员性的符号与口号，这些符号和口号对各种社会分歧起了推波助澜的作用。社会复兴主义和单设选区共同作用，通过将种族、语言和宗教因素视作有界限的法律/行政类别的组成部分，重新定义了社群。20世纪初的这种重新定义对印度的政治生活将是一把双刃剑，并将为分治[②]创造条件——尽管不是必要条件。这对印度民族主义而言是个悲剧，但不是唯一的悲剧。

---

① 莫莱–明托议会改革法案（Morley-Minto Reforms Act），即 "1909年印度政府法案"（The Indian Councils Act 1909），因由当时印度事务大臣、自由党政治家兼作家约翰·莫莱（John Morley）和时任总督第四代明托伯爵（4th Earl of Minto）共同起草而得名。该法案在印度引入特殊选民团体，如穆斯林有专设名额。

② 此处指1947年的印巴分治。

民族主义以几种方式加剧了涉及社群主义的活动。首先是英国人对受过教育的印度人提出的参与行政管理、协商制定政策，以及政府支持印度经济的要求所做出的操纵性反应。1909年的独立选区代表了帝国政策从敌对到支持穆斯林的转变，从此以后，他们和地主们一起，成为反对英属印度时期中产阶级专业批评家的堡垒。

但是民族主义者对社群主义形式的组织和鼓动做出了更多的贡献。1925年，国民志愿服务团（Rashtriya Swayamsevak Sangh，RSS）作为一个文化组织成立了，使印度教成为印度政治生活和民族主义斗争的意识形态核心，几十年来，它成功地赢得了包括一些领导人在内的许多印度国大党运动成员的支持。除了对原始宗教情绪的诉求外，民族主义政治中的宗教部分还反映了印度民族主义的脆弱而混乱的另类意识形态基础。其他一些外围组织从RSS中涌现了出来，其中包括世界印度教大会（Vishva Hindu Parishad,VHP）、印度青年民兵（Bajrang Dal）和印度人民党（Bharatiya Janata Party,BJP）。所有人都致力于推翻国大党的世俗主义纲领。

在圣雄甘地领导国大党期间，为了推进第一次世界大战后的自由斗争，印度掀起了一场群众运动。在1920年的那格浦尔（Nagpur）大会上，出现了一种新的意识形态特点，它将为其他种类的社群主义思潮奠定基础，从而把印度政治带入一个不确定的未来。甘地在那格浦尔大会上敦促对印度国大党党章进行改革，将语言区而非英国所设的省作为国大党组织和动员的基础。按照甘地的意图，政治行动和宪政可行性基于语言，这让那些之前被精英统治者排除在外的人能够参与甚至最终领导国大党。相应地，不仅国大党的成员构成出现了从高等职业、受过西方教育的城市男性向中下阶层比如教师等较低等职业成员的阶层转移，而且还为农民和其他中下等级种姓群体提供了提升他们的职业前景的机会，使他们与那些受过良好教育、有专业资格并长期操控着党派的人进行竞争。与此同时，那些尊贵的种姓以及城乡中下层阶级所普遍信奉的宗教，也都得到了新的重视，这是20世纪最普遍的公共话题。最后，甘地坚持国大党纲领中应回避阶级诉求，这意味着其他形式的动员活动获得优先考虑——最持久和最危险的是宗教活动——而印度穷人的正义要求却始终遭到拒绝。甘地只希望能够有一场能将印度从英国统治下解放出来的统一的群众运动，一场没有内部分裂的、他能够用个人魅力掌控的运动。

虽然寄予厚望、满怀理想并提出主张，但最终未能使印度人摆脱偏见、贫困和压迫，这可以使半个世纪以来摆脱外国统治的自由运动显得无足轻重。社群主义的修辞，无论是语言学的还是次民族主义的（subnationalist），种姓的还是印度教的，都只会越来越多地为殖民征服下由资本主义所形成的阶级服务。殖民政权及其民族主义反对者都使用"社群"这一概念，这就是为何社群主义未遭摧毁。"社群"这一概念在20世纪期间被剥离了其历史性的政治、社会、经济和文化属性，它仍是一个被粉饰过的怪物，一个意义的外壳，容易被相互斗争的团体和阶级操纵，尤其是印度小资产阶级的教士/政客们。印度民族主义运动选择不反对阶级压迫，因此，被重新塑造为"社群主义"的"社群"理想，虽然蓬勃发展但仅仅是一个修辞的外壳。

完整的循环：受压迫者的宗教诉求

直到最近，其他也借助某种宗教习语来推动他们正义呼吁的声音一直都被忽视。这些团体从属于小资产阶级，同时也是他们的受害者，小资产阶级成功地将宗教社群主义作为其意识形态，就像专业资产阶级将世俗主义作为他们的意识形态一样。在一个不再存在完整的和有生命力的社群来赞美或维护的时代，宗教继续为索偿诉求提供一种语言，即使这些只是被压迫者的渴望，并终将是无效的恳求，他们希望他们的压迫者能够被传统束缚，能因旧价值观而羞愧，从而做到品行端正。不过，达利特人（dalits，被压迫者）利用宗教论点来推进其正义主张的努力至少值得简短的评论。

为什么印度社会中那些因身份污染（ascriptive pollution）而总是被禁止参加一般宗教活动的人，现在要用宗教术语来表达他们的诉求呢？18世纪末殖民当局的建立消除了次大陆中除土邦（princely state）以外的大部分王室权力。作为对王室裁决的取代，东印度公司成立了法庭，其职权范围是根据英国人对古代道德文本《法典》（*dharmashastra*）的理解来执行"传统"法律的一个版本。但是，法庭无法填补以往根据社群惯例和习俗做出的协商一致的裁决准则留下的空白。因此，只有宗教仍然是社会裁决的基础，东印度公司的政策非常愿意让乡村五人长老会①（panchayat）和马汉特②（mahant）解决殖民当局不感兴趣的争端，例如谁愿意或不愿意崇拜谁，谁有受人尊敬的地位，等等。小资产阶级宗教压迫的最直接受害者被迫求助于这些机构和这样的措辞。

印度的社群主义政治，同中东和美国的宗教激进主义政治一样，反映了中下层阶级大部分人民的利益和恐惧，他们的经济保障和社会保障都岌岌可危，而且他们自己也意识到了这一点。一方面，现代资本主义的危险在于它很容易粉碎持有较少财产者和卑微

①乡村五人长老会，又译作"潘查亚特"，古代印度的一种乡村自治组织，由五个属高级种姓的村社长者组成，拥有行政权、立法权、司法权。

②马汉特，在知名宗教场所任职的高级神职人员，尤其指庙宇的总祭司或修院的院长。

职业者长期享有的保护和微小特权。另一方面，包括印度在内的所有社会中最贫穷的人都要求社会正义。在20世纪，政治家们的承诺助长了穷人们对更好的机会、资源的欲望和渴求。在印度，由于其有力的民主制度和积极的选举参与度，这些期望通过频繁的竞选活动得以保持活跃。但是，如果大众能从中获益的话，那他们只是从那些稍微富裕一点的人身上获得好处，非常富有的人的财富是永远不会有风险的。印度的中下层阶级，似乎就像其他地方的一样，用宗教符号来掩饰他们经济地位的脆弱性——在此是藏红花色，在彼是黑色。[①]在印度、伊朗和美国的得克萨斯州，这些符号象征着传统正义，以及对事物原貌的维护。在印度，与世俗主义联系在一起的、非常富有和有权势的人，激发了中下层阶级对建立一个更好的国家的渴望，但也使他们明白实现这个目标对他们来说是多么不可能。赤贫者则扬言要选择更为恐怖的替代方案。面对带有危险的变化，宗教为维持勉强现状的人提供了一种替代性话语。

历史学家的选择

正如前面已经提到的，像这样一本书，可以，而且也许应该，按从现在到过去这种顺序撰写或阅读，不应将它视为对按时间顺序展开的事件的记录，而应将其视作一种叙述。首先，它叙述了居住在印度次大陆的这些人类如何设计出应对地貌多变的栖息地的方法，还有他们为塑造和延续其社会而创立的思想与制度，以及他们如何利用机会，如何应对来自外部的威胁，后者往往通过同化具有威胁性的外来者而实现。

---

① 藏红花色，或称橘红色，是印度教及印度人民党的标志性色彩。黑色则是印度国民大会党的标志性色彩。

　　但还有另外一种叙述：我自己对那段漫长而复杂的历史的看法。这是集知识、经验和情感三者于一体而产生的综合结果，这些知识、经验和情感形成了我目前对印度次大陆历史的态度和理解，并影响我如何评价对历史事件和进程的旧看法以及那些尚未得到太多关注的新解释。

　　如果重要的史料证据被披露，从而将改变根本性的理解认知，那么对于一位历史学家来说一定算幸运。当一种历史学像印度历史学一样存在了两个世纪之久时，这种情况就很少发生。比新证据更有可能出现的是方法和理论的改变，要求对旧证据进行重新评估，或考虑以前未列入的证据。过去二十年来，已经出现了这种新解释。比起新证据，新解释更多地重塑了本书所提出的印度历史的理解和评估准则，还指出了审视印度历史的某些重要议题。一个例子是底层研究的兴起：从社会底层入手写历史，而不是只关注那些主宰着过去的文献记录、文物和考古遗迹的统治者和精英们。另一个例子是性别研究的迅速增长：将以前被忽视的一半（被认为是邪恶的一小半）印度人纳入视野之中，尽管她们一直被忽视，但在历史上和目前都更有权势的一半人①的意识形态和思想中，对另一半的监管却占用了如此多的时间和空间。第三个例子是环保运动的兴起，由于受到甘地主义的激励，并推行了世界上第一个由政府资助的计划生育方案，印度在这方面发挥了先锋作用。当事件及状况影响到相当程度上无法发声、目不识丁但又人数众多的下层社会群体时，要梳理出对其有意义的解释，就需要对历史证据有新的态度、理解和敏感度，我仍在努力做到这一点。

---

　　① 此处指男性。

第二部分

古代印度

第二部分年表

公元前 100000 年之前	分散的石器时代遗址
公元前 40000 年—公元前 10000 年	中石器时代
公元前 10000 年—公元前 7000 年	细石器工具的使用
公元前 7000 年—公元前 4000 年	驯化动植物的证据；梅尔加尔
公元前 4000 年—公元前 2500 年	铜和青铜；编织和陶艺
大约公元前 3000 年	俱卢之战的推测日期
大约公元前 2500 年	哈拉帕文化的发端，城市遗址
大约公元前 1500 年	哈拉帕城市的衰落或瓦解
大约公元前 1300 年	雅利安人对印度北部的渗透
大约公元前 1200 年	早期吠陀经典的构成
大约公元前 1000 年	铁器的使用
公元前 1000 年—公元前 500 年	晚期吠陀经典和婆罗门
大约公元前 900 年	俱卢之战可能的实际日期
公元前 8 世纪	十六"雄国"形成的时期
公元前 7 世纪—公元前 6 世纪	大国的兴起：俱卢国，般遮罗国，拘萨罗国，摩揭陀国
公元前 6 世纪晚期	波斯国王大流士一世占领犍陀罗国和信德
大约公元前 550 年	大雄尊者的诞生
大约公元前 480 年	释迦牟尼的诞生；大雄尊者的离世
大约公元前 400 年	《罗摩衍那》和《摩诃婆罗多》的成书；释迦牟尼的圆寂

大约公元前 360 年	难陀帝国在华氏城建立；十六雄国的衰落
公元前 327 年	亚历山大大帝的入侵
公元前 4 世纪晚期	旃陀罗笈多建立孔雀王朝；波你尼编撰梵文语法；《政事论》可能的成书时间
公元前 268 年—公元前 233 年	阿育王的统治
公元前 185 年	孔雀王朝最后一位统治者被推翻以及巽伽王朝的建立
公元前 2 世纪中期	印度–希腊国王米南德一世的统治
大约公元前 100 年	萨卡人的征服和建国；耆那教分裂为天衣派和白衣派；《摩奴法论》的编撰
大约 100 年	《薄伽梵歌》的编撰；毗湿奴和湿婆崇拜的重要性上升
1 世纪	印度中部和东部地区王国的兴起；泰米尔诗歌和南部的潘地亚王朝、朱罗王朝及哲罗王朝
4 世纪早期	帕拉瓦王国的建立
320 年	旃陀罗·笈多一世建立了笈多王朝；与尼婆罗国结成婚姻联盟
4 世纪—5 世纪	早期往世书的编撰；笈多王朝的黄金年代
4 世纪	那罗陀的《法论》
401 年—410 年	法显取经，访问笈多王朝官廷
5 世纪	匈奴人入侵

远古时期

印度文明的雏形

在印度的喀拉拉邦（Kerala）和泰米尔纳德邦的最南端，在旁遮普邦北部的索安河（Soan）和比亚斯河（Beas）的河谷区间，以及在东西海岸线之间的地区，都发现了散落的石器时代遗址，根据这些遗址，印度次大陆被认为已有长达50万年的人类居住史，其中一些遗址距今约40万年至15万年。

所谓的"中石器时代"族群出现于距今4万年至1万年前，接着是最早出现于15000年前的细石器人类族群。大约在公元前7000年，部分细石器社群与新石器早期社群是重叠的，而且，这两种文化伴随着狩猎–采集和游牧田园经济持续存在于印度次大陆的多数地区。他们的日常活动往往被记录在岩画中，例如在中央邦（Madhya Pradesh）比莫贝特卡（Bhimbetka）石窟中发现的例证，该石窟是中石器时代和细石器时代的遗址，其后也有人定居。其他石器时代晚期的遗址也已被发现，其中有一半散落于次大陆本土，另一些则分布于不同的半岛或被称为南部延伸区的范围内。

大约在公元前7000年前后，新石器部落社群开始在分隔印度次大陆与阿富汗和亚洲大陆的山脉的山谷中出现。在公元前4000年之前，狩猎-采集部落已经合并演变成更为复杂、先进的农耕社群部落和手工业者社群，他们以圆形的泥封竹屋（mud-covered bamboo huts）为栖居处。已知最早的这类社群出现于俾路支省，不久，与之相似的社群出现在恒河平原及德干高原。考古学家在那些地方发现了新石器时代的元素集合，其中包括驯养的牛、绵羊、山羊以及包括水稻在内的植物。到公元前1000年左右，这些石器时代的文化融入了铁器时代的社群，并且仍区分为南北印度。

"美索不达米亚之关联"

俾路支省波伦河（Bolan River）流域有一块现在被称为梅尔加尔的地方，在那里定居的细石器工具制造者们，开创了印度人类组织的新阶段，它颠覆了所有先前与此相关的早期社会的观念。从欧洲学者在19世纪后期首次涉足印度史前研究开始，一种单一的思维范式一直处于主导地位，它包括以下关于印度西北部文明的观点：

1.一种城市文化，或称文明，在公元前3000年中叶忽然间出现了，这与旧世界的其他地区相比是比较晚的，因此被认为是来自美索不达米亚或者其他亚洲西部地区的殖民者的庄园。

2.这种城市文化在印度河流域的大部分地区保持了稳定和统一。

3.之后它突然整体消亡了。

4.这一消亡是因为受到来自中亚草原的印度-雅利安人的进犯。

这样的范式直到20世纪50年代仍居主导地位，其依据的是非常有限的数据，缺乏实质性的地层学分析和定量分析，而且，基本忽略了那些已知的位于信德省和旁遮普邦考古点之间的生态差异，对城市出现前人类的栖居状况也鲜有关注。

考虑到在现代印度研究的第一个世纪中那些已知和未知的东西，这样的研究范式也只能如此。在印度河流域城市被发现之前，欧洲学者对它们的存在没有一丝提及。摩亨佐–达罗古城遗址的发现完全是偶然的，因为18世纪后期至19世纪的梵文和语言学的研究都只关注印欧语系的古老性，日耳曼语系曾经与之有关联。从一开始，对于那些学者而言，关于印度，学术上有价值的就是印度"雅利安入侵者"的吠陀赞美诗，这些赞美诗激发了人们对梵文的崇敬和兴趣，但也明确揭示出梵文来自其他地方，它不被认为是最初的印度语言。

在最近几十年中，我们对所谓的"印度文明"的理解已经发生了很大的变化。促使许多人放弃旧观点的原因是，越来越多的证据表明，在约公元前2500年城市出现之前很久，西北地区就有了农耕社群，这些农耕社群不断演变成城市形态。梅尔加尔是此类社群中最早的一个，那里已积累了许多实物证据。新石器时代的社群开创了一个新时代，这个时代在公元前500年左右达到鼎盛，那时，一个被称为"印度文明"的东西的雏形业已形成。20世纪70年代梅尔加尔遗迹的发掘结果表明，这一时期比迄今为止的标准历史记载所估计的要更久远。

长期以来，人们一直认为，印度经由原史时代而从史前时代进入到信史时代，这个过程是由次大陆以外的力量决定的。在20世纪20年代那些庞大的印度河流域城市遗址被发现时，它们很自然地被认为是古代美索不达米亚城市在域外的延伸，而非次大陆本土的杰作。这种观念一直持续到在印度西北部发现了许多前城市考古遗址。这种观点，加上对外来文化在语言学上的偏见，解释了为什么若干个错误观念直到1947年殖民统治结束后还有余波。

印度次大陆的后殖民国家——印度共和国和巴基斯坦共和国——的政府，决心对当时那些主流观念所依托的匮乏的史前知识进行挖掘和扩充。通过启动雄心勃勃的考古计划，并以新理论为指导，他们成功地转变了我们对于印度次大陆史前文化方面的观念。次大陆史前文化拥有大量的物质证据，但无文字记载史料。此前人们对于前城市化各时期的活动实际上一无所知，并臆断这里的城市文化是于公元前3500年前后由外部引入的，现在有理由相信，次大陆本土的前城市阶段，始于公元前7000年，其后在大约公元前3500年迅速过渡到完全成熟的城市化阶段。这种城市化过程可能肇始于与外部接触的促进作用，包括贸易；然而酝酿时长则表明它是源自内部。

从农耕社群到城市结构

公元前7000年的梅尔加尔居民，使用泥砖建造带有数个房间的建筑用来居住和贮藏，他们还制造石器，用来收割他们自己种植的大麦和小麦，以及用当地出产的或进口的材料制作装饰品。他们在掩埋逝者时会随葬一些工具和饰品，并且会将驯养的山羊作为祭品。最早的生活层（occupation levels）之上的建筑层（layers）展现了到公元前5000年时其他方面的发展。建筑物已经变得更宽敞，其中一些专门用于储藏，估计是服务于定居点内的所有居民。手工艺品的数量已增加到一定程度，这表明该定居点开始专门从事诸如篮筐、羊毛和棉纺织品、手工陶器和铜器皿等商品的制作。这些变化似乎都不是源于遥远的外部，而是一直延续到公元前4000年中期的本土化发展，那时出现了更多新的生产形式：用轮制陶器代替手工制作的陶器；使用更大的铜锭；采用新的采矿和冶炼技术；对驯养牛的消费量比同期古代世界上的任何其他地方都要高。

到公元前3500年，梅尔加尔占地75公顷（三分之一平方英里），并为奎达（Quetta）山谷的其他社群提供了服务，这些社群后来成为考古学的研究对象。在其中发现了梅尔加尔陶器和其他产品，以及哈拉帕物质文化特有的印章和女性雕像。到这时，也就是大约公元前3000年，在俾路支省和印度河流域的邻近山谷中，也被证实出现了类似的演化发展，显示出围绕一系列连贯的文化元素所产生的变化，这些文化元素为后来的人们所熟知的哈拉帕文化的出现奠定了基础。

哈拉帕国家与社会

上面概述的被当今学术界所摒弃的范式所涉及的就是这种文化。近年来，人们了解了有关哈拉帕定居点的许多知识。在西北地区1000平方英里的三角形地带中，已知定居点的数量现已超过400个。目前很少有学者支持那数百个定居点是从西亚移植过来的这种观点，原来的旧观念已被几种不同的观念所取代，这些新观念说明了公元前3500年至公元前2500年之间，源自像梅尔加尔的新石器时代定居点的几个大城市和许多较小的附属社群是如何继续保持平稳发展的轨迹的。此外，一些学者已考虑到，可能会有突如其来的一系列外部刺激，促使旧的进化过程骤然进入新的城市形态，而印度河的下游、上游的摩亨佐－达罗和哈拉帕的大城市则是这些新的城市形态的代表。已知的哈拉帕遗址中，没有一个包含有能够证明两种假设的真伪的地层序列，因此，有关印度河城市化进程的问题仍然悬而未决，哈拉帕文明的其他方面的问题也是如此。

一个持续存在的谜团，涉及可能存在于公元前2500年左右的国家的性质。在假定印度西北部城市是美索不达米亚的殖民地的前提下，政府的模式被认为是相同的。人们提出了神权政体（theocratic polity）这一说法，它的中央集权控制程度超过了任何已知的西亚地区，因为印度城市所管辖的区域要大得多。人们认为，这个统一的国家从公元前3500年成立以来一直治理着广阔且具有同质文化的区域，直到公元前1500年左右被摧毁为止。

现在，那种假定的同质性被认为是过分夸大了，特别是考虑到由哈拉帕文化元素的分布所界定的区域覆盖了158000平方英里。所以，行政网格的延伸距离需要将哈拉帕城与最近在阿富汗北部的索尔图盖（Shortugai）发现的哈拉帕遗址群连接起来，但这是300英里的距离，考虑到地形和当时的运输条件，这非常不可能。

这些遗址的每个子区域都包含一个或多个人口密集的集群，它们位于河谷或沿海地区，因生态差异而区别于相邻的子区域。正是在这几种环境中，城市出现了，每个城市都成为一个农业村庄腹地的商业门户，而且现在认为，每个城市都是复杂的酋长制的地方政府的所在地，这种政府采用等级制，其权力、职能及合法性的来源都很多样化。除此之外，现有的证据不能让我们进一步得出什么结论，我们只是要强调，这种文明本质上是一种本土的发展，是在政治形式和其他方面与其他文明都不同的情况下演变而来。

没有任何文献可以解释摩亨佐-达罗和哈拉帕那些庞大"城堡"（citadels）和其他纪念性建筑中所隐含的高度城市控制，但人们认为，这些建筑所隐含的"政体"也会令人印象深刻，尽管这些城市不是同时，而是先后在一个不断变化的政治秩序中作为政治首都。这样的一个政体或多个政体本来会拥有堪与当时世界上任何一个政

地图2 哈拉帕文化

府媲美的强大权力，包括第三至第六王朝的古王国时期的埃及或位于克里特岛（Minoan Crete）的米诺斯文明。不过，直到很久以后才有了可以确凿证明有关该"政体"或任何其他印度"政体"的文献证据。

无论它们的政府是怎样的，要维持这样一个由主要城市组成的网络，都需要很高水平的剩余生产、商业和精细的分工，而所有这些都在考古发现的外贸货物、作坊和谷物储存设施的遗迹中得到了证实。木材在建筑行业中被大量消耗，尤其是用于烧制建造华丽建筑和排水工程需要的砖块。实际上，森林砍伐和最终的河流侵蚀可能迫使印度河流域城市的撤离以及向东部和南部新土地的迁移，在那些地方，对较小的城市地区和农业居住区的考古发现了哈拉帕文明特有的商品和建筑遗址。

不过，由于没有发现任何可以被确定为专供国家独裁者使用的寺庙或宫殿的建筑，也没有可能保护他们免受攻击的坚固城墙，进而可推断一个强大而统一的政治体系的存在是不大可能的。在发掘出的众多当时的墓地中也没有发现任何可以支持统治贵族有可能存在的墓葬品，而且也几乎没有什么来自西亚的宝藏的存在迹象，尽管已有很多证据表明当时印度的西北部与中亚、伊朗南部、美索不达米亚以及海湾地区有着紧密的贸易关系。

哈拉帕商业

如果中央集权专制的概念已经被否定，那么西北地区城镇涉及商业活动的程度才刚刚开始得到充分认识。来自印度河流域城市的大量考古挖掘证据表明，当时有人数众多的工匠，他们生产的手工艺品被放置在公共仓库中，并通过使用黏土印章加以识别。同时还发现了规范的砝码。所有这些都证明了这些地区城市化的程度，与美索不达米亚的城市化程度和复杂程度相比也毫不逊色，因为摩亨佐-达罗、哈拉帕以及在旁遮普邦和古吉拉特邦发现的几处新遗址，面积超过400英亩，约合2.5平方英里。青铜时代文明（bronze age civilization）的两个欧亚区域之间发生了交流，美索不达米亚因农业和畜牧业高度发达，故能出口谷物和动物制品，还有锡。从印度出口的产品，有来源于印度西部，从喜马拉雅山麓延伸至德干高原的一块地区所出产的一系列木材产品、一些铜和宝石、用于给织物

图1 来自印度河谷一枚印章的印记，描绘了一头背上有肉瘤的公牛（*Bos indicus*）。来自摩亨佐-达罗（公元前2500年—公元前2000年）。这些文字还没有得到令人满意的破译（BM OA. 1947. 4-16.1，由大英博物馆受托人提供）。

染色的红色颜料（这为当时纺织品生产已经成熟提供了其他证据支持）、黄金、象牙和珍珠。它们是在哈拉帕大文化区的六个不同的子区域被生产和出售的。

哈拉帕文化的衰落

至于哈拉帕人后来怎么样了，除了他们的文化并非突然终结这一点外，其他一切至今仍充满了不确定性。从公元前2000年左右开始，可以追踪到一系列高度文明的衰退迹象。那时印度河流域的许多定居点似乎都已被遗弃，但并未像旧观念所认为的那样是被摧毁的。此外，在旁遮普邦东部和古吉拉特邦出现了新的显露着许多哈拉帕文化元素的定居点。那些定居点大多数都比早期的印度河遗址的小，到那时为止，印度河流域最大的定居点已被废弃。哈拉帕文明的某些特性似乎也已经消失了，包括引人注目的泥塑印章，精美的人物雕刻和尚未破译的涂鸦。

现在，考古学家经常将这种变化了的"印度河"社会称为"后哈拉帕"，其遗址已超出东部的旁遮普邦和古吉拉特邦，一直延伸到德里以东的恒河—亚穆纳河流域。

图2　摩亨佐-达罗废墟经过大量重建后的全景图。土丘上佛塔的年代则要晚得多（由乔治·米歇尔提供）。

　　在那里，人们看到了公元前3000年使用石器以及青铜器的人，与大约公元前1000年生活在恒河平原和德干高原的使用铁器的人之间的联系。就次大陆的史前史而言，哈拉帕文化阶段与恒河流域城市化新阶段的连续性表明，城市化进程从哈拉帕和其他古老的印度河沿岸城市向位于恒河平原中部的、今日之安拉阿巴德（Alla-habad）附近的考夏姆比（Kaushambi）遗址不断推进。这一遗址的地层显示它的年代大约是在公元前1000年到公元1300年之间，但其所包含的特征则表明它与公元前500年左右形成的经典故事《罗摩衍那》（*Ramayana*）有着密切联系。尽管如此，对这一问题的较新讨论使一些学者又重新倾向于认为恒河流域地区的城市化是个新兴的过程，这一观点是基于其种植模式及其他特征，与早期在印度河流域观察到的有所不同。这种连续性和非连续性问题要想最终得到解决可能尚需一段时间。

吠陀文化

吠陀时代有几个不同的标签："印度铁器时代""第二次城市化"和"恒河文化"。尽管"吠陀文化"这一名称指出了历史发展的主要轨迹，但每个标签都是有其自身道理的。

现在已被广泛接受的观点是，次大陆在公元前1000年中期之前就开始被讲一种印欧语系语言的人种所渗透，那种语言后来被称为梵语，它与伊朗高原的古代语言有密切联系，这从古代琐罗亚斯德教的文本《阿维斯陀》（Avesta）中可得到佐证。历史语言学家发现，这为诸如马拉地语等语言的后来发展提供了合理的时间顺序基础，马拉地语具有很强的古代达罗毗荼语系（Dravidian）特征，也为波你尼的语法（大约写于公元前400年）奠定了基础，这可能是为了规范梵语的使用，以抵抗其中混入次大陆其他的和较古老的语言的强烈趋势。（事实上，一些学者在《梨俱吠陀》本身的语言中找到了达罗毗荼语系影响的证据。）这种推测显然并未推翻印度-雅利安人在一系列入侵中摧毁印度河流域城市的假说，就像后来突厥穆斯林征服印度北部的假说那样，但是这个想法现在因其他原因而被否定。

印度河流域的古印度城市是被雅利安入侵者征服和摧毁的这一观念已经失去了可信度，尽管城市衰落与来自里海周围的自称是雅利安人的人群迁移到次大陆的过程显然是同时发生的。他们的赞美诗所描绘的不是在寻找城市，而是在描绘一个更原始的社会。即使后来的梵文作品，也同样不为遗留下的任何城市遗产所动。因此，实际上，遍布于次大陆西北部达千年之久的、高度发达的城市文化神秘地消失了，一如它似乎被神秘地强加于乡村社群中那些使用石器以及青铜器的农民身上，不过前者的速度要快得多。如果我们假设印度河流域的城市是真正在本土发展出来的，而不是从西亚城市文化中移植过来的，那么，到公元前1000年，城市发展的动力即使没有完全消失，也会被遍布那片广袤地区的农牧社群的主流生活方式所淹没。

吠　陀

《梨俱吠陀》流传下来的1028首赞美诗是在约公元前1500年至公元前1200年之间由使用马匹和铁器的人所创作的，但如同长久以来人们所假设的那样，正是这种语言将"雅利安人"与其他民族（而不是种族）区分开。雅利安祭司设计的，在祭祀仪式中赞美他们的神灵的诗歌诗集，因口头传统得以保存、流传。在最早的赞美诗中，有一篇的作者对阿耆尼进行了颂扬：

> 我颂扬阿耆尼，家庭祭司，祭祀神使，首席祭司，祝福的赠予者。[1]

另一首赞美诗《创造之歌》可能是最早记录下来的，关于对知识的本质和创造过程怀有疑问的表达之一：

> 黑暗一开始就被黑暗所掩盖。没有区分的迹象，万物皆是水。空虚所掩盖的生命力量……通过热的力量产生。
> 谁真的知道？谁会在这里宣布？它是从哪里产生的？这一创造从何而来？随着宇宙的创造，众神随之而来。谁真正知道它的起源呢？

　　从哪里产生了这个创造物——也许它是自己形成的，或许不是——一个在最高的天堂俯视的人，只有他知道——也许他不知道。[2]

　　在这里，没有一神论的确定性，是《创世记》的开篇里所表述的没有形态的虚空。吠陀赞美诗赞美各种神灵，人们供奉他们。其中最主要的是战神因陀罗（Indra），他的雷霆和战车部队使许多被称为达萨（*dasa*，后来成为贬义词）的非雅利安族首领头晕目眩，并被他击败。受到赞颂的还有：战车上的苏利耶（Surya）和辩才天女（Savitir），还有另一个小太阳神毗湿奴；神秘祭祀的圣火守护者阿耆尼（Agni，与拉丁语 *ignis* 同源），同时也是摧毁雅利安部落敌人所藏身的森林和开辟新耕地的实际力量；还有众神之王伐楼拿（Varuna），他与狂热的因陀罗完全不同，因陀罗热衷于斗殴，容易被机巧的宗教仪式所操纵。伐楼拿是一个有道德和判断力的神，不因祭品的诱惑而动摇，也不像其他神一样会被兴奋剂或苏摩（*soma*）酒所迷惑。

　　雅利安人宗教的核心是由经验丰富的婆罗门祭司精心打造的祭祀活动。《梨俱吠陀》中所附的一首赞美诗《原人歌》（*Purushasukta*），虽然是在吠陀时代后期创作的，但仍肯定祭祀的中心地位。

　　众神献祭"众生之主"普拉贾帕蒂（Prajapati），或称"原人"（*purusha*），万物均源于此。在一切事物、动物都被创造出来之后，普拉贾帕蒂被分解的四肢化成了人类（尽管如此，他似乎在这场祭祀中幸存了下来）。

　　当众神以［众生之主］所化现的人当作牺牲品献祭时，春天是融化的黄油，夏天是燃料，秋天是祭品……婆罗门是他

[众生之主] 的嘴，他的手臂造就了战士 [罗阇尼亚（rajanya）
或刹帝利（kshatriya）]，他的大腿成为吠舍（vaishya）[自由的
农夫和商人]，首陀罗（shudra）[仆人] 则从他的脚上诞生。[3]

这种仪式能量的惊人景象反映了作为仪式负责人的祭司所享有
的巨大声望和特权。但是，所有这些都不是一本正经的清苦生活和
祭仪上的牺牲，至少对于这些赞美诗中所描绘的众神、先知和统治
者来说不是。性、运动、赌博和饮酒也是其中的重要部分，甚至还
包括慈善工作。双马神（Asvins，或称"驯马者"），治愈了一位
女性先知戈沙（Ghosa）长期以来使她无法结婚的皮肤病，并给了
她和她丈夫一个儿子，由于后者年事已高且性无能，他们原本无法
生育。他们解救了遇难的水手，并为一名在战斗中失去一条腿的女
战士提供了一条铁腿。（在古代勇士文学中，有令人惊讶的同情心，
《梨俱吠陀》中的人满怀同情心地对待残障人士；例如，失明似乎
并没有使妇女失去婚姻资格，而是成为父亲和丈夫都需表现出特殊
宽容的原因。[4] 妇女更严重的问题是缺乏财富和才华，但是即使这
样也可以补救。[5]）

奥义书

伴随着这些神圣的、家庭宗教仪式上使用的和富于哲思的赞美
诗的盛行，一种对它们进行解释的宗教准则应运而生。吠陀时代后
期的三本吠陀经——《娑摩吠陀》《夜柔吠陀》和《阿闼婆吠陀》，
分别对应要唱的礼仪经文、要念出的神咒以及指导祭祀仪式的施行
方法。《百道梵书》（*Satapatha Brahmana*）就是仪式手册（称为
Brahmanas）中重要的一种，对在精英人士的家中，以及在特别建

造的祭坛上进行的公开活动做出了规定、说明。另有两部更进一步的注释谈到了某些《梨俱吠陀》赞美诗的神秘含义。这些被称为森林书（Aranyakas）或森林文本（包含的知识如此秘密，仅应在森林中隐蔽的地方学习），以及奥义书，这两者被认为包含关于救赎和神之本质的秘密知识，并且对后来的佛教神学有重大影响。在其中一本奥义书中，《原人歌》中的"他"是一种更抽象的宇宙本体存在，而不是一个人：

> 他环绕一切：光明，无形，无垢，无罪，纯洁，未受邪恶影响。他是一个智慧而无所不在的先知，他独立存在，他永远完美分配一切事物。[6]

在另外一部稍晚的奥义书里，神圣意志开始倾向于人性化和一神论。楼陀罗（Rudra）与湿婆相关联，这预示着后来的宗教信仰中对于神的概念：

> 楼陀罗是唯一的，他独一无二，他用自己的力量统治了所有世界。他站在万物的背后，创造了世界所有的一切，保护着它们，并在时间的尽头将它们收回。他生活在所有众生的面前……他生活在所有人的内心最深处，他是弥漫于一切中的湿婆。[7]

《梨俱吠陀》中的印度世界，仅限于萨拉斯瓦蒂河和印度河以及后者的支流所界定的区域，也就是说，主要是旁遮普邦和西北部的山区，很少涉及恒河流域。然而，后来的吠陀经确实谈到了恒河和一条由火焰标出的，通往萨达尼拉，即今日之甘达克河（Gandak River）的明显路线，这条路线划定了早期的印度-雅利安人的疆界。

清除森林

公元前1000年至公元前500年之间，铁制工具和武器为整个恒河流域的农业社群扩张提供了技术基础。用更坚固的铁制武器和工具代替铜制工具和青铜工具的一个重要后果是，清除恒河两岸的森林变得更加容易了，这样就可以在那片肥沃的土地上进行耕种。从据认为是在公元前800年到公元前600年之间写成的仪式手册《百道梵书》中可以推断出，大部分植被都被焚毁了。书中记载，烈火之神阿耆尼在恒河西部山谷至东部设置了一条烈焰之路，从而将某些地区奉献给雅利安人。阿耆尼到达现在的比哈尔邦后，命令跟随他沿火路行进的雅利安酋长维德加·马塔瓦带他越过甘达克河（当时称为萨达尼拉），以使远方的河岸也被神圣化，从而为雅利安人所占领。此后，甘达克河以东的新的圣地由维德加·马塔瓦统治，现在称为毗提诃（Videha），为印度列国时代的十六雄国。

铁器取代青铜器，定居性农业取代游牧畜牧业，这一切为公元前1000年左右开始的、新的政治巩固时期奠定了基础。恒河流域的许多小城市反映了农业发展和国家形成的双重过程。在这些过程中，大约在公元前8世纪至公元前6世纪出现了一系列君主制，第一个帝国政权——孔雀王朝，在公元前320年左右出现了。在哈拉帕之后的考古记录中，可以瞥见广阔肥沃的恒河平原如何逐步被农业开发，这些记录中还增加了梵文吠陀语料库的丰富文献。从这两处中都可以看到，骑兵如何用铁制武器将其统治权强加于其他民族的细节，首先是在旁遮普邦和西部恒河平原，然后是整个平原直至孟加拉的恒河三角洲。它应该是一个渐进的变化过程，而不是经常使用的"雅利安人入侵"一词所暗示的激变。考古学和吠陀文献使得两种变化可以同时追踪：一种是完全定居的农业经济；另一种是从基于血统的氏族社会到更复杂的社会和政治形式，而这些特征为印度随后的所有发展打上了烙印，并使之与众不同。

雅利安人的社会分化

在吠陀时代的后期（即公元前 1000 年至公元前 500 年之间），印度–雅利安婆罗门的宗教祭祀活动获得了很高的地位，雅利安人群体的主要地点已经从旁遮普邦的河谷和拉贾斯坦邦北部的平原，转移到由恒河和亚穆纳河形成的平原西部。在这个肥沃的恒河—亚穆纳河中游地区，农业很快取代了畜牧业，成为主要的生产方式，定耕的村庄种植和灌溉农田取代了雅利安牧民的游牧生活。饲养牲畜和靠饲养牲畜生财的人仍然是雅利安人中的最高等级和统治氏族，称为罗阇尼亚，但是，所有定居在恒河平原的雅利安部族以及与他们一起居住在那里的非雅利安部族，都越来越多地将土地视为财富。早期雅利安族长的最可取的品质，是能成功地掠夺牲畜，但此时更受人尊敬的品质，是将雅利安部族纳入更大的政治集团时所需具备的巧妙娴熟的管理能力。例如，吠陀时代晚期地位最高的雅利安部族是般阇罗（Panchala），它由五个先前独立的部族组成。以及由较早的被称为波鲁斯（Porus）和婆罗多（Bharatas）的部族组成的俱卢人（Kurus）。

除了将较弱的部族聚合成更大、更强的部族之外，后期的吠陀经文和与之同一时期的佛教故事《本生经》（*jatakas*）中还揭示了其他变化。《梨俱吠陀》中的雅利安人被组织成部落（*jana*），并进一步分为统治氏族（罗阇尼亚）和平民氏族吠舍（*vis*）。渐渐地，一些执政的氏族从权力（kshatra）一词中取了另一个头衔，即"刹帝利"，他们与最精通祭仪的祭司（婆罗门）一起构成了社会精英，这两个群体都为彼此的福利和利益奉献自己。婆罗门通过进行万能的祭祀仪式来赋予合法性，在祭仪上将战士转化为国王，而成为国王的人向婆罗门人提供费用和礼物作为回报。留给其他人的日常工作是为精英们提供生活必需品。Praja 一词最初是社会中这些下层的统称，至今仍表示"儿童"（即臣民），它由地位较低的雅利安人群体以及非雅利安人（可能是哈拉帕时代晚期农民的后裔）所组成。

像其他吠陀经一样，婆罗门的祭仪知识也是通过口头传播的，直到很久以后才作为书面文本传播。吠陀晚期的婆罗门将特定的雅利安族群相关的某些区域称为列国（*janapada*），即特定氏族占主导地位的地方。也就是说，他们将脚放在那里（*pada*）。Janapada 这一名字来自执政的刹帝利氏族，每一个国家都有一个统治者罗阇，作为一个能够保护其族群（*rashtra*）土地的伟大战士，通常由执政氏族的主要成员组成的大会选出。

吠陀时代后期，罗阇的臣民和受其保护的精英阶层的仆人被分为"首陀罗"和"达萨"。达萨（*dasas*）被描述为缺乏吸引力和缺乏文化气息，鼻子宽阔，皮肤黝黑，讲一种奇怪的语言，并实施"拙劣的巫术"，这与雅利安人的著名吠陀仪式相反。但是，据说许多达萨人是在雅利安部族之间的战争，以及雅利安人与非雅利安人之间的战争中被俘虏的，因此现实可能是只因战败才使他们被区分出来，而那些负面描述仅仅是胜利者对他们的侮辱。达萨被安排去耕种土地、照顾低等雅利安部族和其他氏族的牧群。被雅利安人所鄙视的人的另一种称谓是蔑戾车（*mleccha*），这个词的意思是"说话模糊不清的人"，在后来的时代中指的是非起源于该次大陆的野蛮人。

"vis"这一称呼来源于"vaishya"，起初是指农民、牧民或商人的主要家庭。这种家庭的户主在后来的吠陀文献中被称为格瑞哈帕谛（*grihapati*），在佛教文献中被称为伽罗越（*gahapati*）。他们向雅利安罗阇供奉，向婆罗门教士交费。因此，在公元前1000年至公元前500年的吠陀时代晚期，种姓制度的结构要素得以确立，《原人歌》中对此进行概述和解释：存在婆罗门、刹帝利、吠舍、首陀罗这四种瓦尔那（*varnas*，颜色或种姓）。这些类别是根据被污染程度进行排序的。被污染最少的是婆罗门，最多的是首陀罗。瓦尔那一词强化了这些等级差异：婆罗门人应该穿白色，刹帝利穿黄色，吠舍是红色，首陀罗则是黑色。在佛教时代，另一个令人难以置信的区别是，三个最高的种姓被认为有两次出生〔再生族（*dvija*）〕。他们需要参加仪式性的"第二次出生"〔再生礼（*upanayana*）〕，首陀罗则不能参加。

此外，有些群体的地位甚至比首陀罗还要低。他们被打上了不可接触的烙印，据说是因为他们的职业产生严重污染。其中包括皮革工人，他们在神牛死后对其进行处理。铁匠和其他金属工等工匠地位低下的原因并不那么明显，但这可能是因为他们的职业需要使用皮风箱。

每一种瓦尔那内部又分成较小的单位，其中的成员通婚和同食。这些单位被称为"迦提"（*jati*，字面意思是"出生群体"，但也被翻译为种姓）。实际上，迦提就是今天印度人提及种姓时所说的意思。迦提最初通常是一个职业群体，理论上每个人都是命中注定地诞生于其中。后来的作家们谴责不同迦提之间的通婚行为，并将这种联姻的后代划入低等迦提中，但实际上，迦提之间仍有一定程度的流动性，有些是两个迦提之间个体的流动（例如奴隶偶尔会被接纳进入他们主人的迦提之中），有些是整个迦提的流动，这将在下面进行讨论。

妇女的状况

在早期吠陀时期，种姓发展显然很缓慢，这使不同种姓之间的婚姻很普遍。《梨俱吠陀》中的很多内容也表明，当时妇女的地位比后来的几个世纪都要高。例如：当时女儿和儿子都接受教育；他们都同样背诵赞美诗，而且这些赞美诗所表达的意思也专门有人教授给他们。一段文字提道："一个未婚的、年轻博学的女儿应该嫁给一个跟她一样博学的新郎。"[8] 在赞美诗中，女性先知（*rishis*）与男性先知同时出现，并且，女性在苦行修道实践中的表现与男性相同或更好。这些文本通常以对话的形式出现，在对话中女性和男性都有发言权，这导致人们猜测某些赞美诗实际上是由女性创作的。女性甚至都没有被禁止公开演讲，这在劝诫新婚妻子的赞美诗中彰显："你应该以负责人的身份向集会（*vidatha*，一种大众集会）致辞。"[9]

女孩们被允许在公共场所自由走动，参加名为沙门（*samanas*）的节日聚会来寻找丈夫或恋人，并且有时还可以在外面过夜。婚姻，虽然被认为是普遍的（偶尔例外），但一般是在新娘完全成熟后，嫁给她自己选择的男人，尽管新娘的父亲以及母亲（特别是母亲）有否决权。献祭者的妻子出席并参加献祭是该仪式的一项要求。女儿可以在需要的时候取代儿子，妇女可以继承财产，而男女两性都可以通过适当增加财富来弥补在婚姻方面的不受欢迎。寡妇有被提及，她们甚至可以再婚。关于后来寡妇需要自焚殉夫这一习俗的当代证据，充其量是模棱两可的。

尽管如此，妇女结婚是为了生育儿子，期望他们为其祖先施行葬礼仪式和祭祀。妻子从属于丈夫，妇女经常被描绘成性诱惑者，使男人远离苦行和道德义务。即使在《梨俱吠陀》中，厌女主义的颂词也并非完全没有："不能与妇女建立友谊，因为她们拥有狼群或豺狼的心。"[10] 此外，到了吠陀时代后期，情况开始恶化，婆罗门既诅咒低等种姓，也更加厌恶女性，这些情绪不断增加，渗透并破坏印度社会，直到现在。《百道梵书》将女人定义为邪恶的，并宣称："女人、首陀罗、狗和乌鸦都会说谎。"[11] 同一文献中还建议应将她们排除在集会之外。对妇女的诽谤已经发展到这样的程度，以至在《摩诃婆罗多》史诗中，感到困惑的哲人王坚战（Yudhis-thira）问道："如果妇女因其本性而邪恶、恶毒，那么《法典》［正义行为］的作者怎么会要求她们与丈夫一起参加宗教活动呢？"

政治与宗教发展

在公元前 1000 年后期出现的政体，是被称为列国的酋邦（chiefdoms），并以其占领的土地来命名。他们的统治者是这些社群中氏族首领的接班人，其权力部分来自其下的罗阇尼亚（刹帝利）的支持，部分源自祭司所授予的合法性。政治权力很复杂；宗亲部族被认为是地方政权的集体拥有者；领土是由祭司通过宗教献祭仪式所授予的，族长则对此提供赞助。此外，还有几种集会，其成员有权与罗阇共享来自吠舍的贡品，因此被称为"吠舍的食客"（visamatta）。

从最大的酋邦中诞生了第一批原始君主制，其君主地位通过举行王室祭祀得以确立，并且作为皇室的仆人，朝臣也要列席祭祀仪式，以使王权得以彰显。主要的王室祭祀有国王祭（rajasuya）、力祭（*vajapeya*）和马祭（*asvamedha*），它们在佛陀时代（公元前5世纪）之前就存在，在中世纪会偶尔恢复并举行这种祭祀。国王祭是王室的献祭仪式，新国王通过此仪式被赋予神圣的力量，被视为与吠陀中的因陀罗、《原人歌》中的众生之主普拉贾帕蒂，以及毗湿奴这些神等同——所有这些都是长达一年之久的一系列仪式的结果。被神圣化后，国王的权力有时会通过其他仪式的方式更新，力祭就是其中一个。在这个仪式上，通过饮用祭司预备的充满能量的圣食，国王衰弱的精力和体力得以恢复，活力得到增强，这使他能够进行新的征服。

马祭是最著名的王室祭祀，因为它与国王在各个方向上的征服（*digvijaya*）有关。在行祭期间，国王的马被奉为神圣，并在国王的男性亲属和其他武装的陪同下自由游荡一年。不论祭马踏足何处，其主人都会宣布对马所到之处的主权，如果遇到反抗，则会受到他的士兵们的保护。作为仪式的高潮，一年之后，这匹马被宰杀，被认为是母牛（Great Female Buffalo）摩西尼（*Mahisi*）之化身的正后（principal queen）被要求与这只已死去的动物交媾。

> 当她躺在那里时，她嘲弄这匹马的性表现，并且她和国王的妃子们同祭司开着淫秽的玩笑，而数百名王后的侍女，头发半解，围着那匹马和不幸的女士，唱歌、跳舞、拍打大腿。仪式的言语部分非常露骨，实际上考验了我们前辈学者们的宽容程度。[12]

当然，只有最富有的统治者才能赞助此类仪式。

印度列国时代与早期王国

这一时期，政治机构的性质及其与当时社群的关系也更加清晰。从《梨俱吠陀》中的梵文赞美诗的创作时期（公元前1500年至公元前1000年），到公元前400年，即梵文史诗《摩诃婆罗多》和《罗摩衍那》的成书时期，小国的君主制是权力和超地方政治之所在。这些列国（mahajanapada）可以翻译为"大社群"，最早出现于吠陀时代后的宗教文献中，它们是从通常被称为"部落王国"（tribal kingdoms）的形态演变而来的。恒河流域中已有16个这样的"大社群"，这一时期的恒河流域容纳了次大陆的主要人口，而西北部的较早的定居点则处于停滞不前的死水状态。这些"大社

图3 祭马仪式（Ashvamedha-yaga）。马祭的一个净化版本，在仪式中，王后平静地坐在大祭司旁边，是唯一出席的女性。在他们面前腾跃的马，在左上角被宰杀。勒克瑙画家西塔尔·达斯（Sital Das）的水彩画，约1780年（IOL Johnson Album 5, No. 21, Neg. No. B. 7651，经大英图书馆许可）。

群"分布在次大陆北部，从西北部的首都为塔克西拉（Taxila）的犍陀罗开始，到恒河平原东部以占婆城（Champa）为首都的鸯伽（Anga），再到南部以乌贾因（Ujjain）为首都的阿般提（Avanti）。所有这些地方都出现在《摩诃婆罗多》的战争叙述中。

恒河平原的列国是前国家的政治形态。政治领导权归属于统治氏族，这些统治氏族演变成了公元前6世纪左右建立的君主制，后者包括成为征服者的摩揭陀王国，它的统治于公元前300年开始被孔雀王朝所取代，后者的统治逐渐扩展到整个恒河流域。

拘萨罗（Koshala）是另一个从北印度平原历史悠久的酋邦中崛起的国家，它位于恒河以北，由一个名为格尔纳利河（Ghaghara）的恒河支流供水。由于灌溉充足，其首都阿约提亚附近的地区能够维持农业丰产。大麦和稻米这些稳定作物的耕种使用了铁制犁，可以增加耕作深度。据记录，当地族群和定居点之间曾发生冲突，这些冲突涉及水道的控制，更密集地种植水稻所需的劳动力，以及管理用水和防止洪水所需的水坝的建设和维护。当时的佛教文献记录了拘萨罗国王对拥有土地的家庭征收税款，通过没收这些家庭的可耕种土地，以及向商人征收关税，王室从各个方面搜刮钱财，以装备军队来保卫王室贵族免受小股雅利安人的侵害。

大约在同一时间，摩揭陀王国出现在恒河以南，距阿约提亚250英里。创立摩揭陀王国的频婆娑罗王（Bimbisara），与出身刹帝利的拘萨罗统治者不同，他被称为夕仁尼卡（*srenika*，从 "*sreni*" 一词而来，意为行会），这表明他出身于商人或工匠。尽管如此，就像在《摩诃婆罗多》史诗中提到的，他还是统治了一个王国，该王国拥有8万个村庄，每个定居点都在一个族长的领导下，族长会和其他族长见面，这种重大的集会场合，国王和他的儿子阿阇世王（Ajatasatru）也会参加。摩揭陀国王在王舍城（Rajagriha）建起了一座强大的要塞之都，在重峦叠嶂的岩石高地控制河川平原。

拘萨罗和摩揭陀的统治者之间建立起了联姻关系，随着时间的推移，拘萨罗被并入了摩揭陀，最终其他一些国家也被并入，其中就包括跋阇国（Vrijji），其位于摩揭陀王国在恒河流域的国土以北约50英里处，因通过氏族和氏族集会维持较旧式的统治风格而著称。跋阇国被称为"迦纳-僧伽"，"迦纳"指由氏族组成的宗族社会，"僧伽"指政治组织的集体原则。

《摩诃婆罗多》与《罗摩衍那》

印度的伟大史诗《摩诃婆罗多》于公元前400年左右开始被编纂或创作，但可能花了几个世纪的时间才变为其最终形式。这部史诗的目的之一是描述一种君主制：史诗的一部分——《和平篇》"Shanti Parvan"——专门阐述雅利安人的王权理论，解释并描述其程序繁复的王室祭祀。按《摩诃婆罗多》所述，人类社会的发展历程，就是社会道德的重演与循环，每个循环的开始都是一次创造，这种创造依照《梨俱吠陀》中的原始祭祀赞美诗而进行，开创了一个完美纯洁的宇迦（*yuga*，指时代），即圆满时（*kritayuga*）。在这个时代，人民固有的正义使社会和政治制度变得不必要了。但是，随着时代的发展，大众道德逐渐减弱，直到"黑暗"时代，即争斗时（*kaliyuga*）随之而来。既然如此，就不得不推行政治制度：国王既要统治人民和惩罚邪恶，也要维护种姓制度，教导人们行为得体——遵守种姓制度和四行期（*ashrama*）教规。人类被教导要遵循的道路，是从适当的关于爱（*kama*）的关系开始，逐步发展到对利益和财富（*artha*）的认识和正当追求，最终领会到法（*dharma*）的概念中隐含的，更高层次的普遍道德和个人道德。这一道

图4 罗摩、悉多和罗什曼那（Lakshmana）受到魔王的威胁；来自《罗摩衍那》。帕哈里山区的冈格拉风格绘画。19世纪初（BM OA. 1926.3-1.01，由大英博物馆受托人提供）。

德之路的终点，是通过解脱（*moksha*）摆脱尘世和轮回。

正确的统治需要具备天赋和灵感的国王，而在雅利安氏族中地位最高的罗阇尼亚中并不总是能找到这样的人。能力和效率是甄选王位继承者的关键标准，而这些并非刹帝利人在出生时就能得到的，所以，《摩诃婆罗多》中允许具备能力但非刹帝利种姓的人担任国王，其道德和正确的价值观可以通过国王祭和马祭的祭仪转换，以及学识丰富的婆罗门心灵导师的指点来获得。被适度圣化的国王，无论出身如何，都能建立一种秩序，使"大鱼吃小鱼"的掠夺和不公正行为得到遏制。这样一个有条不紊的世界使雅利安人的主神毗湿奴（他自己的地位也得到了提升，较早时只是小太阳神）感到满意和愉悦，他会偶尔以不同的化身显现，帮助维持一个良好的社会，例如：化身为一条大鱼［摩蹉（*matsya*）］，那条鱼从一次毁灭地球的洪水中拯救了人类；或化身为罗摩，成为君主之典范；或化身为佛陀。

除了《摩诃婆罗多》，另一部大约是在同一时间或稍晚些时候编撰的伟大的印度史诗《罗摩衍那》，讲述了罗摩的故事。罗摩据称是拘萨罗国王，他表现出的品质成为随后所有的王朝统治者之典范。他的对手罗波那（Ravanna）是斯里兰卡的统治者，绑架了罗摩的妻子悉多，他代表着一个混乱的政体，那里没有国王，恶魔作为暴君统治人民，那里既不知道王权，也不知道种姓，对神灵同样一无所知。

这两部史诗都赞颂君主制战胜了由族长统治的、更为古老的世袭统治制度。如果说《罗摩衍那》提供了完美国王的典范，并歌颂罗摩战胜恶魔，那么《摩诃婆罗多》则描绘了一场伟大的内战，在这场内战中，君主制战胜了位于恒河流域中部地区的雅利安世袭族长制。在10万多节经文中，它讲述了当时列国之一的俱卢国中，雅利安刹帝利的两个相关家庭之间的军队部署和战斗。俱卢族在其首都象城（Hastinapura）统治着恒河的上游，而般度族则从其首都天帝城（Indraprastha）——后来被称为德里——占领了亚穆纳河的上游地区。当关键的战斗最终在俱卢之野（Kurukshetra）打响时，它决定了古代刹帝利族长制这种已持续了近千年的政治形式的命运。

尽管刹帝利作为个人或宗族可以继续在地方上占主导地位，但从《摩诃婆罗多》史诗的时代起，几乎所有国王实际上都出自首陀罗，从难陀（Nanda）王朝的创始者摩诃帕德摩（Mahapadma）开始就是如此。据耆那教的文献和往世书所说，摩诃帕德摩是首陀罗女人所生。难陀人在摩揭陀王国的领土上统治了大约一个世纪，之后又被新崛起的孔雀王朝所取代。

印度的第二次城市化

除了在当时仍然茂密的森林环境中的灌溉农业区和相对密集的人口区之外，根据耆那教文献中提到的贸易中心，这段时间还存在大量的商业互动。城市再次出现在铁器时代文化的考古遗迹和文献中，地点涉及公元前1000年至公元前500年之间辽阔而肥沃的恒河流域。然而，尽管对西起印度河附近的塔克西拉、东至恒河三角洲的遗址都进行了非常深入的考古研究，我们还是对它们感到有些困惑。有时被称为"第二次城市化"的这个过程，其神秘性随着佛教文献的编纂而逐渐减弱。城市居民的语言第一次出现在大约公元前500年的巴利语经典中，这一日期标志着印度文明早期古典模式预形成期的结束。随即开始了可追溯的千年演变，大约公元500年在笈多古典时代达到高潮，笈多王朝时代之后的印度人和现代学者都将其视为"黄金时代"。

随着时间的推移，学者对两个早期城市阶段（公元前2500年至公元前1500年之间的西北地区以及约公元前1000年至公元前500年之间的恒河平原）的重要性的看法发生了变化。现在，人们认为特定的生态条件与早期城市化的衰落有关，也就是说，城市可能是由于洪灾破坏、森林砍伐和过度耕种导致的环境退化而被废弃的，而不是由来自中亚的雅利安人入侵所导致的。古吉拉特邦有几座城市将早期的城市物质文化和一些其他特征，保留了五百多年之久，这些都支持了西北城市生态衰退的假说。古吉拉特邦、旁遮普邦和恒河东部平原上后来的哈拉帕城市的存在本身就具有有趣的含义。一种意味是，位于信德省的印度河沿岸的城市的消失并不意味着哈拉帕文化的终结。现在，人们认为公元前1000年存在一个活跃的、"成熟的"哈拉帕文化时代。旁遮普邦的情况不太清楚，只是在这里发现的定居点遗址里有普通的陶器、民用建筑和某些艺术作品（如牛和鸟的雕像及珠子）。不过，很明显，主食的作物生产已经从西部的小麦转向东部的大米。

"后哈拉帕"文化除了在时间上有所延伸之外，它还在空间上与东部的恒河流域铁器时代文化以及公元前1000年至公元前500年之间出现的城市化潮流相融合。在这些世纪中，一连串的城镇中心——城镇而非城市——应运而生，从西部的天帝城（后来的德里）扩展至整个平原，直到恒河流域东部的迦尸〔Kashi，后来的贝拿勒斯（Benares）〕。后来的发展表明，可能在公元前2500年左右，开始有一个单一的城市扩展阶段，该阶段有过较强和较弱的时刻，但无论如何，在那一阶段，城镇生活一直是古代总体文化结构中的重要元素。

这种可能性与考古学家和历史学家长期以来所抱有的看法背道而驰：他们认为印度西北部存在着一种早期的、复杂的且非常本土化的城市文化，但与原始的雅利安骑兵入侵后开始的文化发展无关，他们的梵文赞美诗为笈多王朝时代鼎盛的"黄金时代"文化播下了种子。毫无疑问，雅利安入侵者为笈多王朝时代所建立的古典文化模式的形成做出了贡献——即使仅考虑梵语的话也是如此。尽管如此，笈多王朝时代的黄金时代文化还有很多来自其他方面的贡献，特别是西北部新石器时代农业社群的后裔，还有地中海地区和东南亚的移民，甚至还有后来的来自雅利安人的中亚故乡的移民，例如匈奴人。我们基本上仍然不了解的其他文化传统也可能影响了那个发展变化中的古典模式，有些导致了南部达罗毗荼语言和文学的形成，另一些则带来了农业和手工业系统的发展，这些系统比雅利安人的简单畜牧业更加先进、生产力更高。

吠陀时代晚期的宗教

佛教和耆那教都是无神论、禁欲主义以及伦理体系，它们于"晚期吠陀"时代（约公元前900年至公元前500年）出现，并且与当时的宗教实践和信仰形成对立，当时的宗教由被称为"婆罗门"的专业祭司主持，以富裕而虔诚的捐助者资助的宗教礼仪为基础，并且其具体内容相应地在被称为"梵书"的手册中罗列出来。正是针对这种祭祀的仪式和做法，佛陀和大雄尊者确定了他们的伦理教义。之后这些教义通过僧侣们保存下来，并进行传播，这些僧侣是从包括婆罗门在内的许多社会群体中吸收来的。然而，在所有这些过程中，普通百姓的宗教活动可能并没有太大改变。在当时以及后来，他们将注意力集中在祭拜地方守护神上，祈求这些神灵的护佑，或者通过恭顺的献祭来免于被神灵故意伤害（伤害通常以疾病的形式出现）。

古典时期的笈多文化很大程度上归功于大约始于公元前500年的形成过程，这一时期通常被认为是佛教和耆那教创始人创立其教派的时期（尽管最近对证据的重新评估将他们的活动划分至一个接近5世纪末的时期）。同一时期也正是两首伟大的史诗《摩诃婆罗多》和《罗摩衍那》的首创时期。宗教和文学是古典模式的核心标志，当然也是历史证据的主要来源。两者都定义了雅利安人的文化，到公元前1000年中期，雅利安人的文化无疑是一种带有自主性传统的文化。

除了史诗和佛教经典之外，还有另一种涉及宗教和社会理论的文献，增加了早期印度社会的意识形态内容。这些传统文献被称为史书-往世书（*itihasa-purana*），其第一个词仍表示"历史"，第二个词表示"古代传说"。它们中的大多数最初都是大家族的家谱记录，是吟游诗人的作品，这些吟游诗人为那些即将出名的赞助人创作了颂歌。在《摩诃婆罗多》和《罗摩衍那》这两部伟大的史诗的创作时代——大约公元前400年或更晚——往世书以《罗摩衍那》中用来讲述罗摩故事的措辞颂扬了摩揭陀国王们的统治。其他往世书提供了主神湿婆和毗湿奴的神圣传记，它们将每个神灵的独特属性描绘得如此引人注目，以至于在之后的几个世纪中难以合并神格。

这些史诗和往世书的宗教传统与佛教融为一体，与摩揭陀国一同崛起，并在孔雀王朝时在印度达到了历史巅峰。

佛　教

像吠陀经一样，佛教传统的最早记录也被口头传播了几个世纪。现存最古老的书面记录被称为"巴利三藏"（Pali canon），在棕榈叶上以巴利语（梵语的近亲）写成，在斯里兰卡被发现，尽管现在人们认为原始的典籍语言应该是摩揭陀语中的方言。分析表明，就像《旧约》一样，即使是巴利语经典也包含不同年代的素材。因此，很容易令人相信，那些被冠以佛陀之名的，但似乎并不那么完美的善良慈悲的言论和态度，应是后来的僧侣抄写者所插补的内容。

尽管如此，巴利三藏由三个主要部分（*pitaka*，经藏，本义为"篮子"）组成，分别涉及寺院教规戒律、佛陀宣讲教义的论述和形而上的佛教教义及概念。每个经藏均由多个分部和子分部组成。《本生经》，即佛陀的生平事迹，构成了论述（或讲道）经藏的一部分。此外，还有许多非经典的巴利语作品，包括对经藏的评注，早期用梵语写就，后来则被转译为藏文和中文。

佛教除了其教义外，还具有通过僧伽传播其伦理和道德教义的制度性手段。佛教徒采用了这种古老的雅利安合议形式作为他们的组织方式，特别是将寺院作为佛教活动的特定场所，尽管寺院生活对正统印度教来说是陌生的。这些机构产生了大量文字档案，以记录其程序、规则、忠实信徒捐赠的大量财产、关于教义问题的辩论结果以及僧侣从事的传教活动。此外，另外两种佛教文本为我们提供了有关这一时代的重要信息：《岛史》（*Dipavamsa*）与《大史》（*Mahavamsa*），它们保留并叙述了佛教在摩揭陀王国的许多早期历史。

根据佛教的宇宙观，种姓是在国王之后产生的：婆罗门，他们居住在森林中，研究吠陀；吠舍（在巴利语中称作*vessa*），他们结婚并从事商品制作和交易；首陀罗，为吠舍主人工作，在森林里打猎。除了这些阶层，还有苦行者（*sramana*），他们可能来自任何种姓。虽然佛教徒接受了关于道德堕落和人类在争斗时面临危险的流行理论，但他们将这种堕落归因于人类的激情和欲望。当由此产生的混乱使王权成为必要时，人们决定选出他们中的一位，于是，这个人就被称为"伟大的被选中者"。

婆罗门教和异端

佛教和同期的耆那教与当时的婆罗门祭祀宗教有很多共通之处，因为它们都源于奥义书中所探究的关于神秘和哲学性的概念，当佛教和耆那教的宗教信仰在公元前500年左右形成时，这些概念尚未完全成形。尽管如此，婆罗门教派与其竞争对手之间仍然存在差异，业力的概念就是其中一个例子。业力是指人所做的事或行为，在吠陀仪式手册的表述中，"行为"是指仪式和礼仪表演，其执行十分精细，以使众神屈服。然而，对于佛教徒和耆那教教徒而言，业力是指普通男人和女人的行为，其一生的行为总和决定了灵魂（atman）在轮回（samsara）转世过程中会转生的身体。也就是说，人在死后，灵魂会从一个身体转移到另一个身体中，并接受与之相关的社会状况。每一个善行都会带来一定程度的幸福，而每一个恶行则会带来不幸，这种理念倾向于暗示一种机械的道德过程，导致某些古代思想家宿命论的产生。但是，也有人认为，每个迁徙的灵魂最终都将与单一的世界精神重聚，当创造周期结束时，即四个宇迦合为摩诃宇迦（mahayuga）时，业的记录将被关闭。在一些奥义书中，"世界精神"被称为梵（Brahman），其被视为非人格的实体，尽管后来的一些著作将其视为创造之神，从而为将原本次要的梨俱吠陀湿婆神作为神圣创造者崇拜而创造了舞台。

历史上的佛陀

佛陀的教义是已知的对奥义书中涉及的概念最好的发展。历史上的"佛陀"尊称源于该词的含义：彻悟或觉悟。悉达多（Siddhartha）是佛陀的本名，他现在被认为是在公元前5世纪出生，是释迦族（Sakya）的王子（在释迦族也使用了乔达摩这个名字）。据说他放弃了他的家庭，还有未来对喜马拉雅山麓的一个迦纳-僧伽的统治权，以便去寻求真理，并与他的人民以及拘萨罗和摩揭陀王国的人民分享。他在森林中修习苦行，沉思冥想，思考着世界无处不在的痛苦的原因。尽管他严格的苦行一无所获，但当他在摩揭陀王国的菩提伽耶（Gaya）附近的一棵菩提树（*Ficus religiosa*）下打坐入定了四十九天后，旷日持久的禅定冥想终于得到了回报。突然之间，他开始领悟到常见现象中蕴含的全部含义，即痛苦和失望源于欲望。又经过七个星期的沉思后，他离开了智慧树，前往迦尸国，在那里他开始在一个名为鹿野苑的地方说法。他的信众回顾并口头传诵当时佛陀的这种"转法轮的讲道"（Sermon of the Turning of the Wheel），内容主要是"四谛"和"八正道"。

佛陀的布道讲法的内容涉及痛苦的根源和如何从中解脱，他认为痛苦来自生、老、病、死和人生的失意。最重要的是，它源于人的欲望，源于对名、利、权、情的渴望。消除这种渴求和欲望是征服痛苦的唯一途径，可以通过遵循中道来实现，即经历严格的禁欲主义的痛苦与艰辛，寻得一条介于极端自我放纵和极端自我克制之间的一条中间道路来实现。中道即是八正道，包括正见、正思维、正语、正业、正命、正精进、正念和正定。

佛教徒的中道是针对当时存在的宗教习俗而制定的。佛教徒谴责婆罗门教的祭祀，因为这些祭祀涉及对动物的杀戮，还有，在拘萨罗、摩揭陀和其他恒河流域诸国的新兴城镇中，商人与拥有不动产的人的地位正日益上升，而这些人为婆罗门教的祭祀支付了高昂的费用。其他批评婆罗门的教派，例如耆那教教徒和正命派①（Ajivi-ka）教徒，则是因他们的极端禁欲习俗而受到佛教徒的谴责。

佛教徒的适度赢得了最富有的商人阶层、中等家庭以及最贫穷和最被鄙视的人群的追随，后者包括首陀罗（农民、牧民和工匠）和奴隶，正如 *dasasudda* 一词所暗示的。在佛陀时代，"dasa"是指没有法律地位或权利的人，他们可能因自己的债务，或因父母受奴役，或因在战争中被俘而被奴役。比这些人地位更低的是那些现在

———————————
① 正命派，该教派强调苦行，持决定论，有说法认为它是耆那教的一个支派。佛教称其为邪命外道，归入六师外道。

被称为旃陀罗（*candala*）的人，这些人被认为属于不可接触者，甚至看到他们都会被视为受到污染。在一些最早的佛教典籍中，提到首陀罗和旃陀罗时都带有同情，这可能也增强了佛教对这些阶层的吸引力。

《本生经》中描绘了恒河流域中部在公元前1000年中期的社会情况，这种社会秩序与早期的恒河西部的"雅利安"社会相比已发生了巨大变化。这是一个更为复杂和城市化的社会结构，几乎没有老式的迦纳-僧伽集体特征。这样的社会对于佛教教义以及耆那教和正命派的教义来说是新意识形态产生的沃土，因为所有这些教义都强调道德和行为纯洁的重要性，而非对反复无常的神灵的取悦。

婆罗门教祭拜的神灵们，并没有被佛教徒及其同时代的异教徒完全地排斥，更多的是被漠视。然而，所有这些教派都断定了非凡人物——通常是教派创始人——的重要性，并且都像婆罗门教派一样谈到业力和轮回，尽管每个教派对这些教义如何发挥作用有不同的理解。佛教徒和耆那教教徒都认为，每个个体现世的生存状况是由前世的行为决定的，但他们认为这种状况可以通过当前生活中的行为来改变。但是，正命派坚持持有严格的宇宙决定论观点，对他们而言，只有实行严厉的禁欲主义才有可能得到改善。

偶像化传记（hagiography）和教义

将宗教创始者看作天启式人物的倾向，能使信徒将创始者的生平拓展为一种偶像化的传记，并向更深刻的情感宗教发展，从而平衡了这些异端的苦行。印度南部的正命派认为他们的宗教创始者拘舍罗（Gosala）是一位神圣的人物。同样，后来的佛教徒对他们的始祖也进行了神化。然而，这是佛陀圆寂前所明确表示排斥的：根据早期的巴利语经文，他曾教导说，他入灭后，只有教义才能指导他的门徒。然而，他的追随者们不久就与他们的佛祖之意愿相矛盾，并开始将他的原始教义朝普遍的大众信仰的方向转变，这无疑给那些承受日益复杂的农业和商业社会的不确定性的人们带来了情感上的安慰。

到公元前2世纪和公元前1世纪，在巴尔胡特（Bharhut）和桑奇（Sanchi）的佛塔上的浮雕描绘了数目庞大的对佛陀的崇拜者，佛陀现在被视为救世主。他的信众在原始教义或称法（*damma*）中又增加了另外两颗"宝石"：一个是佛陀本人，他被认为向他的信徒们承诺了极乐世界；另一个是僧伽，专门用于教义的传播和对始祖的纪念。

此外，还发展出一个新的宗派，佛教徒称之为"大乘教派"（*Mahayana*），这是一个以圣者（菩萨）为中心的普度众生的信条，菩萨为普度众生而有意推迟或限制自己的成佛时间。根据巴利语正典，悉达多太子已经获得了智慧，并最终获得了无上正等正觉，这是他的灵魂在经历一系列生命轮回过程中累世所造业力的结果。菩萨的形象源于这样的推论：因为佛陀以前就已经存在，所以他的死不是终点，而是通往另一个未来的开端，在那个未来，他（可能还有其他高尚的灵魂）将重新回来普度众生。在印度以北的亚洲部分地区，如尼泊尔和中国，佛教的大乘教派开始占主导地位，而在印度南部的斯里兰卡和缅甸等南部地区，流行的则是小乘教派。

在佛教最早的小乘教派著作中，人类，甚至像佛陀这样受到天启的人，也只能通过现身说法和建议对他人提供适度的帮助。现在，根据大乘教派教徒观点，一个像佛陀一样富有慈悲之心的大师，自己得涅槃而其他人仍在黑暗中，那会是相当自私的。因此，佛陀以及那些效仿佛陀的菩萨们被描述为自我牺牲的救世主，在那种描述中似乎可以预见基督教信仰。①

> 我自己承受所有痛苦，我承担，我承受……我必须让所有
> 人自由，我必须将整个世界从出生、衰老、疾病、转世投胎和
> 所有罪恶的荒野中拯救出来……因为我一个人痛苦比让所有
> 这些生灵落入不幸的境地更好。我必须在那里束缚自己，而
> 全世界必须从地狱的荒野、投胎为牲畜和阎摩（死亡之神）
> 的世界中被救出来。[13]

这样的表述让一些人认为，基督教和后来的佛教教义都源于第
一个千年末期存在于西亚的那些救世主宗教（如果菩萨的思想没有
受基督教本身直接影响的话）。例如，一个名为弥勒的菩萨据说是
未来佛，他会在第二次降临时成佛。像基督教的圣人一样，菩萨的
数目不计其数，每位都有自己的功能和象征。

是否所有菩萨都必定是男性是一个有争议的问题，但是在大乘
教派发展的早期，拥有与男性相对应的全部救赎力量的女性菩萨出
现了。一些信众甚至相信女性神灵拥有一种称为"沙克蒂"（*shak-ti*）的优越力量，这种力量通过性结合为男性菩萨提供能量。这种
神奇的性能力被比喻为雷电（*vajra*，金刚），该教义的名称金刚乘
（Vajrayana，又称密宗）就是由此而来的。

---

① 此处原文用了"救世主"或"救星"（saviours）这个表达方式，但需要注意的
是，佛教中所谓的拯救是指"度化"，即使人断除无明，明心见性，或者说使人觉悟，
进而了脱生死，从轮回中解脱出来，所以，原文所说的佛、菩萨们"被描述为自我牺
牲的救世主……"中的"救世主"应理解为我们常说的"普度众生"的佛、菩萨，与基
督教所说的"拯救"还是有差异的，基督教强调的是"因信称义"或"因信得救"，这
点与佛教的"净土宗"的某些地方倒是有相近之处。

耆那教

耆那教的理念在本质上比佛教更具道德说教色彩，它更强调修习苦行的出家禁欲生活是获得解脱（*moksha* 或 *nirvana*）的唯一途径，尽管它有听上去像是军事术语的宗教词语，例如"大雄尊者"（*Mahavira*）和"胜者"（*Jina*）（后者大概是指精神上的自我战胜）。被追随者尊称为大雄尊者的创始人筏驮摩那（Vardhamana），在大型的村庄和城镇中传教，他有与佛教徒类似的信众。像佛陀的追随者一样，富有的人被鼓励投资于他们所居住的社区的商业和生产力上，这是一项宗教义务，无论血缘关系和贵贱贫富，所有人的福祉都会有所增加；他们还进一步被要求在商业交易中保持诚信，而节俭被认为是一种虔诚。

佛教僧伽和耆那寺院吸引了来自各个社会阶层的修道者和教外支持者，并且这两个机构都切实地与他们所在的社会保持着密切的联系。实际上，耆那教能成功地继续维持作为一个至关重要的印度宗教的地位，并在商人和工匠中拥有大量追随者的原因之一是，俗世信徒也可以在寺庙中定期静修，就如修道者一般。而且影响是互相的。由耆那教教徒撰写的宗教辩论文章，甚至在批评彼此的论点时都用"挥霍投资本钱只是为了立即获利"的比喻。[14]

根据耆那教的传统说法，大雄尊者的起源和职业似乎与佛陀的相似。他出身于一个雅利安部族首领家庭，受过旨在担任高级职务的教育。他放弃了自己的遗产和家庭，开始去游历参访和冥想修行。他有时在正命派的创始人拘舍罗的陪伴下一同游历，大雄尊者是在第二年遇到了拘舍罗，在第十年与后者分道扬镳（据说是因为后者不认可贞洁和完全禁欲的必要性）。十三年后，他作为一名经常赤裸的苦修者，终于觉悟成道，随后在恒河地区的各个王国里传授他自己的教义，然后在大约公元前400年，在摩揭陀国首都王舍城附近，于缓慢的断食求道仪式中辞世。他的弟子将他的教义带到了德干，在那里建立了寺院，并得到了孔雀王朝的创始人旃陀罗笈多的支持。

与佛教不同，耆那教教派从未在印度以外传播，但现在在印度仍然是一种活跃的传统宗教。由大雄尊者的追随者形成的教派在孔雀王朝后期之后分裂，一个派系坚持像他们的教主一样保持赤裸［裸形派（*Digambaras*），或称"天衣派"］，另一个派系则穿着白色长袍［白衣派（*Shvetambaras*）］。这两个教派都制定了新的教义，本质上是通过创作梵语和其他语言的文学，使耆那教的思想，特别是伦理学思想，得以由教徒传播，仅这些教徒被认为有资格觉悟成道。

异端外道里的女性

道德异端对种姓、不平等以及婆罗门教祭祀中的暴力行为进行攻击，而同时他们又倾向于接受——有时甚至到了非常奇怪的极端程度——那些在印度教发展中也同样存在的观点，即：对从无尽的轮回和转世中解脱出来的救赎有着痴迷，以及认为妇女低下、天生有罪，并且是男人的污染源。例如，佛陀起初认为女人应该留在家里，尽管他后来同意她们可以出家，甚至成为阿罗汉（*arhat*，意为有价值的人，尽管地位不如任何僧侣）。

佛陀改变主意的故事很有名，出现在毗奈耶（*Vinaya*）或称"学戒律篮"（Discipline Basket）中。佛陀开悟大约五年后，他的姨母找到他，她礼貌地问：

世尊，请祈祷，让妇女从家庭生活中退出而出家为尼［即托钵化缘］，遵守如来（佛陀的自称头衔）宣布的教义和戒律。[15]

这位觉者（指佛陀）相当不客气地告诉她保持平静。在经过两次尝试，并都被佛陀简短拒绝后，这位老妇人流下了眼泪，这激起了佛陀最善良的追随者阿难（Ananda）的同情心。（那时他还未曾开悟，有时候还被描述为比较迟钝。）阿难经受了几次类似的拒绝，然后问，在遵循教义和戒律的情况下，妇女是否无法从轮回中解脱？佛陀承认她们可以，并且在阿难进一步提醒他（佛陀）的姨妈也是他的乳母之后，才勉强同意她受戒为尼，规定她必须接受仅适用于女性的另外八条苛刻的规条，它们涉及比丘尼对比丘要完全服从。尽管那些规定被欣然接受，但佛陀仍然过度悲观地认为妇女的出家将使佛教正法的持续时间从一千年缩短到五百年。

对于这位觉者（或后来抄录其言行的厌女者）来说，即使是这些刻薄的反思也是不够的。在布道篮（Sermon Basket）的其中一本书中，当被问及为什么女性没有获得与男性相同的地位和权利时，他解释说："阿难，女性是无法控制的……嫉妒……贪婪……缺乏智慧……一个女人的心……被吝啬……嫉妒……淫荡所困扰。"[16]

佛教的传统典籍还记载，佛陀圆寂后，僧团召集了一个僧伽大会，集会上由阿难诵出了前两个经藏，以便参加集会的僧伽知道它们的内容是什么。然后，僧伽们对不幸的阿难进行了质问，在此过程中，他被迫承认各种过失，其中一项是让僧伽接纳妇女，另一项是允许妇女首先瞻仰佛陀的遗体，她们的眼泪弄脏了它。

不过，耆那教的两个派别（或两个半，一个叫耶波尼耶的派别于15世纪消亡，其似乎占据了一个中间位置，可以算半个）进行了一场长达一千五百年（从公元2世纪到18世纪）的关于女人是否能度化的辩论，这更加清晰、系统性地说明了问题。在这个辩论的过程中，辩论者阐述了人类生物学和性心理学方面的几种引人注目的理论。争论的重点围绕是否有必要放弃衣服（比如模仿大雄尊者的天衣派）这样的问题，以达到从轮回中解脱（在耆那教的宇宙学中高于七重天）的目的。白衣派认为裸露是可有可无的，或者实际上不适合于他们自认为自己所生活的堕落时代。他们甚至对裸体是表明他们不需要财产这个观念表示怀疑。

但是双方都认为，女性裸体是不可以的，无论是由于女性与生俱来的不雅和瑕疵，还是由于月经带来的困难，抑或由于她们容易遭受性骚扰和性侵犯。在当地文字里，女人（*stri*）一词本身源于"掩盖"的词根，这种掩盖的需求不断提醒女性（或更可能是男性）她们的性本质以及其带来的耻辱和恐惧，这使她们分散注意力，从而无法获得灵性解脱。此外，一位早期的天衣派作家说，衣服不仅会繁殖虱子，而虱子会因穿着者的活动而被杀死，而且女性的身体本身就是被称为阿帕亚普塔（*aparyaptas*）的微生物的繁殖地，这种微生物会在腋窝、肚脐、乳房之间，特别是在她们的阴道里繁殖，引起持续的瘙痒，只有通过性交才能缓解。但是，性交以及月经杀死了大量假想中的阿帕亚普塔，因此违反了非暴力的戒律：

> 当一个男人和一个女人发生性关系时，阴道中的这些生物就被摧毁了，就像将一根炽热的铁插入一块空心的竹子［其中充满了芝麻］中。[17]

双方都认识到，除了男性、女性和雌雄同体这三种身体上的性形式之外，每种形式都可能在其他一种形式中具有更平常的性感觉。因此，他们不仅接受同性恋的存在，而且接受女同性恋和双性恋的存在，并且在不受到传统宗教通常的诅咒情况下这样做。实际上，天衣派辩论道，认为女性无须先转生为男性也可超脱的经文证据，实际上是指具有女性性取向的男人，即男同性恋者。

白衣派的立场是，如果具有同性恋倾向的男人在与所有欲望适当分离（就像异性恋男人所应有的那样）之后能够获得超脱，那么无论哪种性取向的女性也都可以。天衣派认为，女人无法避免的解剖结构和生理机能，而非她的性取向，才是获得解脱的障碍，即使男性身体偶尔也会出现杂质或功能障碍（例如绦虫或痔疮出血）。双方都同意雌雄同体不能获得解脱。

天衣派提出的另一种论点是，正如妇女不在七层地狱中的最底层出生一样——也许是因为她们固有的意志薄弱性，既能作恶，也能行善——所以她们也无法达到最高的一重天，更不用说其上的境界。天衣派拒绝接受对称性的论点，但是这很容易让人联想到更现代的（同样是可疑的）人类发展理论，这些理论断定"男性的变异性更大"，即就像有更多的非正常男孩一样，男性天才也更多。

双方都同意，妇女在社会和秩序上都处于劣势。实际上，天衣派认为女性出家修行者只是出于礼貌而被称为比丘尼，他们进而对白衣派的僧侣身份观点表示怀疑。毕竟，真正的僧侣不穿衣服。

佛教徒在女性成佛问题上的观点分歧与耆那教教派之间的观点分歧有些相似。小乘教派的立场与天衣派一样：作为男性重生（或转变为男性）是必要的先决条件。像白衣派一样，大乘教派更具包容性，更倾向于接受女性成佛的可能性。关于如来藏（Tatha-gatagarbha，佛性），最广为人知的著作是《胜鬘夫人狮子吼经》

（ "The Sutra of Queen Srimala Who Had the Lion's Roar" ）［即辩才］，故事起源于印度，讲述了一位王后在不改变性别的情况下得道成佛的例子。无论如何，这个问题仍然没有解决，因为在《本生经》中叙述的佛陀的547位前世中，没有一位是女性，甚至没有雌性动物。而且，当然，妇女在教团内外的实际地位反映了正统教派和异端教派的共同信念。

许多追随佛教和耆那教教义的人以及许多加入修行者团体的人都是有钱人。这些人支持这些反祭祀信仰的动机，可能是为了保护他们的财富免遭任意挪用，也不会被无益地浪费在祭祀中。两种异教——因为它们是作为反对印度宗教发展主流而出现的——都赋予了它们受人尊敬的始祖的教义以神圣的地位，也构建了以单一的始祖为中心的传统，始祖的智慧是通过寺院僧伽机构中的忠实信徒得以传播的。这些教义由某个版本的梵文写就，这一版本的梵文由语法学家，如公元前4世纪的波你尼等制定。

孔雀王朝的性质

在20世纪初期，人们相信我们对孔雀王朝——这是到那个时代为止所出现的最伟大的国家——了解很多。后来发现了一部名为《政事论》的文献，据称该文献可追溯到孔雀王朝创始人旃陀罗笈多的时代，被认为是他的大臣考底利耶所著。现在，许多学者怀疑其描述的是否为一个实际国家。当然，在整个古代和中世纪时期，印度都没有任何中央集权和官僚体制的国家像考底利耶所描述的那样。

公元前270年至公元前230年，孔雀王朝统治时期，在国王阿育王保护下的主要贸易路线，沿线突出的岩壁和石柱上刻有丰富的碑铭，我们借此更确切地了解了孔雀王朝。这些王室法令已在次大陆的大部分地区被发现，可追溯到从该国东部恒河流域中心地带辐射出的扩展贸易网络。从这些法令中收集到的信息包括佛教历史的各个方面，因为阿育王自称是佛教教义的追随者和其机构的王室保护者。在接下来的几个世纪中，贸易与佛教机构之间的联系仍然很牢固，因为在每年的一部分时间里，佛教僧侣聚集的地点都会吸引几乎所有社会阶层的虔诚信众，也会吸引向僧侣和俗家弟子提供他们所需物品的商人。宗教中心变成了商人占主导地位的都市，佛教的伦理适合商人的保守心态和以利益为导向的偏好。婆罗门主持的祭祀活动，在怀有节俭的会计师心态的早期佛教评论看来就是挥霍。

公元前320年，旃陀罗笈多在华氏城（Pataliputra）建立统治，在那附近，恒河的几个大支流汇入主流，以前的王国也曾以此为中心，新的政治时代得以确认。那时，佛教巴利语正典首次提到的印度列国形式的国家政治体系已经在印度北部的广大地区持续了数百年。在《摩诃婆罗多》和《罗摩衍那》中都提到了十六雄国，并构成了这两部史诗的政治背景。这些社会的政治关系体系是在本土发展出的，他们所依赖的技术基础包括灌溉农业以及铁制工具和武器，凭借铁制工具和武器，他们能够将小规模的雅利安和非雅利安族群征服，使他们臣服于那些统治列国的少数王朝。

到了佛陀时代，这些霸权国之一的摩揭陀王国凭借其在华氏城河流汇合区并靠近恒河以南的丰富铁矿的位置，已经具备超越了其他所有王国的实力。摩揭陀王国对整个北部平原的宗主权是因其在乌贾因击败了阿般提国王而建立的，但这并没有使其政权的各方面得到巩固。相反，如佛教文献典籍中所描述的，摩揭陀国军事指挥官之间不断发生骚乱，最后被一个名叫摩诃帕德摩的士兵

图5　阿育王诏书。劳里亚·南丹加（Lauriya Nandagarh），比哈尔邦，约1860年（IOL ASIM 27，经大英图书馆许可）。

篡夺了首领地位。公元前360年左右，他建立了一个新的王国，名为难陀，首都仍然位于华氏城，从这里开始，他成功征服了整个恒河三角洲，并从沿海地区扩张到了东海岸的羯陵伽王国（Kalinga）。摩诃帕德摩的征服打破了早期的十六雄国系统，这些征服还破坏了雅利安氏族统治的逻辑，因为众所周知他有一个首陀罗母亲。然而，他的众多儿子被证明无力维持父亲的遗产，而难陀王朝不久将被旃陀罗笈多取代。

亚历山大大帝的入侵

在公元前330年至公元前326年之间，亚历山大大帝正是由于世袭政体的制度和它们日益增长的贸易联系而陷入困境。公元前326年，印度河流域已经全部被征服，印度河平原也被打通，但亚历山大大帝征服恒河平原的梦想却因士兵叛变而破灭。亚历山大入侵的直接后果是结束了印度列国政体，并由一个强大的新君主制孔雀王朝取代了这些政体。一个传说将孔雀王朝的创建者旃陀罗笈多与亚历山大联系在一起，[①]即使那是杜撰的，但无可置疑的是，这种外部力量的渗透是孔雀王朝能以新政治形式取代世系政体的部分原因。在这一政治变革中，比亚历山大的军事干预更具决定性的是两个本土条件：第一，生机勃勃的贸易将列国维系在一起，破坏了氏族控制的逻辑；第二，佛教和耆那教新思想的兴起获得了商业阶层人士的拥戴。这两个本土发展的结合点是在阿育王统治时期（大约公元前268年至公元前233年）表现出来的。

在公元前327年亚历山大大帝的破坏性入侵以及次大陆与其邻

---

① 据说旃陀罗笈多曾在印度西北部遇到过亚历山大，并险为后者所杀。逃出生天后，他被亚历山大的征服霸业所震撼，发誓自己也要创下一番事业。

国之间的贸易往来激增之后，孔雀王朝的建立构成了与过去的明显决裂。上述两方面的发展都给已经扎根于该地区的社会和文化带来了根本变化：这个地区就是我们后来称之为"印度"的地方——一个拥有令人羡慕的成就和物产的独特土地和民族。不管这个独特整体的哪些元素是从次大陆不断发展的文化基础上产生的，哪些是从外部引入的，印度文明演变的过程显示出文明的基本元素的一种发展，一种源自古老的底蕴的发展。

庞大而经验丰富的军队征服了恒河谷繁华的农业地区，建立了孔雀王朝后，很快受到亚历山大大帝入侵的威胁。亚历山大对波斯的征服使他受到鼓舞，他在公元前326年穿越了旁遮普邦，直到他的军队遇到了越来越强硬的抵抗（旃陀罗笈多可能参与了抵抗）。那时，他的士兵们拒绝越过印度河最东端的支流比亚斯河，他于公元前324年被迫从印度撤出。此后不久，他在巴比伦去世，他对印度本土统治者构成的威胁也就结束了，但他身后却留下了一个被改变了的领土版图。

希腊的入侵，除了加速毁灭印度列国时代的国家体系，并促进了对旃陀罗笈多所建立的国家的巩固之外，还开启了一个新时期，在此期间，希腊化的影响改变了北印度艺术和科学世界的形态，由此产生的印度—希腊影响既体现在具有明显希腊元素的犍陀罗石刻风格上，也体现在更加丰富的天文知识上。在亚历山大大帝之前，少数侵入印度次大陆边界的外国人，包括波斯的阿契美尼德王朝的居鲁士二世和大流士一世，都在印度河的外围地区占领过土地。但是在讲印度—雅利安语支的人到来之后，直至亚历山大在旁遮普邦建立起自己的地位之前，没有任何新移民。

亚历山大的士兵发现击败对手的任务变得越来越困难，这表明印度人不需要向希腊人学习太多关于战争的知识，而这种猜想在公

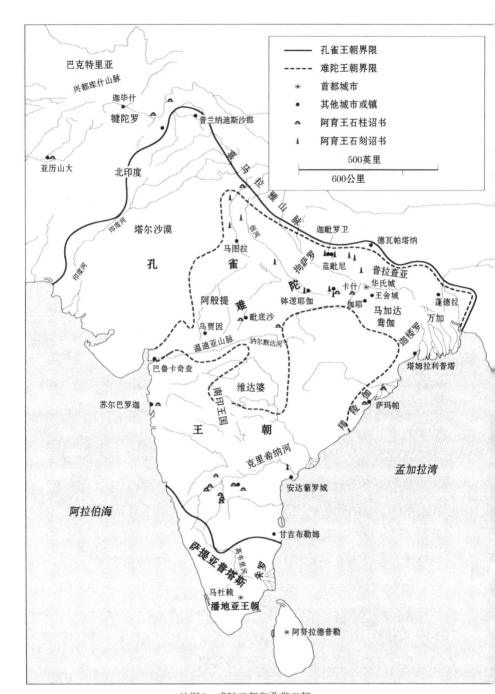

图例：
- ——— 孔雀王朝界限
- - - - 难陀王朝界限
- ◉ 首都城市
- ● 其他城市或镇
- ⚲ 阿育王柱诏书
- ⚑ 阿育王石刻诏书

500英里
600公里

巴克特里亚

兴都库什山脉

迦毕什

犍陀罗

普兰纳迪斯沙那

亚历山大

北印度

喜马拉雅山脉

印度河

塔尔沙漠

孔　雀

难　陀

迦毗罗卫

德瓦帕塔纳

马图拉

拘萨罗

蓝毗尼

普拉查亚

阿般提

钵逻耶伽

卡什

华氏城

毗底沙

王舍城

蓬德拉

乌贾因

伽耶

马加达

萨摩帕

鸯伽

万加

温迪亚山脉

纳尔默达河

迦楼罗

塔姆拉利普塔

巴鲁卡奇查

南印王国

维达婆

苏尔巴罗迦

羯陵伽

萨玛帕

王　朝

克里希纳河

安达葡罗城

孟加拉湾

阿拉伯海

甘吉布勒姆

萨提亚普塔斯

高韦里河

朱罗

马杜赖

潘地亚王朝

阿努拉德普勒

地图3　难陀王朝和孔雀王朝

图6 表现为赫丘利（Hercules）、身着涅墨亚狮子皮的金刚手菩萨（Vajrapani）。犍陀罗石雕展现了希腊文化的影响力。2世纪或3世纪（BM OA. 1970 年 .7-18.1，由大英博物馆受托人提供）。

元前323年亚历山大去世后发生的事件中得到了证实。公元前305年，他的一位继任者试图再次入侵，但遭到强烈抵抗，以至于他被迫与旃陀罗笈多签订条约，接受后者对兴都库什山脉以南的主权，这片领土与两千年后莫卧儿人所控制的领土一样大。旃陀罗笈多在后世的名声是由希腊大使麦加斯梯尼（Megasthenes）建立的。古典作家的引述中保存了他叙述的片段，他对种姓式的社会划分的记述和对作为古代世界伟大城市之一的华氏城的描述给他们留下了深刻的印象。

《政事论》

除麦加斯梯尼的叙述外，另一个描绘早期孔雀王朝且享有盛誉的文献是《政事论》，这是一部关于权力的专著，发现于20世纪初，被认为是由旃陀罗笈多的一位大臣撰写的。最初被认为是一个能了解旃陀罗笈多的宫廷实际情况的人所做的描述，所描述的政体实际上更类似于后来被摩揭陀–难陀–孔雀王朝所取代的印度列国时代的世界；也就是说，它描绘了小领土国家的世界，那些统治者陷入了无休止的冲突中，自私而狡诈地谋取利益。这让人想起以后的尼科罗·马基雅弗利（Niccolò Machiavelli）的作品《君主论》（*The Prince*），《政事论》诡诈狡黠地教唆一个假定存在的统治者掌握统治技巧，包括使用间谍和特工。它现在被认为更像是一篇理论论文，而不是真正描述宫廷状况。

怀疑其作为对旃陀罗笈多的孔雀王朝政权的描述的真实性的一个原因是，旃陀罗笈多的孙子阿育王的政治世界是迥然不同的。阿育王的在位日期仍在考证中，但可能是从公元前268年至公元前233年。无论如何，他的统治为我们提供了第一份有确定日期的文本：他的石柱法令。这些教谕是一个既自称是佛教信徒，又自称是"神的宠儿"的统治者的训诫。这些文献与《政事论》兼具压迫性和操控性的语气及指示有很大的不同。阿育王的法令传达了对多样性的宽容，并在其权威的广泛保护下，向远离恒河首都的南方人民，以及其他像塞琉古的安条克国王那样身处遥远地区的人授予自治权。

阿育王的帝国

如果用其法令所至的最外层来划定孔雀王朝的范围，那么从西北部兰帕卡（Lampaka）的小摩崖石刻到南部卡纳塔克邦的大摩崖石刻，之间的距离达到惊人的1500英里，而在阿拉伯海的吉尔纳尔山脊的大摩崖石刻与奥里萨邦的法令石刻之间约有1200英里。过去历史学家常常将这些石刻勾勒出的广阔空间与《政事论》中描述的高压王国混为一谈，并假设它是历史上最早、当然也是最大的极权主义政权之一。这样的描述不再被认为是可信的。目前被认为由阿育王统治的疆域，是被相对自治的民族占据的非常大的区域隔开的几个核心区域的不连续集合体。

除了位于华氏城周围，恒河平原东部的阿育王王国的中心地带外，还有四个核心地区已被确定属于阿育王时代，其中每一个区域显然都在阿育王本人的近亲或仆人的管辖之下。这四个区域是：兴都库什山脚下的塔克西拉，马尔瓦高原的乌贾因，从恒河三角洲沿东海岸向南延伸的羯陵伽，以及位于德干高原低处的中心、隶属于今日之卡纳塔克邦的苏伐剌城（Suvarnagiri）。将这些地区交织在一起的，是重要的贸易路线。北路（*uttarapatha*，北印度）从孟加拉延伸至塔克西拉；另一路从恒河支流与亚穆纳河交汇、流入讷尔默达河盆地的地方延伸出去，一直到达阿拉伯的海港巴鲁卡奇查（Bharukaccha，今天称之为Broach）。另外还有一条向南延伸的路线（Dakshinapatha，南印度），从乌贾因到地区首府苏伐剌，那里是黄金和铁的生产中心。在较新的观点中，阿育王的法令将这个广阔的贸易区域描绘成阿育王道德权威所控制的巨大区域。

阿育王将他受佛教启发后形成的教谕刻在独特的柱子上，或刻在人们会经过或聚集的地方的显眼岩石上。它们勾勒出了一系列贸易路线，商品沿着这些路线进出恒河平原东部的孔雀王朝中心地带。这些路线在整个帝国时代继续使用，使次大陆各地生产的商品得以流通。阿育王也是沿着这些道路出行的。成为居士后，他开始了为期一年的朝圣之旅，前往他新信仰的所有圣地。此外，他还委派一些被称为正法宫（*dhamma-mahamatra*，道德大臣或国家道德事务监察官）的官员来传播佛陀关于正义行为的教义。次大陆两岸的海港已经开始运载货物，它们激发了有关印度令人眼花缭乱的财富和物质创造力的传奇故事。阿育王在公元前257年决定派遣使者（*duta*）到西亚地区宣讲佛陀的教义，这进一步提高了孔雀王朝的国际声誉。

在他刻在显眼的岩石和柱子上的法令中，阿育王告诫他的"臣民"不要吃肉，并善待他们的邻居。那些岩石和柱子顶上刻下的狮子图像现在成为现代印度共和国的象征。据记载，他还向西亚的亚历山大的各个希腊继任者派遣佛教布教团，他自己的儿子摩哂陀（Mahinda）也被派往斯里兰卡传播佛教信仰。这些正法宫和其他布教僧也可能具有情报方面的作用。另外还有其他官员被派往都城以外的城镇，以管理当地的司法和收取贡品。但在贸易路线以外，远离乌贾因和华氏城之间广阔中心地带的城镇，没有任何证据表明它们服从阿育王或其仆从的权威。

阿育王的继任者们保持着不断缩减国家结构的传统，直到公元前185年左右，一位婆罗门将军夺取了权力并建立了一个新的统治王朝，称为巽伽（Shunga）。他恢复了马祭，这违反了阿育王对动物祭祀的禁令。但是，新国家未能实现稳定，原因是亚历山大旧军队的残余势力从中亚入侵了，这些势力在独立总督的统治之下，而这些总督试图统治更强大的国家并利用印度的财富来达到自己的目的。

迈向古典模式

公元前1世纪中叶被证明是印度文明发展的关键时期。不同的社群、经济和社会结构概念相互对立，解决冲突的需求促使笈多王朝时代形成了一种鲜明特征。笈多王朝的宗教，是早期吠陀宗教的一个修复版本——但只是一个版本。一些相同的天神享有重要地位，以及两个新的主神——湿婆和毗湿奴——在与佛教密切相关的一种神学中被重新定位。在这个发展过程中，救赎不是通过祭祀的仪式行为获得的，而是通过多种方式获得的，包括通过获得圆满智慧（*jnana*），如早期佛教和耆那教一般。后来的佛教教义，就其本身而言，纳入了湿婆和毗湿奴的崇拜者的奉献主义（devotionalism）。佛教徒开始崇拜救世主（菩萨），其方式类似于当时在西亚兴起的宗教传统。

在两部梵文史诗的演变过程中，现在经过改造的神学成为正统，它们形成于公元前100年左右。著名的歌颂黑天神（Krishna）的《薄伽梵歌》就是在这时被加进《摩诃婆罗多》的，这是一个关于家族内部的竞争、贪婪和不负责任的情节的故事。《罗摩衍那》颂扬完美国王罗摩的事业，他和黑天神一样，被纳入印度教神格，作为人类恩人毗湿奴神的几个化身之一。在后来发展起来的梵文文学体裁往世书（"古代故事"）中，讲述了湿婆和毗湿奴的神圣"生活"，以及他们的一些皇家信徒的世系。

神圣君主

在往世书中，王权与神圣性紧密相关，这与《政事论》相反，后者将国王更多地描述为官僚暴政的管理者。模范国王罗摩本身就是神的化身。虽然这两种王权概念都近于自欺欺人，但往世书版本更接近那个时代真正国王的实际观点（如果不是行为的话）。历史上完美统治者的另一个模板是阿育王，他在公元前250年左右成为佛教信徒。在笈多时期的法论中也阐述了相关版本的王室道德。在这些关于责任和正确行为的文献中，最早和最广为人知的是和公元前3世纪的圣人摩奴有关的，他提出了王室神性的教义，回顾了较早时代的仪式威力：

> 因为，当这些没有国王的生灵因恐惧而分散到四面八方时，主创造了一个国王来保护整个［创造］。
>
> ［为此目的］取因陀罗、风、阎摩、太阳、火、伐楼拿、月亮和财神［俱毗罗（Kubera）］的永恒粒子。
>
> 因为国王是由那些诸神之主的粒子形成的，所以他的光彩胜过一切造物；
>
> 而且，像太阳一样，他燃烧着眼睛和心灵；地球上的任何人都无法注视他……
>
> 甚至一个婴儿国王也不能被轻视，不能［从观念上］认为他是一个［纯粹的］凡人；因为他是人形的大神。[18]

奇怪的是，摩奴也是神话中第一位国王的名字，在《政事论》中说他是由男性选举产生的。国王的职责——他们的王道——在任何一种情况下都是维持种姓之间、社群内部以及社群之间的正确关系，部分是作为冲突的裁决者，部分是作为道德典范。保护和培育社会集体——社群——是国王的责任；他们的臣民的对等责任是上交他们收获的一部分并在相当大的程度上对国王忠诚。

国王的神性不同于后来欧洲的专制国王所声称的神权。对于佛教和耆那教统治者来说，神圣意味着通过道德榜样进行统治。佛教国王阿育王谕旨中的表述反映了这一点：国王是众神的宠儿，是正义之轮的转动者［转轮王（*chakravartin*）］。

从孔雀王朝到笈多王朝的实际帝国统治者，他们的一些情况是从石头和金属铭文中获知的。此外，从文学作品中可以零碎地了解许多关于古代国王和文化的信息，例如麦加斯梯尼的报告，他是塞琉古一世（Seleucus Nicator）派驻旃陀罗笈多宫廷的大使，塞琉古一世继承了亚历山大大帝的一部分领土。他的报告包含对类似于种姓的社会分层的描述，即根据出身对群体进行等级划分。麦加斯梯尼对孔雀王朝首都华氏城的描述支持在考底利耶的《政事论》中发现的官僚政权的图景，尽管他也没说更多。

阿育王的主权声明可以从他的石柱诏书的分布上准确追溯，其距离超过1500英里。直到17世纪晚期莫卧儿皇帝奥朗则布（Aurangzeb）之前，没有其他统治者的统治范围能与阿育王所宣称的主权疆域相提并论，尽管笈多王朝的沙摩陀罗·笈多（Samudragupta）国王留下的铭文所描绘的长达半个多世纪（大约从330年开始）的征服与此接近：从次大陆一侧、距离其都城华氏城1500英里的阿富汗南部，到距离其都城同样远的半岛东海岸的泰米尔国家中部。

王室等级

孔雀王朝和后孔雀王朝的各个王国的铭文都暗示着一种宗主主权，只有当它扩展到王权核心区域之外时才成为正式的宗主权。也就是说，外围地区的实际统治者在被击败或以其他方式被迫承认统治国王的霸权后，通常会被征服的霸主重新安置。王室加冕（*raja-bhisehka*）是一种就任仪式，是强大的统治者为自己安排的，但他们也对从属的国王实施这种仪式。任何帝国霸主的主要主张之一是，除了是转轮王（即政治世界的道德中心）之外，他还是一位万王之王（*maharajadhiraja*），也就是说，一个超过了他所任命的其他国王的、伟大的国王。像伟大的万王之王一样，从属的国王控制着一些核心领土，首都由通常是亲属的亲密盟友进行保卫和控制。他们是全权国王，但统治的领域比霸主小。在这种领主等级制度中，等级和种类的差异都能在数量上表现出来：领主越伟大，他的核心领地就越广阔、肥沃并且人口稠密，在此基础上，他可以，并且也确实会要求下层的人敬仰他和为他服兵役。

这种等级制度的深度可能相当深，包括了大小国王和小首领，但最终，上下级关系依赖于小社群，一圈带有相关联牧场的村庄，也许还有一个由一小群近亲士兵控制的小镇。政治关系是多变的，而且经常充满冲突，因此所有将要成为统治者的人都坚持遵循与同等地位的人结盟、保护性地从属于更强大者的原则。在这种情况下，国家政体仅由统治者和他的亲属追随者组成，他们兼任地方行政人员和皇家战士。一个小王国可能会跃升至帝国的重要位置，然后在一个能力强的战士的有生之年退回原形。一国对另一国的相对权力可取决于一个帝国的战士对抗另一帝国战士的技能和运气——

以及他们各自所能依靠的人口资源、所能调配以维持部队的财富。这些政治关系植根于公元前8世纪到公元前6世纪之间的十六雄国时代。

种姓的发展

第一个关于种姓的文献证据包含在《梨俱吠陀》的赞美诗集内，因此可以追溯到公元前1000年左右。正如我们之前所看到的，其中一首赞美诗描述了一场原人的祭祀，从他的身体部位产生了与之相关联的四个瓦尔那。之后一千年没有关于这些瓦尔那的更多消息。再后来它们再次出现在摩奴的《摩奴法论》中，在该文中，不断增加的低等职业群体被解释为出生群体（迦提，印度的种姓之下再分的亚种姓），由原始瓦尔那中各种非法婚姻的后代组成：

> 在所有种姓［瓦尔那］中，只有以正顺序出生［即，丈夫比他的妻子大］，由［在种姓上］和丈夫等同，且［结婚时］是处女的妻子生育的［儿童］，将被视为［与其父亲］属于同一种姓。[19]

除了有等级的出生群体外，还有无等级的群体，他们通过共同祖先和共同居住地（即氏族）来说明他们的社会地位。不过，种姓和氏族制度的全面发展是在摩奴时代之后的几个世纪。

除了血缘和出身之外，另一种亲缘原则还存在于为自己寻求宗教和商业利益的个人协会中。这些协会被称为什列（*sreni*），有时被翻译为公会。最后，共同居住地中会发生的变故和做出的选择所能产生的联系也很重要。在人们选择或发现自己身处在特定的地方或社区时，亲缘关系得到认可，这就是列国（字面意思是氏族立足的地方）的基础。

帝王时代的人民被鼓励承认自己与他人以多种方式存在着联系，这缩小了政治整合的范围。也就是说，统治者虽然可能声称拥有广袤的疆域，例如阿育王，但那些疆域实际上指的是可以渗透的实体，充满巨大而分散的自治区域，在这种情况下外来者能够轻松地通过征服来建立新的"国家"，最终，在500年之后发生了政治结构的转变，当时最后一个帝国政权，笈多王朝，从自己的北方领土上被赶了出去。

考古学和铭文的结合表明，到了大约公元前250年的阿育王时期，有城市定居点，散布在使用铁器的半岛社群中，其中通常有庞大的建筑，如寺院和佛塔，其遗迹仍然存在。沿着河流可以找到更大、更专业化的定居点的遗址。道路将相对密集的定居点连成了网络，在那些地方发现了金属加工和其他有用的工艺生产的遗迹，这些加工和生产均已进入一个广阔的商品贸易体系。位于德干高原中心的摩斯奇（Maski）有一处阿育王石柱法令，还有矿工、冶炼厂和金属制品贸易商的实物遗存，其金属制品被运往遥远的东北部孔雀王朝的核心地区。

其他中心有不同的特点。有一些是主要的政治中心，其他的则有寺院并且曾是高等教育中心。孔雀王朝城市阶段的许多遗址都包含象征其宏伟过去的废墟，并且，在一直不断增加的书面语料库里有很多已被证实了的参考文献。大多数佛教和耆那教典籍也包含其他教派的宗教发展知识。不过，除此之外，还有一些典籍之外的文献和铭文可以提供更多的证据，其中重要的是外国游客到次大陆的游记，从亚历山大大帝时代的麦加斯梯尼开始，接着是像法显这样的中国僧侣，他们在399年至414年旅居印度，目的是获得佛经。

早期印度教

区分雅利安婆罗门教和公元头几个世纪形成的印度教很有意义。那时，毗湿奴和湿婆神开始被塑造，从两个以前的小神升格为主神，这使所有将这两个宗教简化为单——神教的努力化为乌有。对这一过程的一个有趣的见证来自贝斯那加石柱（Besnagar column），该石柱的历史可追溯到公元前2世纪，它是在今天的德干高原北部边缘的博帕尔（Bhopal）附近被发现的。它的铭文这样叙述：一位当地的印度国王接待了一位名叫赫利奥多罗斯（Heliodorus）的大使，他是希腊塔克西拉国王（在当今的阿富汗）派遣的，这位大使竖立了这座石柱，敬献给婆苏提婆（Vasudeva）神，此时婆苏提婆可能已经被视为毗湿奴的化身。

亚历山大大帝入侵时期的希腊继承者可能会以这种方式表现出崇拜者的行为，这在巴利文作品《弥兰王问经》中早有预料。弥兰王（Milinda），或者也被称为米南德（Menander），当时统治着旁遮普邦北部。他是亚历山大大帝最著名的继承人，亚历山大大帝的继承人们在印度尝试着他们的运气，并在适当的时候采纳了他们新臣民的宗教习俗。在米南德的案例中，那就是佛教，他向僧侣们提出了一系列关于佛教的问题。因此，对于赫利奥多罗斯来说，当地的神是婆苏提婆，而婆苏提婆在当时或不久之后就被认为是毗湿奴。

诸神的融合

另一位同样鲜为人知的吠陀神那罗延（Narayana）也与毗湿奴联系在了一起，并与牧民和战士之神黑天神有关，后者在不断进化演变的《摩诃婆罗多》史诗中扮演着重要角色，这部史诗在公元5世纪最终成型。除此之外，同样在这几个世纪里，毗湿奴也通过吸纳一系列神灵而得到了发展，这些神灵包括野猪，对它的原始崇拜在印度西部很流行；以及罗摩，这位《罗摩衍那》的完美国王是另一种极端。野猪——神圣的筏罗诃——和罗摩与其他被同化的神灵一起作为化身，毗湿奴得以来到人间以将其从恶魔手中拯救出来。整个集合构成了一个万神殿，其崇拜相当于对毗湿奴的虔诚信奉。

湿婆原本是次要的生育之神——这也许可以追溯到哈拉帕时代，但通过和吠陀神楼陀罗联系在一起，最终以阳具（林伽，*lingam*）的形式受到崇拜。随着时间的推移，湿婆也开始与其他神联系在一起：象头神（Ganesh）和广受欢迎的战神室犍陀（Skanda）。还有两个进一步的发展也促进了印度教的演变：其一是新的神圣思想的创造，并被保存在各种文本传统中；其二是机构特别是寺庙的建立，通过这些，印度教将始终是不断发展的、次大陆大多数人的核心宗教信仰。

新的宗教表述取代了吠陀时代后期文本传统——吠陀和奥义书——的中心地位，尽管早期的知识并未被遗忘。一代又一代的婆罗门继续将这些复杂的旧文本铭记于心，并将其传授给因出身而被认为合适的其他婆罗门。但它们已经成为次要的传统，完全被称为往世书和圣典正法的经文以及各种诗歌作品所代替，这些诗文包括《摩诃婆罗多》和《罗摩衍那》。往世书，或"古代故事"，由传说和宗教指导组成。传说包括诸神的家谱、皇室王朝和古老的刹帝利氏族的故事，而宗教指导则涉及正确的崇拜行为举止，其中有18部往世书被认为是"重要的"，但即使是这些重要的，也无法追溯到4世纪笈多王朝时代之前。

阿育王的达摩（*dharma* 的普拉克利特语名称，意为行为准则）对佛教徒来说仍然很重要，但大约在公元前100年，其他佛法典籍开始出现，从圣人摩奴的典籍开始。圣典正法被称为"法律书籍"，但实际上更像是人类必须经历的生命阶段的行为准则，它们被认为适合四个种姓中的每一个。它们为当时的印度社会提供了很多启示，无论是在永恒的行为准则方面（在那里，摩奴的法令被重复）还是在基于认可的当地习俗的变体准则方面。这些经文在颂扬国王作为护法者的美德的同时，还谈到了除了作为护法王的臣民之外，人们还以其他方式被联系在一起。血缘关系就是这样一种隶属原则，即与亲属有联系。由血缘关系形成的关系被称为库拉（*kula*）。种姓是一种血缘关系，氏族又是另一种。

对早期吠陀诸神的崇拜，与对毗湿奴和湿婆的崇拜之间的主要区别，在于后者的虔诚性质，而诗歌是表达虔诚的重要媒介。用于赞颂的赞美诗作为崇拜的核心部分被背诵和演唱。吠陀诸神在很大程度上是经由专职祭司的强大仪式被召唤和引导来为人类服务的。相比之下，根据神学家的说法，毗湿奴和湿婆是被充满爱的歌曲所召唤，这些歌曲祈求众神所应许的恩惠和拯救。诸神是控制者，不能再被人类控制，只能被祈求。

虔诚崇拜源于佛教徒对菩萨的信奉，甚至对湿婆和毗湿奴的虔诚信仰也相似，尽管佛教和耆那教的宗教团体主要在城市，从商人和工匠中吸引追随者，而印度教则适合现有的农村泰米尔社群。在7世纪，耆那教教徒和佛教徒有时会被无情地从城镇中赶走。尽管如此，新的虔诚的印度教中最早的诗人和神学家来自印度南部。诗人蒂鲁瓦卢瓦尔（Tiruvalluvar）用泰米尔语书写的湿婆赞美诗是在5世纪创作的，在他创作这些对句之后，有63位信奉湿婆的圣徒（*nayanar*）撰写了赞美诗集。毗湿奴的泰米尔信奉者也创作了赞歌，不久之后，用其他南方语言——卡纳达语（Kannada）和泰卢固语（Telugu）——书写的诗歌也被陆续创作出来，并献给湿婆和毗湿奴的各自不同的化身形式。印度教的宗教习俗在次大陆南部最初成型，这提醒我们，尽管印度教的社群基础不同，但佛教在那里的影响与在北部一样大。

印度教崇拜和宗教团体

印度教团体倾向于保留较古老的社群形式和当地宗教习俗。因此，古代的异教被同化为对往世书中神灵的崇拜，例如牧民使用婆苏提婆——黑天图案作为牧群的保护者。

其他一些化身在被同化为毗湿奴时就已经是被人虔诚崇拜的对象，但现在往世书化身故事中的黑天、罗摩和佛陀旨在说明毗湿奴在被人类祈求时所给予的强大神助。因此，据说他以摩蹉鱼的身份出现，他从洪水中拯救了人类的祖先摩奴；他作为俱利摩（Kur-ma）乌龟出现，跳入海洋深处，取回因洪水而沉积在那里的各种神圣宝藏（包括毗湿奴的配偶之一的女神吉祥天女）；作为侏儒筏摩那，他欺骗强大的恶魔阿修罗王钵利（Bali），让钵利允许他统治他自己跨三步之地。（然而，这三步，他覆盖了整个大地和天国，只为阿修罗王留下了下界。）但除了筏罗诃野猪化身在西印度人中流行之外，其余的似乎并没有被广泛信奉。

相比之下，黑天的地位却在提高。他在《摩诃婆罗多》中以般度族的朋友和顾问的身份出现。更重要的是，他在《薄伽梵歌》中被赋予了核心角色，也就是作为般度族英雄阿朱那的战车驾驶者。他在伟大的史诗般的战斗开始之前披露了自己的真实身份：

图7　毗湿奴和他的十个化身。由一位南印度艺术家创作，约1800年（IOL Add OR 25；
neg. no. B 8236，经大英图书馆许可）。

图 8　阿朱那和作为他的战车手的黑天。可能来自马哈拉施特拉邦，约 1800 年（BM
OA. 1974. 6-17. 014（17），由大英博物馆受托人提供）。

> 我是众生的开始、中间和最后……在阿迭多中，我是
> 毗湿奴；在光明中，我是光芒四射的太阳……在星辰中我
> 是月亮……在感官中我是心智，在众生中我是意识……在山
> 峰中我是须弥山……在湖泊中我是海洋……在学说中，我是自
> 我之学；对争论者来说，我是论证……我是死亡，吞噬一切，
> 是尚未存在的事物的起源……我的神圣显现没有尽头……我所
> 宣布的只是我无限荣耀的例证。[20]

尽管宣布了自身的超越性，但《薄伽梵歌》中黑天神所传达出的更重要的信息在社会层面上是保守的，这些信息关乎种姓、业力和行动，要谨慎表现、适当行为，而不去担心后果。

与上面所描绘的宏伟、全知和全能的神灵形象相对应的另一个极端，是黑天被尊为戈文达（"牧民之王"，毗湿奴的另一个名字），一位英俊的有着深色皮肤的牧羊人，他的笛声引来了挤奶女工（*gopis*）和他调情。相比之下，阿约提亚的完美国王罗摩代表着毗湿奴的另一个属性，将他与黑天–戈文达和湿婆区分开来：保护社会秩序，例如他摧毁恶魔罗波那。虽然罗摩也被描绘成深色皮肤，但与黑天不同，他不是滥交的情人，而是悉多的忠实丈夫和一个忠诚的兄弟。

以林伽为代表的湿婆呈现出非常不同的至高无上的主神特质。湿婆是一种原始的自然力量，以阳具的形式将他与大地和起源联系起来，同时他也是一位伟大的苦行者，一位拥有惊人力量和可怕美貌的神秘主义者。作为舞蹈之王（*Nataraja*），他创造了一个毁灭性的火环，在宇宙循环结束时摧毁宇宙。将湿婆纳入化身万神殿的尝试从未成功，在有关他的传奇神话文集中，他对世俗做出的唯一让步是他与雪山神女，即喜马拉雅山的女儿帕尔瓦蒂结婚，帕尔瓦蒂

与湿婆一起进入了他的山间隐居处。

主要的往世书于3世纪至8世纪之间完成，但在整个印度中世纪时期，它们继续被编撰。在后来的往世书中，宇宙神毗湿奴和湿婆获得了无数特殊的地方形式，正是这些形式成为真正的崇拜焦点。在极少数情况下，湿婆可能会自己在某个村庄或城镇以特殊化身的形式出现，然而，在更多情况下，湿婆和毗湿奴是作为当地女神的新郎被介绍到那个地方。这些神圣的婚礼解释了在5世纪开始为诸神立庙奉祀的做法，并且圣婚相应地提升了熟悉的本地女神在神格中的层级排序，她可能已经在疾病方面受到祭祀，人们敬奉她以避免死亡。或者，当地女神可能是更普遍的守护神，是生育女神或"母亲"女神，这几种角色可以任意组合。

由于这些女神在大多数当地农业和畜牧社群中享有崇高的地位，因此人们留意着，不将她们排除在后来被称为印度教的虔诚宗教形式之外。在许多名义上供奉毗湿奴或湿婆的庙宇中，主要的信奉对象是作为配偶的女神，根据她的崇拜者的说法，她是大神本人的沙克蒂（梵语中力量的意思）的来源。

如果对湿婆和毗湿奴的多种表现形式的宗教信仰通过新的意识形态加强了社群团结，那么它也提供了将社群连接到更大的相互关联的网络的手段。在政治上，国家的形成促成了同样的结果，并在被认为是印度黄金时代的笈多王朝达到顶峰。

南部的发展

上述这些发展发生在次大陆的北部或大陆部分，同时在半岛南部正在形成一套不同的文化，或者有人会说，文明。这种文化最早用泰米尔语表达了自己。泰米尔语与梵语不同，它不属于印欧语系，而是一个名为达罗毗荼语的独立语系，现在拥有超过 1.5 亿的使用者，约占印度当代人口的五分之一。①

泰米尔人和其他讲达罗毗荼语的人的起源尚不清楚。他们要么是南部半岛非常古老的居住者，以及在那里已经过考古调查的石器时代族群的居民，要么是早期定居者的后来入侵者和征服者，也许是来自东地中海盆地的移民，不过这仍然只是推测。考古遗迹表明，该半岛的大部分地区很早就有人居住。一些遗址揭示了狩猎—捕鱼—采集组合的经济模式与游牧牧民或锄耕农民很接近。

即使是最早的泰米尔语桑迦姆诗歌以及最早的达罗毗荼语词典和语法书，即《泰米尔朵伽比亚姆》（*Tolkapiyam*，约公元前 300 年）中也出现了北方（即梵语）元素与达罗毗荼语的混合，表明了南部半岛和恒河流域的人们之间有大量且非常古老的互动。古代半岛社会中南北形式相互渗透的另一个例子来自早期马拉地语（现代马哈拉施特拉邦的语言）的著作。这种北部半岛语言的语法结构受到达罗毗荼形式的影响，尽管在其他方面它是一种印欧语言。这一类型的影响因所谓的"印度的第二次城市化"而加剧，它表明各种各样的人在次大陆及其周边地区的流动性相当大，这一过程与佛教和耆那教的传播有关联，它们从起源地恒河东部，到达次大陆的另一端，就佛教而言，则跨海到达斯里兰卡和东南亚。

现存最早的泰米尔文字作品可追溯到公元前 2 世纪，包括在耆那教苦行者居住过的洞穴中发现的简短铭文，这些铭文记录了对该教派的捐赠。其中所使用的天城文字体与一个世纪前的许多阿育王铭文相同，这证明了次大陆北部和南部之间的联系。不过，这些简短记录中的泰米尔语在公元最初几个世纪取得了蓬勃发展，

---

① 此处"当代"指 20 世纪 90 年代。

最终出现了质量非常高的诗集，但使用了源自早期诗歌的独特文字表达。不久之后，这个诗歌集被命名为"桑迦姆诗集"，因为其中的英雄主义主题诗歌和爱情主题诗歌是由一个名为桑迦姆的文学学院选出的，桑迦姆显然是指佛教僧伽或僧侣团体。据说桑迦姆是由泰米尔王国的潘地亚王朝召集的，他们与另外两个达罗毗荼血统的王朝，朱罗王朝和哲罗王朝，因阿育王法令而隐约被人所知。这三个王朝往往被视为有些落后和边缘化，现代学者称之为"部落"，但桑迦姆诗集中的战争诗揭示出，这三个王室世袭的国王曾统治了南半岛的不同地区。朱罗王朝和潘地亚王朝在中世纪时期享有相当的地位，当时泰米尔人仍然将穆文塔尔，即上述三个王朝的国王，称为他们的合法统治者。

早期帝国时代

在旃陀罗笈多建立孔雀王朝与另一位旃陀罗·笈多一世建立笈多王朝之间的六个半世纪，或可称为一个帝国时代。从大约公元前320年到公元320年，各种历史资料使我们可以确定，有五个王国从以下意义上说，可以贴上"帝国"的标签：至少在一位或两位国王在位期间，宣称对一片广袤的领土——例如整个恒河平原——拥有宗主权并得到承认。除此之外，"旃陀罗笈多"这个名字对帝国所应有的特质几乎没有指导作用。它的意思是"月亮守卫者"（月护王）。也不能根据当时和后来国王的铭文中经常夸大其词的说法来证明帝国的称号是合理的。铭文与其说是宣布公认的事实，不如说是一种记录主权声明的方式。国王声称自己统治此地，并把他的声明铭刻在所有人面前——就像阿育王一样，这对所有地方统治者而言都是一种挑战。（类似的声明和挑战也体现在马祭中，在那个仪式中，由国王马匹的出游范围来界定国王的统治区域。）

印度-希腊人，他们是如此被称呼的，他们在暗示自己对本土印度人的控制时表现出灵活性，正如赫利奥多罗斯为婆苏提婆所竖立的贝斯那加石柱和最著名的印度-希腊人米南德对佛教徒的资助所表明的那样。通过他们的硬币，希腊化的传统艺术手法在印度北部广为人知并被效仿。

当这个世纪接近尾声时，亚洲内部处于高度动荡局面，在这一背景下，中亚和北亚人闯入次大陆，跟随印度-希腊人，一起在印度寻求财富和权力。这些人在印度被称为萨卡人①，他们在欧洲的知名度低于他们的近亲斯基泰人。萨卡人代表着公元前100年左右，伴随着中国汉朝巩固时期的大规模人口迁移的终结过程。印度的萨卡统治者以波斯语或梵语形式使用了印度-希腊语的"国王之王"的头衔，他们还采用了梵语的"摩诃罗阇"头衔。尽管有这些令人敬畏的头衔，萨卡国家仍只是规模不大的酋长联盟，很快就会被新的入侵者征服。其中最强大和最持久的入侵者被称为贵霜人，他们被证明是一系列拥有消灭西罗马帝国的草原骑兵那种实力的最后入侵者，除了萨卡人、斯基泰人和匈奴人之外。

迦腻色迦（Kanishka）是贵霜帝国最著名的国王。从115年到140年，他宣称自己的王国可能与阿育王的领土一样广阔，不过更往北：从兴都库什山脉以北的阿姆河流域（Amu-Darya Basin），到恒河流域东部的贝拿勒斯，再到古吉拉特邦南部。迦腻色迦传说中的财富来自对连接印度和罗马世界的陆地和海上贸易路线征收的关税。该贸易量是如此之大，以至于罗马感到有必要限制它，以阻止因支付印度出口盈余而造成的货币流失。这一限制没有结果，后来

①萨卡人（Shakas），曾居住在欧亚草原北部、东部以及塔里木盆地的古代游牧民族，与欧洲的斯基泰人（Scythians）关系密切，在印度西部建立了西萨特拉普王朝。

在整个次大陆都发现了大量的罗马硬币，半岛上发现数量最多，一直到半岛的最南端仍能发现罗马硬币。佛教徒将迦腻色迦与其他著名的佛教赞助人，如阿育王和米南德列在一起，以表彰他召集了僧侣结集，大乘佛教的发展由此开始。即便如此，迦腻色迦所铸钱币也沿用了希腊人的做法，它们的质量非常好，上面描绘了印度人、波斯人（尤其是密特拉教）和希腊人的神灵。

阿育王时代之后

从公元前233年左右阿育王辞世到公元300年左右笈多王朝兴起，这段时间通常被认为是一个黑暗时代。通常，说黑暗时代也好，黄金时代也好，这些描述是由近代人或后来的历史学家做出的，而且这两个群体通常都有自己的使用不同的标签的用意。因此，笈多时代的同时代人将他们的时代视为一种新的旺盛的婆罗门宗教形式扎根的时期，它从佛教和其他错误信仰的污染灰烬中萌生。现代历史学家将笈多时代视为黄金时代，但原因有所不同，其中有些人认为那是在伊斯兰教的政治和文化产生影响前，印度本土发展的最后一个辉煌时刻。

尽管如此，在孔雀王朝和笈多王朝之间的五百年间，令人印象深刻的政治、经济和文化发展源于印度人与其他亚洲人民的密切交流，从而使所有人互惠互利。在政治上，次大陆被几个大国瓜分；与北方的贵霜帝国并列的，是遍及整个半岛的百乘王朝（Satavahana）。百乘王朝从其各个港口与东南亚保持着频繁活跃的贸易往来，而贵霜帝国与罗马世界进行陆路贸易。第三个政体，即在古吉拉特邦和摩腊婆（Malwa）的萨卡人，与其他两个政体不同，它们采用了邦联形式。萨卡人统治着较古老的农民和牧民社群，他们在当地的合法性在7世纪左右获得认可，这个进程比较缓慢，当时精英们将自己归化为"古代雅利安拉杰普特人"，各路土著首领也采用了这种说法。

在宗教方面，在这些领域的任何地方，信奉湿婆和毗湿奴的教派都与佛教和耆那教的旧流派结合，使这个时代无论是在机构的形成还是在新文本的创造方面都成了一个创新和扩张的时代。其他相关的知识发展历程也在起作用，导致了新的文化形式的产生。大约在公元前100年至公元100年间，在《薄伽梵歌》被编入史诗《摩诃婆罗多》的同时，即将构成法典文本传统样本的行为准则纲要正在由"立法者"摩奴定稿，而这一《摩奴法论》就是后来大量、多变的后期法典的原始文本和模型，在两千多年的时间跨度里一直为国王及其大臣提供正确的公共和个人行为指导，直到它（几乎）被现代法学和立法所取代。

尽管"法律书籍"中压迫性的、僵化的细节得到了发展和细化，但在帝国之间的这一时期，印度艺术创作的世界因波斯和希腊-罗马世界的影响而发生了变化。到孔雀王朝结束时，出现了独特的印度雕塑和建筑学派，它们反映了这些影响，但没有被这些影响淹没，并以笈多时代的古典模式表现出来。

女性地位的下降

可以说，在帝国交错更替的几个世纪里，黑暗已经渗透到社会的其中一个方面：女性地位的下降。在印度教中，寺院传统没有像佛教和耆那教的异端那样被制度化，在后者那里，它被认为是通往精神解放的唯一真正途径。相反，印度教男性，尤其是那些上层种姓的男性，要经历几个人生阶段：初始阶段，即那些可以出生两次的种姓获得圣线；学生阶段（梵行期），上层种姓学习吠陀；已婚男人阶段（家居期），这时他们成为户主；森林隐士阶段（林栖期），当老年男性退休冥想时，要么有妻子陪伴，要么没有；最后是孤独的苦行者阶段（遁世期）。由于印度教男子被要求在适当的时候娶妻，因此女性的角色和性质就受到了限制。与修道院苦行者不同，印度教男子被劝告要生儿子，并且不能完全回避女性或性行为。

阿育吠陀的医学典籍，甚至《摩奴法论》，都将女性的性行为视为积极的，甚至是吉祥的，只要适当引导（当然是针对她的丈夫）并在最有利于受孕的时间进行。

由于女性的淫乱和邪恶的本性，她们需要加以引导和限制：

> 女人会忽略美，也不拘泥于年龄；［会想］"他是个男人［这就够了］"，她们可以把自己献给英俊和丑陋的人。由于她们对男人的热情，由于她们多变的脾气，由于她们天生的无情，她们对丈夫变得不忠诚，无论她们在这个［世界］上得到多么小心翼翼的呵护。［在创造她们时］摩奴分配给女性［热爱她们的］床、［她们的］座位和装饰品、不纯洁的欲望、愤怒、不诚实、恶意和不良行为。[21]

男人当然更挑剔：

> 因为如果妻子没有容光焕发的美丽，她就不会吸引她的丈夫；但如果她对他没有吸引力，就不会有孩子出生。[22]

为了确保正确的引导，摩奴制定了许多规则，甚至包括应该给女孩起的名字："要易于发音，不暗示任何可怕的事情，具有简单的含义……以长元音结尾。"[23] 最著名的是，他宣称女人永远是依赖他人者：

> 对于一个女孩，一个年轻的女人，甚至一个上了年纪的女人，任何事情都不能独立去做，即使是在她自己的房子里。
>
> 女子幼时服从父亲，年轻时服从丈夫，主人死后服从儿子；女人永远不能独立。[24]

摩奴赞成童养媳，认为八岁的女孩适合二十四岁的男人，十二岁的女人适合三十岁的男人。他接着列举了八种"婚姻"。最有声望的，因此也适合婆罗门夫妇的，是少女的父亲"装饰［大概用珠宝］和以［她］为荣"，将她作为礼物送给一个有学问的人。如果没有嫁妆，或者新郎的家人支付新娘的嫁妆，则婚姻的等级就较低。在这种等级排名中埋下了嫁妆诅咒的种子，嫁妆诅咒已成为现代印度所有种姓、阶级甚至宗教的主要社会问题。①

夫妇出于相互的性吸引力而相互选择的"爱情婚姻"，排名略高于伴随掠夺和谋杀新娘家人的强行绑架（摩奴允许在刹帝利种姓中存在的一种暴力婚姻形式）。排名最低的是强奸熟睡或其他毫无防备的女孩，但"爱情婚姻"——自主婚姻——在今天的印度仍然名声不佳。

然而，摩奴（以及其他法典作者）在妇女问题上仍然显得非常矛盾和不一致，因为除了对她们的严厉批评外，还有一些部分强调尊重女性关系并让她们快乐的重要性：

---

① 现代印度常出现"嫁妆致死"（dowry death）案件，即夫家因认为妻子嫁妆不够丰厚，或企图侵吞妻子嫁妆财产，故谋杀妻子。

　　在女人受尊崇的地方，神灵都喜悦；但在她们不被尊重的地方，没有任何神圣的仪式会带来回报。

　　在女性亲属悲痛的地方，家庭很快就会彻底灭亡；但她们并非不快乐的家庭却一直兴旺发达。[25]

另一方面，妻子为了让丈夫开心，必须付出最大的努力，这一点是毋庸置疑和毫不含糊的：

　　虽无德，或求乐［在别处］，或无善德，［但］丈夫必须始终被忠贞的妻子崇拜为神……如果妻子服从丈夫，她就会［仅凭这个理由］在天上得到升华。

　　一个忠诚的妻子，如果希望［死后］与她的丈夫同住，无论他是生是死，都绝不能做任何可能使拉她手的人不高兴的事情。

　　以此作为报答，一个能控制自己的思想、语言和行为的女性，在此［生］获得最高的声望，并在来世获得靠近丈夫的地方。[26]

但在女性拥有财产的权利问题上，摩奴是最为矛盾和混乱的。这句看似直白的话，"妻子、儿子、奴隶，三者被宣布是无产的，他们赚取的财富是为他们所属的人［获得］的"[27]，却与以下内容相矛盾：

　　在［婚礼］堆火点燃之前［被给予］的［即婚前的嫁妆］，出嫁时［被赠送］的，表示爱的定情礼，从兄弟、母亲或父亲那里得到的，称为女人的六重财产。

　　[这些财产]，以及后来的礼物和她深情的丈夫[给她]的东西，将归她的后代所有，[即使]她在丈夫有生之年去世。[28]

　　一方面，摩奴（稍微）比18世纪的作家特兰巴卡（Tryambaka）仁慈些，后者为坦贾武尔（印度南部）的正妻编写的手册中，强烈推荐了自焚（*sahagamana*，与丈夫同死）。摩奴觉得这样的习俗可能适合粗鲁的刹帝利，但对于婆罗门寡妇来说：

　　　　让她随心所欲，以纯花、纯根、纯果为食；但在她丈夫去世后，她绝不能提及另一个男人的名字。

　　　　在她去世之前，让她对[苦难]保持耐心、自制和贞洁，并努力[履行]为只有一个丈夫的妻子而[规定]的最优秀的职责。[29]

　　在实践中，这意味着寡妇的头发被剃光，她被要求睡在地上，一天吃一顿饭，做最琐碎的工作，只穿最朴素、最卑微的衣服，不戴任何饰物。她被排除在所有节日和庆祝活动之外，因为她被认为对除了她自己的孩子之外的所有人都是不吉利的。之所以要过这种忏悔生活，是因为寡妇永远无法完全摆脱怀疑，她在某种程度上对丈夫的过早死亡负有责任（说过早，因为从本质上讲，她应该先死）；她的罪可能是不忠，如果不是在今生，也是在前世，即使可能只是在对丈夫的关注、关心和奉献方面的一些欠缺。

　　摩奴和其他法典的评论家与作者所采取的立场以及所讨论的做法并不是遥远过去的古怪遗风余俗，而是在今天的印度仍然活生生地存在并反复出现的——如近几十年来试图恢复娑提①（*sati*）习俗的尝试所表明的。童婚、逼婚、嫁妆和对妻子卑微顺从的期望都已经根深蒂固，很难根除。令人欣慰的是，1985年，印度最高法院裁定：

> 结婚时送给女人的所有礼物直到最后都是她的绝对私有财产，并且，她的丈夫或其他任何人未经她的许可无权拥有它们……但事实上，最高法院支持妇女保留结婚礼物的权利，这是由吠陀［原文如此］圣人摩奴首次提出的古老概念妇女嫁妆（*stridhan*，指女人的财富）所载明的。[30]

笈多古典模式

与笈多黄金时代相关的国王出身卑微，以至于开国之君在320年开始自己的统治时，似乎采用了孔雀王朝创始人旃陀罗笈多的名字，并娶了一位古代离车族的女儿。离车族的土地位于恒河和尼泊尔特莱平原之间，如今是现代比哈尔邦的一部分，古代氏族制度在那里持续时间最长。然而，这里的人肯定享有比旃陀罗·笈多一世宣称的都更优越的地位，因为他杰出的勇士儿子沙摩陀罗·笈多在他的硬币上刻着他的离车族血统关系，以支持他声称自己是万王之王（其他国王之上的伟大国王）。不过，在实践中，他通过极大地拓展他从父亲那里获得的遗产（从钵逻耶伽到华氏城的恒河领土）来证明这个称号是合理的。沙摩陀罗·笈多将他的著名宣言肆无忌惮地刻在钵逻耶伽（现代称为安拉阿巴德）的一根柱子上，这根柱

---

① 娑提，指印度教寡妇殉夫自焚。

图9 沙摩陀罗·笈多的金币，该金币纪念他的父母旃陀罗·笈多一世和鸠摩罗提毗的婚姻。正面刻有"旃陀罗笈多"（右）、"鸠摩罗提毗-室利"（左）。反面，吉祥天女坐在一只蹲伏的狮子坐骑上，手持头带和宝碗，上面刻有"Licchavayah"字样（BM C&M BMC 28，由大英博物馆受托人提供）。

子的历史可以追溯到阿育王时代或更早。宣言中他声称自己征服了钵逻耶伽以西到马图拉的整块肥沃平原，并从羯陵伽向南发动了一场壮观的突袭，一直延伸到早期帕拉瓦王朝的首都甘吉布勒姆。所有这一切都通过试图恢复遭到佛教徒长期谴责的皇家仪式——尤其是马祭——来进行盛大的庆祝。

尽管如此，这位王朝创始人的遗产在沙摩陀罗·笈多时代和之后的很长一段时间内仍然是帝国国家的核心。根据笈多时代的大量铭文，特使被派往小型农业社群，尽管在这些文件和当时的其他文件中，他们实际上做了什么是很模糊的，很可能皇室官员干预这些地方只是为了恢复秩序，以使贸易能够盈利，并确保能从肥沃和人口众多的河流平原的丰收中获得贡品。

笈多时期地方官员的另一项职责是查实和监督对婆罗门的土地赠予的大量增加，这些婆罗门不受税收要求的影响。这不会是一项繁重的任务，因为当地占主导地位的群体及其领导人会免费为博学的婆罗门和祭司提供礼物形式的收入，以换取这种慈善事业带来的声望，以及为他们的孩子设立教育中心的实际利益。对于行会来说，一定也存在着相同的轻松管理关系。这些行会从事工艺品生产和贸易，由来自不同种姓的人组成。他们享有对商业和工业中心的自治权，并享有与婆罗门类似的税收豁免权。通过这种方式，许多不同的社群在笈多政体的中心地带以及在笈多王朝权力非常有限的边境地区享受了令人印象深刻的扩张和繁荣时期。

笈多王朝和社群

4世纪和5世纪时笈多帝国的形成，显示了中世纪时期国家的两个政治特征，这两个特征一直延续到18世纪：国家和社群以一种平衡的关系存在，而较小的国家则嵌套在占主导地位的君主国的宗主权之下。君主政体的国家对其农业地区行使的权力是遗留下来的：司法和警察职能由各种土地团体和行会式机构掌握，根据当地有关生产、职业和居住的习惯来执行。国王密切关注宗教机构的组织和功能，尤其是寺庙，他们和社会上的其他有权势的人为此提供土地，并为容纳神灵、祭司和满足宗教专家需求的仆人的建筑支付费用。由于寺庙往往成为吸引大众朝圣的大型机构，新城镇应运而生，以补充现有的商业和行政中心。

王室的存在遍及所有这些情境，但从来都不是唯一的权威。我们在民事法典、社会法典和家庭法典中看到，国王的王道仅限于裁决被认为能够按照习俗进行自治和解决内部冲突的机构之间的冲突。佛法典籍描绘了一个由国王保护的自治社区组成的社会。作为提供保护的交换，国王可以享受他们臣民的一些财富。在学过佛法的人的适当建议下，国王赋予社会一种道德基调，尽管这种基调不断受到"黑暗时代"或称争斗时的宇宙力量的威胁。

在围绕核心的领地圈中，较小的国王被笈多征服，然后在笈多国王亲手执行的灌顶仪式（*abhisheka*）中恢复他们的王位。这个仪式标志着他自己作为转轮王的地位（负责在这片土地上滚动的法律之轮），这个头衔是笈多王朝的创始者宣称的。虽然独立统治，但附属国王每年都会向笈多王朝致敬并出席其正式的活动。通过间接权威，笈多王朝的政治影响力扩展到西部的旁遮普和马尔瓦以及东部的尼泊尔和孟加拉。反过来，位于边界的国王被其他更多的独立国家包围，包括印度河西部偏远地区的贵霜人的残部，次大陆中西部半岛部分地区的萨卡公国和伐迦陀迦王国，以及一个从恒河腹地以南的森林中建立起来的强大但非常不稳定的国家。更远处是次大陆东南海岸的完全独立的帕拉瓦王朝，他们在沙摩陀罗·笈多的入侵中幸存下来。在遥远的北方是其他王国，其中一些统治者出身于匈奴，与摧毁罗马帝国的阿提拉（Attila）有联系。6世纪初，他们对印度也采取了同样的行动。

与其他时间和地方的统治王朝一样，权力从长期统治的国王成功传递给经验丰富的儿子，确保了笈多王朝令人印象深刻的持久不衰——大约两个世纪——以及按印度王朝标准来说令人印象深刻的稳定性。沙摩陀罗·笈多的儿子旃陀罗·笈多二世或称"超日王"（Vikramaditya），从375年到415年执政，击败了印度西部独立的萨卡公国，并通过联姻对印度中西部独立的伐迦陀迦王国进行庇护。其他征服将笈多王朝的霸权发挥到了极致：范围从孟加拉的恒河三角洲到印度河和马尔瓦。

笈多王朝的影响力甚至超出了印度而到达了东南亚。金币上印着笈多国王的容貌，并宣称笈多国王是世界级的统治者，这一说法被携带着琳琅满目货物出海的印度商人所传播。法显是一位寻找佛教手稿并带回中国的朝圣者，他详细记述了位于华氏城的旃陀罗·

笈多二世的奢华宫廷、他众多的受薪官员和他的朝臣们的财富。

所有这些财富在旃陀罗·笈多二世的儿子鸠摩罗·笈多一世的长期统治中得到了延续，但从鸠摩罗·笈多一世的儿子塞建陀·笈多（Skandagupta）领导他父亲的军队开始，在两个地方开始看到了对笈多霸权的抵抗迹象。一是居住在恒河以南山地和林地的林栖人①对笈多王朝的统治地位提出了挑战，从那里开始的入侵需要大规模的军事行动才能被镇压。更遥远但同样重要的是，在匈奴人在整个欧亚草原不断扩张的压力下，中亚骑兵开始入侵印度。正如一些中亚骑兵将日耳曼部落驱赶到罗马世界，并摧毁了高卢和意大利的大部分地区一样，其他中亚部落在6世纪占领了印度西北部的大部分地区，包括拉贾斯坦邦和恒河谷西部。

单一主神崇拜的繁荣

4世纪、5世纪的文化成就是不可否认的。在复苏的婆罗门祭司的领导下，一种新的宗教诞生了，他们的祭祀礼仪和学识资质都来源于吠陀。然而，新出现的宗教基于虔诚而非基于对祭祀礼仪的掌握。往世书，而非祭祀手册，才是新的湿婆和毗湿奴崇拜的真正文本——这些传说和习俗将构成印度未来的主导性宗教。在这些基础文献典籍中，有《毗湿奴往世书》和《马尔坎德亚往世书》，它们通过崇拜湿婆的配偶杜尔迦（Durga），将女神崇拜提升到最高水平。还有其他标志着笈多时代巅峰的梵文作品，从迦梨陀娑的戏剧和诗歌作品到湿婆和毗湿奴的崇拜者以及耆那教的崇拜者建造的寺庙铭文，后者遍及笈多霸主所统治的辽阔领土。寺庙是新崇拜下统

---

① 指居住在森林中的人。

治神的宫殿，铭文记录了国王和小领主的供奉，他们急于表现他们的虔诚之意，因此建造了神殿，并授予婆罗门广阔的土地，通常是整个村庄，以表彰他们在与佛教竞争几个世纪后再次发挥了特殊作用。尽管如此，促使新信仰形成的不仅仅是梵文中的诸神故事，还有更多以本地的语言赞美湿婆和毗湿奴的诗歌，从泰米尔语开始，其他语言也步入了一条多彩绚丽的、文学作品不断涌现迸发的轨道。

正如历史学家在比较笈多王朝与孔雀王朝时代时经常假设的那样，这样的文化成就表明，城镇生活并没有完全失去活力。商贸和工业生产为宗教作品以及其他文学和戏剧作品带来了新的潜在赞助人群体，这些赞助人群体通常由商户团体、商人和工匠行会组成，这些团体也负责城镇管理。这并不新鲜，但一些拥有土地的群体也享有显著的地位提升，这体现在对宗教的赞助上。其结果是改变了笈多统治下的种姓等级：以前被驱逐到低级首陀罗的群体现在声称自己已经再生，并得到他们所赞助的婆罗门的支持。到此时为止，低等种姓的提升与君主制的新定义一样重要，后者将国家与婆罗门地位的上升联系起来，两者同为往世书宗教的监护者。

笈多王朝统治下的社会流动

在古典时期的所有王朝中，只有贵霜帝国的国王声称他们的统治直接源自神明，他们可能受到中国皇帝风格的启发，因为贵霜国王的称号，德瓦普特拉（*devaputra*），与中国的"天子"的含义相同。那个时代的其他统治者依靠王室祭祀（例如马祭）来建立灌顶的权威，为此，婆罗门祭司的参与必不可少。在笈多时代及以后，国王们希望婆罗门根据当时的法典规定的品质来证实他们有资格统治：国王必须既有才能又有德行（后者可从他们给婆罗门的礼物中看出），他们应该也属于适当的种姓，即刹帝利。如《毗湿奴往世书》这样的往世书，提供了从神话的过去一直延续到6世纪的统治家族的名单和家谱。其他的往世书提到了非刹帝利的统治家族，例如难陀王朝和孔雀王朝的统治者，以及印度—希腊人和萨卡人中的外国统治家族，他们其中一些被赋予了模糊不清的王室地位。因此，这些文献同后来的佛法典籍相一致，不再像《摩奴法论》那样坚持国王生来必须是刹帝利，现在能赋予一个人王权的是他对领土的实际统治权，而无论他的出身如何和获得权力的方式如何。刹帝利的地位是一种成就，而不是一种归属的等级。

婆罗门和刹帝利并不是唯一通过合作提升相对地位的群体。其他人由于重新评估他们的职业而开始提升社会地位。这种向上流动的群体包括商人和某些类型的工匠，以及从事文字抄写工作的任何种姓。抄写员的声誉和地位稳步提高，摆脱了摩奴赋予他们的低种姓的污名，摩奴曾假定他们是婆罗门和首陀罗之间非法结合的后代。到了11世纪，在一些地位较高的地区种姓中，卡雅斯塔①（kayasthas）的数量和威望都在增长。他们社会地位的提高反映了当时社会日益增长的对官僚的需求，即在后笈多时代，寺庙和国王需要记录员和司法官员来为他们提供行政服务。

但也有人的社会地位下降了，笈多中心地带以外的一些地区也失去了原有的地位。在德里附近的恒河—亚穆纳河流域中的某些古老的雅利亚伐尔塔地区（Aryavarta），地位下降到了被鄙视为蔑戾车-提舍（mleccha-desa）的程度。蔑戾车-提舍是对某些群体（例如森林居民和外国人）以及他们居住的土地的不可更改的污名化称

---

① 卡雅斯塔，印度教种姓，多为文件记录员、抄写员。

号。印度-希腊人和后来的匈奴人对恒河流域西部的占领，被笈多时代以及之后的法律制定者视为是终结了那些土地的原始纯净，其污染将持续到统治者将适当的种姓制度引入其中，并崇拜适当的神灵。外国征服者经常接受这种暗示，这在印度西部小国的许多中亚统治者们转变为拉杰普特人的过程中表现得尤为明显。

古典模式的阐述和扩展：南方

虽然笈多时代鼎盛时期的光芒在4世纪和5世纪期间仍然在次大陆北部闪耀，但在半岛的南部，一个重要的文明时代也在形成。温迪亚山脉和讷尔默达河便利地（对于学生和地理学家而言）标志出印度半岛的北部边界，但这两者都阻挡不住人、产品或思想的流动和传播。

与印度河及恒河—亚穆纳河系所形成的丰富的河流平原相反，印度半岛的核心是一个被称为德干高原的古老的地质构造。它向南延伸，海拔高而且干燥，从温迪亚山脉到名为根尼亚古马里（Kanyakumari）或科摩林角的海角，绵延1000英里，从阿拉伯海狭窄的沿海平原开始，从西向东稍微倾斜，到达孟加拉湾海岸稍宽一些的平原，平均约600英里。

南北的相互影响

这些距离造就了南北之间一定程度的隔离，但这从来都不是绝对的。来自南方的人以及影响塑造了北方社会，例如，在史前时期，一些古地中海种群的移民从半岛向北迁移，使印度北部的多样性变得更加丰富。后来，阿拉伯穆斯林开始在半岛的西南海岸居住

地图4 笈多王朝和中亚入侵，约公元前250年至公元550年

和贸易，在1000年之后，突厥穆斯林到来，但早在那之前，阿拉伯穆斯林就与当地妇女通婚。在文化上，印度教宗教活动的宗教仪式形式起源于南方，后来被南印度人带到恒河流域。

但也许北方对南方的影响更大。来自恒河流域的婆罗门以及来自东印度的佛教徒和耆那教教徒将"雅利安化"（现在基本定义为梵文文化的传播）的复杂而漫长的过程带入了半岛。这一过程开始得如此之早，以至于半岛人民使用的所有达罗毗荼语系的语言没有不受梵语影响的，主要是词汇上的影响，但也包含语法元素的影响。泰米尔语的样本——它被认为是最古老的达罗毗荼语言——从公元最初的几个世纪开始就带有梵语的痕迹，甚至泰米尔人富有想象力和创造性的早期诗歌也包含来自《摩诃婆罗多》的词汇。最后，从孔雀王朝的铭文和其他遗迹中，我们发现了充分的证据，表明恒河流域和半岛中心地区之间有贸易往来。双手和心灵的产品，以及子宫的产物，都是双向流动的。①

港口和沿海贸易也在南部各邦现存最早的诗歌中占有一席之地。风景意象丰富了公元早期几个世纪的泰米尔诗歌，这些意象告诉我们泰米尔人看待世界的方式。这些诗中描绘了五种独特的地貌风景，从沿海的国际化港口城镇、河谷的繁荣王室城市到牧民居住的森林、山丘以及凶猛的战士和强盗居住的贫瘠土地。肥沃而人口众多的山谷是武士首领、虔诚的婆罗门和熟练的耕种者的领地，他们是从大约5世纪开始更迅速地迁移到那里的泰米尔人和其他南方民族的先驱。之后，强大的王国崛起并开始与北方国家争夺次大陆的全方位主权。

然而，政治巩固的步伐却步履蹒跚。泰米尔诗歌中所颂扬的国

---

① 指这两个地区的人口、手工艺品及思想等都会互相流通。

王实际上是同一个地方的人民的酋长，他们内部被分为不同的氏族。如果说他们受到孔雀王朝伟大的国王阿育王的影响，其铭文和官员到达泰米尔国家的北部边缘，那这种影响的效果显现是比较缓慢的。尽管如此，在公元元年前后，半岛北部确实出现了两个真正的王国，一个是由一位被称为迦罗毗罗王（Kharavela）的耆那教教徒建立的，他在现在的奥里萨邦的一个山洞里留下了铭文，上面带有部分自相矛盾的信息，它宣称他信仰非暴力（耆那教的非暴力教义）同时征服了摩揭陀王国，他将一位印度-希腊统治者赶出他在印度西北部的领土，并入侵了北部半岛邻近地区的百乘王朝国王的领土。

罗马历史学家普林尼提到了迦罗毗罗王国广阔的领土以及娑多迦罗尼一世的百乘王朝，普林尼用安达拉（Andarae）这个词指代它们，德干高原中部的一部分至今仍被称为安达拉。这两个国家都是强大的军事国家，虽然一个信奉耆那教，另一个信奉印度教，但皇家也给予佛教寺院赞助，例如位于百乘王朝首都龙树山（Nagarjunakonda）的寺院，它坐落于由哥达瓦里河（Godavari）和克里希纳河形成的肥沃三角洲。

再往南，根据上文提到的铭文和泰米尔语诗歌集，在公元的最初几个世纪，三个酋长国统治着泰米尔人，它们分别是朱罗王朝、潘地亚王朝和哲罗王朝，它们在南部半岛的不同地域各自占主导地位。朱罗王朝和哲罗王朝分别以高韦里河东部和西部的高产农田为基础，潘地亚王朝则位于半岛最南端附近的韦盖河河谷。在那里，在马杜赖城，据说一位统治者创建了一所学院，目的是编撰一本现存的泰米尔诗歌选集。该学院的名字桑迦姆来自巴利语的佛教僧伽，这表明佛教徒和耆那教教徒对这些早期泰米尔人的文化产生了影响。最终编撰出的诗集被称为"桑迦姆诗集"。

6世纪，在泰米尔东部的帕拉瓦王朝崛起之前，佛教卷入了一场政治危机，当时三个泰米尔统治家族突然被来自丘陵地带的武士推翻了。后来的婆罗门作家将入侵者认定为佛教徒，并称他们是合法王权的邪恶篡夺者。当这些被称为卡拉波拉（Kalabhras）的人后来被赶下台时，人们非常重视恢复对湿婆和毗湿奴的崇拜，这是在北方的笈多王朝和他们的继任者所认可的往世书中的主神。后来的潘地亚王朝和帕拉瓦王国的创建者夸耀，佛教徒和耆那教教徒曾受到迫害，而他们的统治合法性似乎正在于证明了压制这两种宗教的正确性。

4世纪之后，另一个促成南方以及北方新的王国兴起的因素是商贸和农业的显著发展，这些发展为新的国家提供了物质基础，并支持了他们的意识形态的合理性。矛盾的是，佛教和耆那教在那里取得的重要性表明，此时南部半岛的商品生产正在扩张。与印度北部一样，这些宗教与商人、工匠和其他主要城市群体有关。然而，婆罗门教与半岛的边缘和山区群体之间也建立了牢固的关系，此外，后来几个主要王朝的统治者——7世纪泰米尔国家的帕拉瓦人和11世纪卡纳塔克邦的曷萨拉王朝统治者——都自称为耆那教信徒，而后来他们又转向了对湿婆或毗湿奴的崇拜。例如，帕拉瓦王朝的第二任国王摩哂陀跋摩（Mahendravarman）声称湿婆"诗圣"阿帕尔（他本人也曾信奉耆那教）使他转而信奉湿婆，并说服他对耆那教进行迫害。宗教信仰变化与印度南部经济基础变化之间的联系并不完全透明，但这些证据确实指向了半岛社会的一些重要经济变化。

海上贸易

《圣经》中描述了所罗门王的船只被派往南部港口,以获取黄金、白银、象牙等奢侈品和孔雀等具有异国情调的商品,从这些信息看,相比印度北部,南部半岛可能一直与更大的世界保持着更好的联系。传说中潘地亚国王的财富源于他们对次大陆顶端的珍珠渔场的控制,公元前4世纪的麦加斯梯尼以及如托勒密这样的古代地理学家在描述南部诸国的土地、港口和首都的细节时都提到了这一情况。

罗马关于与南印度贸易的重要性的报告是对早期《圣经》和希腊文献的延续。此外,在这两个时期之间,航海家们发现了季风。在一年中的某些时候,季风可以使船只直接穿越阿拉伯海,使它们不必冒险沿海盗出没的海岸航行,并将航程缩短了数周。因此,地中海东部与印度之间的贸易量有所增加。罗马地理学家斯特拉波在奥古斯都皇帝统治期间注意到了这种影响,而匿名作者撰写的《爱利脱利亚海周航记》(大约在1世纪后期)告诉我们更多关于他访问过的印度西海岸的商业活动的情况。在这一证据的基础上,又添加了后来的地理学家托勒密关于半岛东海岸的描述以及与东南亚贸易往来的第一份报告。

这些记述为我们提供了通过半岛交换的商品清单。从遥远的中国运来丝绸,其中一些与恒河平原的产品交换,一些与斯里兰卡和东南亚的宝石交换。英国考古学家在今天的本地治里(Pondicherry)附近发现了阿里卡梅杜转口港,我们从中了解到,罗马陶瓷商品也在这种贸易中。在此处,发现了住宅区、仓库、防御工事和码头,以及罗马双耳瓶、精美的陶瓷器皿和硬币。在整个半岛的其他几个地方也发现了囤积的罗马硬币，借此发现了一条从东海岸的卡韦里帕蒂纳姆（Kaveripattinam）到西海岸的港口的路线，罗马人称这个港口为穆济里斯城（Muziris），但其具体位置现在不确定。

为了证明公元前几个世纪以南部半岛为中心的商业十分繁荣，我们还可以补充证据，表明农田灌溉技术的迅速发展能够支持越来越多的人口和更强大的国家，其中包括在甘吉布勒姆的帕拉瓦王朝。（南部5世纪帕拉瓦国王僧诃毗湿奴的统治超过了北部的塞建陀·笈多的统治。）

根据泰米尔人早期的诗歌，农业环境是他们居住的五种地貌景色之一。随着帕拉瓦王朝的到来，农民们和他们强大的国王开始主宰南部半岛的所有其他环境和文化。该王朝在泰米尔平原中部建立了自己的地位，那里有丰富的水道，可以为大型蓄水湖提供水源，每年用这些湖水灌溉，可以在一年里使作物有两次或更多次的收成。

帕拉瓦是对印度半岛的大部分地区行使主权的一系列南方王国中的第一个王朝，它偶尔也会介入印度北部和东南亚的政治。帕拉瓦国王们构成了通常被称为印度中世纪早期历史的一部分，原因有二：他们是湿婆和毗湿奴的狂热崇拜者；他们保护并受益于富裕的农耕社群，这些社群是各地中世纪早期的基础。宗教与治国之道的结合并不新鲜，相反，在帕拉瓦时代，一个时期的宗教、政治和经济被另一个时期以暴力取代，这标志着南印度古代历史的终结。

南方的宗教

在印度北部，当婆罗门教被湿婆和毗湿奴的信徒复兴时，耆那教教徒和佛教徒被和平地同化或被温和地忽视，但甘吉布勒姆的帕拉瓦王朝和马杜赖的潘地亚王朝这些南部王国的建立则伴随着凶残镇压，特别是对耆那教的镇压。这更多是由于意识形态的差异而不是教义本身的差异。在这些王国的形成过程中，农业社会在以前的混合经济中取得了主导地位，在这些经济中，商业和商人社群享有特殊地位，耆那教和佛教尤其从中受益。体现在这两种伦理传统中的是交易主义的意识形态，在教义中强调与商人相适应的节制和保守的社会实践。商人喜欢务实的道德准则，而不是讲求仪式的婆罗门教及其修行者的挥霍。这种偏好导致了对吠陀祭祀的敌意，又延续到对新的奉献主义宗教的敌意，这种宗教被称为巴克蒂。

巴克蒂教派的合并恰逢帕拉瓦新王朝的建立和古老的三大势力（泰米尔人的三个加冕酋长国：朱罗王朝、哲罗王朝和潘地亚王朝）之一潘地亚王朝的复兴。对湿婆的精心的公开奉献成为这两个王朝的核心意识形态元素，其国王不仅是寺庙和他们的婆罗门祭司的崇拜者和慷慨的施主，他们还声称击败了那些支持异端耆那教和佛教的邪恶的王室对手。关于国家的形成，他们描绘了热情虔诚的国王，同时表达了一种新的带有地方色彩的意识形态，例如以下泰米尔语的湿婆赞美诗中所揭示的：

> 啊，罪孽深重，我离开了纯洁的爱与服务之路！现在我深知我的疾病和痛苦的意义了。我要敬拜。愚蠢！我还能远离他多久，我的珍珠，我的稀有钻石，伟大的阿鲁尔之王［在今天的马德拉斯附近］。[31]

总之，耆那教和佛教是涉及人与人之间交易的意识形态，而地方和领土是巴克蒂宗教的突出政治要素。赞美诗是在特定地方为神的特定表现而诵唱的。在这一点上，泰米尔人社群的结构与他们在

6世纪之后所建立起的宗教形式之间存在一种具有说服力的契合。这点加上农村地区和商业发展的相关过程，以及国家政权的形成，为中世纪早期的国家和社会奠定了基础，社群和国家的新格局出现了。

第三部分

中世纪和近代早期的印度

第三部分年表

543 年—566 年	巴达米遮娄其王朝的创始人补罗稽舍一世统治时期
6 世纪	巴克蒂崇拜开始发展；帕拉瓦王朝崛起
6 世纪—7 世纪	多个王国群雄并起
606 年—647 年	卡瑙杰戒日王的统治
609 年—642 年	巴达米遮娄其王朝的补罗稽舍二世统治时期
630 年—643 年	玄奘在印度收集并翻译佛教经文
675 年—685 年	义净经苏门答腊海路抵达那烂陀寺
7 世纪—9 世纪	泰米尔诗圣；佛教和耆那教被取代
8 世纪早期	阿拉伯人对信德省的征服，对印度的突袭
788 年—820 年	商羯罗重振印度教思想，效仿佛教僧团机制
8 世纪中期	罗湿陀罗拘陀王朝建立；遮娄其王朝被推翻
871 年—907 年	阿迭多·朱罗一世打败帕拉瓦人，建立朱罗王朝
985 年—1016 年	罗阇罗阇·朱罗一世建立南印度朱罗王朝
1000 年—1025 年	加兹尼的马哈茂德十七次进犯印度北部
11 世纪—14 世纪	达摩法典的繁荣
1156 年	古尔王朝的穆罕默德领导下的突厥穆斯林摧毁了加兹尼
1193 年	古尔王朝的穆罕默德占领德里
1206 年	库特布马德丁·艾巴克建立德里苏丹国
1206 年—1290 年	"奴隶"苏丹
1290 年—1320 年	德里苏丹国卡尔吉王朝
1320 年—1415 年	图格拉克王朝
1292 年—1306 年	蒙古人试图入侵

1327 年	首都从德里迁到道拉塔巴德
1334 年	马杜赖苏丹国
1336 年	孟加拉苏丹国的独立；毗奢耶那伽罗帝国的建立
1345 年	巴赫曼尼王国的建立
1451 年	巴鲁尔·洛迪取得德里王位
1489 年—1520 年	巴赫曼尼苏丹国分裂为五个独立国家
16 世纪初	毗奢耶那伽罗帝国的巅峰
1526 年	巴布尔在帕尼帕特打败德里苏丹国君主易卜拉欣·洛迪，成为莫卧儿王朝的第一位皇帝
1540 年—1555 年	胡马雍被击败和他的复辟，以及两者之间的苏尔王朝统治
1556 年—1560 年	拜拉姆·汗担任阿克巴的摄政王
1565 年	毗奢耶那伽罗帝国的灭亡
1600 年	伊丽莎白一世授予东印度公司特许状
1601 年	萨利姆王子起义引发莫卧儿王朝的内讧
1605 年	贾汗吉尔登基
1628 年	沙·贾汗登基
1657 年—1659 年	沙·贾汗被囚禁，兄弟间为继承王位争斗
1658 年	奥朗则布登基，摒弃宗教宽容政策
1659 年	马拉塔帝国的西瓦吉占领比贾布尔苏丹国
1659 年—1707 年	奥朗则布试图从马拉塔人手中夺回对德干的控制权
1685 年	东印度公司封锁孟买
1688 年	桑巴吉被奥朗则布俘虏；拉贾兰逃脱
1707 年	奥朗则布之死；莫卧儿王朝的衰落
1707 年—1726 年	穆尔希德·库里·汗在孟加拉、比哈尔邦和奥里萨邦的统治
1720 年—1818 年	马拉塔人的佩什瓦官僚体系
1739 年	波斯的纳狄尔沙洗劫德里并夺取孔雀王座
1770 年	孟加拉大饥荒
1784 年	东印度公司管理委员会成立
1813 年	东印度公司对贸易的垄断被废除
1824 年	巴拉克普尔的印度兵兵变
1829 年	娑提被废除

1833年	东印度公司停止贸易
1837年—1900年	连续发生的严重饥荒和流行病
1853年	铁路开始建设
1857年—1859年	印度北部的兵变和叛乱
1858年	东印度公司解散；议会直接控制英属印度；最后一位莫卧儿皇帝被废黜

中世纪的印度

引 言

印度古典时代跨越孔雀王朝和笈多王朝，于500年左右结束，这与西方古典帝国的时期大致相同，而且两者因某些相同的原因而结束，其中包括来自中亚的毁灭性入侵。此外，欧洲和印度的历史编纂都在随后的时代中确定了现代化开端的前兆（在西方大约是16世纪）。由于殖民主义的作用，欧洲的现代化在经过一段时间之后，也以扭曲的形式变成了印度的现代化。但在笈多时代，不同形式的君主制、文化和经济得到了发展，这些形式一直持续到莫卧儿王朝（印度伊斯兰统治者的巅峰王朝）衰落。因此，由这十二个世纪构成的历史时代被称为中世纪，其原因仅部分基于与欧洲历史的类比。

到了7世纪，次大陆人民、中国人和其他访问者认为"印度"是从喜马拉雅山脉延伸到印度大陆南端的部分。北部或大陆部分与从古代雅利安人的恒河中心地带向南扩展的长形半岛之间不再有明确界限。这种融合在后笈多时代的佛法典籍中得到了认可，这些典籍承认南方存在不同的但同样可信的习俗——这种习俗是圣法的试金石。例如，大多数南方人没有遵守北方社会严格禁止近亲结婚的规定，他们更喜欢的婚姻形式实际上是表亲之间结婚。但中国佛教朝圣者在南方土地上逗留，认为那些地方是他们可以期待找到佛教典籍和学者的印度。事实上，到了7世纪，整个次大陆都形成了一个复杂的政治、意识形态、经济和文化关系的单一体系。南方民族充分参与了印度不断发展的历史，而中世纪的许多宗教习俗正是在南方初露端倪。

印度封建主义问题

尽管"中间历史时期"这个概念在印度和在欧洲一样被证明是合理和有用的，但仍有理由质疑两者是否有共同的详细特征或共同的起源。史学上，将"封建主义"从欧洲转移到印度的尝试一直是有问题的，主要是因为在欧洲（或至少在欧洲的某些地区和某些时候），它是一个政治、社会和经济制度与思想的叠加体系。历史学家对印度是否有这样一个连贯的系统一直存在争议。此外，人们普遍认为，现代欧洲或至少西欧的表层是由其中世纪制度形成的，这种制度为14世纪至17世纪之间出现的民族国家和资本主义经济体系提供了基础。哲学上持自由主义的历史学家认为这是一种有序的演变，在英国，它将《大宪章》、1688年的宪法和1832年的改革联系在一起。在经济学中，它将中世纪社会的社团（corporate）特征与15世纪、16世纪的重商主义学说及实践，18世纪的自由放任实践，甚至20世纪的凯恩斯主义相联系。马克思主义者认为中世纪的制度包含产生革命的内部矛盾，而革命又带来了资本主义的经济实践和之后的资产阶级自由社会的政治和文化。

对于印度中期的变革的观点，并没有连贯一致的，无论是关于进化的变革还是革命的变革。的确，有一些人接受将从笈多王朝到穆斯林开始统治恒河流域的这段时期称为"印度封建主义"。然而，这实际上更像是一个不严谨和不加批判的类比，而不是详细的对应。当尝试将"印度封建主义"与盎格鲁-法国的变体（其本身通常基于过时且非常笼统的欧洲封建主义的定义）进行逐点对应时，这个类比就不对了。

虽然将后笈多、前苏丹的时代划定为独特的时期有很好的历史原因，但正是同样的原因使"封建"这个标签非常不足信。次大陆的每个地方，都显示着这是一个充满活力的时代，在这个时代，小农农业和大型农业社区应运而生，为新王国奠定了基础。然而，这些不是封建国家，因为他们的农村社群由农民群体组成，他们可以自由地维持自己的社团机构和农业经营。对印度来说，"封建"一词没有任何意义，它也许只是前资本主义或前现代社会的模糊迹象。

19世纪第一批从事历史研究的人对古印度有很多意见。从现存的文献中，帝国历史学家划分了部分以宗教术语来标注的时期，在那些文献中，殖民者看到了关于印度的很多信息，包括其过去。因此，应该存在一个从300年左右延伸到1200年左右的"印度教"时期。紧随其后的是于18世纪结束的"穆斯林"时期，之后取而代之的是"不列颠"而不是"基督教"时期。至少在不列颠时代之前，宗教定义时代的想法继续指导着许多历史学家，他们自1940年召开印度历史大会以来，每年都会召开会议，他们正式将1206年定为"古印度"结束和"中世纪印度"开始的日期。

这种表述很符合一种观点，即不列颠帝国的统治合理性是通过征服一个被视为穆斯林的旧政权来证明的，即使它不完全是这样的政权。旧政权必须呈现出邪恶、迷信和暴力，这样才能使征服它的东印度公司在道德上显得优越：它融合了商业和基督教、自由理性和对法治的承诺。当东印度公司的正式统治在1858年被不列颠王室的直接统治所取代时，另一代英国历史学家欣慰地松了口气，他们能够将印度不可否认的贫困归因于印度人天性中的错误与东印度公司的腐败，而东印度公司现由维多利亚女王的大臣欣然接管。

具有讽刺意味的是，反对帝国历史学家的印度民族主义者在19世纪后期出现时，对历史发展的中期也持有类似的看法。对他们来说，在被殖民前，印度的最后一个伟大时刻是莫卧儿王国开国者的孙子阿克巴统治的时期。阿克巴王国的伟大被认为在他的两个继任者的领导下逐渐减弱，并在奥朗则布偏执的统治期间消失殆尽。

在南部半岛的有利位置，可以从不同视角来看印度中世纪时期。如果我们要用1200年左右开始的穆斯林征服和伊斯兰制度来界定中世纪时期，那么我们该如何看待伊斯兰王权和文化从未像在北方那样扎根于南方的事实？还是我们应该继续用北方的一部分来定性整个次大陆？

我们如何看待从笈多国王垮台到穆斯林苏丹崛起之间的近七个世纪？能将孔雀王朝–笈多时代之后的岁月的历史意义简化为为穆斯林统治印度北部五个世纪做准备吗？因此，将500年至1200年之间的几个世纪视为仅仅是古典笈多文化及其政治秩序的退化，这意味着印度只是在等待外来的苏丹恢复秩序。这种概念极为便捷地暗示了英国后来的外国统治的正当性。

我们不采用这种不可信的工具主义表述，在这里，中世纪的印度将通过其政治的紧凑变化以及区域文化和经济的逐渐发展来界定。这样做有多个优点。较小的地区和社会秩序允许以对印度教教徒相同的方式对待穆斯林及其王国，允许以与在北部相同的方式对待南部半岛。较小的地理尺度也避免了整个次大陆是在被动地和有预见性地等待被欧洲人最终征服的这种暗示。

本书的第二部分包含三个笼统时期：后笈多时期，印度和东南亚的中世纪早期，在500年至1200年之间；1000年以后穆斯林势力入侵，最终于1200年至1500年在恒河平原建立了一系列的苏丹国；塑造莫卧儿时代条件的17世纪。

印度历史从古代到中世纪过渡的过程是无所不包的。推定印度曾处于封建时代的一个原因是城市的衰落。人们认为城市商业中心和中央国家权力中心从4世纪左右开始衰落，使乡村组织在笈多时代处于主导地位，当时农业生产以及与其相应的土地利益的力量在上升。去城市化意味着印度与欧洲有相似性，但该论点的证据有些不足。

然而，比较明显的是旱田农业的拓展，以及农业对牧业（如果不是对基于城市的工业和商业）的支配。无论它是否与欧洲几乎同时发生的变化相似，人们普遍认为农业定居点比以往任何时候都扩展得更快，它们从分散的稳当的河流灌溉区扩展到更大的区域。这些扩大的农业区由水旱混合种植和农牧混合方式组成。

随着拥有土地的社群的激增和扩散，婆罗门享有的地位提高了。捐赠者收入的提高使他们受益，捐赠者的礼物被记录在石头和铜板铭文上，这些铭文构成了中世纪的主要历史资料，描述了土地捐赠的捐赠者和接受者。受益人可以是数百户或更多户的个人或团体，他们在此后定居在新指定的村庄，享受有保障的收入，而且往往是独享住宅。尽管手无寸铁的祭司似乎很奇怪地与欧洲中世纪骑士的角色相当，但这些婆罗门土地社群的崛起已被当作是印度中世纪时代的标志，如果不是印度封建主义的标志的话。

种姓的发展

第二个人们认为的有关区分中世纪与古代的进程涉及种姓制度。作为一个由出身决定的、群体之间的社会和文化等级关系系统，种姓是公元早期几个世纪以来佛法典籍的主要关注点。法典将种姓视为一个社会整体，并根据他们的瓦尔那定义人与人之间的关系，瓦尔那是一个梵文术语，字面意思是颜色，但实质上指的是一组有限的社会等级类别，每个实际的出生群体（*jati*）都被归入相应等级中，有时会有一些异常。根据纯洁性对出生群体进行排名是印度最古老的挥之不去的执念之一，四种瓦尔那首先在吠陀赞美诗中被创造出来：婆罗门、刹帝利、吠舍和首陀罗，或祭司、战士、平民和仆人。自古以来，前三者被认为比第四个更纯洁，并被视为"再生族"，因为这三个种姓中的每个男性都在婆罗门主持的仪式中经历了一次重生。不同群体举行重生仪式，即佩戴圣线的仪式的时间不同：婆罗门最早，吠舍则要推迟几年，这反映了各个群体的相对纯洁性。到了中世纪（如果不是更早的话），那些不属于社会和道德四重划分的群体——例如英国人口普查官员后来称之为部落人的那些人，他们生活在远离重生族居住的农业定居点的社会中——被认为比首陀罗还要不纯洁；有些人被认为是贱民（不可触及的）。

中世纪农业世界中的那些属于贱民的家庭和从未属于农民乡村生活的森林人一样被排除在婆罗门的规范世界之外，他们于中世纪早期在两方面受到定居农业的传播的影响。如果个人和群体没有土地或变得无地而不得不在他人的土地上劳动，他们可能会沦落为贱民。这种家庭的数量在中世纪时期有所增加。随着森林为耕种和牧场让路而被砍伐，森林地区的猎人和轮耕者被迫依赖拥有土地的首陀罗和地位更高的家庭。

为什么这种依赖会带来贱民地位的下降？原因并不明显。它不是由耕种本身产生的，因为除婆罗门之外的所有种姓都被允许耕种，并且，对于婆罗门来说，如果生活必须依赖于耕种的话，他们也可以这样做。相反，在佛教正法中，不可触及性被解释为是污染性行为的结果，战争中的俘虏，还有那些没有要求享有其他人也享有的社群保护的外国人，他们沦落到了这种依存于他人为生的境地。无论出于何种原因，被认为受到了污染的个人和团体，经常被禁止在主要的聚居地居住，甚至不能住在首陀罗聚居的村落里，并且被排除在这些聚居地的普通公共宗教生活之外，包括对通常是女神的农业地区的保护神的供奉。

然而，兵役是向以前的森林人和牧民开放的，许多人可能通过成为军事种姓并使用"拉杰普特人"（源自 *rajaputra* 一词，本义为国王或酋长的儿子）的头衔和名字来逃脱被排斥的侮辱。这种拉杰普特人的自称被记录在梵文铭文中，这些铭文构成并记录了7世纪拉贾斯坦邦的社群章程，当时拉杰普特氏人开始成为各个地方的领主。这些铭文是相对不太重要的记录，但被称为"英雄石"，因为刻有那些铭文的石头是被竖立在传统的三十六个拉杰普特氏族中的主要村庄中，以颂扬一些捍卫了定居点免受袭击的英雄。然而，这些拉杰普特人来自哪里，以及他们的敌人是谁，一直存在争议，因为虽然一些历史学家认为他们是吠陀时代第一批刹帝利人，但其他人坚持认为他们要么是随着部落群体自我改造而从底层出现的，要么是从次大陆之外迁移而来的。也许他们甚至是从中亚的匈奴人转变而来。这种转变很常见，会通过采用一个头衔以及招募婆罗门祭司和文士来实现。与在南方一样，婆罗门因其服务而获得土地奖励。在迁移的过程和当地低等群体向拉杰普特人转变的过程中，新的社群形成了。普拉蒂哈拉（Pratiharas）、古西拉（Guhilas）和乔汉（Chahamanas）氏族这些新的社群成功地确立了作为远方国王的仆人或支持者的身份，并获得了"伟大邻居"（大藩王，*mahasamanta*）的称号，获得了相当大的政治自主权。到了9世纪，普拉蒂哈拉王朝也逐渐将自己称为拉贾斯坦邦和卡瑙杰的君主。

梵文铭文断言了国家和社群形成的同时性，并为两者提供了新的合法性。与在南方一样，梵文铭文经常涉及土地的授予和地方政治。例如，有时，拉杰普特的贵族会向他们的下属亲属拨款，从而建立地方等级制度，而这种制度在以前平等的牧民中是不存在的。不同宗族精英之间的通婚进一步扩展了新的分层社群，这加强了共同的政治利益，也推动了拉杰普特国家形成的过程。

中世纪王国

中世纪早期也由新的国家和宗教意识形态所界定。这些政治和宗教变化的依据可以追溯到从4世纪开始的笈多王朝时代，那些年代被当时的人认为是古典时代，这一点的根据是一些后继王朝以笈多王朝纪年法来刻铭文。但对于许多现代历史学家来说，笈多王朝是特殊的，因为许多在接下来的一千年里使印度社会得以与之前区分的实践和思想都可以追溯到那个时代。的确，中世纪的千年可以由在时间上相距遥远的两位国王的统治来划分：沙摩陀罗·笈多，335年—375年；毗奢耶那伽罗王朝的国王克里许纳达伐拉亚（Krishnadevaraya），1509年—1529年。他们都代表了各自时代和他自己的王朝传统中的典范，在现代历史学家的判断中也是这样。

从笈多王朝到戒日王朝

沙摩陀罗·笈多的宫廷诗人诃利犀那（Harisena）在360年的一篇铭文中颂扬了他的恩主的征服的伟大，该铭文被刻在一根柱子上，那个柱子已经刻有阿育王的两条法令。与原先的世界征服者使用相同的展示空间本身就是一种不可一世的自我陶醉姿态，铭文的实际文字也同样带有这个姿态。铭文本身记录了四十个国王和王国被沙摩陀罗·笈多征服：十四个王国被并入他自己迅速扩大的领土的中心部分，另有十二位战败的国王重新成为他的下属，其中包括次大陆东南海岸的帕拉瓦国王。

铭文中还记载了另外两类战败君主的命运。一些土地毗邻笈多首都华氏城（今天的巴特那）的人被允许保留他们的头衔，但前提是他们为沙摩陀罗·笈多的宫廷服务。对于那些来自更远地区的人，如斯里兰卡或西北部的贵霜王国，则要求他们进贡而且显然收到了他们的进贡。

沙摩陀罗·笈多将他的征服归因于他所享有的神的眷顾，他想起了阿育王这位自称"众神所爱"的佛教徒，所以他也使用了阿育王的石柱，他在石柱上属于自己的部分炫耀了自己进行的王室马祭，他的颂歌撰写者甚至断言这使他与因陀罗和其他诸神平等。安拉阿巴德碑文中的这一主张也反映在当时的达摩法经文献《纳拉达摩利提》（*Naradasmriti*）中。在一部被认为是创作于300年左右的最新的主要法经中，作者那罗陀比《摩奴法论》的作者摩奴更进一步，他将国王称为神，并否认国王和婆罗门之间存在差异，他认为，两者对人类的保护都源于前世通过苦行取得的业力。传说中的苦行使王权的概念变得神圣，这在沙摩陀罗·笈多的安拉阿巴德碑

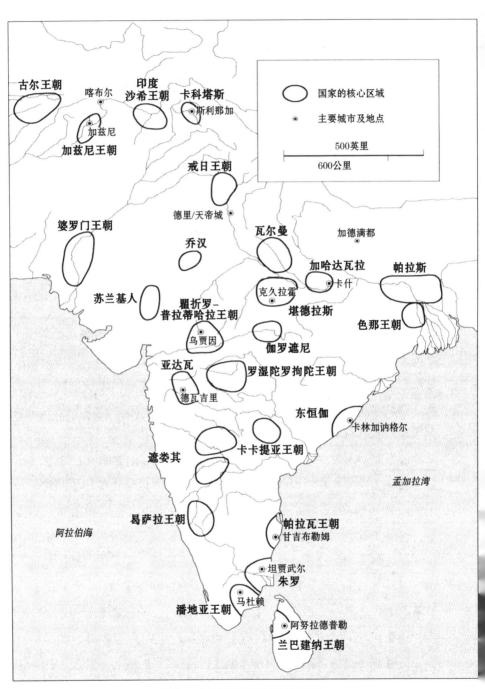

古尔王朝

喀布尔

印度
沙希王朝

卡科塔斯
斯利那加

加兹尼

加兹尼王朝

戒日王朝

婆罗门王朝

德里/天帝城

乔汉

瓦尔曼

加德满都

加哈达瓦拉
卡什

帕拉斯

苏兰基人

瞿折罗-
普拉蒂哈拉王朝

克久拉霍

堪德拉斯

色那王朝

亚达瓦

乌贾因

伽罗遮尼

德瓦吉里

罗湿陀罗拘陀王朝

东恒伽

卡林加讷格尔

卡卡提亚王朝

遮娄其

孟加拉湾

阿拉伯海

曷萨拉王朝

帕拉瓦王朝
甘吉布勒姆

坦贾武尔
朱罗

潘地亚王朝

马杜赖

阿努拉德普勒

兰巴建纳王朝

国家的核心区域

主要城市及地点

500英里

600公里

地图5　中世纪时印度的区域性国家

文和那罗陀法经中都有提到，并不符合一千年前的古代婆罗门时期的祭祀万能概念。无论如何，在笈多时代之后，很少有人声称拥有神圣的王权。

沙摩陀罗·笈多极度膨胀的自命不凡掩盖了另一个政治故事。与这位国王和其继承者同时代的还有几个王国，这些王国的主权在次大陆的大部分地区持续了相同长或更长时间。德干北部的伐迦陀迦国王在300年至525年之间是独立统治的，虽然他们似乎从未挑战过笈多王朝的统治主张。4世纪到6世纪之间，类似的独立统治的王国包括最北部的匈奴、西部的巽伽王朝以及分别位于半岛西海岸和东海岸的卡达姆巴王朝和帕拉瓦王朝。不久之后，有其他王朝兴起，其中有南部的遮娄其王朝和朱罗王朝、西部的罗湿陀罗拘陀王朝以及7世纪中叶恒河流域西部的戒日王朝（Harshavardhana）的家族。

在500年到1700年之间，有数十个王国，至少在一段时间内，成功地将其主权扩展到了它们的语言和文化中心地带之外的地方，我们可以称这些王国为"帝国国家"。其中两个由印度教王朝统治，但最持久的是穆斯林的莫卧儿王朝，其从大约1580年的阿克巴统治中期一直持续到1730年穆罕默德·沙阿（Muhammad Shah）统治时期。几乎所有这些国家的成就都是由单一统治者缔造的，例如6世纪的匈奴入侵者米赫里库拉（Mihirikula）这样的伟大的征服者，他在西北建立了一个强大的王国。其他例子还有7世纪位于德干的遮娄其王朝的统治者补罗稽舍二世，以及同样位于德干的10世纪中叶的罗湿陀罗拘陀王朝的克里希纳三世。

在那几个世纪中，游牧民族（例如匈奴人）从中亚草原持续不断地迁徙而来，但每次的数量不是很多。这种涓涓细流在10世纪皈依伊斯兰教后变成了更汹涌澎湃也更加具有危险性的大规模迁徒。在 1000 年到 1450 年之间，还有其他征服者：加兹尼的马哈茂德（Mahmud of Ghazni）；马穆鲁克（Mamluk）统治者、德里苏丹国的"奴隶"统治者巴勒班（Balban），以及他的两个继任者，卡尔吉王朝（Khalji）的阿拉乌丁（Alauddin）苏丹与穆罕默德·本·图格拉克（Muhammad ibn Tughluq），他们征服了整个恒河平原和德干高原的大部分地区。

这些王国至少有一段时间横跨了次大陆的两个或两个以上的大范围区域，除此之外，还有许多其他王国，虽然它们的势力非常有限，但持续时间可能相当长。中世纪早期的碑文显示曾有四十多个地区性王朝，其他文献资料也佐证了这一点，后者包括寺庙编年史（*mahatmya* 或 *sthala purana*）和王室系谱（*rajavamsava-li*）。在某些情况下，口述传统仍然存在于一些声称拥有王室地位的地方和小酋长家族中。

尽管统治者的多重性及其分散的主权证明了一种激发了中世纪早期活力的新的国家形式，但历史学家对这些国家的特征几乎没有达成什么一致的意见。即使是那些对印度采用了封建概念的人，他们除了在戒日王朝的例子里暗示了这点，也从来没有具体说明过被冠以所谓封建关系和制度的"封建国家"的结构。

戒日王朝和它的邻国：集权化问题

戒日王显然是由卡瑙杰（在今天的坎普尔附近）的权贵授予王位的，他来自一个强大的族长家庭，在 7 世纪上半叶统治着一个几乎与笈多王朝一样大的王国。他的首都位于恒河和亚穆纳河之间肥沃的平原上。除了丰富的农业潜力和当时进入恒河平原的价值不菲的贸易外，首都从恒河流域东部的华氏城向西迁移，也为整个平原免受匈奴人的进一步掠夺提供了更好的防御，匈奴人之前曾对笈多时代的最后几个国王进行过掠夺。

戒日王的统治是从606年到647年，他的首都成为一系列王国之间争斗的焦点，直到1200年，中亚穆斯林建立了他们的霸权。尽管戒日王声称拥有与笈多王朝一样大的领土，但他的真正影响力并没有超出恒河和亚穆纳河之间的那块具有丰富水资源的紧凑领土。我们可以从诗人、剧作家巴纳（Bana）的著名传记中部分地了解到这一点，其中还补充了中国著名佛教僧人玄奘的描述，他在附近花了十三年（630年—643年）收集要带回中国的宗教典籍和圣人遗物。他翻译梵文宗教经文，并详细记述了他访问过的圣地。

一组632年的、刻有铭文的铜板向我们讲述了一些关于戒日王朝的事情。这些铭文特别记录了对两位婆罗门的土地赠礼，赠礼的保护者中有一批拥有国家权力的政治人物。有些是具有大藩王头衔和职位的军人，与国王结盟，但处于国王的附庸地位；有些人是"大君"（maharajas），是承认戒日王的君主地位的独立统治者；还有一些人则以包括军人身份的各种身份服务于转轮王（他自称为宇宙皇帝）。在赠礼的保护者中，地位最低的是被赠予土地所在的当地社群。对婆罗门的捐赠，以及在戒日王朝时代之前对佛教徒和耆那教教徒的捐赠，通常来自王室的王公或各邦的首领。然而，在这些铜板上的铭文中，虽然土地的捐赠者是为戒日王服务的士兵，而赠予的执行人是为国王服务的会计师，但首先要提到的人是统治毗邻卡瑙杰周围的核心土地的大藩王。

人们很容易将大藩王与中世纪欧洲国王的封建封臣进行比较。像他们一样，大藩王多被允许成为他们领主核心区域附近领域的自治统治者，可能向他们进贡并提供军事服务。但是，要说他们的土地是统治者用来代替应给他们的薪水，是没有足够的证据来证明这种情况是否属实的。事实上，无论大藩王们是否获得土地作为对他们公职的支持，他们都是凭借自己的权力成为领土权贵的，不管是通过继承还是征服。

针对这些藩王和大藩王突然变得日益重要的可疑假设，可以提出一个更简单的解释。头衔和土地赠予是上层统治者表达与下级统治者中不断增加的追随者之间关系的一种手段，这种关系构成了中世纪早期印度的显赫王权。这个时代的统治者会谈到他们的下属圈子（samantachakra）；圈子越大，霸主越威严。上层统治者和下层统治者在一定时期内都加强了自己的安全性，这种安排虽然可以与封建关系相吻合，但它们本身并不能证明"封建"的这个说法是正确的。

戒日王朝实际上是否真比笈多王朝的中央集权程度低还不确定。大多数古代历史学家都同意，这种可能存在的中央集权管理，即使在强大的笈多王朝开国君主旃陀罗·笈多一世和他的四处征战的继任者沙摩陀罗·笈多的统治下，也仅限于位于华氏城和马图拉之间的恒河平原中部。在那个区域之外，并没有中央集权。

戒日王朝的政体与笈多王朝政体之间的一个更明确的对比，可能是后者在印度北部几乎没有强大的对手，并且直到他们的时代很晚期之前，在外部一直都没有非常强大的敌人。然而，当戒日王试图将他的权力向南扩展到德干时，他遭到了德干王国的遮娄其王朝统治者补罗稽舍二世国王的打击，该王朝于6世纪开始发布铭文。补罗稽舍的首都巴达米的铭文通过双关语庆祝胜利，称他的战象导致戒日国王的欢乐（harsha）消失。戒日王的继任者很快被孟加拉统治者击溃。

然而，即使是令人敬畏的补罗稽舍二世也不是南半岛的绝对主人，因为在他漫长的统治时期（610年至642年），他受到了帕拉瓦国王摩哂陀跋摩一世和那罗僧诃跋摩一世（Narasimhavarman）的挑战，而这两位国王则面临来自较小的国王和不情愿的附庸，即半岛最南端的潘地亚和朱罗统治者的反抗。在接下来的几个世纪里，以卡瑙杰和戒日王的丰富遗产为中心，不断发生冲突。在那段时间里，来自孟加拉、德干、西部的拉贾斯坦邦和北部的克什米尔等四面八方的军事力量都试图夺取和控制卡瑙杰。到了13世纪，中亚穆斯林征服了整个恒河地区，终止了这些争斗。

半岛王国

在印度的大部分地区，哪怕是孔雀王朝和笈多王朝的那种很微弱的集权也不曾存在。在中世纪早期的半岛，一种不同的国家形式在大多数现存的王国中扎根。通过印度在过去一个世纪发现的碑文集中铭文的分布情况，可以追溯德干的那些王国和遥远的南方王国的起源以及持续时间。朱罗王朝和潘地亚王朝的国王，与远方的叙利亚、马其顿、伊庇鲁斯（在爱奥尼亚海岸）和昔兰尼（在北非）的国王一起被提及，最早是在阿育王的一项法令中，他曾派佛教传法僧前往那些王国。

到公元初的几个世纪，除了提到的古代朱罗王朝和潘地亚王朝外，被提到的还有领地遍及整个德干高原的百乘王朝的国王，以及在今天的奥里萨邦的东北海岸的羯陵伽国的车底（Chedi）统治者。半岛上遍布着各种小王朝。其中一些在到了500年的时候已经颇有影响力，当时笈多王朝仍然统治着他们的恒河核心领地。帕拉瓦和卡达姆巴王朝的国王统治着德干东部和西部，伐迦陀迦人统治着德干中部和北部，在奥里萨沿海地区还发现了一些小王国。到7世纪初，当戒日王朝在恒河中部兴盛时，遥远的南方已经受到甘吉布勒姆的帕拉瓦国王的控制，德干中部和东部的大部分地区都在巴达米的遮娄其王朝的补罗稽舍二世的统治下。这些半岛王国并没有像北方王国那样，从笈多王朝的政治架构中演变而来，但它们的存在反映了影响所有中世纪早期王国的社会状况。

到了7世纪，一套很完善的区域性的权力中心已建立起来了。中世纪政治制度的特点是没有单一的帝国统治者，而是有许多竞争者试图控制他们宣称拥有的一小部分地方。这些王国中的每一个的政治体系都结构松散，拥有充足的剩余食物和人口资源，用以支持能够进行防御的军事编制，以及与邻国建立旨在征服遥远的其他国家的掠夺性联盟。戒日王朝在恒河流域西部的领地随后被一系列相互竞争的国王占领，他们有些来自遥远的地区，其中之一是克什米尔的拉利塔迭多（Lalitaditya），其在历史上的地位是通过在711年征服信德后，又击败一支试图入侵恒河平原的阿拉伯军队而建立的。拉利塔迭多针对卡瑙杰的征战表明，他认识到，因为受到来自西北山区边界以外地区的威胁，地缘政治重心已转移到了西部恒河平原。来自中亚的危险加剧了来自克什米尔和南部德干的罗湿陀罗拘陀王朝对在1200年左右将统治扩展到恒河地区和卡瑙杰的恒河流域霸主的威胁。

区域化

印度中世纪早期的一个核心过程是区域社会的巩固，在这个过程中，政治形式比硬性的领土边界更为重要。那个时代的王国的边界是不固定的，这些国家的界定，相对于行政，更多由语言、教派关系和寺庙决定。政论专著延续了一种古老的说法，即政体间存在旨在避免大国对小国的暴力吞并的务实联盟。然而，在王室宣称占有的有限区域内，新的政治、语言、文学和社会历史以及边界正在成形，这即使在当代的印度也依旧可见。

这一区域化进程的核心是两种力量。一种是社会经济力量，与农业经济对牧区经济的广泛替代和等级较高的社会阶层对较低的社会阶层的广泛取代有关。另一种是文化力量，涉及神灵、寺庙，受启发的诗人和哲学家。但政治形式调节了印度后古典世界的这些导向性影响。

至于区域化过程的政治、宗教或文化这些组成部分哪一个是最重要的或决定性的，这是无法断定的。不能说由于更小型、更紧凑的君主国的出现导致了这几个世纪的宗教、语言和文学的发展。无论如何，没有证据表明新的君主有任何此类意图，而且这些国王似乎既是这些发展的产物，同时也造就了这些发展。区域化的三个方面可能与其他因果因素有复杂的相关性。可以推测，这是一个商品生产和城镇生活快速和普遍发展的时代，这两方面都使得印度以其惊人的财富和高雅而闻名。其产品受到当时很活跃且不断扩张的唐朝和现在已伊斯兰化的阿拉伯半岛的商人追捧。来自这两个地区的贸易商要么是找到了前往印度的大型商品市场的途径，要么是在中东与东南亚的其他商业活动区和印度贸易商碰面。

除了商品的生产外，印度文学作品、梵文的往世书和戏剧作品也出现了爆炸式增长，并且，其他语言文学也蓬勃发展。这两种产出形式对次大陆内外的人们都很有吸引力。印度的佛教和耆那教的意识形态曾经蓬勃发展，部分是通过为商人和有钱人的实用价值观提供道德理由，以及通过提供将佛教和耆那教寺院与当时的繁荣商业联系起来的制度框架。而现在，这些功能很容易地被印度教寺庙所承担。

佛教和耆那教在孔雀王朝之后被取代，这在一些地方遇到了相当大的困难。在孟加拉，佛教机构继续享有支持者，直到12世纪，穆斯林的圣像破坏者摧毁了他们的许多圣地。孟加拉的很大一部分佛教徒皈依了伊斯兰教，其他人则被一种地区性的毗湿奴崇拜形式所吸引。在遥远的泰米尔文化地区，宗教早已渗入语言和政治的发展，这些发展塑造了处于中世纪印度历史变革核心的区域化过程，而推动泰米尔文化进程的，是一种新的、婆罗门崇拜与佛教徒和耆那教教徒的旧宗教霸权之间的、你死我活的斗争。

这两种教派都从6世纪左右的一些泰米尔统治者那里得到了政治支持，人们对这些泰米尔统治者知之甚少（而且所知的大多来自谴责他们为"邪恶"统治者的敌对评论家）。他们可能是山地酋长，对他们发现的富饶的农业平原进行强行控制，在那里他们赞助了佛教与耆那教的机构及教徒。即使这些所谓的平原权威篡夺者被像帕拉瓦王朝那样的国王赶走，胜利者仍继续支持耆那教，直到被新的虔诚信仰的教徒改变。例如，帕拉瓦王朝的摩哂陀跋摩一世放弃了与耆那教的联系，并在成为湿婆崇拜者后转而反对并迫害耆那教的信徒。其他泰米尔统治者也纷纷效仿，因为湿婆教用强大的神学武装自己，以与佛教徒和耆那教教徒竞争。

印度教复兴和语言的光芒

印度教思想振兴的主要发起者是商羯罗（Shankara），他是一位集哲学的娴熟与令人印象深刻的组织敏锐性于一身的婆罗门。为了反对他所谴责的对神明的亵渎，他回到了古代奥义书中（佛教教义也由此演变而来），并提供了救赎解释，其与他那个时代和更早时期的占统治地位的其他教派所提供的一样令人信服。除了吸收和超越佛教教义之外，他还模仿佛教的机构，在多个地方建立寺院

［神学院（*matha*）］作为关键机构，其中四个寺院，作为主要的传教中心，具有特殊地位，每个都由一位继承人-老师（*sankaracharya*）领导。

宗教改革并不完全是思想上的。除了借用与合并佛教及耆那教机构外，商羯罗还采用了流行的歌曲形式来赞美湿婆。这些虔诚的赞美诗成为新的和流行的崇拜的基础，这种崇拜以印度教的名义在整个印度流传至今。

被称为"巴克蒂"（单一主神崇拜）的宗教奉献主义最早于6世纪在泰米尔国家形成，其实，对黑天神的奉献主义早已经出现在《薄伽梵歌》中，《薄伽梵歌》成书于1世纪左右，并在商羯罗时代前一个世纪左右被载入《摩诃婆罗多》。[①]泰米尔巴克蒂宗教的进一步发展是后来的诗人信徒和神学家所做的工作。根据传统，在6世纪和10世纪之间，六十三个崇拜湿婆神的诗人和十二个崇拜毗湿奴的诗人创作了大量泰米尔祈祷歌曲，现在他们所有人都被尊为圣者。神学也没有落后。商羯罗为湿婆的大众崇拜提供知识基础的工作也是旨在维持和加强婆罗门的领导地位，这也为毗湿奴崇拜者所模仿。

1000年至1300年间，宗教发展首先带动了泰米尔语的发展，随后其他语言也得到发展。在12世纪，巴克蒂赞美诗分别由诗圣贾亚德瓦（Jayadev）用孟加拉语以及由马图拉的尼跋迦（Nimbarka）用现在称为印地语的语言创作。尼跋迦最初是一名南印度婆罗门，他对黑天神的热爱激发了他的传教使命，这促使马图拉成为黑天崇拜的中心。在同一时期，文学作品以及语法和词典等技术辅助工具都是用马拉地语、孟加拉语和其他几种语言写成的。

---

① 关于《薄伽梵歌》确切成书时间，并无定论，此说法只是其中之一。

语言和文学经历了区域化，这使得大众对毗湿奴、湿婆和诸女神的虔诚得以传播和具体化。到处都有崇拜者模仿泰米尔人，后者是第一个用自己的语言创作赞美诗集的虔诚崇拜者。这些作品推动了次大陆所有现代语言的发展，包括北部以梵文为基础的语言以及南部以达罗毗荼语和梵文的单词、语法形式混合为基础的其他语言。

除了巴克蒂颂歌，另外两个文学项目也具有特别重要的意义。一种流派保存或发明了神的话语，这些神被作为歌曲和神学的神圣对象，并被放置在用于供奉的寺庙中。这些寺庙与学院一起，为宗教改革提供了制度上的重点。中世纪早期文学的另一个刺激因素是当时统治家族的编年史。

城市化和农村

寺庙和国王是中世纪早期地区文化的要素，两者都对促进城市化有进一步的影响。同样，泰米尔国家提供了早期的例子。坦贾武尔和马杜赖的主要湿婆神庙分别成为朱罗王朝和潘地亚王朝国王的皇家祭祀场所。两个统治家族都在装饰和崇拜所供奉的神祇上倾注了大量财富，每个寺庙都吸引了大量常驻的祭司和大批朝圣者，他们的需求为大规模的城市中心奠定了基础。

我们从刻在两座寺庙的石质地下室和墙壁上的文件以及赞美神灵的编年史中了解到这一切，那些编年史表明众神中的许多都是被转化的当地的守护神灵，他们的故事被梵文往世书或者甚至被在更早文献中所记载的湿婆传说所同化。这种"梵化"，将先前的地方神灵同化为至尊神，也是"王权化"过程中必不可少的一部分。即将成为国王的人打算将他们的地位从雄心勃勃的战士和当地族长转变为转轮王，通常是次要的、受欢迎的神灵和女神蜕变为值得王室崇拜的湿婆或毗湿奴的化身的过程会对他们有所帮助。

在中世纪早期，国王的庙宇也是进行王室公务和举行王室仪式的宫殿。政治首都不可避免地就是或变为寺庙中心，许多也成为主要的城市中心。来自王室的崇拜者和他们的神灵吸引了大量的臣民和信众，对后两者提供服务也使每个都城成为经济中心。之后，被冠以"萨曼塔"（Samanta）的称号，并在中世纪早期的数十个王国中维持较小王室的贵族和富豪，开始模仿比他们高的阶层。我们有了另一个印度城市化的标志时刻。

中世纪早期由商业和宗教带来的城市化是大家对印度的封建主义概念持怀疑态度的原因之一，封建主义在概念上是与去城市化和去商业化相关联的。最清晰的莫过于恒河平原西部的卡瑙杰市在几个世纪以来成为北印度政治的焦点的方式，在此期间，来自北方、南方、东方和西方的相互竞争的征服者努力夺取和控制它：这座城市已成为转轮王的象征。但是在整个次大陆，其他城市被建立为地方统治者的中心。其中大部分仍保留着令人印象深刻的不朽遗迹，这使得对这些地方的考古成为印度的一项主要学术事业。中世纪早期明显的城市特征在一定程度上解释了印度对草原突厥入侵者的吸引力。对他们来说，城市可以用来提供维持伊斯兰教新制度和维持穆斯林战士和统治者的新精英身份的手段。

如果我们把印度河和印度西北部的城市化作为第一次，把前孔雀王朝时期恒河平原的城市化作为第二次的话，那么这是印度的第三次城市化。在前两次的城市化发展中，城镇比较稀少，那时城市是国家层面权力的独特场所，与之相比，中世纪早期的城镇则显得丰富多样，反映了权力的广泛分散，以及政治中心与构成这些邦国基础的社群之间的密切关系。

这种关系在次大陆上广阔土地上的不同地方有不同表现。在像西北部的拉贾斯坦邦或中央半岛的卡纳塔克邦那些自然条件相对较差的地方，出现了一种社群和王国的格局，而在恒河平原和南部的科罗曼德尔平原则有另一种格局。在拉贾斯坦邦和卡纳塔克邦，中世纪的种姓文化是众所周知的，但种姓关系的等级制度在这个时候被农业社群及其工匠、祭司的供养者的氏族组织原则所削弱，这些原则是现在农村的特征。

在6世纪到12世纪的恒河的城镇和社群这些中世纪早期的核心区域中，强大的拥有土地的群体已经将他们的身份与他们原生地的或被他们征服的旧氏族群体做了切割。因此，雅利安氏族人的古老的刑罚和吠陀仪式，被不同氏族来源的、曾多是农民的新贵们所避讳。相反，大量土地被授予新兴的、单一主神崇拜的、学识渊博的婆罗门专业祭司。

也有证据表明，在南部的帕拉尔河流域和高韦里河流域这两个另外的次大陆中世纪河流文明主要地区，存在新的社群结构化。7世纪至13世纪，帕拉瓦和朱罗国王在位期间建立了大型农村定居点，有时是由国王自己创建，但更多时候是由富裕而强大的土地集团所创建，后者通常由数百个村庄的当地社群组成，他们通过其理事会管理他们的经济、社会和政治事务。对他们来说，因与婆罗门的关系而被赋予的地位是诸如工匠和商人等其他群体直到几个世纪后才能获得的。之后，在12世纪左右，工匠和商人组织了广泛的反对联盟，为与土地所有者的平等而斗争。南部社群提供了关于中世纪早期社会群体复杂性、竞争性结盟以及日益复杂的商业世界如何侵入中世纪社会的丰富文献。氏族组织在这里的重要性不亚于在恒河流域的乡村。

商业行会

从9世纪开始，铭文引起了人们对另一种社群的关注，数百年来，那种社群一直为卡纳塔克邦和泰米尔地区的农业社群与斯里兰卡和东南亚之间提供贸易联系。一群商人称自己为阿亚沃鲁［Ayy-avolu，现代的艾霍莱（Aihole）］的五百领主，该镇以前是巴达米的遮娄其王朝的附属首都，那里有许多寺庙和婆罗门，其中一些人似乎参与了五百领主的活动。但大部分阿亚沃鲁领主都是商人，尤其是那些从事长途贸易的商人。他们在9世纪到14世纪之间的铭文记录了他们对寺庙的捐赠，所捐赠的礼物通常是与当地商人团体合作制作的，流动商人通过这些团体分发他们通常具有异国情调的商品。

在数百篇石碑铭文中，有一部分使用梵文，另外一部分使用一种南方语言，这些盛行至14世纪的久负盛名的流动商人让人回想起遮娄其的国王，他们在7世纪和8世纪的鼎盛时期统治德干，在卡纳塔克邦的几个地方都有首都，包括阿亚沃鲁。以下段落摘自阿亚沃鲁商业行会在1055年记录的一段长铭文：

> 享誉世界，具有许多优良品质，真实，纯洁，良好的行为，政策，谦和与谨慎；维拉-班南居-达摩［英勇商人的法律］的保护者，在罗盘的四个点有三十二个维洛玛（*veloma*）、十八座城市、六十四个瑜伽圣位（*yoga-pithas*）和静修处（*as-ramas*）；生来就是许多国家的流浪者，大地是他们的袋子……蛇族是绳索，槟榔袋是秘密的口袋，地平线是他们的光芒……
> ……通过陆路和水路渗透到六大洲的各个地区，拥有优秀

的大象、良种马、硕大的蓝宝石、月亮石、珍珠、红宝石、钻石……豆蔻、丁香、檀香、樟脑、麝香、藏红花以及其他香水和药物；以批发的方式出售，或扛在肩上兜售来避免关税的损失，以填满皇帝的金库、珠宝库和兵器库；其余的东西他们每天都作为礼物赠送给智者（pandits）和苦行者（munis）；白伞为冠，浩瀚海为护城河，因陀罗为护手［剑］，伐楼那为旗手，俱毗罗为司库，九星为腰带……日月为支持者，三十三位大神作为旁观者；就像他们攻击并杀死的大象、他们站立并杀死的牛一样，就像毒蛇一样，他们用毒药杀死；就像他们跳起来杀死的狮子……他们取笑逝去的马里（Mari）［上次的瘟疫］……他们放火烧黏土，用沙子做绳索；他们捕捉并展示霹雳；他们把太阳和月亮拉下到地上。[1]

这段铭文明显以《薄伽梵歌》中黑天的著名宣言为模板，但它揭示了企业家精神和背包客文化、道路智慧在一千年前就已是潮流了。

尽管五百领主是最具活力的，但在被承认的辽阔区域内经营而形成了一个社群的流动商人并不仅仅有这五百人。另一个商会（Manigramam）在他们最早的题词中表现出了他们的世界主义者情怀，喀拉拉邦的叙利亚基督徒仍然拥有刻着这些题词的铜板。铭文中有四种语言以及很多其他文字：早期泰米尔语、阿拉伯语、希伯来语和中古波斯语。它列出了与当地统治者达成协议后，在奎隆港针对外国商人规定的条件。这两个流动的商业社群的成员都出现在港口和其他商业中心，他们捐赠寺庙，为婆罗门提供食物，并为维护灌溉工程做出贡献。

商人的铭文遍布整个南部半岛，描绘着这些商人在区域内和国际上的贸易联系，他们当中一些人被确定为来自不同国家（*nanadeshi*）或来自"许多国家"，而另一些则被确定为本地人（*swadeshi*，"自己的国家"）。这些商人团体提供了将达罗毗荼文化带到东南亚的一个渠道，是中世纪早期城市化在次大陆之外的延伸。

印度在东南亚的影响

对于中世纪的王国来说，海洋为其政治、宗教和商业影响力超越出次大陆提供了机会。在一个方向上是西亚和新近皈依的穆斯林商人的能量，他们在8世纪渗透到次大陆的市场，即使阿拉伯穆斯林骑兵被拉利塔迭多和其他军队所驱逐。此后，与东地中海的贸易持续稳定。印度进口战马和金属制品；出口黑胡椒、檀香和纺织品；从东南亚获得的中国丝绸和瓷器被转而出口到西方。8世纪和9世纪期间，在来自西亚的阿拉伯人、犹太人和亚美尼亚人的国际大都市社群居住的商埠之间，贸易体系已成熟，最终取代了西亚和西印度港口之间的危险的个人航行。这些为跨阿拉伯海的地域之间提供了便利的经济联系，使双方的商人受益匪浅。

又一个海洋边境向东南亚开放了。在公元后的几个世纪，三个王国出现在中南半岛，覆盖了今天的泰国、柬埔寨和越南的部分地区。具有梵文姓名的国王统治着这些疆土：400年至500年间，扶南王国（Funan）的侨陈如（Kaundinya）和阇耶跋摩（Jaya-varman），以及同时期的真腊王国（Chenla）的斯鲁达·斯列什塔·瓦尔曼（Sruta Sreshta Varman）和中南半岛占婆王国的拔陀罗跋摩（Bhadravarman）。在7世纪之前出现在今日之马来西亚和爪哇的较小的国家证明了印度对其东部邻国的深远影响。

东南亚的"印度化"长期以来被认为是军事征服的结果，这些军事征服创建了一代印度民族主义历史学家所称的"大印度"。在最近的著作中，这些文化和政治影响被理解为是多方面的和双边的。参与其中的不仅有商人，还有宗教学者和士兵，而且这种交流是在东南亚人的要求下进行的，也是为了赚取印度人的利润。在宗教事务上，这一倡议实际上被认为更多来自东南亚人。他们在帕拉瓦和朱罗时代与印度，特别是南印度建立了广泛的联系，后来，当伊斯兰教传入马来亚、爪哇和苏门答腊时，也是从南印度传播过去的。

的确，阿育王声称曾派遣传法僧到亚洲的许多地方。但随着梵文知识的增加，他发起的宗教教育得到了扩展，为其他形式的印度学习开辟了道路，包括关于社会和王权的佛法典籍。据铭文记载，东南亚人在印度神学院逗留，以学习这些宗教创新并将其翻译成自己的语言，而这些来自东南亚岛屿和半岛地区的学者无疑是文化传播的主要推动者。他们通过梵语和古印度土语获得了关于印度的知识，起初是为了学习佛教的教义，但很快他们就找到了教导巴克蒂崇拜的新形式的梵文往世书，以及记载了社会等级制度和强大的君主制的法典。最初在印度南部创立的虔诚崇拜因此被带到东南亚以及次大陆的西部和北部。

最后，整个政治和社会制度的基础知识——一本定义古印度的名副其实的手册——传播到了整个东南亚，带动了那里新社会和文化的发展，也刺激了印度商品的市场。印度南部海岸的商人为这些市场提供商品，以换取在印度很有价值的黄金和中国商品。

印度文化在向东南亚传播的过程中发生了变化，其中之一就是王权的性质。神王（*devaraya*）的概念是在中南半岛由本土君主发展起来的，也许是在由纳拉达摩利提（Naradasmriti）这个佛法文本将这个思想向他们介绍了之后。高棉国王宣称自己有神性，建造了宏大而精美的寺庙，例如吴哥窟。尽管如此，这一思想在那个时期从未在印度被采纳过，而更可能与之相反。中世纪的印度国王满足于只作为虔诚的信徒，他们是巴克蒂的第一批信徒，湿婆、毗湿奴和杜尔迦，他们被赋予了皇室风格。这些神祇在笈多时代声名显赫，继续保持了最庄严的君主的地位，在笈多时代之后，在由印度寺庙转变的堂皇宫殿中得到奢华的安置。

诸神的王权和君王的神性

印度国王虽然不是神明，但与东南亚的国王一样，是征服者，是成功的武士，能够激励那些小的酋长和国王与他们结盟，无论是为了扩张领土，还是为了掠夺和荣耀。王室权威还依赖于说服较小的当权者，主要是农民集中地区、小镇市场和宗教机构的首领，接受王室权威提供的保护，作为对他们纳贡的回报。

中世纪早期的印度王国居于其核心领土之中，统治者、他的家族以及他的亲属和相关家族直接行使权力。他们在那里裁决冲突并收取赋税。这个核心的规模取决于其财富可以养活多少骑兵和步兵，以及邻近统治者的相对实力。但是在中世纪早期，各处都承认有一个国王是必要的，如果可能的话，他应在附近，如果不在附近，则身在远处的国王亦可。因此，在7世纪到11世纪之间，四十多个重要的王室家族——王国——留下了他们权威的证据，每一个都按照当时的达摩和往世书典籍中规定的形式颁发了王室铭文。这些记录，无论是刻在石头上还是铜板上，都颂扬了统治家族和各个国王的成就。它们被安置在寺庙的墙壁上，以使它们广为人知并免受破坏。根据克什米尔的《毗湿奴往世书》和其他当代文献，建造王室寺庙是任何一位为造就伟大而奋斗的国王的义务。

从7世纪开始，王权原则在那些表达对诸神的虔诚崇拜的基础文本中也做了规定。人类的命运既掌握在神手中，也掌握在王室手中，国王和众神都有魅力非凡的传记。讲述笈多时期诸神的职责和属性的往世书是在4世纪到8世纪之间成书的，也被用作敬拜手册。它们是由与大小国王及地方首领密切关联的博学的教派领导人进行传播的。即使是那些为维持教派制度提供资源的最有权势的统治者，也是以宗教虔诚的意识形态来表达并证明其统治资格的正当性。

国王和他们的神圣赞助人统治着大型农业社群，这些社群的定耕农业在中世纪时期继续发展。牧民和森林人都被吸纳到农业社会中，因为他们古老的山丘和被森林覆盖的家园被转变为农业用地，他们自己被转变为田间劳力，以满足更集约化耕作的劳动力需求。粮食和棉花等商品的盈余越来越多地可供普通家庭和贵族家庭使用，也促进了文化生产的爆炸式增长。

南方王国的角色

在1世纪和2世纪，一个自称为百乘的王朝在被称为是南印王国（Dakshinapatha）的土地上具有庞大的统治权，这片土地位于讷尔默达河和哥达瓦里河流域之间的德干高原。百乘王朝的君主们声称对这片土地拥有全方位的统治权。就像与他们同时代的位于北方的贵霜帝国和巽伽王朝的国王所做的一样，这些国王通过征服那些更小的统治者来证明他们声称的统治权的合法性，他们要求被征服方臣服，但很少有其他的要求。百乘王朝宗主权下的一些小国只不过是酋邦，其中包括阿育王记录中提到的朱罗、潘地亚和哲罗。

后来，一些小国变得更加引人注目。帕拉瓦国王统治着东南沿海重要的贸易中心甘吉布勒姆，该中心为中国商人所熟知，就像它早年为罗马人所熟知一样。然而，帕拉瓦王国的存在很可能归功于甘吉布勒姆周围发达的灌溉和密集的农业定居点以及它的贸易。随着泰米尔北部帕拉瓦王国的崛起，哲罗和潘地亚在各自河谷领地成为更集中的权力机构，成为更小、更紧凑、更富裕的君主制国家，这是中世纪时代的标志。

处于鼎盛时期的帕拉瓦人统治着7000平方英里的地区，这是迄今为止在半岛东南部所见最大的疆域：他们似乎来自讲泰米尔语的北部边缘地区。7世纪至8世纪期间，他们从甘吉布勒姆的繁荣的贸易中心开始，逐步扩大了对所有泰米尔人的统治。不过，他们王国的核心是一个名为通代曼达兰（Tondaimandalam）的地方，此地以前被分为二十四个区域，每个区域都称为考坦姆（*Kottam*），在6世纪后期，在第一个帕拉瓦王国宣布它们成为他的领地之前，这些区域先是由两个古老的酋邦所管辖，后来又被舍弃。考坦姆是农业社群，准备与新的帕拉瓦国王世系分享他们的一些财富，并且在7世纪期间，帕拉瓦主权扩展到南部、吞并朱罗王朝的领地时，也作为士兵为这些国王服务。

每个考坦姆都是牧民和农业组织的一个子区域，居住着以乡村为基础的农民、牧民和工匠，他们一起共同维护耕作所依赖的宝贵灌溉设施。他们建造了类似小湖的水库，通过渠道与农田相连。他们还建造了小型寺庙，那些属于次大陆最早的"结构性"寺庙，用来供奉帮助他们抵御疾病和其他不幸的守护神。部族首领家族开始邀请婆罗门家族在这些地方定居，并崇拜往世书里的众神，以换取来自最富饶土地的生计。考坦姆的农民早些时候以同样的方式支持学识渊博的耆那教传教士。

帕拉瓦向北扩张的企图被卡纳塔克邦和马哈拉施特拉邦的罗湿陀罗拘陀王朝的国王崛起所挫败，后者在8世纪到10世纪期间征服了大部分南部半岛，并且在10世纪中叶，曾一度在国王克里希纳三世的领导下加入了北方统治家族之间正在进行的对卡瑙杰和恒河西部平原的争夺。

到7世纪，而且可能更早，讲泰米尔语的人不仅内化了王室主权和合法性的观念，而且认为以前不起眼的，最后仅限于现在的喀拉拉邦地区的朱罗、潘地亚和哲罗王朝的酋长制度实际上已经构成了三个平等而传奇的王室传统。"三王"的概念在泰米尔诗歌和铭文中被明确提到，到了10世纪，当地的富豪们自豪地声称自己是穆文塔维拉尔（*muvendavelar*），是以其英勇维持了三王的地位的勇士。

在帕拉瓦王朝和于9世纪接替前者的朱罗王朝的国王的统治下，王室权力在两个相隔很远的地区最为强大：帕拉尔河流域的甘吉布勒姆周围的乡村和高韦里河灌溉区的坦贾武尔地区。帕拉瓦王朝和朱罗王朝各自的首都都集中在由大规模灌溉系统界定的区域，国王及其代理人在这些区域内寻求支持。在他们权力的核心地区，建起了寺庙，并为大量的祭司和侍从提供了条件，他们的作用是对至高神祇湿婆和毗湿奴进行应有的供奉。因此，在富庶兴隆的村庄的收入支持下，博学的婆罗门的殖民地由国王建立了，并且那些经常自称为穆文塔维拉尔的当地酋长也如此效仿。

泰米尔平原其余地区的大部分及其高地延伸部分都不在帕拉瓦和朱罗国王的直接管辖范围之内。在那些地方，小王国和酋长领地处于来自占主导地位的土地持有集团统治世系的控制之下。成百上千的地区会议为农业社群代言，并由当地酋长所操控。这些权贵还效仿比他们地位更高的人，在当地寺庙的墙壁上刻上他们对婆罗门的捐赠记录，以一种主要是象征性的从属形式和偶尔的祭拜仪式，向帕拉瓦国王和朱罗国王表示敬意。

这种交易的一个例子，是764年在帕拉瓦王朝南迪瓦曼二世（Nandivarman Ⅱ）统治期间所刻的一组铜板上的文字，这些铜板是在位于现代马德拉斯附近的普勒尔（Pullur）村落被发现的。像其他帕拉瓦铭文一样，它以颂扬国王的标准梵文诗句开头，介绍了一位年轻的酋长，并记录了给予一百零八位"贫穷而纯洁"的婆罗门的礼物，他为他们寻求来自国王的保护。礼物本身包括四个河畔村庄，其中就有普勒尔，这些村庄后来成为那些婆罗门的新定居点。给婆罗门的村庄礼物（brahmadeya）同时赋予酋长和国王以功德，因为后者被要求永远保护它。铭文中的泰米尔语部分大概是写给当地普通人的，这些详细规定了新定居点的边界，由当地主要种植者［纳塔尔（nattar）、纳德邦或农业地区］的代表在公开仪式上划定，并由纳塔尔雇用的会计师记录。这笔捐赠文件结尾指定了这片约1000英亩河畔土地的丰厚馈赠的婆罗门接受者的名字。

该记录定义了两个社群。每个婆罗门受益人的选择都是根据子种姓和他所负责传播的习得的经文而精心确定的。那些新兴村落里的大量婆罗门居民在周围的耕农、牧民、商人和工匠村庄之中享有政治自治权。关于他们的特权和豁免权有具体规定。例如，除了"洁净"的种姓外，没有人可以住在村子的辖区里，尽管贱民是在为婆罗门家庭提供支持的领域工作。另一方面，在婆罗门指导下的学校向首陀罗开放，他们可能会接受修辞学、逻辑学和战争等学科的教育。（在南方，刹帝利和吠舍种姓基本不存在，而这些角色通常由首陀罗承担。）

在普勒尔周围的许多村庄，年轻酋长和他的农民村民们都与国王有着特殊的关系。作为一个社群，普勒尔周围的村民因慷慨而获得了地位，因为这使他们与国王一起享有婆罗门博学之士的赞助人的崇高地位，他们的慷慨馈赠使国王所提供的保护也惠及他们。

南印度的意识形态和王权

在南印度，王权的行使范围既包括王国内的河流核心地带，也包括远离王都的地方。朱罗王朝国王炫耀他们的海外征服，包括对斯里兰卡岛北部地区、位于印度西部的马尔代夫群岛以及苏门答腊南部的三佛齐（Srivajaya）王国的征服。罗阇罗阇·朱罗炫耀其从海外和印度半岛更偏远的地区带回的宝藏，他用这些宝藏在他的首都坦贾武尔建造了一座宏伟的皇家寺庙（这座寺庙的神明是罗阇罗阇·希瓦拉，意思是罗阇罗阇国王崇拜的湿婆林伽）。他的儿子罗贞陀罗·朱罗一世（RajendracholaⅠ）声称已经派遣军队征服恒河，让其神圣的水流入到他在高韦里河北岸的甘加贡达乔拉普兰皇家寺庙的蓄水池中，将其圣化。此外，他还用这个名字来纪念这次征服：它的意思是"夺取恒河的朱罗之城"。

尽管有这些自负的声明，但除了他们王室辖区的直接腹地之外，7世纪到12世纪之间，帕拉瓦、朱罗和其他南方国王的臣民都是自治的。社群机构是自治的手段。有些是古老的机构，如村庄、地方议会和酋长，其他的，例如寺庙和通常附属于它们的学院，则是较新近的。在较旧和较新的机构中，不同的习俗安排得到了承认和保留，大多数地方将其财富的一部分用于支持婆罗门和供奉庄严的往世书中所提及的众神以及地位卑微的地方守护神，后者主要是女神。

文化泛化和精化过程的一个例子，是通过"婚姻"将独立的女神米纳克希神与湿婆结合。婚姻意味着米纳克希被同化为湿婆的配

图 10　马杜赖的米纳克希-湿婆神庙（Minakshi-Sundareshvara）。由一位南印度艺术家在欧洲纸上创作，1820 年加水印。用泰卢固语写就［BM OA. 1962. 12-31. 013（69），由大英博物馆受托人提供］。

偶神帕尔瓦蒂（雪山神女）。同样的例子也说明了第二种机制，因为米纳克希的"婚礼"首先是在一个由国王们提供大量赞助的寺庙节日中庆祝的，他们的首都马杜赖就建在米纳克希的寺庙周围。这种宗教、文化和政治元素的综合是区域化的一个核心特征，其产生了与古典笈多时代假定的统一性形成鲜明对比的多样化中世纪文化遗产。

从6世纪开始，湿婆神的泰米尔信徒首先用普通的泰米尔语复述了梵文往世书中众神的故事。通过称颂湿婆的赞美诗，以前对某些守护神来说是神圣的地方和故事，变成了湿婆自己显现化身的地方。最早的湿婆赞美诗作者之一是诗人阿帕尔（Appar），大约在600年，他放弃了他先前所信奉的耆那教，并继而说服帕拉瓦国王摩晒陀跋摩一世放弃耆那教。不久之后，另一位湿婆神赞美诗作者桑班达（Sambandar）据称在马杜赖使潘地亚国王更改信仰，并说服他摆脱了他的首都中那些之前受到王室慷慨支持和尊敬的众多耆那教教士。桑班达甚至可能说服国王通过刺穿8000名耆那教教士的头颅来完成他的改信，这是马杜赖的主要湿婆神庙长期以来颂扬的事件。

朱罗国王是特别虔诚的湿婆神崇拜者，甚至可能参与了对毗湿奴的崇拜者进行的罕见的宗教迫害，后者同时也在执行类似的赞美诗创作和神学计划。泰米尔毗湿奴信徒的传统中提到已故的朱罗国王俱卢同伽三世对一些毗湿奴神庙的亵渎。然而，毗湿奴的祭司和那些世俗追随者发现其他王室更富有同情心。毗湿奴崇拜的主要神学家之一，泰米尔婆罗门罗摩奴阇，成功地使后来被称为卡纳塔克邦曷萨拉王朝的国王毗湿奴伐弹那（Vishnuvardhana）更改信仰，后者随后在遥远的南方取代了朱罗王朝。尽管如此，耆那教，其教义及其神殿和神学院，在卡纳塔克邦继续得到长期支持，类似于在12世纪中叶，由于遮娄其王朝的赞助，耆那教在拉贾斯坦邦也受到广泛支持。

虔诚崇拜成为整个中世纪早期印度的主要意识形态元素。在教义上，有神论反对耆那教和佛教的伦理及无神论传统，同时又融合了两者的元素，但在实践上有很大的不同：个人的虔信被奉献给那些在日常生活中显现为国王的神灵，这种崇拜是在为庇护这些神灵而建造的建筑物中进行的，就像宫殿庇护国王一样。如此规模的奉献，以及对虔诚的国王的显著支持在次大陆的所有地方都受到青睐追捧，因为7世纪至12世纪之间的国王，都在寻求将主权扩展到通常是狭窄的自己核心领土范围之外的方法。几乎没有证据表明，次大陆的大多数主要国王意识到了一股以伊斯兰教为形式的新的、充满活力的政治力量正在印度北部建立起来。很快，一个其重要性足以开启中世纪印度历史新阶段的历史发展转变即将发生。

伊斯兰教的到来

当一些大型的商业中心在印度建立起来时，印度的西海岸居民开始与阿拉伯人和其他西亚人结交，这是中世纪早期商业扩张的一部分。阿拉伯和犹太商人不仅在次大陆的阿拉伯海沿岸逗留，有些人甚至因其信奉当地宗教而获得特殊保护并被免除税收。这是从铭文中得知的，其中有一个可以追溯到9世纪的铜板上的铭文，这些铭文记录了向位于科钦附近克兰加努尔（Cranganore）的犹太商人约瑟夫·拉班（Joseph Rabban）长老提供了这类保护。

在8世纪，另一种阿拉伯人以征服信德的穆斯林军队的形式出现了。711年至725年，信德、旁遮普西部、拉贾斯坦邦和古吉拉特邦的部分地区被伊拉克–阿拉伯士兵占领，他们的扩张受到德干平原和恒河平原的罗阇的遏制。在这片古老的印度河文明中心地带，以及东部旁遮普邦的部分地区，印度的伊斯兰时期可能在那时就已经开始了，而并不是从1200年开始。只是卡瑙杰国王对入侵者表现出了抵抗，其中之一就是耶输跋摩一世（Yasovarman，大约736年），以及后来一直到10世纪中叶都控制着拉杰普特和印度北部大部分地区的拉杰普特酋长及国王也抵抗了入侵者。

穆斯林军队从信德向邻近的古吉拉特邦和卡提阿瓦半岛（Kathiawar peninsula）有小幅推进，一些小苏丹国在那里建立，它们很快就与巴格达断绝了联系，那些苏丹与信德和旁遮普西部的其他统治者和平相处。伊斯兰对次大陆的渗透已经暂时结束。某些穆斯林领袖的不安分能量转向北方进入中亚，并开始了对突厥牧民的改造，这一过程与另一个进程共同改变了欧亚大陆的中心，并最终改变了次大陆。

在其印度西部的控制范围内，阿拉伯–伊斯兰霸权一直由哈里发帝国的阿拔斯王朝从巴格达实施统治，直到9世纪后期，印度和其他地方的阿拉伯驻军摆脱了哈里发的控制，开始作为独立的苏丹进行统治。就他们的非穆斯林臣民的情况而言，几乎没有改变：只要向穆斯林主人纳贡，穆斯林控制下的大多数社区都被允许在自己的酋长领导下自治。

马穆鲁克征服

加兹尼的马哈茂德在1000年至1025年发动的多次掠夺入侵，使得阿拉伯统治者及其臣民的这些安排戛然而止。马哈茂德的父亲是伊斯兰世界的新战士之一：突厥"奴隶"士兵，或称马穆鲁克。他们要么是非洲人，要么是更常见的中亚人，他们在孩提时代被买来并接受军事训练，以对抗蒙古人。蒙古人是当时穆斯林以及中国人和欧洲人的一大祸害。所有这些较古老的文明都必须与来自欧亚草原的游牧民族抗衡，这一切从斯基泰人对俄罗斯南部农民社群的袭击开始，到13世纪蒙古人对古代欧亚国家的破坏达到顶峰。成吉思汗，在1227年去世前组建了一个强大的联盟，其营地设在印度北部边境，他从那里向内陆地区发起攻击，直至旁遮普邦。要生存就需要有与蒙古骑兵相同的技能与冷酷无情，于是，这些东西开始在伊斯兰世界和其他地方发展起来。

马哈茂德的父亲在一次兵变中从阿拔斯王朝的波斯总督手中夺取了现代喀布尔附近的加兹尼。马哈茂德于998年继任苏丹。他利用自己的继承权，在每年旱季时，于西部恒河平原和古吉拉特邦开始一系列战役。臭名昭著的是，他在1025年摧毁了卡提阿瓦的索姆纳特（Somnath）寺庙中的湿婆神像，掠走了大量的黄金宝藏。他用这些宝藏美化了他的首都，使其成为后来对古尔部落的突厥穆斯林有吸引力的掠夺目标，后者的士兵于1151年洗劫并摧毁了加兹尼。

像马哈茂德这样令人惊叹的征服，是加兹尼士兵相对于穆斯林和非穆斯林敌人所具有的卓越军事实力的结果，这再次说明了发展军事的重要性。在掠夺入侵中，每位获胜的穆斯林骑兵都可能获得战利品，这一诱人前景保证了这种危险活动的伤亡人员很容易被新兵所取代，而且他们的人数也因雄心勃勃的地位低等的印度本土皈依者而增加。

突厥骑兵在11世纪轻而易举地掠夺了印度北部，然后在接下来的世纪中开始统治恒河平原，这让许多历史学家感到困惑。一些人将这些征服的成功解释为中亚骑兵的大胆和凶猛，加上印度那些王国之间为控制卡瑙杰周围的恒河西部和中部平原而进行的战争造成的军事疲弱。然而，当人们观察到相互竞争的印度各王国的王位更迭时，这些几乎都不是可信的解释，每个王国都为恒河平原的统治事业带来了新的激情和军事热忱。抢劫一个敌人的首都甚至寺庙在印度统治者中也并非闻所未闻。

然而，当时试图控制恒河平原的那些最大的印度王国之间的分裂，以及累积的战争消耗，加上任何统治者都难以成功克服拉杰普特士兵的独立性和氏族间的偏见，最终可能导致付出了代价。在最初的征服之后不久，穆斯林评论家可能已将他们的成功归因于印度人未能捍卫自己的权力和领土，他们将其归结为傲慢。他们说，印度人以不信任的眼光看待彼此，以漠不关心的态度看待更广阔的世界，没有注意到伊斯兰教早期的非凡征服。的确，虽然加兹尼的马哈茂德连续十七年威慑印度西北部，但那个时代最伟大的印度统治者朱罗国王依旧兴高采烈，似乎根本没有意识到这些事情的发生。

其他因素也肯定有助于穆斯林的征服。首先是中亚军队向所有愿意为财富、荣誉和职位而战的人开放，从而提供了职业机会。其次，突厥中亚的大部分家园已被蒙古人的扩张所封闭，滞留在印度的穆斯林入侵者被迫在那里寻找他们的财富，他们因别无他法而只能孤注一掷地做出这种选择。

当时首次在印度中部建立的伊斯兰统治将持续存在，直到主权从后来的穆斯林的手中被夺取，首先是18世纪印度西部的马拉塔帝国的士兵，最后是19世纪的英国人。英国人可能会返回家园，从而没有成为定居的殖民者，但突厥"奴隶战士"别无选择，因为他们返回中亚家园的道路已被蒙古人封锁，这种情况一直持续到其中一些蒙古人在16世纪转变为穆斯林莫卧儿人。

在印度北部引入一个充满活力的新的统治阶层和一种外来宗

教，在所产生的直接政治后果之外，新的政治精英在军事上也优于本土的战士–统治者。在少数幸免于蒙古部落毁坏的几个民族和社会中，有穆斯林草原社群，他们的战士无论是在马术上还是在凶猛性上都能与蒙古人相匹敌，这些突厥战士可能使印度免受了其他欧亚人在蒙古人手中所遭受的恐怖。

在其他地方，突厥武士中的精英人数太少，无法改变他们轻率地统治的无数社群的制度、忠诚度和信仰。事实上，在13世纪，这些武士精英中很少有人会愿意去改变这些社群的任何事情以及他们纳贡时的顺从方式。很少听说有反对他们统治的起义。相反，倒是那些分散的精英越来越被他们在德里的统治者日益增长的想要僭取皇室特权以匹配他们作为苏丹头衔的野心所激怒。

这种趋势在巴勒班的身上表现得尤为明显，巴勒班在1249年至1287年正式和非正式地统治德里近四十年。他对苏丹只是一群享有平等地位和权利的战士的领导者这种观念感到很不耐烦，很明显，他想要的是一个超越恒河平原的疆域，包括次大陆的其余部分。但他不是唯一有这个想法的人。到13世纪末，扩张王国的驱动力在德里统治者的两个世系中变得清晰起来：卡尔吉王朝和图格拉克王朝（Tughluqs）。

穆斯林的抵抗阻止了更深层次的侵犯，并且随着时间的推移，德里苏丹国统治和指挥下的常备军时刻警惕着蒙古人的袭击。自1206年库特布乌德丁·艾巴克（Qutubuddin Aibak）创建德里苏丹国以来，在北部边境指挥这支强硬战斗部队的人一直是具有强大独立政治地位的元帅将领，这一事实在接下来的几个世纪里决定了次大陆的高层政治。从这个意义上说，蒙古的崛起对印度和他们的其他对手一样重要，尽管导致的后果不同。

"奴隶"士兵

在加兹尼的马哈茂德之后，印度的穆斯林入侵者在历史上被称为奴隶，因为在这支由男性组成、主要是突厥血统的队伍中，士兵是在孩提时代就被卖去服兵役的。这些人凭借技能升到了高位，从他们的队伍中产生了通常被称为"奴隶王朝"的组织，他们在1206年至1290年统治德里。德里奴隶兵中在位时间最长的是伊勒图特米什苏丹（Sultan Iltutmish），他曾担任德里苏丹国创始人的军事指挥官，并且例外地由他的女儿拉齐亚（Raziyya）继任，她出色地统治并指挥了军队四年（1236年—1240年），直到被其他男性奴隶指挥官废黜并谋杀。当时在整个欧亚大陆，在拜占庭基督教和伊斯兰教的土地上，当有健壮男孩子的家庭认为他们有足够的儿子可以照顾他们的族群时，其余强壮的男孩子就被卖去接受训练成为战士。了解了这些，奴隶苏丹的概念就变得不那么奇怪了。这种情况为安纳托利亚的奥斯曼帝国和埃及的马穆鲁克王朝等征服政权提供了建立军队的兵源基础。

加兹尼王朝和古尔王朝的统治者，以及后来的德里奴隶苏丹，都会接受一种骑兵作战形式的训练，这种战术依赖于训练有素的编队和弓箭齐射。这种训练的结果是训练有素的士兵将他们的印度对手一扫而空，如同他们在欧亚广阔的大陆上与其他对手交锋时一样。成为奴隶并没有引起像印度社会和其他地方对奴隶的蔑视，因为伊斯兰教从不歧视从事圣战（Jihad）以保护和扩展"忠诚者之土地"的虔诚英雄（ghazi）的社会出身。

在将入侵者联系在一起的平等主义意识形态之外，来自不同地方的战士之间还存在着同讲突厥语这一文化纽带。宗教和语言支撑着战士为信仰而对抗他们的对手，包括在他们眼中是异教徒的印度人和蒙古人。12世纪后期，当蒙古人的扩张与当时由突厥人而不是阿拉伯人所信仰的伊斯兰教发生了冲突时，印度政治结构发生重大变化的条件已经具备。在蒙古人的压力下，穆斯林军队被赶出中亚，并被拉入抵抗力相对较弱的印度世界。尽管如此，只要蒙古人威胁到德里苏丹对恒河平原的控制，大量的突厥战士就不得不留在与中亚接壤的边境以对抗他们。这些军队由最难对付的士兵组成，他们中的首领很快就不可避免地去试图寻求恒河城市的快乐和安全来代替边境服务的危险。因此，虽然印度确实没有受到13世纪蒙古对俄罗斯和巴尔干人民的掠夺的全面冲击，但成功防御的间接后果是，强硬的穆斯林骑兵如涓涓细流般，源源不断地进入印度并征服了恒河平原和德干高原的各个王国。在他们身上，穆斯林的力量在14世纪取得了发展。

第二波：阿拉乌丁·卡尔吉和穆罕默德·图格拉克

在14世纪，穆斯林的权威和宗教遍布整个次大陆。"奴隶国王"的两位继任者统治德里近一个世纪，他们扩大了穆斯林的影响力，并努力建立更有效的中央政权，以负担不断增加的军事成本，以应对蒙古人的竞争，捍卫他们对印度北部的控制权，这值得特别注意。第一位继任者是阿拉乌丁·卡尔吉，他的全名是Sikander Sani，意为"第二个亚历山大"。他的征服范围令人印象深刻：他在旁遮普邦对抗蒙古人；在拉贾斯坦邦，在印度中西部，甚至在遥远的南部，他的士兵推翻了卡纳塔克邦和安得拉邦（Andhra）的王国。然而，德里权力的迅速扩张至多是扩大了阿拉乌丁的附庸地区，大多数被他击败的对手都留在了原地，尽管他们的宝藏没有留下。

德里及其周边地区的卡尔吉政权是由阿拉乌丁的叔叔和岳父建立的。1295年，阿拉乌丁将他叔叔交给他作为埃米尔（*amir*，掌权者）管理的领土变成了一个基地，他从那里偷袭了德干。缴获宝藏后，他说服了重要的指挥官支持他的政变和对他叔叔的刺杀。几乎紧接着，他就面临了由曾被恒河地区动荡的政治所吸引而来的成吉思汗的一位后裔领导的蒙古人的入侵。蒙古人成功占领了德里的部分地区，但未能削弱阿拉乌丁的防御工事，1299年，阿拉乌丁击退了这次入侵。1307年至1308年，蒙古人尝试了最后一次进攻，此后阿拉乌丁没有再遇到蒙古人的麻烦。凭借北部边境的安全，阿拉乌丁和他的首席副官马利克·卡富尔（Malik Kafur，他不是突厥人，而是本土皈依者）击败了拉贾斯坦邦和古吉拉特邦的罗阇，然后猛攻进入南部半岛，于1310年占领了遥远的中心城市马杜赖。

阿拉乌丁的政治和行政改革与他的军事功绩一样辉煌。他改变了一个世纪以来一直沿用的驻军控制少数城市、定期掠夺农村的统治模式，他对首都周围的农业资源进行了调查，在此基础上制定了一个标准的固定的赋税要求，这包括可耕地生产的一半作物和对牧民饲养的所有牲畜征收的固定税。此后，收入将由扩大后的常备军的军官征收。通过这种方式，他增加了自己的资源，同时减少了昔日农村大户、村长和地方首领以及小罗阇们的资源。他对这些人的衣服、马匹和房屋的数量进行限制。更雄心勃勃的是，他为德里和其他驻军中心建立了一个强制采购粮食的系统，其中采购价格是固定的，所有作为税收征收的粮食都将储存在国家粮仓中。为了确保这些新规定得到遵守，他在他的臣民中安插了密探，他们负责直接向他报告。当时的记载说他禁止在首都附近饮酒。印度以前从来没有过这样的事情。阿拉乌丁于1316年去世，他的继任者们只维持了几年的统治，这也许是对他实施严酷统治的回应。阿拉乌丁的行政变革被证明是短暂的，尤其是与另一位14世纪德里统治者穆罕默德·图格拉克的措施相比。

穆罕默德·图格拉克是曾为阿拉乌丁服务，后从阿拉乌丁的一位继任者手中夺取了权力的一名奴隶士兵的儿子。1325年至1351年，穆罕默德·图格拉克在德里取代了他的父亲，统治了恒河中部平原，就像阿拉乌丁取代他的叔叔一样。然而，图格拉克梦想着将整个次大陆变成他的领地。在阿拉乌丁已经征服、掠夺并会留下旧统治家族作为他的附庸的那些地方，穆罕默德寻求着更多的主权。为此，他将首都从德里迁至半岛中心，将亚达瓦国王的前首都德瓦吉里（Devagiri）改名为道拉塔巴德（Daulatabad）。这一大胆的举动在前首都和新首都以及它们的腹地都造成了混乱，尤其是当穆罕默德本人认为此举是一个错误，并下令返回德里——或者说是德里的残余部分时。

穆罕默德·图格拉克在位二十六年，他一直受到历史学家的苛责，这不仅仅是因为他在迁都时反复无常。他的另一个疯狂的革新是他决定改变阿拉乌丁·卡尔吉的谷物税收制度，该制度本来旨在确保他的士兵以及他的权力所在的城市的食物供应。穆罕默德决定今后应以货币形式收取土地税，以方便那些现在已离他非常偏远的领土支付土地税。当他发现硬币和可铸币的银的存量不足以进行如此广泛的货币化时，他并没有放弃他的计划，而是发行了一种铜的象征性货币，对这个概念，印度人（以及世界其他大部分地区的人）没有任何经验。伪造货币的行为很快变得猖獗，整个税收体系崩溃，图格拉克政府很快也步了后尘，因为对波斯和中亚发动的代价高昂的军事冒险未能实现其模糊的目标。

阿拉乌丁·卡尔吉和穆罕默德·图格拉克的革新可以被认为是宏伟的，他们两人也被这样敬仰着。然而，两人都决心结束或至少遏制德里的第一批穆斯林统治者采用的有害的伊克塔①（*iqta*）制度的传播。伊克塔是将一组村庄或一个地方的税收授予官员（通常是军人），用于维持他们及其随从的生活。伴随这样赏赐的，是他们代表国家征收税收及维护秩序的责任和权力。不可避免地，这些服务津贴演变为世袭财产并巩固了地方权力。穆克提（*Muqtis*，伊克塔权力的持有者）在财务和政治上独立于该赏赐的来源苏丹。

总体而言，穆斯林农村精英虽然远离德里苏丹的驻军，但未能以任何实质性的方式将自己与当地人民及其首领联系起来，酋长的权力来自居住和耕作这些土地的主要土地群体。相反，穆斯林战士往往是作为外来者在印度北部乡村存在，他们恐吓和掠夺农业人口，人们对于他们的小型暴政感到恐惧和厌恶。

现代人普遍指责穆罕默德·图格拉克反复无常、深具破坏性，但他那个时代的编年史提到了他试图设计一种政体，让他的非穆斯林臣民可以效忠。例如，他采用了一些像在公民场合游行的装饰华丽的大象那样的较古老的印度王室标志，尽管他是为数不多的向开罗的傀儡阿拔斯王朝的哈里发寻求许可并获得委任状的德里统治者之一。

---

① 伊克塔，一种中世纪在中东盛行的土地制度。

图11　11世纪至13世纪，亚达瓦王朝的首都马哈拉施特拉邦德瓦吉里的大城堡，后来更名为道拉塔巴德［IOL collection 430/6（57）；neg.no. B 26952，经大英图书馆许可］。

穆斯林的历史

自相矛盾的是，关于卡尔吉和图格拉克政权的残暴和其他方面的细节，我们在很大程度上是从波斯语的历史著作中了解到的，这些著作的编撰通常是穆斯林统治者自己委托的。最早的作家之一是齐亚丁·巴尼（Ziauddin Barni），他在14世纪中叶对菲鲁兹·沙·图格拉克（Firuz Shah Tughluq）的统治的描述显示了对历史价值的生动理解，尽管现代历史学家可能不会认同这种价值：

在对《古兰经》的评注、《圣训》①（*Hadith*）［圣训：归于

———————
① 《圣训》，指先知的言行录。

先知而非《古兰经》]、法学和苏菲派谢赫们（Sufi shaikhs）
的神秘道路进行研究了解之后，我认为我还没有从任何其他学
术研究分支中观察到像我从历史领域所观察到的这样的优势。
历史是关于先知、哈里发、苏丹以及宗教领袖、政府伟人的
编年与传统知识……低贱的人、流氓无赖、不称职和不配的
人、劣等人、胸无大志的人、没有名气的和本性卑鄙的人，家
世不显赫和血统低贱的人，闲荡游民和集市上的闲人——所有
这些都与历史无关。这不关乎他们的行业和技能。历史知识对
这样的人没有好处，在任何情况下都不会使他们受益……相
反，对于胸无大志和卑鄙的人来说，他们阅读和了解历史是有
害的，根本没有好处。这些卑鄙、低贱的人对这种罕见的知识
没有欲望或倾向，还有什么比这更能让我们意识到历史这门学
科的高尚荣誉吗？他们的卑鄙行为和肮脏的道德对他们没有任
何好处，而且在任何领域的任何专业学科中，历史是唯一的、
他们不希望从中获得任何好处的学科。[2]

　　这些波斯语编年史家中的一些人出生在印度，其他人则是来这
里寻求财富的移民。摩洛哥旅行家伊本·白图泰（Ibn Battuta）是
图格拉克时代的著名的移民历史学家之一，而伊萨米（Isami）是
当地历史学家之一，他是一位学者的孙子，那位学者在穆罕默德·
图格拉克让德里的人口搬迁到他遥远的新首都道拉塔巴德时去世。
伊萨米在他所写的巴赫曼尼苏丹国的历史中适时地记录了他的祖父
之死，这些苏丹是图格拉克的继任者，也是王朝倒台的部分原因。
　　其他作家的数量越来越多，反映了14世纪两个明显的重要变
化。其一是土生土长的穆斯林知识分子的出现，他们无论是否为某
个苏丹服务，都在书写着自己的时代。这些"印度斯坦人"或"德

干人"通过这些标签与来自其他地方的旅居者区分开来。"印度斯坦"一词作为穆斯林对印度–恒河平原地区的称呼，大约可以追溯到这个时候。

来自伊朗、中亚和东非的穆斯林因服兵役被吸引到印度，但也被商业或例如教育、法律等职业的机会所吸引。有些人成了法官。这些移民也记述了他们的时代和杰出统治者生活中的事件，这些记述使历史学家能够以前所未有的生动形象程度来描绘德里苏丹。

但是，人们关注加兹尼王朝的马哈茂德、阿拉乌丁·卡尔吉或穆罕默德·图格拉克的传记，并非简单因为它们是描述同时代事情的人为作品。上述统治者都是充满活力和想象力的人，而且也非常无情，所有这些品质都是创建一个新的国家体系所需要的，这种体系至少在一段时间内从喜马拉雅山一直延伸到印度洋的南岸。随着时间的推移，这些政权从摧毁现有统治家族并掠夺他们的寺庙的外国专制政权转变为接纳当地人民的政权，不管茂兰纳·穆扎法尔·山姆斯·巴尔基（Maulana Muzaffar Shams Balkhi）之类的人可能会如何反对这种做法。突厥战士从一开始就与他们的非穆斯林臣民通婚，这是一种融合形式，或者是一种本土化形式。其他人被说服接受新的征服者和他们的宗教，因为那些好处会伴随着与强者的密切联系而来，或者他们被苏菲派或其他伊斯兰学校的榜样和教义所左右了。

穆罕默德王国的外围部分很快就独立了，这一进程于1334年从遥远的南部开始，那时马杜赖被宣布为一个独立的苏丹国，1336年孟加拉紧随其后，不久之后，新道拉塔巴德周围的大部分被征服领土被宣布为一个独立的苏丹国，并以其创始人、一名曾为图格拉克服役的阿富汗或突厥士兵的名字命名为巴赫曼尼苏丹国。

印度伊斯兰教的发展

到12世纪,《古兰经》的基本教义和《圣训》(传统权威性地将这些内容归于先知本人),形成了伊斯兰教法学(*fiqh*,字面意思是"深入了解")的主要元素,被编入了伊斯兰教法(*shariah*)并由几个法学院做了诠释。西亚最重要的学派之一被称为哈乃斐(Hanafite),以其创始人艾布·哈尼法(Abu Hanifa)的名字命名,他将早期大师的个人判断或"偏好"作为合法的补充原则引入,这为神学诠释增加了灵活性。

这种更大的灵活性减少了穆斯林对新征服的同化,这在很大程度上要归功于来自巴格达的学者、担任伊拉克突厥苏丹顾问的安萨里(al-Ghazzali)的影响,他避免了穆斯林中伊斯兰教法学和伊斯兰教义学(*kalam*)的虔诚追随者与可能具有破坏性的神秘主义者之间产生分歧,在这一过程中,他的声誉得到了提高。神秘主义者从一开始就是伊斯兰教的一部分,他们声称与先知穆罕默德和其他早期受到天启的信仰制定者有直接的关系:他们拒绝所有枯燥的律法主义。安萨里被认为整合并转变了伊斯兰教的哲学基础,从其对法理学和形式神学的着重强调,转向在这些形式元素与苏菲派不可预测的激情之间取得平衡。

苏菲派,这个词原意指的是他们穿的粗毛衣,他们的智慧是由清贫的云游传教导师阐述的,他们宣称"神秘主义者向真主学习,乌里玛(*ulema*)[有学问的人]向书本学习",这种情绪似乎在安萨里的一个著名的提问中有了回声(尽管也许是不诚实的):"关于离婚和买卖的讨论如何让信徒为未来做好准备?"苏菲派的神秘教义与当地的虔诚崇拜形式融合在一起,使这种伊斯兰教形式很好地适应了印度的情况。

从最早的穆斯林征服开始，犹太人和基督徒就被允许信奉他们的宗教，且承认他们与伊斯兰教共有一种传统，即拥有同一本圣书。作为"书中的人"，并承认亚伯拉罕和耶稣所扮演的先知角色，伊斯兰教承认他们也曾是天启的接受者（但基督教已经混淆或破坏了启示，该理论是这样的）。与异教徒、多神论者和偶像崇拜者不同，犹太人和基督徒不需要为了生活而改变信仰，但作为对始终不确定的庇护的回报，可以向他们征收人头税〔吉兹亚（*jizya*）〕。对于征服者来说，当涉及那些构成海港散居商人社群的一部分、基督教和犹太人的小型而孤立的社群时，这是没有问题的，但是将齐米（*dhimmi*，受保护的）地位扩展到吠陀诸神的崇拜者，是潜在的对神明的亵渎。

早期的伊斯兰社会影响

印度的穆斯林征服者可能很狂热，但他们是务实的人，尽管会为了财富去掠夺寺庙，但他们逐渐发现将受保护的齐米地位扩展到印度教教徒是可行的。任何苏丹或后来的莫卧儿皇帝都没有认真试图进行群体归信改宗。在伊斯兰教于印度的发展早期，人们认识到要将庞大而多样的臣民人口改宗至伊斯兰教，一如在以前征服的异教徒人口稀少的土地上进行改宗，实际上并不可行。因此，从征服者的角度来看，对印度教教徒的宽容是权宜之计，而齐米地位是伊斯兰教可以将宽容扩展到其他宗教的唯一类别。而且，从臣民的角度来看，由于印度社会的种姓结构一如既往灵活地适应了各种政治变迁，所以这种通融比较顺畅。只要以种姓为核心的社群机构的自治不受损害，像穆斯林这样的局外人可以被接受为合适的统治者。

如果穆斯林当局不能渴望统治印度北部的大部分乡村，那么很明显，穆斯林可以在恒河平原的城镇和城市以及旁遮普邦和孟加拉邦的部分地区实现相当程度的直接控制。这些地方的人被归于穆斯林军事和文职官员以及法官和组成乌里玛的那些饱学之士的领导之下。到14世纪，虽然许多城市工匠和商人皈依伊斯兰教以免于被征收人头税和其他一些零零星星的盘剥，但城镇周围农村的大多数居民继续享有古老的自治权，恒河流域的那些离德里最远的地区也是如此，无论他们的宗教信仰如何。事实上，孟加拉宣布成立了一个独立的苏丹国，在那里，和旁遮普邦一样，穆斯林在赢得改宗信众方面取得了相当大的成功。

伊斯兰教在孟加拉取得成功的原因可能在于那里的宗教机构的性质。孟加拉一直是佛教寺院仍在运作的少数几个地方之一，在那里，僧伽得到了帕拉国王的庇护，帕拉国王在9世纪短暂取得了对恒河平原的统治权，并在华氏城统治印度东部直到12世纪初，但由于商人和工匠皈依伊斯兰教而被削弱，那些人自佛教最早诞生以来就是代表佛教的中流砥柱。苏丹国的记录提到了大屠杀，佛教遭受了致命的衰落。

后来，苏菲派的神秘主义者宣扬了一种流行的伊斯兰教，他们将这种伊斯兰教与在恒河三角洲东部一些仍然被森林覆盖的地区的农业扩张相结合，那里在莫卧儿统治时期发生过农民大规模皈依伊斯兰教的情况。这种皈依与国家政策的相关性较小，与孟加拉领主和贫民之间的阶级差异关联更大。地主们不久前选择了信奉毗湿奴，但佃农更容易受到苏菲主义的影响。另一方面，旁遮普邦是特殊的，因为它是蒙古人和穆斯林之间的边界，是蒙古人的入侵造成恐惧和破坏的地方，因此，在那里，伊斯兰教广受欢迎，当地人对其怀有感恩之情，感激伊斯兰教保卫他们的土地免受蒙古人侵害。

穆斯林统治的扩张意味着穆斯林学者和商人的渗入。他们逃离了中亚和西亚的13世纪蒙古霸权，来到印度这个相对安全的地方。在那些商人中，一些新来的人加入了半岛两岸的散居商业社群，其他人与战士（ghazis）一起，在恒河地区的城镇集市中的非穆斯林商人群体中安顿下来。为了让信徒做礼拜，这些地方建起了清真寺，新的城市市场随之得到了发展，为贸易和宗教皈依提供了更多的机会。工匠团体不久就追随着城市里的潮流，向伊斯兰教转变。

改宗不仅仅是出于机会主义，因为伴随新规则而来的还有伊斯兰学者和神秘主义者。学者负责教授和执行伊斯兰教法。这些掌控理想秩序的规则原本就是要传达给统治者和被统治者双方面的，要么通过学校（madrassah，伊斯兰学校）的正式指导，要么通过聚集在清真寺进行每日和周五祈祷的乌里玛提供的非正式的指导。乌里玛享受职业的同时也享有公众的尊重，他们的影响对于穆斯林的身份始终很重要，因为他们首先是一个宗教团体。

相比之下，将贫困视为意识形态的苏菲派导师是神秘传统的传播者，该传统坚持每个信徒与真主之间的个人联系，否认任何负责对教义进行阐释的神职人员机构和部门或国王的法律可以取代它。然而，可以预见的是，印度和其他地方的苏菲派确实成立了自己的机构，以加强传教者和信奉者之间的联系。每个苏菲教统（silsi-lah）除了几个"小屋"或"静修室"之外，还建立了一个主要中心，在那里传播其通往真主的神秘之路。两个特别成功的苏菲教统是苏赫拉瓦尔迪（Suhravardi）和契斯提（Chishti），两者都以高标准培养诗歌人才，尤其用波斯语诗歌。这两个教统在14世纪的德里都设有中心，并且由于卡尔吉和图格拉克苏丹的赞助，能够在整个印度北部和德干建立附属机构。在当时及后来，印度裔穆斯林都对契斯提教统特别青睐，因为当其他人继续寻找中亚或中东的家园

时，该教统宣布其精神家园是印度。契斯提的主要圣地位于次大
陆，当15世纪及后来的穆斯林统治者努力以印度和穆斯林的名义
为自己的政权辩护时，契斯提获得了其他教统所没有的帝国赞助
优势。

印度的穆斯林建筑

穆斯林社群加入了中世纪印度的社群形成过程中。在城市中，
有穆斯林贵族、士兵和官员的豪宅，以及在建筑上占主导地位的大
清真寺和伊斯兰教学校，社群在这些建筑周围形成。

图12　第一个按照伊斯兰建筑原则建造的印度建筑是阿莱·达瓦萨（Alai Darwaza），它
是德里大清真寺（Quwwat al-Islam）的入口亭，它由卡尔吉苏丹阿拉乌丁于1311年建造
（IOL Photo 95/1，print 44，经大英图书馆许可）。

在这些建筑中，采用了一种由典型的伊斯兰元素组成的建筑语汇，例如门廊和墙壁用有棱角的"库法"（kufic）字体书写《古兰经》进行优雅装饰。从12世纪开始，以德里为中心，历届穆斯林政权都建造了帝国风格的清真寺，但与此同时，出现了不同的地方风格，这与当地有什么样的石料和建筑材料可用有关，也与当地工匠的经验有关。这些工匠不一定是穆斯林，他们不同的传统在孟加拉、克什米尔或古吉拉特邦的清真寺上留下了印记。例如，在孟加拉，14世纪的独立苏丹国用砖建造他们的清真寺，砖是那里寺庙的常用建筑材料，并用灰泥覆盖砖砌。

建筑物的布局上也进行了修改。有来自西亚的阿拉伯清真寺的模板，其有柱状的穹顶和封闭的庭院。完整开发的形式实际上有三个圆穹顶，覆盖了三个庭院。当中，有一个较大的中央圆穹顶，两侧是较小的同样形状的。但这样的模板也被当地的建筑惯例做法改变了。孟加拉统治者不建造内部庭院，而是做了一个草坪覆盖的前院，其中挖了一个大水池供信徒沐浴，并在方形建筑上加装了一个穹顶。在克什米尔首都斯利那加，沙·汉姆丹（Shah Hamadan）于1395年建造了一座木结构清真寺，木墙环绕着一个用于祈祷的庭院。与当时那里的寺庙一样，它的两层楼由数百根带有装饰的木柱支撑，整体建在一座古庙的砖石地基之上。古吉拉特邦的艾哈迈达巴德（Ahmadabad）于1423年迎来了它的清真大寺，尽管自1297年以来它一直是德里的一个省。这个清真寺是由艾哈迈德·沙阿（Ahmad Shah）建造的，他是一位改宗的拉杰普特人，他在担任省长时于1411年宣布该省为独立的苏丹国。他的清真寺就像当地寺庙一样，是用石头建造的，它的入口类似于该地区的寺庙大门。中央祈祷大厅是石头构造的，其中带有雕刻的柱子也出现在当时其他寺庙中。

社会变革

建筑上的折中主义与穆斯林社区的文化多样性相辅相成。接受伊斯兰教意味着皈依者应该改变他们的社会和文化习俗，以符合他们的乌里玛或苏菲导师所阐明的那些规则。不过，这些都根据地区规范进行了修改。在实践中，大多数穆斯林皈依者继续供奉他们居住地的众多民间神灵，并且大多数遵循他们出生的种姓规则。通过这种方式，伊斯兰教的惯例本身就被改变了。

由于皈依者顽固地保留了许多源自印度教教徒的种姓习俗，穆斯林作为一个教派社群的团结被打了折扣，与邻里和地区相关的各种习俗蓬勃发展，而地方和区域语言的持续存在进一步阻碍了完全统一的伊斯兰教社群的发展。但是穆斯林与生活在城镇和城市的印度教居民之间的差异仍然足以创造出一种不同的城市生活，尽管此时还没有后来发展起来的可怕的宗教间冲突，那是晚期殖民政治的表现。

15世纪的孟加拉乡村确实出现了一些宗教紧张局势，当时契斯提和其他苏菲教团的谢赫谴责孟加拉苏丹允许非穆斯林担任公职并获得国家荣誉。其中之一，茂兰纳·穆扎法尔·山姆斯·巴尔基，在大约1400年写信给孟加拉苏丹加亚苏丁（Ghayasuddin）：

> 被征服的非信徒低着头，行使他们的权力和权威，管理属于他们的土地。但他们也在伊斯兰教的土地上被任命为高于穆斯林的［行政］官员，将他们的命令强加于穆斯林。这样的事情不应该发生。[3]

当一位名叫拉贾·甘尼萨（Raja Ganesha）的婆罗门成为孟加拉苏丹的幕后掌权人时，这种批评就愈演愈烈。当拉贾的儿子在 1415 年改宗皈依伊斯兰教，并以穆斯林名字贾拉鲁丁·穆罕默德（Jalaludin Muhammad）成为苏丹并开始发行硬币时，才避免了省内的一场战争威胁。苏菲教团的领导者对此感到愤怒，并恳求恒河流域的乔恩普尔（Jaunpur）苏丹驱逐篡位者并恢复穆斯林的正当权威。他们失败了，但贾拉鲁丁苏丹煞费苦心地争取契斯提的支持，并最终通过对其大施恩惠而取得了成功。

伊斯兰教也有间接的社会影响。从 11 世纪到 14 世纪之间的穆斯林征服取消了对婆罗门机构的王室保护，但法经典籍的繁荣加强了种姓规范。在古代王权继续存在的地方，达摩法经典籍的制作得到了统治者的支持，例如西遮娄其王朝的超日王六世，他委托人对古代毗提诃王国圣人耶那瓦迦（Yajnavalkya）的法律书籍编写评论。孟加拉的巴拉拉塞纳（Ballalasena）于 12 世纪后期赞助了五部大型达摩法经著作的撰写；一个世纪后，德瓦吉里的亚达瓦（Yadava）国王赞助了赫马德里（Hemadri）的法典；14 世纪的毗奢耶那伽罗国王赞助了其大臣摩诃提婆（Mahadeva）对《波罗奢罗典》（*Parasara*）的注疏。这就是虔诚的罗阇的行为，他们支持的原因与对这些文本中的王道的赞赏有关，同样也与种姓关系中婆罗门优势的复兴有关。

然而，妇女的地位下降了，因为她们被置于越来越大的禁锢之下。部分模仿穆斯林的做法，采用深闺（purdah，来自波斯语 *parda*，指面纱或窗帘）的习俗，即阻止非本家庭男性的目光注视女性，在苏丹国时期变得更加普遍。刹帝利，尤其是拉杰普特人，一直有着崇高的个人和家庭荣誉感，这在很大程度上取决于对女性的控制。把对手的女人们带走，是给对手蒙羞，因此，男人会试图通过将女性亲属的视线限制在近亲中来确保他们自己的荣誉，甚至在受到威胁的情况下，他们会在敌人羞辱她们之前杀死她们。这种情况的一个典型例子发生在1568年，当时莫卧儿王朝的阿克巴将要攻占吉多尔（Chitor）的梅瓦尔要塞，拉杰普特人的守军杀害了他们的妇女，以防止她们落入穆斯林手中。

无论如何，印度吸取了每一种新的或外国引进的东西，并使其成为自己的。在德里苏丹国被新的中亚征服者帖木儿（Tamerlane）彻底击败之前，穆罕默德·图格拉克的堂弟菲鲁兹·沙·图格拉克已经完成了相对和平的统治，在此期间他暂停了军事行动，也没有试图夺回被巴赫曼尼夺取的德干领土和孟加拉的领土。相反，他巩固了一个较小的北印度王国，并在那里建造了令人印象深刻的清真寺和要塞，并通过灌溉工程使恒河乡村富裕起来。作为一个虔诚的人，他向乌里玛和皈依者赠送礼物，同时还将吉兹亚（人头税）扩展到以前被豁免这项义务的婆罗门中。

帖木儿在德里的劫掠和屠杀发生在菲鲁兹·沙·图格拉克去世十年后的1398年，其终结了从奴隶苏丹开始的印度北部穆斯林巩固的第一个时代。一个阿富汗和莫卧儿王朝统治印度北部的新时期开始了，并一直持续到18世纪初，在最后一位伟大的莫卧儿王朝国王奥朗则布长驱直入半岛南部并征服了一系列半岛南部的苏丹国之后，莫卧儿王朝一度成为次大陆的强国。然而他的成就受到另一个帝国的削弱：18世纪中叶，印度西部马拉塔帝国的兴起取代了莫卧儿王朝的统治。尽管最终屈服于英国东印度公司的外国统治的是他们，而不是莫卧儿人，但是，在我们考虑这一系列发展之前，必须先关注南部苏丹国和它们在半岛上的霸权竞争对手印度教统治者，以及印度中世纪时期的其他方面。

图13 在1568年拉贾斯坦邦吉多尔围困期间焚烧拉杰普特妇女 [IS 2-1986（69/117），由维多利亚和阿尔伯特博物馆提供]。

图 14　维鲁巴克沙神庙（Virupaksha Temple），毗奢耶那伽罗王朝，卡纳塔克邦。中世纪印度教君主精心建造的大型宗教纪念碑，例如这个16世纪的寺庙建筑群，表达了国王与其守护神之间的依附关系（IOL Photo 965/1，plate78，经大英图书馆许可）。

德干高原和南部

当穆罕默德·图格拉克返回德里时，他手下一名似乎有阿富汗或突厥血统的前士兵扎法尔·汗（Zafar Khan）占领了道拉塔巴德，并以巴赫曼·沙（Bahman Shah）的头衔宣布自己为苏丹。那时是1345年，两年后他将首都进一步向南迁移到位于卡纳塔克邦北部的富饶河谷古尔伯加（Gulbarga），8世纪到10世纪的罗湿陀罗拘陀国王早些时候从那里不仅统治了德干高原，还统治了遥远南方和恒河平原的部分地区。几乎在同一时间，两个新的印度教王国建立了，它们将阻止穆斯林势力的扩张。这两个国家都是建立在已经受到14世纪早期穆斯林的军事进攻的政体之上的。在某种程度上，这些较早的失败产生了后来的更具抵抗力的卡纳塔克邦南部的毗奢耶那伽罗王国和奥里萨邦的加贾帕蒂王国。

一开始，巴赫曼尼苏丹国的苏丹们采取的措施旨在恐吓邻国，但随着时间的推移，其引发的反抗变得越来越有力。即使是在那些残酷的时代，他们给人们留下记忆的恐怖也是异乎寻常的。对穆罕默德·图格拉克残余军队的打击的残酷程度不亚于对邻近的奥里萨邦和安得拉邦的印度教国王与酋长的打击。尽管如此，巴赫曼·沙和他的继任者发现任何形式的稳定权威的巩固都是虚幻的，即使在古尔伯加地区也是如此。

也许正是因为这个原因，古尔伯加在15世纪后期被遗弃，新的首都在西北部的比德尔（Bidar）建立了。15世纪70年代的一位俄国访问者热情洋溢地描述了比德尔，并在很大程度上将其归功于波斯官员马哈茂德·加万（Mahmud Gawan）的行政和军事改革。加万改变了税收做法，并加强了中央权威，反对穆斯林贵族和印度教酋长掌权。他的改革热情导致他在1481年被暗杀，随后苏丹国解体为五个较小的穆斯林政权，解体过程从1489年比贾布尔（Bijapur）的巴赫曼尼总督宣布独立开始，到1519年戈尔康达（Golconda）分离结束。这些更小型的德干穆斯林王国享受了近两个世纪的独立统治，然后又被纳入莫卧儿奥朗则布不断扩大的主权范围内。然而，在那段时间里，印度-伊斯兰文化的一个重要变体得到了发展，包括通用语言乌尔都语。

在巴赫曼尼苏丹国建立的同时，卡纳塔克邦南部的毗奢耶那伽罗王朝建立了"胜利之城"，相传，是根据其创始人的精神导师吠德耶罗耶（Vidyaranya）的指示而建的，他是位于卡纳塔克邦西部的湿婆教斯林格里（Sringeri）学院的负责人。这一传说赋予新王国重要的意识形态意义，它是印度教机构对抗穆斯林的保护者。因此，同一文化区域内的两个新王国——一个是伊斯兰王国，另一个表面上是印度教王国——赋予了卡纳塔克邦几个世纪以来从未享有过的显赫地位。

这种情况下，卡纳塔克邦注定不会长期容纳两个王国。巴赫曼尼人再次转移到德干高原上更高的地点，在那里建造了能与古尔伯加相媲美的新首都比德尔。与此同时，在半岛东海岸，即今天的奥里萨邦，另一个强大的国家为争取德干霸权，也在加大筹码跃跃欲试。加贾帕蒂统治者在默哈讷迪河三角洲建立了他们的首都，并从广阔的水稻种植区、众多港口以及15世纪孟加拉恒河三角洲和哥达瓦里河与克里希纳河的三角洲之间的丰富贸易中获取了巨大财富。

1461年马哈茂德·加万成为首相时，正值巴赫曼尼苏丹国的巅峰时期。他在为几个苏丹服务了二十年之后，被嫉妒他的朝臣暗杀，但在他辉煌的首相任职期间，巴赫曼尼从毗奢耶那伽罗国王手中夺取了果阿（Goa），其权力在海岸两边都得以确立。马哈茂德·加万改进了图格拉克留下的粗放式管理，以提高税收收益。尽管如此，即使是这位高明的官员也无法打破与毗奢耶那伽罗诸王的军事僵局。每次巴赫曼尼军队取得优势并似乎准备击败他们的印度教敌人时，与古吉拉特邦和摩腊婆接壤的北部苏丹邻国都会通过威胁巴赫曼尼军队并迫使他们从卡纳塔克邦南部撤军来挫败这一计划。因此，巴赫曼尼政权在一段时间内无法从它和其他穆斯林政权在军事技术上相对于毗奢耶那伽罗王国的优势中获益。

作为经受住残酷的巴赫曼尼时代的两个印度教政权之一，加贾帕蒂王国占据了半岛东北部一个狭窄的沿海地区。奥里萨邦是一个具有古老历史意义的地方，在公元前250年左右被阿育王征服时，它被称为羯陵伽，在笈多时代之后，它拥有了几任独立的恒河国王，他们自豪地称自己为加贾帕蒂，或"［战斗］大象之王"。这个头衔可能是为了与其他中世纪印度教国王形成对比，例如使用纳帕蒂（*narpati*）称谓的泰米尔朱罗国王，这一称谓的意思是"战斗人员或步兵之王"，以及采用阿什瓦帕蒂（*ashvapati*）头衔的卡纳塔克邦的毗奢耶那伽罗国王，这一头衔意为"马主"，以颂扬他们的骑兵。这不是一个谦逊低调的时代。

毗奢耶那伽罗王国

历史学家们一致认为，毗奢耶那伽罗王国是由两位经验丰富的士兵兄弟在14世纪40年代建立的，尽管他们对这两位创始人的一些背景存在争议，例如，他们是否曾为卡纳塔克邦的曷萨拉王朝国王效力并继承了他们的领地，他们是否讲卡纳达语，或他们是否是泰卢固人，曾在安得拉邦瓦朗加尔（Warangal）为最后一位印度教国王效力，然后加入了穆罕默德·图格拉克的军队。但是，撇开这些辩论，无可争辩的是，哈里哈拉（Harihara）和布卡（Bukka）兄弟的勇猛，在面对巴赫曼尼苏丹国的强大的优势力量时保护了这个脆弱的新王国。在此之外，他们从穆罕默德·图格拉克于半岛撤出时建立的短命苏丹国手中收回了马杜赖。1377年布卡国王去世后，他将一片广阔的疆土传给了他的儿子，他的儿子作为哈里哈拉二世统治着这片领土直至1404年。

塑造毗奢耶那伽罗王国形象的另一个因素是创始人兄弟与卡纳塔克邦著名的湿婆教派导师及修行者吠德耶罗耶的密切联系。根据一个传说，吠德耶罗耶说服了兄弟俩放弃为图格拉克效命，并背弃他们开始服役时已接受的伊斯兰教。据称吠德耶罗耶责令兄弟俩从穆斯林权威中"拯救"湿婆和其他神灵。一些铭文甚至表明，新王国在被称为毗奢耶那伽罗之前，曾一度被称为维迪亚纳加拉（Vidyanagara），以纪念这位圣人，并且所有国王的守护者都是以维卢巴克沙（Virupaksha）的形式显现的湿婆，一座宏伟的大寺庙是为他建的。

"毗奢耶那伽罗"这个名字的意思是"胜利之城"，在15世纪下半叶，这个王国通过从卡纳塔克邦中部扩展到半岛南部的大部分地区来实现这一自诩。它的国王们采用了可以追溯到7世纪巴达米的遮娄其王朝国王的帝王符号。在进一步的效仿中，毗奢耶那伽罗诸王将他们所征服的对象的神灵纳入其中，因此首都成为展示其广阔领土所有部分的寺庙建筑的场所。他们的征服使他们有权称自己为"伟大的国王"，尽管他们仍然大多称自己为"卡纳塔克邦的国王"，也许是为了解决他们对该地方及其人民的认同感问题。

毗奢耶那伽罗国王们的虔诚和印度教资历在其壮观的建有围墙的都城里的精美寺庙建筑群中得到体现，但他们的建筑投资并没有阻止他们通过在军队中采用枪炮来增强他们的军事实力。除了15世纪的德里苏丹，没有哪个印度王国像毗奢耶那伽罗那样军事化。到15世纪中叶，其国王们从穆斯林士兵那里学到，要想生存下去，就必须匹配有优秀的骑兵。这是蒙古人教过的同样的教训，并产生了同样的后果。很快，毗奢耶那伽罗的枪炮又重新回来了，用以对付巴赫曼尼和那些强大的、新近来到印度并已经在卡纳塔克邦海岸安顿下来的葡萄牙人。

不久，毗奢耶那伽罗的达伐拉亚二世开始招募穆斯林战士为他服务，并在新的战争模式中训练他的士兵。他还允许在穆斯林士兵驻扎的首都建造清真寺。马哈茂德·加万死后，巴赫曼尼政权开始因内部矛盾尤其是军队内部的矛盾而瓦解。土著穆斯林和来自阿拉伯、中亚和波斯的移民之间，以及逊尼派（Sunnis）和什叶派（Shi'ites或Shias）之间发生了派系纷争，结果是庞大的巴赫曼尼苏丹国在1489年至1520年被其统治者划分为五个独立的苏丹国，分别是卡纳塔克邦的比贾布尔，马哈拉施特拉邦的艾哈迈德讷格尔（Ahmadnagar）和贝拉尔（Berar），以及安得拉邦的比德尔和戈尔康达。分治后，巴赫曼尼苏丹的继任者与毗奢耶那伽罗王国之间的冲突仍在继续，后者已转变为一支强大的战斗力量，仍在招募穆斯林士兵。

在这场主要冲突的两方之外，潜伏着加贾帕蒂统治者，他们在狭长的沿海土地上继承了12世纪默哈讷迪河三角洲的东恒伽王朝建立以来的王室传统。东恒伽国王在普里（Puri）建造了著名的贾格纳（Jagannatha）寺，在普里北部的科纳尔克（Konarak）建造了供奉太阳神苏利耶的寺庙。他们还阻止了孟加拉穆斯林势力的扩张，那里长期存在一个独立的苏丹国。在15世纪后期，一些东恒伽指挥官夺取了权力并建立了一个新的统治王朝，称自己为苏利耶万沙（Suryavamshi）王朝，即太阳神的后裔，但更为人熟知的是加贾帕蒂，即大象之王。其中一位新国王卡皮伦德拉（Kapilendra）曾一度赢得了从孟加拉的恒河三角洲一直延伸到高韦里河三角洲的一块领土，但这一沿海地区逐渐被在寻求控制半岛贸易海岸的毗奢耶那伽罗国王所吞并。

到16世纪后期，一个新的阿富汗政权在孟加拉整个奥里萨海岸的扩张使加贾帕蒂人不知所措，但他们留下了一种王室意识形态，这种意识形态基于对王权的理解，这在印度是罕见的：相信真正的国王是贾格纳神，而人类国王是那个神的儿子，他代表神保卫和统治了这片地方。普里的大型寺庙的规模和艺术风格可与坦贾武尔的罗阇罗阇·朱罗统治期间的朱罗神庙相媲美，尽管神明本身是以粗陋的木头所代表，但祭司们的咒语可赋予其神性，这一特点使得贾格纳寺的祭司具有不可取代的重要性。

为了维持昂贵的常规军备所需的开销，并控制从波斯湾进口的骑兵坐骑的贸易，毗奢耶那伽罗国王需要金钱和行政上的控制。毗奢耶那伽罗各省省长被指定监督半岛两个海岸的贸易。这些任命具有重要的经济和政治意义：15世纪末和16世纪，毗奢耶那伽罗的军事现代化将王国从单纯的中世纪印度国家转变为一个比任何其他非穆斯林政权都更加强大和集权的政体。

整个15世纪，为了维持脆弱的独立以对抗巴赫曼尼苏丹和加贾帕蒂王国所进行的战争，毗奢耶那伽罗付出了高昂代价，一方面伤亡惨重，另一方面导致了军事指挥官权力的增加，其中一位最终在1500年左右篡夺了王室权力。他的后代被称为图卢瓦王朝，因为创始人来自西海岸的图卢纳德（Tulunad）。图卢瓦国王中最伟大的是克里许纳达伐拉亚，他的在位时间为1509年至1529年。

在15世纪后期继承巴赫曼尼苏丹领土的五个穆斯林政权在整

个15世纪和16世纪都在努力向南扩张，以对抗毗奢耶那伽罗王朝，但在狡猾程度和军事实力方面，敌手之间变得势均力敌，以至于一直都没有形成稳定的优势，直到克里许纳达伐拉亚国王在他统治的第一年出色地分裂并击败了德干的那些苏丹国。在统治的头几个月里，这位年轻的国王在与几位继承巴赫曼尼权威的苏丹进行的较量中得到了考验。苏丹国联合起来入侵毗奢耶那伽罗王朝，克里许纳达伐拉亚击败了他们，然后，以一种政治上的庄严姿态，"恢复"了他们每个人之前的领土，以沙摩陀罗·笈多的方式宣布，他做了作为好君王应该做的，将这些"外国人"（*yavana*，耶槃那）安置在了他们的王位上。

在确保边界安全后，克里许纳达伐拉亚转向另外两个政治目标。首先是要制服栋格珀德拉河（Tungabhadra）流域的各个独立酋长，从而直接控制王国近3万平方英里的中心地带。这是迈向一个比南方迄今所知的所有国家都更加集权的国家有力的第一步。与此同时，意识形态方面也采取了相对应的举措：克里许纳达伐拉亚的铭文宣布，他已将取胜的战争中获得的巨额财富分发到印度南部的所有主要寺庙，目的是建造巍峨耸立的寺庙大门（*gopura*，瞿布罗），并将其称为"拉亚枸普蓝"（Rayagopurum），以彰显他自己。这种慷慨保证了他和他的王朝将在泰米尔人、附近的泰卢固人和卡纳塔克邦人民中闻名遐迩。

如果克里许纳达伐拉亚的继任者继续执行他镇压领地酋邦以追求行政和军事集权的政策，他所取得的优势可能会保持下去。而事实上，他的继任者未能以如此昂贵的国家建设形式维持他的"改革"；许多酋长家族在王国中心恢复了昔日的显赫地位；他们之间的派系斗争愈演愈烈。北边五个曾受尽屈辱的苏丹国趁机向这个王国发起猛攻。首都于1565年被占领，当时毗奢耶那伽罗王朝军队的一些指挥官倒戈加入了对这座城市的洗劫。这为恢复伊斯兰扩张开辟了道路。一个新的王朝被迫在别处寻求庇护，从而宣告了这个伟大王国的终结。尽管如此，即使毗奢耶那伽罗的国王们于接下来的一百年里在泰米尔国家的各处和他们的敌人交战，这些国王仍然保持着朦胧的权威，并成为一系列延续到18世纪的后继王国的典范。

国家与社群

克里许纳达伐拉亚曾一度实现的中央集权（虽然时间短暂），让人们注意到了13世纪至16世纪间莫卧儿王朝之前的中世纪时期国家和社群之间不断变化的关系。"中央集权"是指通过减少自治和暗示君主对被管理的公民社会的统治来缩小国家和社群之间的距离。这确实是中世纪的一个显著特征，从那个时代开始，政治就被构建为国王与那些自治的和土生土长的群体世界之间的关系，这些群体构成了存在于特定地点和带有独特历史特征的社群。中世纪时期国家与社群之间的平衡一直是一种微妙的平衡。总体上说，在近代早期，以及在印度这样的农业社会中，社群是由村落和其他类型的聚居地组成的。它们包含相当古老的种姓和教派，拥有珍贵的自律传统和习俗，达摩法经称其为根本，即：不会因国王追求自己的"王道"而受到挑战，而是受到保护。因此，集权可能很久后才会出现，而且也不能完全实现并会面临激烈的挑战。即使在中世纪早期的印度，国家被接受为建立良好社会的必要条件之后，即使许多有权势的人和集团的利益通过与国家权力和机构的关联而得到提升，印度的中央集权化步伐仍然缓慢。

直到16世纪，国家才大量参与经济发展，这是军事现代化需求所带来的结果。战争，尤其是骑兵的普及、枪械的获取以及对受过训练和有知识、能使用枪械的人员的招募，刺激了国家努力渗透到以前自主的社会经济和政治进程中。

国家形成过程中的火器

在16世纪，枪械非常不精准且价格昂贵。尽管如此，枪械还是使拥有它们的人具有了优势，尤其是能够突破防御工事的攻城炮。克里许纳达伐拉亚对穆斯林敌人的巨大胜利可能部分取决于他的部队中的葡萄牙枪手。几乎在同一时期，在1526年，印度莫卧儿政权的创始人巴布尔在帕尼帕特（Panipat）以相对较小的兵力击败了苏丹易卜拉欣·洛迪（Ibrahim Lodi）的一支军队，为莫卧儿的崛起赢得了恒河平原。他的制胜策略包括部署火绳枪手和移动野战炮来对付军事荣誉观念倾向于藐视枪械的敌人。

随着弹药武器的普及，其对政治体系的影响也随之扩大。酋长和国王必须制定经济政策来购买或制造枪支，并支付训练士兵熟练使用枪支的费用。由于次大陆的农业秩序延续了中世纪早期开始的扩张，这必须被视为一个相对繁荣和人口增长的时代。国家的形成虽然涉及一些破坏性的战争，但也刺激了生产和贸易。菲鲁兹·沙·图格拉克在扩大恒河平原中部的灌溉系统和避开穆罕默德·图格拉克的军国主义冒险方面的模范政策已经被人们注意到。

经济发展

在毗奢耶那伽罗王朝，农业发展不仅涉及如同在恒河地区那样的精心设计的河流灌溉系统，而且还涉及在王国的各个地区建造系列蓄水池。蓄水池，或称用于收集雨水和其他排水的水库，是通过相对简单的建造堤坝和水闸工程的方式建造的，以利用现有的地形和每年造访该地区的两场季风。与北方一样，蓄水池有时由国王或地方大亨这些统治者出资，目的是增加或确保农业生产，从而增加或确保自己的收入。但灌溉也是那些富裕而拥有土地的家庭的私人投资活动，其动机相同：增加收入或粮食储备，以维持规模较小的家庭对他们的依赖。寺庙也对赠予他们的土地进行改良，通过在灌溉工程中投入捐赠的资金并与在其土地上劳作的人分享增加的收成。

16世纪左右的发展的其他表现形式是工业和商业。早在8世纪，唐朝巩固其势力时，印度洋就已成为中国与中东的主要贸易通道。很快，中国商人将目光投向了中国海陆边界以外的贸易机会。同样，当伊斯兰教从其阿拉伯家园扩张到新月沃地，并最终扩张到中亚时，来自伊斯兰世界的商人开始向东部和南部寻求市场和产品。在8世纪到10世纪期间，商业航行对商人来说是要冒巨大风险的。到了1000年，这种贸易的危险已经被一种从一端延伸到另一端的贸易系统减少了，商人现在可以更安全地在转口港间穿梭。借助季风，在适当的季节，能够将船只直接驶过波斯湾和中国之间的海洋，印度洋贸易的时间大大缩短了，包括在这个欧亚体系内的，从一端到另一端的单次航行。

印度是该体系中的一个核心连接要素。这不仅仅是因为它位于地理中心，还因为它生产有价值的中间产品，特别是纺织品和香料。贸易中心在印度广阔的海岸线上建立起来，由商人管理，他们当中一些人是当地的，另一些人则代表来自许多其他地方的贸易群体：阿拉伯人、犹太人、亚美尼亚人等等。

国家政权被吸引到这些地方，部分原因是他们可以从商人那里索取收入，通常只不过是索取进贡或敲诈勒索。另外还因为到了15世纪，这些港口越来越多地提供了获取战略物品的途径。例如，当时印度缺乏适合重骑兵战术的马匹的育种知识，也可能缺乏气候条件，印度统治者不得不想出其他手段来确保这个重要的战备物资。通过港口，印度半岛的酋长和国王可以从阿拉伯进口战马，就像印度北部的统治者长期以来从中亚陆路获得战马一样。枪支是另一种战略物品，它是通过穆斯林经营的转口贸易获得的，而葡萄牙人进入后，这些就越来越多地由在与葡萄牙人开展的贸易中获得了，葡萄牙人在一定程度上以其优越的枪械在15世纪末和16世纪初主导了这种贸易。

贸易商自治团体控制着国际贸易体系中印度部分的商业中心，就像他们在当地领主授权下控制内陆市场集镇一样。领主从贸易中心获得收入以及银行家贷款，用于军事和其他支出。银行家还通过汇票将土地收入和关税转移到国库。城镇为酋长和小罗阇的精英消费提供奢侈品。

除了集镇外，还有一些战略性的防御城镇，这些城镇通常也是行政中心。另外还有一些城镇发展到相当大的规模并且作为朝圣中心长期存在。城市社区，无论是战略性、行政性、商业性还是宗教性的，都嵌套在较大的农业领土中，但并不总是反映出其特征。在从古吉拉特邦延伸到孟加拉邦的广阔平原上，穆斯林通过驻军城镇行使其权威，在意识形态上与周围乡村的人们几乎没有共同点，因为在孟加拉邦和旁遮普邦以外，很少有人是穆斯林。但如果说共同的宗教信仰缺失，阶级联系还是有的。到了16世纪，由于占主导地位的拥有土地的家庭（无论宗教信仰如何）以及那些拥有国家公职和特权的人的共同利益日益增加，农村和城市地域变得紧密相连。

在13世纪到16世纪的穆斯林巩固统治期间，整个恒河流域的小型集镇和一些大型驻军城市的数量不断增加。直到16世纪，城镇都是苏丹国权力的主要所在地，当时越来越多的苏丹国官员成功地在农村扎根。至少从图格拉克时代开始，对土地收入的有条件的服务性使用权正在转变为世袭财产。16世纪的穆克塔①（muqtas）与其他已成熟的拥有土地的家族一起，在乡村和城镇之间建立了紧密的联系，其中一些人继续担任公职，而另一些则从事贸易。可以发现具有进取心的穆克塔将他们的一些个人财富投资于农业发展，要么直接投资于他们私有化的土地，要么通过向其他人提供激励，对建造灌溉工程的土地减少税收。通过这样的方式，农业生产和少数人的私人利益得到了提高。此外，官员和地方大亨试图通过将贸易税推迟几年来发展城镇市场（qasba）和农村市场（ganj）。

恒河城镇由苏丹国最可靠的士兵驻守，在那里他们可以随时准备防御，并从那里发起针对其他方的进攻。伟大的公理会清真寺（贾玛清真寺，jama masjid）是伊斯兰统治的纪念碑，它们连同其附属的伊斯兰教学机构和有影响力的苏菲教团，形成了中世纪和穆斯林城市生活的焦点。没有其他河岸地带能像恒河流域这样宣传富庶繁荣的城镇生活。

在中世纪的大部分时段里，政治呈现出一种模糊观念，并且随着时间的推移愈加强烈，那就是，从皇家中心看，所有地方权力都被认为是从自己下放的，以前（现在仍然）自治的大亨被中央当局视为其官员，他们经常获得表明其隶属关系的任命文件。然而，在地方领主看来，他的权力仍然是本土的，源于他的家族和亲属的地位和历史连续性，也正是由于这种地位，他对君主有用并得到他们

---

① 穆克塔，穆斯林早期统治时的省长。

的奖赏。在中世纪后期，随着国家集权的权力越来越大，也就是说，权力渗透到他们领域中以前的自治区域，这种模糊性持续存在。权贵和国王之间的平衡根据王室中心的实力而变化，但紧张局势依然存在，随之而来的是相互对抗。这种平衡将在莫卧儿时代得到检验。

接下来的一个世纪里，穆斯林的扩张在17世纪80年代莫卧儿皇帝奥朗则布的征服中达到顶峰。尽管如此，在穆斯林征服梵语文化的北部中心地带之后，伊斯兰教从未在印度南部实现深刻的社会渗透，许多历史学家将此归功于毗奢耶那伽罗王国。印度教制度和价值观被认为是毗奢耶那伽罗意识形态的一个明确要素，王国在14世纪中叶至16世纪中叶对南部半岛的统治为带有显著特点的南印度文化的进一步发展提供了条件。因此，不仅穆斯林的大规模政治霸权被推迟，而且在印度北部和德干北部部分地区已经成熟的强大的印度–伊斯兰文化也未能在南部半岛扎根。

近代早期的印度

引　言

来自中亚的奴隶士兵在印度境内的征服是由伊克塔资助的，伊克塔被授予从某些土地上获取收入的权力，旨在代替他们的现金薪酬，那种薪酬数额超出了通过征服原始政府而来的行政能力。长期以来，作为支持宗教导师和机构的一种方式，以土地收入来换取服务的做法很普遍，但以前很少用于军事目的。在西亚，奴隶士兵建立了国家政权，这些国家政权后来变得官僚化。然而，在印度，虽然服务性的土地持有对穆斯林政权很重要，但官僚化并未得以发展。在16世纪，中央的行政控制收紧，但是，一旦移交给强大的士兵和文官，土地就很容易变为他们个人的财产。因此，授予政府官员的土地一直不断增加，直到印度北部和半岛部分地区的大部分耕地都不被国家控制。

当考虑到印度—伊斯兰秩序的另一个要素时，印度中央集权的官僚机构的相对薄弱就有点出乎意料了。这就是波斯语作为高级文化语言和后来的政府语言的重要性。古代波斯复杂的官僚传统一直持续到最后一个前穆斯林时代萨珊王朝的统治者，他们在640年前后被阿拉伯穆斯林军队打败，其中一些官僚传统确实与其他伊朗-阿拉伯思想和机构一起在11世纪后传到了印度。巴勒班是德里"奴隶王朝"中最长寿的国王，他声称已经恢复了"波斯国王的光彩"，但他和他的继任者都没有试图用波斯的萨非王朝和土耳其的奥斯曼帝国所采用的波斯化的官僚化结构来取代马穆鲁克秩序，尽管他们在印度拥有丰富的抄写人才。要解释在中世纪后期伊斯兰冲击下印度转型失败的原因和其他局限性，就需要认识到，在与伊斯兰世界的碰撞中，传统和历史惯性仍然在印度的发展方式及其前穆斯林时期的历史进程中占据很大分量。事实上，前伊斯兰时期的价值观和制度并没有被这次碰撞打破。相反，它们变得坚固了，形成了更加保守和更硬的囊肿，成了在穆斯林帝国的前伊斯兰文化中的飞地。

一种印度-伊斯兰文化的形成

到1500年，穆斯林政权的军事成功导致次大陆大部分地区变为从属地，这掩盖了一个更具历史意义的发展：一种合成的印度-伊斯兰文化的形成。这一过程早在10世纪后期就开始了，部分是伊斯兰教形态发生变化的结果。到那时，某些初始的条件已经发生改变。伊斯兰教不再只属于阿拉伯人，也不再是一个统一的宗教运动。

先知穆罕默德去世后不到二十五年，他的女婿阿里（Ali）的追随者和那些支持其他候选人为哈里发（伊斯兰国家的领导人）的人之间发生了分裂，阿里的追随者只承认阿里和他的后代是合法的继承人。在接下来的几年里，裂痕变得更加牢固和深入，变得既是教义上的，也是政治上的。阿里的追随者及其继任者被称为什叶派，而其他人为多数伊斯兰国家的大多数穆斯林，他们被称为逊尼派。

在10世纪，随着以开罗为中心的什叶派法蒂玛王朝哈里发的建立，分裂具有了重要的政治意义。阿拔斯（先知的伯父阿巴斯的后裔）王朝的灭亡和什叶派法蒂玛（先知的女儿法蒂玛的后裔）在北非的崛起被证明是具有重大意义的。那时既有以阿拉伯文化为基础的早期或"旧"伊斯兰教，也有新的和不断发展的什叶派传统。矛盾的是，发展中的双重传统坚定了伊斯兰扩张主义。在受波斯影响的新高雅文化之下，充斥着具有不同政治、宗教和社会制度的多元文化和社会。印度是这一马赛克拼图的一部分，它通过流动的知识分子群体获得某种程度的统一，这些知识分子被遥远的穆斯林统治者从开罗和巴格达的旧知识中心吸引而来。到16世纪初，伊斯兰教的文化结构形成了一个由多种语言、饮食、家庭和社区建筑、农业技术以及行政和法律机构组成的网络。

最初，伊斯兰教赋予阿拉伯征服者优越的地位，受到保护是一种特权。当伊斯兰教到达印度时，阿拉伯扩张主义最初的排他性已经结束了，从而，伊斯兰教也变得更加受欢迎，有时人们积极改宗皈依。那些没有皈依的人可以作为齐米受到保护。然而，在图格拉克时期，印度教教徒被授予齐米地位，在许多有法律意识的穆斯林看来，这似乎是伊斯兰教义的不恰当延伸，该教义从未打算适用于想必是多神教的湿婆、毗湿奴和无数次等神灵的崇拜者。

一方面，即使被容忍，印度教教徒也受到歧视性的纳税要求，在商业赋税方面，他们的赋税是穆斯林的几倍。印度教教徒也被拒绝进入穆斯林有权进入的薪酬丰厚的行政和军事机构任职。最后，对于那些以城镇为基础的商人和工匠来说，他们生活在穆斯林士兵堡垒下或穆斯林骑兵控制的道路上，他们发现通过皈依来增加安全性和利益是很诱人的。对于那些从事国际贸易的人来说，这种诱惑更大，他们的商船在从中国到西班牙时，尤其是在经过印度洋和阿拉伯海的巨大商业弧线时要通过穆斯林的海上航线和港口。

穆斯林下的宗教多样性

印度-伊斯兰传统的演变是复杂的。首先，没有单一的印度文化和实践可供修改。除了主要的信仰之外，还有佛教徒、耆那教教徒、基督教徒和犹太人的残余，以及众多的崇拜其他神灵的森林和山地人。

但即使在伊斯兰教和印度教两种文化的主流中，交锋的双方都有异端的虔诚信仰，次大陆的每个地方都有区域性的崇拜格局。然而，与分裂伊斯兰教的大裂痕不同，湿婆和毗湿奴的各种区域形式的虔诚信仰始终遵循婆罗门祭司的宗教指导，这些祭司中有一些人参与了巴克蒂运动的发展，并能够同时在新崇拜和旧崇拜中保持他们的特权和权力。

到1200年，穆斯林正统的维护者乌里玛不情愿地接受了类似的虔诚潮流已经在伊斯兰教中扎根，无论是在伊斯兰中心地带还是在被征服的领土上。苏菲主义这种伊斯兰教的神秘奉献主义，跨越了印度令人困惑的本土神圣阵营。印度教大规模的虔诚教徒被证明能够接受苏菲派导师（*pirs*）的布道，他们中的一些人成为导师们的门徒，继而进入神学院，以学习导师的神秘做法。印度教和穆斯林神秘主义者的信条非常相似，这种相似度使得涉及两种宗教信徒的融合运动的基础已经成熟。（此外，印度教巴克蒂信徒的激情挑战了具有法律意识的婆罗门教派领袖，就像苏菲派威胁到了具有法律意识的乌里玛一样。）

在宗教问题上，无论是伊斯兰教本身还是各种据称更为平等的巴克蒂形式，都没有在反对传统祭司权威方面取得很大进展。相反，印度教内部的虔诚实践和神学加强了等级关系，因为它们嵌入到了地区行为准则中，并作为"地区习俗"保存在经文中。尽管巴克蒂的意识形态据称使所有奉献者平等，但有些人显然仍然比其他人更平等，即使在神殿的"纯净"区域内，污染种姓和纯净种姓之间的区别也得到了严格的保留。

传统王权的衰落

在政治上，伊斯兰教起初并没有威胁到被征服的国王的特权，他们自满地继续以向他们表示顺从的被征服的较小国王的数量，而不是他们吞并的领土面积来衡量自己的伟大。因此，国王可以被"征服"，但他们的领土权不受损害，因而中央集权被阻碍了。但是，尽管传统的印度教君主政体在政治上有惰性，它们最终被中世纪后期穆斯林权威的扩张连根拔起。许多社群随后与印度教国王能够进行的裁决性的和适度的立法变革分离，从而被剥夺了这些权利。失去了国王，北印度社群落入了祭司和地方首领的小规模暴政之下，他们比国王更不愿意让他们统治下的社会秩序发生哪怕是微小的变化。这种情况类似于其他穆斯林地区的米列特（*millat*），或中世纪欧洲的犹太聚集区（ghetto）社会。在所有这些情况中，少数派信徒的小社群被允许在一位穆斯林或基督教总督的监督下实践他们的宗教并自治。这种有限的自治经常产生专制的，有时甚至是暴虐的社群首领。

中世纪的印度在规模上与欧洲大不相同，且在1200年后，整个梵语文化的核心区域恒河平原都被置于穆斯林的直接统治之下，但还是可以看出印度与欧洲类似的过程。个体臣民、社群和国王之间的权威链被打破，留下以氏族为基础的酋长和非常地方化的社会，它们之间既没有横向的紧密联系，也没有纵向的与国王的联系。在穆斯林征服德干之后，同样的影响蔓延到恒河平原之外，尽管非穆斯林精英经常采用他们的征服者的某些表面模式，但这和土耳其基督教米列特领导人使用穆斯林头饰或长袍一样，并没有对他们的故步自封状况产生更多的改变。

遥远的南方没有受到对北方和德干高原产生深刻影响的穆斯林霸主的长期统治，但它也表现出类似的保守反应。毗奢耶那伽罗国王们敏锐地意识到伊斯兰教对他们的权力和宗教构成的危险。结果，正如铭文所表明的那样，古老的价值得到了明确的保留。他们声称要捍卫他们臣民的达摩——以寺庙为基础的巴克蒂宗教和适当的种姓关系——以免受苏丹国政权的暴行，这一切都体现了他们对威胁的感知。但是，虽然这种担忧可能构成维护军事独裁政权的合理性，但它无法解释他们对其他印度教统治者的征服战争，也解释不了为什么在16世纪和17世纪中央集权政体未能发展起来，这使得次大陆容易受到随着18世纪来临的殖民入侵的影响。

印度与穆斯林国际政治经济间不断深化的联系无疑为印度社会开辟了新的道路。长期以来，与印度的贸易对伊斯兰世界至关重要，对印度人也变得越来越重要。金币和银币来自西亚，就像早期罗马用贵金属购买印度香料和制成品一样，这些硬币即使不是货币本身，也是货币的基础，它们在西海岸沿岸，从信德到遥远的南部和斯里兰卡都在使用。

莫卧儿帝国

巴布尔于1526年至1530年建立的莫卧儿王朝（或称帖木儿王朝）在17世纪是当时最大和中央集权程度最高的国家，其背后是一代中亚士兵的卓越军事能力，但也在很大程度上归功于之前的政治和经济巩固过程。莫卧儿国家在近代早期印度的历史编纂中占有重要地位还有另一个原因：它是英国继任帝国崛起的先导，在某种意义上也是其原因，两者持续的时间也相同，也就是说，大约两个世纪。

1526年，随着巴布尔的胜利，莫卧儿王朝的统治正式开始。巴布尔是一个察合台突厥人，他声称自己是14世纪踏平德里的帖木儿的后裔，他母亲则是成吉思汗的后人，而巴布尔的后代称自己为帖木儿人以及莫卧儿人（即蒙古人），以纪念这两种渊源。对这些祖先的炫耀表明了莫卧儿政权作为一个武士国家的核心特征：它诞生于战争，并由战争支撑，直到18世纪被战争摧毁。巴布尔是一个有教养的人，他被入侵的乌兹别克人赶出了撒马尔罕的世袭土地，乌兹别克人以他们的名字为该地区命名。尽管有波斯的帮助，巴布尔还是没能收复自己的领土，并被迫开始自己的征服之路。他采用了乌兹别克骑兵的军事战术，巧妙地将其与火枪和火炮结合起来，在1526年形成了一支足以从恒河平原的穆斯林主宰者手中夺取控制权的强大力量。

莫卧儿政权开始的另一个可能日期是1600年，当时能定义该政权的机构已经牢固地建立起来，并且帝国的中心地带也被确定了。这两项都是巴布尔的孙子阿克巴的成就。被如此界定和统治的领土是一片约75万平方英里的广袤土地，从阿富汗北部的中亚边境到德干高原的北部高地，从西部的印度河流域到东部的阿萨姆高原。

传统上讲，莫卧儿家族的皇室生涯在1707年结束，当时巴布尔的第五代后裔奥朗则布皇帝去世。他五十年的统治始于1658年，那时莫卧儿王朝似乎与以往一样强大，甚至更强大。但在奥朗则布晚年，国家陷入了濒临毁灭的边缘，在他死后的十五年内就被推翻了。到1720年，莫卧儿帝国的统治基本结束，两个帝国世纪的时代落下了帷幕。

阿富汗帝国

在我们开始对莫卧儿"新时代"进行详细讨论之前，重要的是要注意莫卧儿统治很大程度上归功于其前面两个王朝的政策。关于巴布尔在1526年对恒河平原的阿富汗和拉杰普特霸主的军事胜利是否比阿克巴1600年的政治成就更具确定性地催生了莫卧儿帝国，虽然可能存在争议，但莫卧儿王朝在行政领域受益于他们的阿富汗前辈的重要性是毫无疑问的。自1200年以来，在所有穆斯林统治阶级当中，只有阿富汗部落首领们坚持并成功地扎根于他们的军事机构把他们带到的印度社群，无论是在恒河平原还是在遥远的安得拉邦。

1451年，阿富汗洛迪族（Lodis）的首领巴鲁尔·汗·洛迪（Bahlul khan Lodi）成功夺取了德里王位，并在菲鲁兹·沙·图格拉克死后引发的长达半个世纪的混乱之后着手重新确立德里的权威。巴鲁尔·洛迪为洛迪王朝的统治奠定了基础，他的儿子西坎达（Sikandar）于1489年继位，在持续到1517年的在位期间出色地实现了王朝的统治。前几个王朝证明了阿富汗战士之间危险的部落间分裂是致命的，而西坎达展示了控制这些分裂是可能的。然而，他的兄弟、继任者易卜拉欣（Ibrahim）成了巴布尔的受害者，巴布尔受一位易卜拉欣自己手下的、心怀不满的贵族邀请而将其推翻。

紧随洛迪氏族之后的是同样有阿富汗血统的苏尔人（Suras），他们也与前两位莫卧儿皇帝巴布尔和他的儿子胡马雍（Humayun）战斗并偶尔会打败他们。最伟大的苏尔统治者是舍尔·汗（Sher Khah），更为人所知的名字是舍尔·沙（Sher Shah）。他的祖父为了自己和儿子的军事生涯从阿富汗移民，并在旁遮普邦为当时正在复兴中的洛迪人服役，舍尔·沙于1472年出生在那里。作为一名战士的儿子，他一反常态地离开了旁遮普邦的家，前往恒河流域的乔恩普尔学习并精通了波斯语。他的能力更为一般，然而，他却很快就赢得了比哈尔邦的一个行政职位，他得到巴布尔的认可是在巴布尔于1526年在帕尼帕特击败易卜拉欣后不久。舍尔·沙在巴布尔进入恒河东部的战役中在他手下当兵，之后加入了一位独立的比哈尔邦阿富汗统治者的政府，并在16世纪30年代初取代了该统治者。

当巴布尔的儿子胡马雍试图在比哈尔邦和孟加拉邦实施莫卧儿王朝的统治时，舍尔·沙既没有反对也没有支持，但是当胡马雍将注意力转移到印度西部以击败古吉拉特邦的反莫卧儿的军队时，舍尔·沙在1539年占领了孟加拉并击败了胡马雍的军队。他成功地将莫卧儿人赶出了恒河平原的东部和中部，使苏尔王朝的疆域突然变得庞大，且使其管理的效率超过了恒河流域以往的任何国家。

结果，舍尔·沙在1538年至1545年只是短暂地统治了印度北部，1545年他在战斗中阵亡。然而，在他的统治期间，他以与巴布尔一样伟大的军事天才和与阿克巴一样伟大的行政天才而闻名。1545年，苏尔帝国从旁遮普的五河之地延伸到恒河三角洲的东部边界，包括吉大港（Chittagong）的城镇；并从讷尔默达河谷延伸到北部与克什米尔的边界。该地区超出了巴布尔征服的地区范围，仅比阿克巴在1605年去世时留下的领土面积略小。它还超过了以前最成功的阿富汗统治者西坎达·洛迪所统治的领土，西坎达的行政创新被舍尔·沙毫不犹豫地采用了。

洛迪王朝的行政遗产

被洛迪人称为萨卡（*sarkar*）的地理单位划分被强加在新征服的土地上，这个单位后来被莫卧儿人采用，在他们之后，英国人称其为"地区"，并最终被独立后的印度政府采用。波斯语单词sarkar在16世纪及之后传达的意思是"政府"或"权威"，由这些地区构成的大约20个组被称为省，被巴布尔采纳，并在他的回忆录《巴布尔纳玛》（*Babur Nama*）中列举。萨卡之内是地方领土，最常称为帕伽那（*pargana*），长期以来一直作为历史社群而不是正式的行政区域存在。莫卧儿的省，或称*suba*，是萨卡和帕伽那之上的建制：在阿克巴时代，孟加拉的省包含19个萨卡和600多个帕伽那。德里和阿格拉的省较小，分别包含8个和13个萨卡，每个都有大约200个帕伽那。

洛迪苏丹的军事和文职官员正是在萨卡一级合作，并试图统治乡村和城镇。因此，在面对苏尔当局时，所有地方大亨都同意向萨卡军官支付贡品，那些军官负责控制当地强权之间的竞争，通常是暴力的竞争。在每个萨卡里，舍尔·沙都安置了一名值得信赖的军官，其任务主要是政治性的，其次才是财政性的。

在该国的边境，各个萨卡在一位阿富汗显要人士的监督下联合起来，该显要是苏丹的副手。通过这种方式，统治者试图遏制两级政治权力，这两级政治权力，一方面在阿富汗贵族的控制下向该政权进贡，提供其主要收入来源；另一方面由传统的政治和经济一体化的帕伽那的核心地区组成，并由各种非阿富汗人对其进行监督。

帕伽那是一种政治自治层级，在整个16世纪，难以驾驭的地方自治持续存在。在西坎达·洛迪和舍尔·沙的时代之间，它们的数量大大增加，当时阿富汗人控制的面积增加了一倍，据估计有超过十万个帕伽那，每一个都有明显的当地特色，并且都非常抗拒整体控制。正如舍尔·沙拥有为他的国家制定政策的绝对权力，并通过下属的各个军事或文职官员执行这些政策一样，他任命的萨卡一级的官员通过与其他阿富汗人以及与众多村长和帕伽那的头目的个人关系来管理他们通常世袭的大片土地。即使是这种适度的行政结构也被证明优于卡尔吉和图格拉克，它将为后来阿克巴的制度奠定基础。

舍尔·沙统治的大本营在阿格拉，这座城市在苏丹国时期变得重要，当时德里—阿格拉地区形成了一个以亚穆纳河和恒河之间的肥沃地带为中心的单一政治核心。正是在阿格拉附近，他引入了一系列税收改革，他早先在比哈尔邦担任当地行政长官时就已经完善了这些改革。在阿克巴时代，同样的改革将得到进一步完善。这些改革涉及以现金形式支付土地税，根据对土地、作物、价格和产量的调查从农民生产者那里收取。这些改革还涉及国家通过减少对需要开垦土地或改善灌溉的地区的税收要求来提高生产力。

阿克巴的崛起

如果说巴布尔卓越的军事实力为他的莫卧儿继任者提供了一些基础，那么阿克巴明智的政治措施则提供了其余的大部分基础。正是阿克巴所做的工作为连续几代长寿又有能力的子孙们奠定了好运的基础。

1556年阿克巴的统治开始摇摇欲坠，那年他的父亲胡马雍在德里意外死亡。阿克巴的童年是在阿富汗度过的，受到受信赖的士兵的保护。这位十四岁的王子被以拜拉姆·汗（Bairam Khan）将军为首的一群胡马雍的主要官员加冕，他们成为摄政王并保护脆弱的政权免受苏尔氏族的阿富汗人追随者的侵害。莫卧儿人花了几年时间才成为阿格拉、德里、拉合尔和乔恩普尔这些伟大要塞城市的主人，而这片广阔的三角形领土界定了他们的政治和经济中心地带。

拜拉姆·汗通过征服拉贾斯坦邦和摩腊婆扩大了这个具有巨大农业生产力的区域，但他现在面临着对其摄政的一致反对。阿克巴加入了一个由中亚（图兰人，Turanian）逊尼派贵族组成的反对摄政王的小集团，这些人反对拜拉姆·汗的什叶派及他与伊朗文化的关系，阿克巴以此来表明他已经为统治准备就绪，这成了后来大贵族之间分裂的一个预兆。［顺便说一下，贵族被定义为获得"汗"（khan）地位的人，即承认他们对莫卧儿统治者的个人服务；除了图兰人和伊朗人，还包括一些"印度斯坦人"，这个名字适用于所有在印度出生的人。］拜拉姆·汗被解职并被鼓励去麦加朝圣，但他在离开印度之前被一名怀有旧怨的士兵所暗杀。

在阿克巴能够采用和完善舍尔·沙的体系之前，他必须首先巩固自己的王位。他像他的祖父一样成为一名才能具足的士兵，但与祖父不同的是，他从未受过教育，也从未学会阅读。考虑到他的背景，而且在任何情况下，当兵和从政都是更重要的才能，他驾驭了宫廷派系，打败了像拉杰普特人那样勇敢的敌人，赢回了他的印度遗产。矛盾的是，他在这方面最有价值的盟友之一是拉杰普特部落，例如在斋浦尔（Jaipur）的部落，他娶了他们王室的一个女儿。

阿克巴的印度教婚姻确立了他作为穆斯林统治者的地位，他准备与他的印度教臣民而不仅仅是贵族建立牢固的联系。他废除了吉兹亚，即对印度教齐米人征收的人头税，这证实了他的仁慈。在印度西部的古吉拉特邦和东部的孟加拉邦进行了辉煌而勇敢的征服之后，阿克巴通过与波斯人和他们的乌兹别克敌人进行巧妙的外交斡旋而稳定了他的北部边境，在阿富汗南部的坎大哈获得了强大的地位。

在与阿富汗人和拉杰普特人进行的一些战役中，阿克巴亲自披挂出征，建立了他的军事声誉。之后，他开始了他的第一个结构性改革，即封授一批新型贵族。涉及莫卧儿贵族及其任命的新制度，连同他的财政改革，是阿克巴在大约从1560年到他1605年去世之间所构建的制度的基础。他决心通过对抗占主导地位的、曾是他父亲的第一批支持者的中亚突厥人来达到更好的平衡。为了实现这一目标，并且因为他钦佩他们的文化，阿克巴招募了波斯人加入他的精英服务团队。

他还将印度出生的战士引入他的新贵族行列，包括拉杰普特人和印度出生的各种穆斯林，除了那些仍然被怀疑的阿富汗血统的人。印度北部各个地区的有权势的领主被邀请服从莫卧儿的权威，分享贵族（埃米尔）等级的尊贵地位和奖励，包括与皇室联姻的权利。那些不服从的人，如梅瓦尔的拉杰普特高级家族，则被无情地消灭。到1580年，阿克巴已经组建了一支由200人组成的埃米尔军团，其中伊朗埃米尔和图兰埃米尔人的比例几乎相同，而拉杰普特人和印度斯坦穆斯林仅占其人数的六分之一。

他的埃米尔的忠诚度马上就受到了一场涉及一些有影响力的穆斯林学者反叛的挑战，这些学者拒绝阿克巴一贯坚持的在星期五清真寺礼拜期间宣读他的名字和头衔的做法。这些神职人员与一些阿富汗贵族进行了一次短暂的叛乱。反叛虽然很轻易就被镇压下去了，但它坚定了阿克巴排斥阿富汗人并采取措施使乌里玛非政治化的决心。另一方面，他的新贵族已经证明自己配得上等级特权。

总的来说，他们的身份是通过意为"尊严"的曼萨布（*mansab*）这个词来定义的，它代表了伟大征服者蒙古人的连续性，而莫卧儿自称为蒙古人。一个贵族等级的持有者是一个曼萨布达尔（*mansabdar*），他以一种或两种不同的方式获得报酬。每个人都被皇帝授予个人官阶，其带有货币工资或同等的土地收入分配。第二个等级制度于1590年启动，根据该制度，曼萨布达尔有权根据在其指挥下的骑兵人数获得相应报酬。由于这是服务性贵族而不是统治性贵族，曼萨布达尔不能将他们的头衔和等级传给儿子（在理论上）。然而，该系统不是一个官僚机构。曼萨布达尔保护和扩展了莫卧儿统治者的土地，但几乎没有使莫卧儿统治成为能够显著改变社会结构的集中力量。

阿克巴的税制改革，朝着上述方向的更有效的一步迈出了，他的大臣托达·马尔与此相关，他于1561年加入阿克巴的政府，并升任该帝国最富有的省份孟加拉的省长。阿克巴新秩序的资源基础是土地税收，在这方面他明智地继续了他的阿富汗前任舍尔·沙的管理模式。这需要对可耕地进行初始成本高昂的丈量，其价值在于可为计算通过中介（例如包税人）收取的税额，或间接从分配的土地收税以代替工资［即旧的伊克塔系统，现已更名为札吉尔（*jagir*）］的数额提供数据基础。无论哪种方式，在满足生产成本后，通过官方税收和非官方强征的手段，阿克巴从农民生产者那里获得了他的领地上一半以上的收成。此外，付款是以货币形式收取的，这需要一种监管良好的银币。

税收中介被含糊其词地称为"土地所有者"（柴明达尔，*zamindars*）。事实上，许多柴明达尔实际上是"包税人"，他们签约支付阿克巴国库的款项，金额等于某土地收入的名义价值；此外，如有必要，柴明达尔在莫卧儿官员和士兵的帮助下征税并维持秩序。其他也被称为柴明达尔的人是当地的大亨，甚至是较小的国王，他们从他们的领地上纳贡以换取继续统治的权利，同时分享参与莫卧儿服务的声望。因此，虽然托达·马尔的税收组织极大地充实了阿克巴的国库，但作为一种行政形式，它为在莫卧儿王朝到来之前主导社群生活的当地社会领袖留下了很大的自主权。

随着时间的推移，这些大亨们完成了在16世纪的前莫卧儿王朝时期就酝酿着的一个发展，他们将自己转变为世袭贵族，其文化有选择地模仿莫卧儿宫廷，但他们的兴趣绝对仍然是在当地。新贵族不仅包括土地所有者，或称柴明达尔，还包括商人和在政府任职的小官员。作为一个阶级，他们可能是莫卧儿统治的主要受益者，直到18世纪，他们不再对莫卧儿王朝效忠，并导致了莫卧儿的衰落。

阿克巴在税收方案上增加了鲜明的政治特征。他收复了被以前的穆斯林政权剥夺的、大部分已成为世袭财产的土地，并用其收入来支付军事和民事服务费用。取代那些土地的是，由经过仔细丈量的土地组成的札吉尔被用来支付所有军事和文职官员的服务费用。每个官员都有一个薪水等级；军官还获得了额外的待遇，以支持由他们指挥的骑兵部队。

薪酬制度是莫卧儿王朝的基石，阿克巴为其增添了重要的创新。一是意识形态。他试图通过大胆宣布自己在宗教问题上的首要地位，去平衡由法学家和清真寺官员组成的穆斯林宗教知识分子——乌里玛，或更准确地说，是在政治上对他们进行管辖。将王室特权扩展到宗教，将保守的穆斯林神学家和法学家搁置一旁，这些做法鼓励了阿克巴的印度教臣民效忠于他的政权，当然，他成功

图 15　北方邦法塔赫布尔西格里的谢赫·萨利姆·契斯提之墓。这位于1581年去世的穆斯林圣人的坟墓构成了阿克巴在他新建的宫城中建造的宏伟清真寺的核心［IOL collection 50a（46）；neg.no. B 22073，经大英图书馆许可］。

地赢得了拉杰普特战士的战略合作，他们对阿克巴和他的继任者的忠诚是异乎寻常的，并且受到其后的一系列有能力的莫卧儿统治者的充分尊重。

阿克巴的宗教信仰

在阿克巴的时代，乌里玛是一个有影响力的阶层，但属于城市阶层。对于许多虔诚的人来说，阿克巴似乎是一个支持信仰的人，即使不是完全狂热的捍卫者。正统信仰机构正经历着繁荣，阿克巴在阿格拉附近的新首都法塔赫布尔西格里建造的大清真寺就是一个见证，该清真寺建在伟大的契斯提圣徒墓地之上。清真寺比城市中的所有其他建筑都耀眼夺目，皇帝密切关注清真寺中涉及公众利益的事务。他虔诚的行为包括清扫礼拜堂的地板，并偶尔主持祈祷。他还通过维护一艘免费运送信徒的特殊朝觐船，以及在麦加和麦地那进行捐赠来向麦加朝圣者提供国家赞助。最后，他定期访问拉贾斯坦邦的阿杰梅尔（Ajmer），有时甚至是步行，去拜谒另一位著名的契斯提圣徒的墓地。

但他使宫廷中许多虔诚的学者深感失望。他的批评者之一是逊尼派历史学家阿卜杜勒·卡迪尔·巴达尤尼（Abdul Qadir Badauni），他留下了对法塔赫布尔西格里发生的事情的观察记录，尤其是对伊巴达特·卡纳（Ibadat Khana）或祈祷之家的观察，那是阿克巴进行宗教辩论的场所，那些辩论有时会涉及有着直言不讳的性情和可疑的正统观念的逊尼派乌里玛和苏菲派谢赫——皇帝既是听众，也是参与者：

> 过去的争议超越了逊尼派和什叶派、哈乃菲派和沙斐仪派[伊斯兰教法解释学派]、律师和神学之间的差异，它们会攻击信仰的最基础部分。迈克顿－乌尔－穆尔克（Makh-dum-ul-Mulk）写了一篇论文，大意是谢赫·阿卜杜·纳比（Sheikh 'Abd-al-Nabi）不公正地杀害了被怀疑是亵渎先知（愿他安息！）的希兹尔·汗·萨尔瓦尼（Khizr Khan Sarwani），以及曾被怀疑是什叶派的、说跟他念经是不对的米尔·哈布什（Mir Habsh），因为他对父亲不孝，自己还饱受痔疮之苦。谢赫·阿卜杜·纳比回答说他是个傻瓜和异端。然后穆拉们[穆斯林神学家]分成了两派……彼此仇恨，就像犹太人和埃及人之间的仇恨。有新颖和怪诞思想的人，按照他们的有害的想法和徒劳的怀疑，从伏击中走出来，以真装假，以正装错，将性情优

秀、热心追寻真理但很无知、只是处于初段的皇帝抛入迷茫，一直到困惑堆积如山，他失去了明确的目标，明法的直墙……倒塌，这样，五六年后，他的心中没有一丝伊斯兰教的痕迹：一切都变得颠倒了。

如果这还不够，皇帝似乎还以同样的兴趣听取了其他宗教的权威的意见，包括印度教权威、祆教教徒、耆那教教徒和来自果阿的天主教神父：

> 沙门［印度教或佛教苦行者］和婆罗门……在获得与陛下会面的荣誉方面比任何人都占优势……他让他的朝臣们倾听那些对我们纯洁、轻松、光明和神圣信仰的辱骂和攻击……
>
> 有一次，一位名叫德比的婆罗门，他是《摩诃婆罗多》的注释者之一，他坐在床架上，被拉上城堡的墙壁，直到来到一个阳台附近，这是皇帝为他自己准备的卧室。在被吊起期间，德比就印度教的秘密和传说，以崇拜偶像、火、太阳和星星的方式，以及这些不信（伊斯兰教）者的主神崇拜的方式，向陛下布道……陛下听到了该国人民是如何珍视他们的风俗习惯，开始以深情看待他们。[1]

看来皇帝似乎对所有信仰的传播者都同样开放。至少就印度教而言，这种开放具有实际的政治理由，这是宗教狂热者无法接受的。绝大多数臣民都追随各自的神灵，遵守各自的教规修行，因此统治者必须设计一种调和方式，而阿克巴在这里遵循印度北部和南部历代苏丹的务实做法。试图让他的大部分臣民承受持续的改宗压力，会导致持续的紧张局势和可能的叛乱。

另一方面，当对乌里玛的财富进行调查后，阿克巴对他们的敌意加深了，他们中的许多人拥有个人财富，这些财富受到了以欺诈手段获得的慈善税收豁免权的保护。结果，他们中的许多人的土地被收回，阿克巴明显地向非穆斯林神职人员提供了新的赠款。

阿克巴和乌里玛之间的另一个冲突，也存在于他与他的许多臣民之间，这就是他对被许多有法律意识的人认为是异端的苏菲派导师的偏好。当阿克巴在1579年宣布他作为统治者有责任在伊斯兰教法不清楚的问题上判断宗教争端时，他对苏菲派的同情引起了特别的惊慌，他引用了"正确的传统"：

> "在审判日，真主最亲近的人无疑是正义的伊玛目［领袖、国王］。谁服从埃米尔，谁就服从你，谁反抗他，谁就反抗你。"……有学识的人们已经得出一个结论，在真主面前，正义国王的地位比一个法律解释者的地位更重要。[2]

许多虔诚的人，包括引用此声明的巴达尤尼，都认为这是将阿克巴的解释权威危险地延伸到他们的领域。他们更被他们认为是异端的"神圣信仰"的表述所激怒，这种信仰在阿克巴的朋友兼顾问阿布·法兹尔（Abul Fazl）的著作中有所概述。新的政治制度从1582年开始，其教条从未得到充分阐述，但同时代人所提供的一些片段强调了皇帝的完美智慧，不过那带有强烈的苏菲神秘主义烙印，强调个人与真主之间的直接联系。这两个原则的调和本身就相当神秘：

> 确切地知道，完美的先知和博学的使徒，名誉的拥有者，阿克巴，即智慧之王，指导我们认识到自在者是最聪明的老

师，并以绝对的力量命定受造物，以便他们中的聪明人也许能够理解他的［阿克巴的］箴言……因此，根据我们的理性之光，让我们探究他［真主］创造的奥秘。

探究结果很明确：

> 随后，智者清楚地认识到，只有通过符合完美先知、完美的名望之王、"智者"阿克巴的箴言的真理知识才能获得解放；他所嘱咐的修行是：舍弃世间；克制情欲、淫荡、娱乐，避免屠杀有生命的东西……通过渴慕完全公义的真主以及与仁慈的主的结合来净化灵魂。[3]

事实上，阿克巴在他统治初期就改变了他的国家与伊斯兰教有关的意识形态基础。1563 年，他不再对前往湿婆、毗湿奴和其他寺庙的朝圣者征税。在一些乌里玛看来，允许建造新的神殿明显违反了伊斯兰教法。后来他废除了所有齐米人都要缴纳的税。1579 年的声明是压死骆驼的最后一根稻草，并促使一些清真寺的高级官员在当年加入了阿富汗曼萨布达尔的起义。他们颁布了法特瓦（fatwas，伊斯兰教令），敦促所有穆斯林抵制阿克巴。法特瓦在比哈尔邦和孟加拉邦广为流传，为了镇压叛乱，阿克巴必须派遣一支军队，托达·马尔被派去控制。

阿克巴时代的政治思想体系

莫卧儿王朝主要思想体系的其他组成部分包含在《阿克巴纳玛》（*Akbar-Nama*，《阿克巴之书》）及其附录《阿克巴行政管理》

（*Ain-i-Akbari*，《阿克巴治则》）中，这些作品介绍了皇帝四十七年间的统治，由他可信赖的宣传家阿布·法兹尔撰写。《阿克巴治则》反复宣传皇室的主张：

> 在安拉眼中，没有比皇室更高的尊严了，聪明人喝其吉祥泉水。对于那些需要一个证据的人来说，一个充分的证据是皇室是叛逆精神的补救措施，也是臣民服从的原因。甚至帕迪沙（*Padshah*）［皇帝］一词的含义也表明了这一点，这个词表示稳定和占有。[4]

阿克巴压倒性的重要性被通过视觉作品和印刷品进行诠释，以造福于他的识字的和大部分是文盲的臣民。《阿克巴纳玛》的微型插画通过描绘皇帝从容控制混乱的人和动物世界来点缀他的帝国光环。他在阿格拉附近建造的首都法塔赫布尔西格里，通过结合对太阳和月亮的崇拜，以及采用他的大多数臣民的其他做法来反映他的更多光彩，巴达尤尼这样感叹道。

最重要的是阿克巴的属灵门徒（spiritual discipleship）制度，它模仿了苏菲导师和信徒之间的关系，并与他的世俗地位相结合，几乎是对皇帝的神化。阿克巴的"门徒"包括大多数莫卧儿贵族，其中一些是王国的最高官员。这些埃米尔与帖木儿分享了军功的荣耀和不可战胜的领土支配权。通过这种方式，门徒制度是更古老的苏丹制度——加齐战士或"圣战勇士"——向朝臣的一种延伸，加齐战士或"圣战勇士"服务于安拉，其与统治者的关系与苏菲弟子与导师之间的关系相同。

在所有这些创造性的努力中，为了巩固他的臣民对他本人和他的家族的忠诚，并平息穆斯林之间、穆斯林与他的大多数臣民之间的分歧，阿克巴还添加了其他更务实的元素。执行他的军事命令并指挥大约 150000 名重骑兵的曼萨布达尔军团得到了乡村收入（即札吉尔）补助金的支持，该补助金提供了依据他们的军衔所确定的工资，并且还用于维持他们指挥下的部队。这些安排由铸币厂的主人和国防部长维持，因为需要一种高质量的货币来调和阿克巴政权的所有复杂关系。

该计划有一个明显的缺陷。尽管支付系统的目的是使阿克巴与其指挥官之间的关系个人化，并在他们之间建立准封建联系，但曼萨布达尔军团的副官往往是伊朗人、图兰人或印度斯坦人等与他们的指挥官具有相同种族身份的人（视情况而定），并通过类似的依赖关系与他们的上级联系在一起。潜在分裂的断层线由此得到强化。事实上，非常强大的中央权威的出现很大程度上是基于阿克巴自己的个性。因此，阿克巴政权是世袭制而不是官僚制，缺乏将其法令传达给广大而支离破碎的人民的手段，在那里，巨大的惯性确保帕伽那的小世界几乎没有受到影响，更不用说改变了。

可以肯定的是，在他的统治结束时，一批新的贵族阶层开始从帕伽那社会世界中出现，反映了与中央政权的联系，并且在帝国的城镇和城市中出现了一个类似的新阶层，一个享有官职或财富的城市男性阶层，其财富包括宗教职位带来的免税土地收入。尽管阿克巴试图限制服务衍生权利，防止其成为世袭的和自我延续的，但他无法阻止导致新阶级形式的所有压力。这些压力在短期内加强了他的制度，但为后来的政治缺陷埋下了种子。

阿克巴体系的魅力和务实元素在他统治后期由于他的大儿子的叛乱而受到威胁。萨利姆王子对父亲权威的蔑视于 1602 年在他在安拉阿巴德清真寺的星期五礼拜中宣读自己的名字时达到高潮，他在 1604 年顺从他父亲的放纵的权威，只是因为他的一些支持者已经将效忠从他转向了他自己的儿子。在1605年阿克巴去世之前，选择站在萨利姆叛乱一边的帝国军事指挥官和贵族之间的派系分裂创伤几乎没有时间来愈合。

皇子的叛乱和皇室兄弟间相残都成为莫卧儿政权的重复性特征。此外，效应是累积的：每次皇位的继承都意味着更加激烈的争夺，直到奥朗则布击败并杀死了他的两个兄弟并监禁了他的父亲沙·贾汗（Shah Jahan）皇帝从而超越了所有人。平衡一系列优秀继承人的利益的一个代价是，在没有长子继承制的情况下，在一位统治者去世时，通常在此之前，他的儿子们会为了皇位而相互图谋和争斗。皇子们拉拢强大的统帅，谋求士兵的忠诚，由此产生的派系会在继承完成之前卷入到激烈的战争中。阿克巴的儿子萨利姆幸存下来，以贾汗吉尔（Jahangir）的头衔登基统治，但那些支持他及其家人的人却遭到了无情的对待。

阿克巴的继任者

萨利姆以贾汗吉尔的头衔，享有了二十二年的统治，尽管出现了他的大儿子库斯劳（Khusrau）叛乱的不祥端倪。作为父亲，贾汗吉尔不像阿克巴那样宽容，在击败库斯劳后，把他弄瞎并投入监狱，直到他于1622年去世。此外，因为库斯劳寻求锡克教旁遮普教派的支持并获得了他们的精神领袖、第五位锡克教古鲁（Curu）阿尔琼（Arjun）的祝福，阿尔琼被贾汗吉尔处死。

锡克教是另一种印度宗教，就像佛教和耆那教一样，部分源于不断发展的吠陀传统，部分是对不断发展的吠陀传统的反应。它由古鲁那纳克（Nanak）在15世纪和16世纪的宗教复兴中创立。他宣扬普遍宽容的教义，寻求所有宗教中的美好和共同点，并在印度教教徒和穆斯林中招募追随者。锡克教原本是一种和平的、非宗派的信仰，反对种姓和过度的禁欲主义，也有些像佛教，并且也比较接近世俗生活。

那纳克离世时，他提名一名弟子接替他的职位，而非他自己的儿子们。然而，很快，领导权就变成了世袭的。阿克巴对第三位古鲁印象深刻，阿克巴在阿姆利则（Amritsar）给了他一块土地，锡克教的世界性中心金庙（Golden Temple）就是在那里建造的。第五位古鲁阿尔琼编纂了第一部锡克教圣典《阿底格兰特》（*Adi Granth*），通过建立强制性的"精神贡品"（spiritual tribute）或什一奉献的制度，使该教派有了安全的财务基础。他的被处决引发了锡克教与莫卧儿王朝的长期冲突。阿尔琼的儿子和继承人开始组织锡克教军队，他的继任者加强了该教派的军事化。第十位也是最后一位古鲁创建了一个军事兄弟会，并采用了锡克教男子至今仍然与众不同的做法：从不剪头发或胡须，他们戴头巾，携带梳子和匕首。

除了对锡克教教徒的敌意外，贾汗吉尔朝代是一个巩固的政权。在大多数情况下，他都遵循阿克巴宽容的宗教政策。阿克巴的帝国门徒制度继续以特殊的个人关系将王国的选定贵族与皇室联系在一起，贾汗吉尔保持了他父亲对某些神秘苏菲派的崇敬，例如谢赫·穆因努丁·契斯提（Sheikh Mu'inuddin Chishti），贾汗吉尔在他的墓前祈祷之后"发烧和头痛"得到了缓解。

贾汗吉尔忠实地保持了他父亲将莫卧儿王国奉献给征服和领土扩张事业的传统。他对东部边境的阿萨姆邦的森林人和从克什米尔到孟加拉的喜马拉雅山麓的独立罗阇发起了战役，对波斯的萨非王朝统治者提出挑战，后者声称统治了阿富汗地区，特别是喀布尔、白沙瓦（Peshawar）和坎大哈，这些地方在印度北部所在的中亚贸易体系中占有重要地位。最后，他派遣了一支莫卧儿军队去终结了德干的独立苏丹国。

这一举措最后引发了一场帝国危机。在贾汗吉尔颇有才干的儿子赫拉姆（Khurram）完成了对艾哈迈德讷格尔、比贾布尔和戈尔康达的联合部队的辉煌征服之后，他也转而反对他的父亲。那是在1622年，和以前一样，起义加剧了宫廷和军队的派系斗争。赫拉姆的企图失败了，但贾汗吉尔原谅了他，条件是这位王子留在德干，远离阿格拉的朝廷及其政治诱惑，而且他还不得不留下两个儿子作为人质以保证他的表现良好。贾汗吉尔于1627年底去世，这是他的儿子们和他们的支持者之间最后一次战斗爆发的信号。这些兄弟相残的冲突以无情的方式进行，而赫拉姆被证明是最无情的。他在阿格拉加冕，并于1628年1月在那里的贾玛清真寺宣读了他的封号沙·贾汗（最初是作为王子的头衔授予他的）。

关于沙·贾汗统治的早期和中期，1647年的《帝王纪》（*Padshah Nama*）是我们了解从阿克巴到其孙子之间的帝国政权发展的主要信息来源。在沙·贾汗统治中期，由阿克巴组建的作为其统治工具的莫卧儿帝国精英团队如下：最高等级由73名曼萨布达尔组成，所有都是穆斯林（包括家族的4个王子），共指挥102000名重骑兵；403名中级曼萨布达尔，其中80%是穆斯林，包括126名伊朗人、103名图兰人、26名阿富汗人和65名印度穆斯林，剩下的20%由73名拉杰普特人和10名马拉塔帝国的曼萨布达尔人组成。

沙·贾汗像他的前任们一样，在帝国的边疆内侧保持着侵略性的军事压力，但他的持久声望并不是作为一名战士取得的，他在艺术和建筑领域的成就远远超过了他的军事功绩。从镶嵌宝石的孔雀王座开始，到安葬他心爱的妻子穆塔兹·玛哈尔（Mumtaz Mahal）的泰姬陵（Taj Mahal）达到顶峰。他的建筑项目的收官之作是以他自己名字命名的、雄心勃勃的德里新首都：沙贾汗巴德（Shahjahanabad），在这里，他在巨大的贾玛清真寺附近建造了一座新的堡垒宫殿，同样是用红色石头建造的。所有这些建筑都被运河环绕，里面纵横着宽阔的大道，沿着大道是他的朝臣们的豪宅。

莫卧儿帝国继位之战

沙贾汗巴德始建于1639年，当时正值沙·贾汗统治时期。1657年，皇帝生病，这成了他的儿子们开始继位之战的信号。帝国在他的四个能力卓绝的王子之间的激烈战争中震荡，这些是在他还活着的时候为争夺他的权力而发生的耻辱之战。与皇帝和王位最接近的是达拉·希科（Dara Shukoh），他是一位经验丰富的士兵和行政人员，那些老练的军队和官僚分子看好他，认为他最有可能延续阿克巴的安排和他的宗教折中主义。达拉·希科是一名苏菲教徒，同时也是印度教神学专家，他被印度教神秘的泛神论所吸引。他甚至将一些奥义书翻译成波斯语。在1657年左右的翻译中，他将自己描述为一名德尔维希，并以下列方式描述了他的工作：

> 穆罕穆德·达拉·希科在希吉拉（Hijra）之后的1050年[1640]前往似天堂的克什米尔，在真主的恩典下……他在那里获得了一个吉祥的机会，他遇到最完美的圣人、诺斯底派[神秘主义者]的精华……毛拉·沙（Mullah Shah）……

> 然而他[达拉·希科]渴望看到每一个教派的教义学，渴望听到一神教的崇高表达，他已将目光投向了许多神秘主义书籍并撰写了许多论文，并且，对探索统一性这一片无边无际的海洋的渴望，每时每刻都在增加，微妙的疑虑涌入他的脑海，除了主的话，他无法解决这些疑虑……然而神圣的《古兰经》

大多是寓言，而在当今，通晓其中奥妙的人非常稀少，他渴望将所有天书的观点纳入视野，因为上帝的话本身就是他们自己的注释……因此，他把目光投向了《摩西五经》《福音书》《诗篇》和其他经文，但这些文献中对一神论的解释简明而神秘，而且从不严谨的翻译中……他们的主旨难以理解。

此后他思考，为什么一神论的讨论在印度如此引人注目，为什么印度的神学家和古代学派的神秘主义者既不否认上帝的统一性，也未发现一神论者有任何过错……

而这四本书［四吠陀］的精华，包含了解脱之道的所有秘密和纯粹一神教的沉思练习，被称为奥义书……而这个不求回报的寻求真理的人所看到的是人格的基本统一原则，而不是阿拉伯语、叙利亚语、希伯来语和梵语，他想在没有任何世俗动机的情况下，以清晰的风格，将奥义书准确而直接地翻译成波斯语……因此，他还想解开他们努力向穆斯林隐瞒的谜团。

在这个时期，作为该社群科学中心的贝纳拉斯城（Banares）与这位真理的追寻者有一定的关系，在这个城市，他召集了班智德（印度教学者）和桑雅士（印度教苦行者），他们是当时最博学和最精通奥义书的……在希吉拉之后的 1067 年；因此，那些他一直在寻找却没有找到的，他所渴望或思考的每一个困难和每一个崇高的题目，他得到了。[5]

对于他的主要竞争对手奥朗则布来说，这种自由主义和融合的观点是被人诅咒的。像达拉·希科一样，他是一个有能力的士兵，也是一个非常热心的穆斯林。在他周围是一群强大的贵族和帝国士兵，他们得到伊斯兰神学家的支持，这些神学家力图按照伊斯兰教法的规定转变国家意识形态，反对以前被容忍的泛神论神秘主义。

另外两个兄弟，穆拉德（Murad）和舒贾（Shuja），以及他们的支持者，最终都陷入了他们长辈的操纵之中，比贾布尔和戈尔康达的德干苏丹也同样如此。

沙·贾汗委托奥朗则布推进莫卧儿在德干地区的利益，后者表现出对这项任务的热情。他提议吞并拥有蓬勃发展的国际贸易和钻石矿的戈尔康达，为莫卧儿提供新资源并拓展莫卧儿的统治，但他的父亲反对这一提议。沙·贾汗对戈尔康达的苏丹阿卜杜拉·库特布·沙阿（Abdullah Qutb Shah）有好感，这位苏丹在他反抗贾汗吉尔的叛乱期间为他提供了保护。尽管如此，奥朗则布还是继续他的计划，并以波斯冒险家和前钻石商人穆罕默德·赛义德·米尔·朱姆拉（Mohammad Sayyid Mir Jumla）将军的名义招募了一批强大的盟友。他们一起制订了夺取政权的计划，并于1655年成功实施，只不过在达拉·希科的敦促下被沙·贾汗否定，他们被迫恢复了库特布·沙阿的王朝。不久之后，沙·贾汗任命米尔·朱姆拉为他的首席部长，以表彰他的才华，并很快同意去征服另一个德干苏丹国——比贾布尔——并将其纳入莫卧儿领土。在奥朗则布指挥的一场战役中，米尔·朱姆拉于1657年占领了比贾布尔，与此同时，沙·贾汗病倒，一场继位争战开始了。

第一个牺牲品是奥朗则布的兄弟舒贾，他的主张得到了孟加拉莫卧儿官员的支持，他是那里的总督。舒贾的军队在向阿格拉前进时遭遇达拉·希科并被击败。沙·贾汗的另一个在古吉拉特邦任职的小儿子穆拉德，也自称皇帝，从苏拉特（Surat）港夺取了皇家财产，并向北进军，在那里他与从比贾布尔迁出的奥朗则布的军队会师。他们一起击败了拉杰普特将军贾斯旺·辛格·拉索尔（Jaswant Singh Rathor）领导下的一支忠于尚存的沙·贾汗帝国的军队。在阿格拉，奥朗则布和穆拉德击败了逃离德里以争取更多支持的达拉·

希科，达拉·希科将阿格拉和他的父亲留给了他的兄弟们。沙·贾汗于1658年6月投降。不久之后，奥朗则布将他囚禁，并以阿兰吉尔（Alamgir），即"世界的夺取者"的头衔继位。孔雀王座之争的最后阶段又持续了一年，直到1659年8月达拉·希科被捕并被杀。

从1658年到1707年，奥朗则布的统治时期与阿克巴的统治时期相当，可能对帖木儿王朝也具有同样重要的意义。他也为莫卧儿王朝寻求新的意识形态基础，并立即运用另一种伊斯兰教来巩固他的统治。这不是一件容易的事，因为他对沙·贾汗的监禁明确违背了伊斯兰教法以及许多莫卧儿贵族和普通人的感受。为了反驳批评，奥朗则布向麦加当局赠送了一份大礼，而对这份礼物的接受被认为是抵消了对他亵渎神圣法律的谴责。

奥朗则布深厚的宗教信仰是众所周知的，他认为莫卧儿国家的延续取决于对伊斯兰教的承诺，这使莫卧儿政权与像北方仍然强大的拉杰普特人和南方正在崛起的马拉塔人等对手区分开来。国家必须以伊斯兰教法为基础，为此他委托一组法学家起草了一套书面意见，为穆斯林法官在伊斯兰教法中存在矛盾的问题提供一致的指导。

至于在他的绝大多数臣民的宗教信仰方面，他推翻了阿克巴的宽容政策。整个17世纪60年代颁布的法令为新的宗教意识形态提供了实质内容：寺庙的建造受到严格限制，还发生了几起新近建造的神殿被摧毁的情况；对寺庙朝圣者和印度商人征收新税，他们支付的税率是穆斯林的两倍。1679年，重新对被容忍的非伊斯兰信徒齐米人征收吉兹亚，并采取措施增加穆斯林在国家就业中的比例。

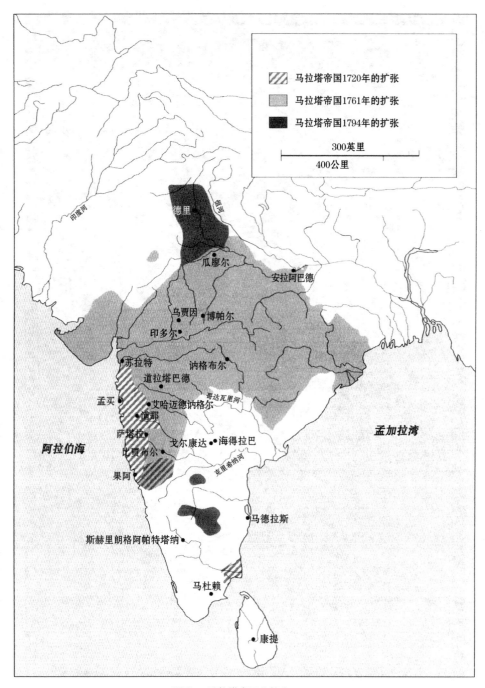

图例：
- 马拉塔帝国1720年的扩张
- 马拉塔帝国1761年的扩张
- 马拉塔帝国1794年的扩张

300英里
400公里

印度河
恒河
德里
瓜廖尔
安拉阿巴德
乌贾因
博帕尔
印多尔
苏拉特
讷格布尔
道拉塔巴德
哥达瓦里河
孟买
艾哈迈德讷格尔
浦那
萨塔拉
戈尔康达
海得拉巴
比贾布尔
克里希纳河
果阿
马德拉斯
斯赫里朗格阿帕特塔纳
马杜赖
康提

阿拉伯海
孟加拉湾

地图6　马拉塔帝国的扩张

图16　达拉·希科参加一场辩论。带有色彩的绘画，约1650年（IOL J. 4. 3；neg. no. B 4879，经大英图书馆许可）。

奥朗则布统治下的社会和经济状况

尽管奥朗则布热衷于根据乌里玛的要求重新调整非穆斯林的福利结构，但他并没有要求普遍改宗。这样的政策会在广大农民中产生恐惧和敌意，而在1690年，国家依赖于他们的劳动，这种依赖程度与一个世纪前阿克巴在莫卧儿王朝设立机构时不相上下，而且这种政策还会威胁到国家收入。农民逃亡是一个严重的实际问题，并被认为是莫卧儿王朝衰落的原因之一。像沙·贾汗一样，奥朗则布坚持要考虑到农民：如果一个贫穷的农民需要犁，应该由柴明达尔提供；如果一个农民开垦林地，他应该得到一个荣誉的标志，比如饰带或头巾。如果有农户逃跑，要查明原因，排除原因。这种担忧的背后是一种理解，即鉴于可耕地相对丰富，农民逃亡的受益者将是其他收税的统治者。

在一个地方，莫卧儿当局向东推移的政治边界与农业边界和宗教边界结合在一起，这主要是通过苏菲派从中进行斡旋，从而为由恒河和布拉马普特拉河（Brahmaputra river）河道变化在孟加拉形成的广阔三角洲地区开辟了定居前景。原始森林被砍伐，洪泛平原种植了水稻。莫卧儿国家也积极支持建立伊斯兰机构，17世纪，在孟加拉东部，数百座小型乡村清真寺和圣人纪念之所为农业发展和农民的大规模改宗起了重要作用。莫卧儿人将土地权授予印度教和穆斯林团体，就像几个世纪前在欧洲，本笃会和西多会修士被鼓励开垦林地并作为地主获得利益一样。

在孟加拉，被吸引到边境的主要是苏菲派导师，那里既没有国家机构，也没有任何强大的诸如古代的有地种姓那样的社会机构存在。在那里，宗教领袖穆拉成为一个可能有几百户人家的地方的权威。这些家庭作为一种忏悔社群被联系在一起：通过庆祝割礼、结婚和哀悼等生命周期仪式，以及通过参与伊斯兰历的节日和在他们建造的集会清真寺定期祈祷。土地继续由建国穆拉的后代持有，他们被尊称为导师。17世纪孟加拉的边境条件帮助它成为次大陆穆斯林密集占领和改宗的两个地区之一，另一个是旁遮普邦。

与此同时，在旁遮普邦，奥朗则布与锡克教教徒的关系恶化了。锡克教最初是一个寂静主义教派，其教义否定种姓等级制度、特权和既得教派领导人，后来在与压迫他们的穆斯林的对抗中变得好战。在奥朗则布的统治下，压迫的鞭笞加速了：锡克教古鲁德格·巴哈都尔（Tegh Bahadur）被处决，锡克庙（gurdwara）被禁止。与此同时，拉杰普特人长期以来在继承方面不受干涉的独立性被推翻，他们进入高级曼萨布职位的机会受到限制。

莫卧儿国家衰落的因素

在印度教和穆斯林团结的民族主义情绪中培养出的一代又一代的印度历史学家认为，这些步骤是政治自杀的一种形式，毫无疑问，奥朗则布的这些法令产生的影响加剧了紧张局势。然而，除了宗教偏执之外，还有其他过程更能破坏政体。战争带来了沉重的代价。帖木儿国家从巴布尔赢得的领土上不断扩张，从西部的旁遮普邦一直延伸到与孟加拉的边界。阿克巴在北部边境占领了喜马拉雅特莱；南部和西部占领了拉贾斯坦邦、古吉拉特邦、摩腊婆和最北端的德干苏丹国（贝拉尔和坎德什），东部占领了孟加拉和奥里萨邦。在奥朗则布的统治下，比贾布尔和戈尔康达这两个剩余的苏丹国灭亡了，这使整个南部半岛都向莫卧儿人敞开了。热兵器的成功使用和他们军队的庞大规模在很大程度上解释了他们何以在17世纪之前能成功打败其他国家。但是莫卧儿人的军事经验是可以借鉴的，在他们成功的军队中服役的拉杰普特人和马拉塔人也熟练掌握了他们的方法。

在削弱莫卧儿国家的过程中，与军事能力的扩散同样重要的是乡绅这一城乡新阶层的形成，他们较少依赖国家就业和官职，而是更多依赖其积累的财产，并通过财富影响地方行政官员进行地方政治统治。当乡绅阶层的利益不再被莫卧儿人或后来的马拉塔人所维护，甚至反而受到威胁时，他们的忠诚便转向了那些随时准备保护他们财产的人：欧洲人。这种转变是渐进的，对当地社群生活的现有底层结构几乎没有威胁。在北印度的帕伽那层面上，新农村和城市阶级的兴起对从16世纪开始逐渐出现的农村秩序的破坏是有限的，更多的是对那种秩序的修改。尽管如此，到了18世纪，乡绅阶层已经准备好在国家压力下保护自己和农村人民的利益。

鉴于奥朗则布的个人信仰，这种情况足以说服像他这样充满活力和宗教信仰的统治者重振莫卧儿国家的意识形态。奥朗则布转向设置国家正统宗教思想的直接影响是紧缩开支。像阿克巴和沙·贾汗曾赞助的那些具有纪念意义和戏剧性的建筑项目现在成为禁忌，甚至对当时正在开发新的混合或印度斯坦语表达形式的宫廷音乐家和画家的支持也几乎都被叫停了，酒和鸦片也被禁止。奥朗则布重新制定了捍卫伊斯兰教和穆斯林社会应遵循的法律原则，他广泛编纂规范，这些规范被收集为《法特瓦·阿拉姆吉里》（*Fatawa-i-Alamgiri*）。这些给伊斯兰法官的指示表明了乌里玛在多大程度上恢复了他们在阿克巴时代失去的显赫位置。

伊斯兰正统派也参与了对拉杰普特人的离间，帖木儿家族几乎从一开始就依赖拉杰普特士兵及其忠诚。拉杰普特人因恢复吉兹亚和其令人反感的税而感到愤怒。尤其是，他们更难进入军队，并因对拉杰普特统治政体前所未有的干涉而感到刺痛。1679年，著名将军贾斯旺·辛格王公（Maharaja Jaswant Singh）去世后，奥朗则布推迟批准马尔沃（Marwar）王国王位的继承，这引起了人们的怀疑。莫卧儿统治者对拉杰普特继承权的认可权力在很久以前已变为一种形式上的敷衍，现在马尔沃的拉杰普特人武装起义了。奥朗则布的儿子穆罕默德·阿克巴的叛乱，以及他与一些心怀不满、将他这个王子视为可能的重点团结对象的拉杰普特人的联盟，只能令事情复杂化。起义是短暂的，但王子的起义凸显了另一种问题，即马拉塔帝国日益增长的威胁，落败的王子也转而投靠它避难。

进入马拉塔帝国

马拉塔人是印度西部的一群牧民和农民，他们在17世纪中叶开始组建国家。在德干苏丹国的霸权下，在一群控制着高原干燥土地的地方酋长之上，西瓦吉·蓬斯尔建立了马拉塔王权，即使在他自己的血腥时代，他的事业也是丰富多彩的。据说他通过与一位身着隐蔽盔甲的莫卧儿将军谈判，参与了黑手党式的外交，当谈判陷入僵局，或者将军试图行刺他时，他用他的钢爪手套将将军剖腹。

蓬斯尔家族是一个酋长家族，类似于其他在为艾哈迈德讷格尔和比贾布尔的苏丹服务中获得从军经历的家族。通过这样的服务，他们从两个苏丹国获得了优越的土地权。17世纪50年代，西瓦吉开始建立王权。他削减了较小的马拉塔酋长们在浦那（Pune）附近领土上所享有的古老的自治权，从而大大增加了他的财产。新的领土被占领，这使他能够控制山地要塞，他将比贾布尔的士兵从那里赶出，并用他自己的指挥官取而代之。最后，他突袭了位于高原上的领地下方的贸易繁荣的海岸。

这些举动以及比贾布尔旨在惩罚他的远征的失败，引起了新近抵达德干地区的莫卧儿官员的担忧。当他们通过占领浦那来惩罚西瓦吉违背了他们对比贾布尔的保护时，西瓦吉鲁莽地将它收复，并公开羞辱了莫卧儿指挥官和他的家人。随之而来的是更加大胆的行动。1664年，他的士兵掠夺了阿拉伯海上莫卧儿的主要港口苏拉特，带走了一大批宝藏，并劫持了正在前往麦加的朝圣者，以索要赎金。

奥朗则布被激怒了，不得不采取行动。由于拉杰普特人对莫卧儿王朝的统治仍然很重要，拉杰普特将军指挥的一支军队奉命消灭西瓦吉并吞并比贾布尔。西瓦吉最终寻求和解，放弃了他已夺取的要塞，并接受了随后莫卧儿对比贾布尔的征服，成为曼萨布达尔。他还同意拜访阿格拉的宫廷，但他在那里遭受了屈辱，这促使他逃离，据说是通过躲在一个篮子里得以逃脱。

1666年，西瓦吉再次带领他的马拉塔士兵进行新的征战。奥朗则布决心限制马拉塔人对他的德干计划的干涉，试图弥补他们之间的分歧，但这些努力失败了。1670年，西瓦吉再次掠夺苏拉特并击退了另一支莫卧儿军队。随后，他在1674年宣布自己是一位独立的、明确的达摩国王，他的统治将符合中世纪的达摩。在西瓦吉剩下的几年寿命里，他试图通过驯服他骚动不安的儿子桑巴吉（Shambuji），并试图说服奥朗则布恢复早期莫卧儿人明智而宽容的政策，例如撤销吉兹亚，来确保其王位可延续下去。1680年，西瓦吉去世，其子继位。

叛乱的莫卧儿王子穆罕默德·阿克巴在1681年自称皇帝时考验了马拉塔人的保护。自从他的篡权企图获得桑巴吉的同意后，他的举动涉及马拉塔人和莫卧儿人之间战争的重启。这不仅仅是另一个王室儿子的叛乱，其危险是，阿克巴王子的行动得到了莫卧儿军官的广泛支持，他们反对奥朗则布的偏执和他对他大多数臣民的疏远，并且担心会把像拉杰普特人那样的政治盟友变成敌人。考虑到戈尔康达和比贾布尔的那些心存不满的苏丹以及麻烦不断的马拉塔人，在阿克巴王子周围形成强大的反莫卧儿联盟的危险似乎已经足够真实，这样的联盟可以轻松挑战德干的莫卧儿权威并向北进入帝国中心地带，在那里可以找到其他潜在的盟友，例如马尔沃和梅瓦尔的拉杰普特人。

曼萨布达尔通过与马拉塔人成为军事盟友或敌人的经历已经了解到，后者的轻骑兵和游击战术可以成功应对莫卧儿人之前曾非常奏效的大规模军事行动和外交结合的策略。马拉塔人实际上以掠夺莫卧儿军队为生，而且似乎也对自己能够对抗莫卧儿的外交策略充满信心。因此，许多莫卧儿贵族宁愿与德干的帝国敌人妥协，返回他们在北方的家园。但奥朗则布是无情的，1681年，奥朗则布的决断受到考验，那年，西瓦吉的儿子和继任者率领马拉塔军队进入莫卧儿领土，占领了贝拉尔的巴哈杜尔布尔商业中心，掠夺其财富，并在强奸狂欢中羞辱被征服的穆斯林。在这种侮辱中，奥朗则布与梅瓦尔的拉杰普特人草率地缔结了和平协议，并率军进入德干。

莫卧儿帝国的最后一幕

莫卧儿皇帝采取的最初步骤是针对比贾布尔和戈尔康达的苏丹国的，两者都被吞并了，因此它们无法成为他那仍然在马拉塔人的保护下的叛逆儿子阿克巴的穆斯林盟友。对穆斯林批评者来说，他对苏丹国的攻击可以被证明是合理的（如果需要有个证明的话），理由是这些领土的乌里玛呼吁保护他们免受马拉塔人的入侵，而且两个王国的什叶派苏丹已经与这些人达成了共同的目标。1685年，被围攻了一年的比贾布尔要塞被攻占，莫卧儿王朝在那里设立了行政机构，任命了一位省长、一位财务官员和一位军事指挥官，并将所有要塞置于值得信任的莫卧儿军官管理之下。对戈尔康达苏丹国则花了更长的时间才将其制服，直到1687年，在坚固的戈尔康达要塞因其一些守卫者的背叛而遭到破坏之后，它才被吞并。

这些任务完成后，奥朗则布派出军队寻找并惩罚桑巴吉在坎德什的掠夺行为。马拉塔国王于1688年被发现后即被俘获，并被带到奥朗则布那里进行惩罚，结果被砍死并喂了狗。此外，他的儿子和继承人被抓获并被带上莫卧儿法庭。奥朗则布的儿子阿克巴看到他的重要支持者们落得如此下场，就逃到了波斯萨非王朝去寻求庇护。因此，在1689年，奥朗则布似乎已经完成了德干的所有必要工作。他的庞大帝国扩大了20万平方英里，其权力进入了远在南部的泰米尔国家，四个新的省份使他的王国的面积增加了四分之一，并且他们的收入按照承诺会以同样的比例增加王国财富，特别是来自著名的戈尔康达钻石矿，该矿为帝国所垄断。

但和平不是奥朗则布的命中之物。桑巴吉的死并没有使马拉塔变得容易驾驭，因为他的弟弟拉贾兰（Rajaram）被加冕成王并将对莫卧儿发起新的抵抗。新的挑战是在泰米尔国家中部发起的，从拉贾兰逃离被围困的首都赖加尔（Raigarh），逃到避难的金吉（Jinji）要塞开始。在漫长而疲惫的岁月里，皇帝一直在泰米尔国家和马哈拉施特拉邦追踪马拉塔士兵。在此过程中，他的士兵通过强攻或贿赂夺取了数百座马拉塔的山丘要塞。然而，不折不扣的逃亡者拉贾兰于1700年去世后，在他的遗孀塔拉拜（Tara Bai）的领导下，抵抗仍在继续。

奥朗则布在1707年去世前夕，不得不承认马拉塔人还继续控制着许多防御工事，并设法以其他方式削弱了帝国的战力。很明显，马拉塔人与当地莫卧儿官员之间的秘密协议确保了双方在印度半岛许多地区的主权共存，这是基于马拉塔军事战术成功的妥协。

为了避免与莫卧儿军队的重骑兵和大炮展开激战，马拉塔的队伍到处骚扰和劫掠他们。在德干东部，莫卧儿人的情况要好一些，在一个曾是戈尔康达的地方，讲泰卢固语的地方首领和会计师与他们合作，税收定期流入莫卧儿国库。在西部，乡村社群和小城镇的马拉塔领导人继续将西瓦吉的继任者蓬斯尔视为他们土地的合法国王。莫卧儿指挥官可能会有暂时的让步，愿意接受蓬斯尔的不完全统治，但最终马拉塔人还是坚持由西瓦吉的后代统治。

由于马拉塔人在应对莫卧儿压力方面的足智多谋，莫卧儿人和马拉塔人之间的公开战争不断拖延、继续。除了与当地莫卧儿官员达成谅解以避免直接对抗（那些官员特别试图避免对抗）之外，马拉塔酋长还收取朝贡款项以维持他们的军队。其中之一是乔特税（*chauth*），即印度西部当地领主收取的、作为他们被视为提供保护的报酬的四分之一税。另一个是地方高级行政人员作为地区首领对地区全体人口征收的十分之一税［萨德什穆契（*sardeshmukhi*）］。实际上，马拉塔人对德干的大部分地区实行双重政府措施，在设防城镇中将正式主权让给莫卧儿人，但仍保持对乡村社群的控制，并从他们那里获取大约三分之一的税收。

马拉塔的最大的力量仍然是蓬斯尔王室。面对奥朗则布为消灭他们所做的一切努力，他们都承受了。拉贾兰的遗孀塔拉拜担任了她还处于婴儿阶段的儿子的摄政王，成功与莫卧儿王朝谈判，以维护蓬斯尔的权威和蓬斯尔君主制本身的存在，同时保持对莫卧儿各中心的军事压力。1702年，她向前戈尔康达王国（现在称海得拉巴）进攻，发动了一支由50000名骑兵和步兵组成的军队。王国首都遭受掠夺，附近莫卧儿人赖以生存的主要港口默吉利伯德讷姆

（Machilipatnam，也称Masulipatnam）也遭到掠夺，那里的贸易因此中断多年。然而，在奥朗则布死后，为在马拉塔首都造成轩然大波，被劫持为人质的桑巴吉的儿子沙胡被释放。结果证明这一手段是成功的，随后沙胡的追随者和塔拉拜的追随者之间发生了内战，沙胡最终取得了胜利。但有一段时间，马拉塔人在对抗摇摇欲坠的莫卧儿帝国的运动中受到了干扰。

莫卧儿士气的衰败

奥朗则布对德干的执念耗尽了财力和人力资源，但同样重要的是，这也使他付出了另一种可能让他更加衰弱的代价，那就是，帝国的军事精英们丧失了信心和忠诚。战士的活力是阿克巴所创建的政权的基本力量。然而，在17世纪后期，据观察，军事指挥官不再维持由他们的军衔规定的战士和马匹的数量，他们名义上是按照这个数量享有收入。这既是以前对武装特遣队的检查制度的瓦解，也是对军需资金系统性的挪用，以达到私人目的。来自北方领土的许多军官，对奥朗则布以一种外交姿态对从战败苏丹国招募而来的新曼萨布达尔和指挥官青眼有加表示不满。事实上，德干贵族很快就占到了最高级别官员数量的近一半。其他莫卧儿官员对他们自己远在北方的札吉尔和土地的状况越来越感到不安。

另一方面，驻扎在德干的官员抱怨说，没有工资，他们靠作为札吉尔的土地的微薄收入无法维持自己的生活。他们的待遇较差是由于帝国政权保留了大量被征服的土地，这些土地是补充中央国库和满足德干战争迅速增长的成本所必需的。因此，德干的新老官员与他们在阿克巴时代的北方同行相比，与莫卧儿政权的关系往往不那么牢固。

即使在奥朗则布还在世的时候，莫卧儿政权的最高贵族们已开始敦促与马拉塔人妥协并结束战争。由于德干的战争，北部的许多地方都被忽视了：税收情况和国内秩序每况愈下。在莫卧儿人的旧领土中，只有孟加拉在继续将可靠的宝藏提供给阿格拉。孟加拉的莫卧儿官员受到奥朗则布的特别尊重，只要收入源源不断地沿着恒河向上游流动，奥朗则布就会让他们自由地为自己的利益经营。

穆尔希德·库里·汗（Murshid Quli Khan）的职业生涯提供了一个即使是忠诚的孟加拉官员也越来越走向自治的例子，他曾担任迪万①（*diwan*）或称税收管理负责人。据说他一开始是一个贫穷的婆罗门，被一位莫卧儿官员作为奴隶购买，在官员的家里抚养，并接受了财务管理方面的培训。他还年轻时就崭露头角，1701 年，当孟加拉的税收似乎停滞不前时，奥朗则布将他派往那里。他通过提高行政效率和无情地惩罚违约者，成功地恢复了那里的税收。由于这项工作，他被奥朗则布的继任者提升为省长，并被允许几乎自主控制孟加拉，这种情形持续了二十年，中间有一些中断，但一直持续到奥朗则布死后很久，包括在首都从达卡（Dacca）迁至"穆尔希达巴德"（Murshidabad）的阶段。

在北部的其他地方，莫卧儿王朝的权威受到公开质疑。在帝都阿格拉以南发生的贾特牧民和农民首领的叛乱构成了危险的挑战。贾特人所占据的是战略要道，可以拦截和劫掠从德干河进入恒河流域的载着财宝和进行贸易的牛车，直到这条路线被放弃。奥朗则布派军队开路，结果遭到袭击并被击败。除了伤亡，奥朗则布还受到了羞辱，贾特人洗劫了阿格拉附近的阿克巴墓。奥朗则布随后对贾特人的战役吸引已经与他渐行渐远的拉杰普特家族作为盟友加入了

---

① 迪万，此处指省财政头目。

图 17 老年的奥朗则布皇帝。莫卧儿绘画，大约 1700 年（IOL J. 2. 2.；neg. no. B 3140，经大英图书馆许可）。

叛军，他们决心反对在莫卧儿领土的中心地带恢复帝国控制。在这个关键时刻，1707年初，奥朗则布，一个八十九岁的精疲力竭的老人，在德干去世。

这又成为帝国三个还在世的王子间开展较量的信号。这次的胜利者是穆阿扎姆（Muazzam），他击败并杀死了他的兄弟阿扎姆（Azam）和卡姆巴赫什（Kam Bakhsh），并以巴哈杜尔·沙阿的头衔登上了王位。然而，当时他已经六十三岁，只剩五年的寿命。帝国在政治、行政和财政上都处于危机之中，他无能为力。他面临着由于德干长期战争而被忽视的问题，而贾特和拉杰普特起义则加剧了这一问题。很快，下一个增加的是在莫卧儿的阿格拉—德里权力轴线以北的锡克教教徒反叛，而在德干，马拉塔军队通过采用更先进的武器和战术而稳步发展变革。

锡克教教徒在一位魅力十足的权位觊觎者的领导下崛起，他在第十任也是最后一位古鲁被暗杀后，即使没能当上精神领袖，也担任了政治领袖。他成功地赢得了贾特人的忠诚和宗教情感，当时贾特人正在从牧民转变为定居耕种的农民。他们在寻求提高政治和社会地位，而这两者，新的穆斯林出身的锡克教领袖班达（Banda）都提供了，他赢得了整个旁遮普邦的广泛支持。莫卧儿军队进行了几次战役才将班达抓捕并将他折磨至死。有组织的反抗结束了，但锡克教誓死抵抗的气势在警醒人们，到1712年，帝国军队与其敌人之间在军事上日益势均力敌，当时巴哈杜尔·沙阿的死引发了另一场继承战争，从那时起，宫廷政变的步伐加速了。

莫卧儿财政的下滑

莫卧儿人的统治力量已经变得岌岌可危。军事霸权的丧失给其一个世纪以来为帝国添加新的可盘剥的领土并提供奖励新官员手段的胜利记录画上了句号。到奥朗则布统治时期，适合给士兵和官员们作为札吉尔的已开发土地明显短缺。与此同时，马拉塔人、锡克人和贾特人让莫卧儿军队遭受损失，阿克巴时代建立的土地税评估和征收的扎布特（zabt）税收制度的效率正在下降。迪万们和下级财政官员越来越多地采用承包或"转包"税收的方法，也就是说，他们通过向银行家、商人和大地主出售收取上交国库的一定数额的税收的权力，以换取佣金和所谓的地方政治权力，来执行其任务，从而将税务征收私有化了。

包税制经常导致官员手中的税收减少，并且不可避免地为新的乡绅阶层取代皇家官员在乡村的影响力铺平了道路。此外，对土地拥有特殊宗教权力的伊斯兰官员现在看到了，通过与其他当地的土地所有者结盟，而非与一个遥远且明显被削弱的国家结盟，他们能得到更多的利益。在导致莫卧儿王朝最终垮台并塑造了他们继任者的时代的所有因素中，新阶级可能是最重要的变革因素。

然而，在那个新的历史时代被承认之前，最后的一系列政治灾难降临在了后来的莫卧儿王朝身上。从1712年巴哈杜尔·沙阿去世到1720年期间，四场激烈的争夺王位的战争搅乱了贵族和军队，没有出现在早期的王位争夺战之后的那种长期统治的恢复期。著名的孔雀王座仅成为强大的政治和军事操纵者的一个幌子。在这些冒险家中，最持久的是名叫赛义德的兄弟俩，他们在巴哈杜尔·沙阿的领导下找到了任职机会并获得了高位，后者死后，他们通过废除及处决的方式扶持、废黜了至少五个皇帝。在其中的第一个皇帝法鲁克锡亚（Farruksiyar）被废黜之前，他们的阴谋就已经引起了老贵族的强烈反对，这使他们在1718年意识到与马拉塔人结盟具有政治意义，马拉塔人立刻就担任了莫卧儿中心地带的保护者。作为回报，他们获得了对马哈拉施特拉邦以及该邦以外的领土的不受约束的统治权，他们征收的贡品占所有税收收入三分之一以上（比如乔特税和萨德什穆契）。对宿敌做出如此巨大的让步，让饱受压力的巴布尔皇室子孙们遭到了广泛的蔑视。

到1720年，士气低落的莫卧儿贵族开始与曾造就并支持他们的政权断绝联系。大多数人开始将他们的官方权力转化为个人利益，并与想象中的帝国权威的残余争斗。精英内部的潜在分歧形成了对已被削弱了的中央的对抗，例如，中亚埃米尔尼札姆·乌尔·穆勒克（Nizam-ul-Mulk）是一名早期的帝国逃兵，他集结其他图兰人和伊朗埃米尔，在1720年击败了赛义德，尽管后者有马拉塔人的支持。这场军事上的成功为尼札姆·乌尔·穆勒克于1724年在海得拉巴建立一个准独立的王国奠定了基础。

分裂在帝国的中心上演了。1713年后，旁遮普的省长与德里几乎没有任何接触，也很少再向德里纳贡。1726年，他将自己的富饶领土作为一个几乎独立的国家传给了他的儿子。位于恒河中部和东部的阿瓦德（Awadh）土邦看到，其省长在曼萨布达尔反抗他的权力时会将他们从札吉尔系统中移除，以此开始巩固他的个人控制权。1726年，他击退了一支从德里来的军队，这证实了他与中央关系的破裂。

拉杰普特人开始侵占邻近的莫卧儿的区域，德里周围的阿富汗酋长于1728年开辟了一个名为罗希尔坎德-法鲁哈巴德（Rohilkhand Farrukhabad）的独立公国，然后开始向南扩张以挑战贾特人的控制。最后，在孟加拉，穆尔希德·库里·汗在长期用丰厚的贡品为他在阿格拉的主人服务后，试图为自己建立一个近乎独立的王国，并于1727年将其传给了他的女婿。

在18世纪上半叶，莫卧儿帝国解体的背后是马拉塔国家，它在巴拉吉·维斯瓦纳斯（Balaji Viswanath）的领导下获得了强大的力量，他是马拉塔"首席部长"［佩什瓦（peshwa）］中的第一位。

马拉塔时刻

马拉塔人是从居住在印度西部领土上、讲马拉地语的主要农民氏族中脱颖而出的。在16世纪，比贾布尔和艾哈迈德讷格尔的苏丹招募他们担任轻骑兵并以此平衡他们雇佣的穆斯林士兵的政治野心。其他从穆斯林霸主的平等机会政策中受益的马哈拉施特拉邦人是婆罗门，他们分为居住在海拔较高的干燥高原并被称为达沙斯塔（Deshastas）的人以及来自阿拉伯海沿岸低地、康坎地区被称为吉特巴万（Chitpavans）的人。虽然他们都讲马拉地语，但他们小心地将自己的身份与农民身份的马拉塔人区分开来。婆罗门的崇高地位源于对穆斯林政权的行政服务效劳，也源于他们参与马哈拉施特拉邦的巴克蒂崇拜或虔诚崇拜。

除了向邻国提供士兵和行政人员外，马哈拉施特拉邦还吸引了经济利益的到来。棉花纺织、种植和编织都为苏拉特港的高价值的商品贸易做出了贡献。繁荣的跨区域贸易连接了高原和沿海地区。从沿海地区运来的物品包括各种椰子产品、鱼、盐、木材和水果，它们被交换成了陆地产品，如甘蔗、棉花、烟草和豆类，补充了沿海地区的大米饮食。

16世纪和17世纪马哈拉施特拉邦的最后一个特征是其地方当局的结构，它有助于解释18世纪的一些协同扩张主义。一些城镇和城市显示出其与之保持联系的更广泛的德干地区，及马哈拉施特拉邦以外的艾哈迈德讷格尔、奥兰加巴德、那格浦尔、纳西克和布尔汉普尔这些阿拉伯海沿岸地区的影响，但该地区的政治属于那些被称为德什穆克（*deshmukh*，字面意思是"土地或地方的首领"）的农村酋长制度。

德什穆克的领土控制范围在二十到一百个村庄之间，每个村庄都有一位强大的首领［帕提尔（*patil*）］，由一个记录员［库尔卡尼（*kulkarni*）］协助。首领一定是来自马拉地农民种姓，而乡村会计几乎总是婆罗门。在国内没有强大的国家机器的情况下，这些地方社群级别的官员就是政府，像德干苏丹或后来的莫卧儿王朝等这样的外部权威的作用很小。他们都不定期地从农业和贸易中收取税收，并授予德什穆克、帕提尔和库尔卡尼合法的授职文件或税收合同。一个得到莫卧儿王朝认可的更高级的德什穆克职位是萨德什穆契，首席会计师［德什库尔卡尼（*deshkulkarni*）］也是如此。17世纪的马拉地语政治论文《阿吉那帕特拉》（*Ajnapatra*）揭示了这些职位的含糊之处：

> 德什穆克和德什库尔卡尼、帕提尔等，他们可能被称为"职位拥有者"（officeholders），但这只是一个约定俗成的术语。他们实际上是很小但自给自足的酋长。他们本身并不强大，但他们通过与"拥有土地的领主"［即国王］的结盟成功地保持了他们的权力。然而，不能认为他们的利益与后者的利益一致。这些人实际上是帝国的共同分享者［达亚跶（*dayada*）］。[6]

作者是马拉塔国王西瓦吉的一名大臣，他与17世纪的其他统治者一样，寻求对自治农村的更大控制。"达亚跶"这个词恰如其分地描述了17世纪和18世纪国家对讲马拉地语的人的轻视，但在强有力的领导力下，可以从内部激发高度地方化的社会政治体系，这种情况在 18 世纪，随着莫卧儿王朝势力衰落，在早期的马哈拉施特拉邦发生了。

奥朗则布扼杀马拉塔人的政治和军事挑战的决心，始于对向叛军王子阿克巴提供庇护的西瓦吉的继任者桑巴吉的惩罚。随后，皇帝找到了其他理由试图摆脱马拉塔人对德干的侵蚀，并将莫卧儿王朝献给了这一最终徒劳的追求。桑巴吉娴熟狡黠地应对针对他的攻击，尽管最终他被抓获并被处决。与此同时，奥朗则布发现自己受到对他那种王室的自命不凡的派头不满的德什穆克的威胁，他们中的一些人甚至接近奥朗则布，提出要与莫卧儿人一起对抗桑巴吉，前提是他们能得到足够的犒赏。作为为莫卧儿效力的回报，他们想要确认他们家族积累的所有特殊权力都将保持世袭，他们其中一些人被狡猾的皇帝授予了价值不菲的封地（札吉尔）。桑巴吉将他们的村庄烧毁，以此来处理他们的叛变，就连一些与自己家族联姻而关系亲近的也没有放过。

桑巴吉的继任者面临着德什穆克同样摇摆不定的忠诚。后者经常在莫卧儿和马拉塔之间摇摆，每次转换都是德什穆克增加家庭财产和权力的机会。作为回报，当一个德什穆克叛逃时，他会带走他所指挥的民兵。到桑巴吉的孙子沙胡国王（这个名字的意思是"诚实"，最初是奥朗则布用来对比他与西瓦吉的性格而起的一个绰号）时，从 1708 年到 1749 年的统治时期，马拉塔的战斗队有能力组合成强大军队定期袭击掠夺莫卧儿王朝沿北部边境的地带。很快，他们就干脆直接向德里进发，并继续掠夺卡纳塔克邦和泰米尔国家的部分地区。

马拉塔统治下的新经济和社会机遇

战争为德什穆克中有才华的指挥官提供了机会，但婆罗门也有越来越多的机会，他们也为 18 世纪初马拉塔权力的蓬勃发展做出了贡献。其中值得注意的是吉特巴万的首相世系，他们在国王沙胡及其继任者的领导下担任佩什瓦职位。

佩什瓦最初与记录员一样，是比较低微的职位，在佩什瓦巴拉吉·维斯瓦纳斯的领导下，该职位转变为王国首相以及大臣，并开始了世袭。维斯瓦纳斯的儿子巴吉劳（Bajirao）于 1720 年至 1740 年担任该职位，而巴吉劳的儿子巴拉吉·巴吉劳（Balaji Bajirao）从之后至 1761 年担任该职位。在佩什瓦下形成了一个新的精英阶层，部分由旧的德什穆克家族组成，其中加入了一些其他白手起家的男性和军事领导人，他们可能拥有不高于村长的血统。在新兴的马拉塔国，新派男人和家庭取代了未能达到适应新时代政治的掠夺和机诈善变标准的老家庭。

马拉塔人中主要的德什穆克和士兵头领有着持久独立和变化无常的从属关系，鉴于此，马拉塔国家所拥有的这种稳固性必须归功于沙胡和他的大臣们——那些佩什瓦。18 世纪上半叶，王权的巩固是通过将王室权力授予那些为沙胡或佩什瓦服务的人来勉强实现或收买的。这些是非世袭的特权和财产授予，本应以任职于国家服务机构为条件。然而，通常获得此类荣誉的战斗精英们都努力地将被授予的条件转化为受社群支持的世袭特权，这被称为"瓦坦"（*watan*），这个用语表示"家"和家庭的核心权力，财富和地位取决于这些权力。尽管如此，在沙胡统治的四十余年期间，尽管大批地主从国家公职中获利，但由于国王和继任大臣都已年迈，一个更强大、更集中的国家结构开始形成。

沙胡在位的大部分时间里，马拉塔统治下的领土不断扩大，并从中抽取贡品。在他于1749年去世后，直到1761年，这些领土征服首先在佩什瓦巴拉吉·巴吉劳的领导下继续进行。沙胡明智地选择了二十岁的巴吉劳在1720年跟随他的父亲进入佩什瓦的办公室，这与他得到的建议相悖，但当巴吉劳概述他的计划时，顾虑也随之消除。巴吉劳已决定对莫卧儿人发动大规模的马拉塔攻势，为未来推进马拉塔统治进入南部并对抗海得拉巴的尼扎姆（Nizam）王国留下了可能性。他还决定由他本人代表沙胡指挥这次北伐，以确保国王才能获得他确信会随后到来的、令莫卧儿人威风扫地的结局所带来的荣耀和财富。为了资助这次军事行动，他判断它所产生的财富将可用于支付战争以及随后对古吉拉特邦和摩腊婆的管理。甚至德里本身也没有被排除在征服对象和财富来源之外。

巴吉劳在为这些任务选择指挥官时非常精明，他越过德什穆克人的老牌精英，把指挥权交给了盖克瓦德（Gaikwad）、霍尔卡（Holkar）和信德家族的新人，他们一直忠于沙胡和他的父亲，现在则忠于巴吉劳。强大的军队形成了，当他们没有被部署到佩什瓦的征服计划中时，他们通过在一些遥远的冲突中被雇佣给较小的领主来服务于他的利益。

北方的冒险在继续。到18世纪20年代中期，在沮丧的莫卧儿指挥官以及代表莫卧儿进行干预的尼扎姆军队被击败后，摩腊婆和古吉拉特邦被从莫卧儿的统治中解放出来。现在有必要对付尼扎姆了，这个巴吉劳做到了。1728年，尼扎姆的主力被马拉塔骑兵围困在奥兰加巴德周围，这是有利于游击的地形，尼扎姆被迫同意了巴吉劳的条件。巴吉劳要求承认沙胡为马哈拉施特拉邦的国王和德干其他地区的霸主，从中可以由马拉塔官员合法地收取乔特税和萨德什穆契的贡品。

恢复北方征服的道路开启了，在18世纪30年代，规模比以往任何时候都更庞大的马拉塔军队向北驰骋到恒河谷，并最终于1737年袭击了德里。马拉塔人从蒙受羞辱的莫卧儿皇帝那里收取了赎金，一年后又大败了另一支莫卧儿军队。1739年在博帕尔达成的一项条约正式将从讷尔默达河到昌巴尔河的摩腊婆割让给马拉塔人，这使他们的统治到达了阿格拉以南约50英里，而获胜的巴吉劳则给沙胡增添了一大笔财宝作为礼物。

征服了这片广阔的领土之后，佩什瓦立即通过在较大的柴明达尔的宫廷里任命马拉塔人为贡品收集者来巩固统治。对摩腊婆的征服成为其他征服的典范。马拉塔人的统治首先建立在农村而不是城市，一开始并没有努力取代当地的农村大亨，只是向他们收取贡品。

巴吉劳对马拉塔权力扩展的信心与其说是因为他们的军事优势，不如说是因为他们的敌人，尤其是莫卧儿人的弱势。诚然，马拉塔人的势力越来越大。18世纪初期，他们的军队由不超过5000名的骑兵组成，没有炮兵。1720年之后，作战部队的规模增加了一倍，但即便如此，他们在炮兵方面也无法与莫卧儿人和其他敌人匹敌，这在18世纪30年代中期对尼扎姆人的战争中被证明是严重的局限。然而，最终，在伊朗国王纳狄尔沙（Nadir Shah）对印度的灾难性入侵期间，莫卧儿人未能在奥朗则布时代之后保持其火炮实力，这一点变得显而易见。

纳狄尔沙易如反掌地将莫卧儿人从阿富汗赶出，继而大胆挺进旁遮普邦并向德里进军，在那里，他于1739年击败了士气低落的莫卧儿军队。作为曾经伟大的莫卧儿人的最后耻辱，这座城市被洗劫一空，在掠夺期间，超过20000个居民被屠杀。大量的宝藏被洗劫一空，包括孔雀王座本身。纳狄尔沙成功的因素之一是他的改进的武器，尤其是用于对抗莫卧儿骑兵的马枪。

马拉塔对货币的控制

马拉塔在德干的统治与其说是基于其占优势的军事实力，不如说是基于1740年之前在佩什瓦和沙胡手下成长起来的马拉塔精英的素质（与此同时，前莫卧儿帝国的统治阶级分散在了各省和小型王室中）。天资聪慧和雄心勃勃的马拉塔农民发现了发财致富的机会，即使德什穆克家族的老精英阶层已倒下，婆罗门随之崛起。他们的文书能力非常宝贵，因为征服之后是民事统治的建立。佩什瓦的吉特巴万亲属们是荣誉和职位的特殊接受者，他们不仅是官僚，而且是巴吉劳本人的士兵。其他婆罗门人成为银行家，加入了那些被从传统银行集团吸引到国家服务机构的人。金融知识和机构被调动起来了，以实现来自日益扩张的帝国的贡品的迅速转移，到了1740年，巴吉劳在浦那采取了将所有财政职能集中的政策。

马拉塔帝国的北部边境被迅速推进到拉贾斯坦邦、德里和旁遮普邦。在东面，马拉塔人从那格浦尔向比哈尔邦、孟加拉邦和奥里萨邦发动袭击，南部受马拉塔影响较久的卡纳塔克邦以及向东的泰米尔和泰卢固地区经历了马拉塔的统治，这种统治现在因其在次大陆的主导地位而充满活力。1745年至1751年，马拉塔酋长拉格吉·蓬斯尔（Raghuji Bhonsle）每年都发起掠夺远征，遭到了孟加拉的阿里瓦尔迪·汗（Alivardi Khan）的强烈对抗，当时孟加拉或多或少独立于德里。尽管如此，拉格吉还是强迫搞了一个解决方案，将奥里萨邦置于马拉塔人选出的省长之下，使其成为一个实际的马拉塔省，此外，孟加拉即将提供大量贡品。马拉塔人和尼扎姆人之间在马拉塔帝国东南边界的卡纳塔克邦的冲突在继续进行，形成了双方共享卡纳塔克邦的僵局。

到18世纪50年代，定期突袭让位于更持久的行政盘剥，这见证了在德干复杂的政治中新增加的一个元素，当时法国领导的为尼扎姆效力的雇佣军正在与马拉塔士兵作战并提供了令人印象深刻的军事技术，这是基于训练有素的步兵编队，以射击速度快、铸造精确的火炮为后盾，这两者都削弱了马拉塔轻骑兵以前的优势。

再往北，在拉贾斯坦邦，马拉塔人的影响呈现出另一种形式，在那里，他们放弃了领土扩张，转而对众多大大小小的领主实行朝贡制度。拉贾斯坦邦政策的一个利润丰厚的副业是将马拉塔部队租用给为了某些领土优势而相互争斗的小酋长。随着时间的推移，马拉塔朝贡政权将自己扩展到德里50英里以内，在那里，在一个狭窄的区域内，庞大的莫卧儿帝国的残余势力已经奄奄一息。

佩什瓦官僚机构

摩腊婆和古吉拉特更靠近马拉塔的中心地带，比拉贾斯坦邦拥有更多的财富，因此被以不同的方式对待。它们引入了包税制系统，为佩什瓦提供可靠的收入来源，而无须对当地社会的经济和政治结构进行任何代价高昂的改革。这个体系中的马拉塔关键官员被称为卡玛维斯达（*kamavisdar*），他由佩什瓦任命，有权维持一小队士兵，负责维护他购买了征税权的行政区域地带的治安。一小部分通常是婆罗门的文员和小仆人被雇佣来负责维护佩什瓦要求的准确收入记录。在特定地方的税收首先由佩什瓦的公务员进行估算，之后每年都会将包税制合同进行拍卖，通常是根据前几年的收益定价。一位赢得了卡玛维斯达合同的有抱负的包税制农民，拥有财富和诚信的声誉，他被要求先支付全部预期收入的三分之一到二分之一，这些要么来自他自己的财富，要么来自他可以从银行家那里借来的钱。尽职尽责的卡玛维斯达对他们竞标的地方进行了详细记录，以便他们可以在随后的几年中重复这一过程。他们中的大多数人还投资他们划拨的领土上的种植业和商业，期望在他们通过收入合同获得的佣金之外再增加一些收益。

从他们的信件和账簿的分类账这些公文来看，佩什瓦管理下的记录超过了印度以前已知的任何记录，这些为现代历史学家提供了丰富的资源，也为下个世纪英属印度效仿的地方管理模式提供了借鉴。马拉塔政权在其鼎盛时期由那些博学多才的婆罗门领导，他们制定政策，也制定账簿。当时的其他政权也聘用了抄写员并保存了一些记录，这些记录通常由婆罗门维护，此时婆罗门的种姓工作不是祭司，而是世俗性的，就像吉特巴万一样在政治和商业世界中工作。因此，虽然吉特巴万可能已经设计了印度到那时为止所知的最复杂的文件控制系统，但他们并不是唯一一尝试它的人，部分原因至少是因为到了18世纪，管理体系的问题对所有人来说都变得更加复杂。

到了那个时候（如果不是更早的话），官僚管理对国家来说开始与军事和魅力型君主同等重要了。准确的记录保存已在许多地方环境和机构中引入，但直到18世纪，这一原则才在政治秩序的顶层得到体现，这归功于婆罗门管理者构建了与时代挑战相对应，但又与他们传统的种姓职业非常吻合的国家形式。

像佩什瓦这样的政权"与莫卧儿王朝相比看起来明显更现代"，他们在军事上为莫卧儿王朝的垮台做出了贡献。但莫卧儿王朝灭亡的种子不仅仅是军事或行政方面的。农民的失控和叛乱使他们在德干地区的处境进一步变坏。与此同时，在莫卧儿社会中培育出来的贵族看到反对帖木儿政权更符合自己的利益。18世纪的马拉塔王国面临着一些相同的变革压力，但至少在一段时间内，他们设计出了减轻这些压力的方法。

佩什瓦们不得不主导一个复杂的谈判世界，与马拉塔人在摩腊婆、古吉拉特、坎德什以及在高韦里河流域和南部其他地方的偏远地区的领土上遇到的各种地方机构进行谈判。柴明达尔，或称大地主，代表强大农民种姓的村长，以及德什穆克，或称地区首领，要么必须被压制，要么必须被整合到日益集权的结构中。这意味着让这些历史上自主的大亨屈从于统治者的意志和法令。前所未有的举措在于，资源必须经过准确和详细的评估，以便中央的要求能够被仍然有能力进行有效且代价高昂的抵抗的传统社区首领视为合法。

渐渐地，在18世纪，那些16世纪的原乡绅作为一个阶级出现了，其成员在与马拉塔和继承他们的英国等国家的政治关系中享有特权，他们参与农村商品生产和集镇活动。这些精英还成为当地文化的仲裁者、宗教组织的受托人，而这些角色以前属于国王。从这些支持中，这些人在他们的社交世界中又一次获得了声望。

反映社会流动和阶级形成过程的是新的生产形式。18世纪初是又一个建筑时代，最著名的是富裕家庭的豪宅，依据深闺原则，其壮观气派的外墙将奢华的内部庭院四周围起来，进出受到限制。新的金属制品、装饰性象牙制品、木制品和银制品的奢侈品消费市场发展起来了，对音乐家和诗人的支持成为精英准宫廷生活的一部分。一个新兴的富裕、有权势的家族阶层出现了，它们构成了20世纪现代中产阶级的基础。

马拉塔继位之争

沙胡国王的长期统治于1749年结束。皇室各派之间继位斗争的混乱局面很快随之而来，直到佩什瓦巴拉吉·巴吉劳为恢复秩序而出手干预。各个争斗派系的首领被召集起来，被迫接受他设定的条件，因为此时佩什瓦实际上已成为无冕之王。他决定此后王国的首都将定在沙胡过往的朝廷所在地浦那，而不是萨塔拉（Satara）。某些职务，例如曾由王室任命的名义上的军队统帅被废除了，同时许多王室权力也被废除。所有的权力和权威现在都集中在佩什瓦的办公室里，他坚持要在所有事情上控制国王。

婆罗门大臣篡夺王权的事件，只是证实了一个长期发展的局面。随着政府结构更加集中，大臣权力也随之增加。巴拉吉·巴吉劳指挥着一支由受薪士兵组成的军队；马拉塔士兵不再每年都退出战役去耕种田地。马拉塔农民战士军团的日子结束了，大多数战士都成为有偿士兵，驻扎在远离家乡的堡垒和城镇，并接受过成为步兵和骑手的训练。然而，炮兵仍然很少被纳入军队之中。大炮名义上由马拉塔军官指挥，那些操作和维护它们的人通常是葡萄牙人、法国人和英国人等外国人，但炮本身并没有达到欧洲人已经掌握的火炮技术水准，也不是一种新型的、具有威胁性的力量，能在1761年在德里附近的帕尼帕特消灭马拉塔帝国。

帕尼帕特这个地方让马拉塔人与阿富汗国王杜兰尼家族的艾哈迈德·沙阿·杜兰尼发生了毁灭性的邂逅，后者已经证明自己有能力阻止马拉塔人向旁遮普邦进军，他在最后向德里挺进前曾八次入侵旁遮普邦。马拉塔人兵分几路由不同的指挥官指挥作战，他们以截然不同的战术打仗。其中一些人沿用旧方法，使用轻型骑兵，一些人采用笨重的莫卧儿战术，而一名穆斯林指挥官则以欧洲训练有素、协调一致的步兵和炮兵阵线为蓝本部署他的军队。

武器决定了1761年1月的战斗结局：阿富汗人的轻型机动火炮被证明对马拉塔骑兵和步兵都是致命的。六个月后，聚集在帕尼帕特的支离破碎的马拉塔残余部队回到马哈拉施特拉邦，到那时，马拉塔人对次大陆的统治已经成为历史。

在接下来的四十年里，由佩什瓦短暂集权的政体被分解为若干个目标一致的国家：他们将不再容忍吉特巴万大臣们的傲慢统治。反之，主要的马拉塔家族，全都由在佩什瓦统治下涌现出的新兴军事精英成员组建，专注于建立自己的王国。那些新的王国位于盖克瓦德家族统治下的古吉拉特邦的巴洛达（Baroda）、摩腊婆的印多尔（Indore）和霍尔卡家族统治下讷尔默达以北的德干中部地区。德里南部的瓜廖尔（Gwalior）由信德家族统治；在马哈拉施特拉邦西部的那格浦尔仍旧由蓬斯尔家族支配；最后，在浦那地区，佩什瓦的后裔保留了一种由竞争的小家族把持的脆弱的领土支配权，正是这组分裂的马拉塔国家，即18世纪中叶几十年大规模扩张的碎片，与在孟加拉和卡纳蒂克地区巩固领土并准备开启印度的殖民时代历史的英国势力相对抗。

欧洲的影子

到17世纪后期，由于欧洲人对印度纺织品和香料的需求，半岛的科罗曼德尔海岸（东）和马拉巴尔海岸（西）的贸易量和贸易价值都大幅增长，欧洲人后来组成了企业贸易公司：英国、荷兰和法国的东印度公司。这些欧洲人成为贸易不可或缺的一部分，以至于英国公司的主要董事约西亚·查尔德爵士（Sir Josiah Child）一度相信他可以从莫卧儿人手中夺取贸易特权。他的兄弟从詹姆士二世那里获得了十几艘战舰，封锁了孟买和附近的其他港口，并在1685年扣押了一些有莫卧儿执照的船只。到那时，被英国人占领的孟买岛已经开始慢慢与苏拉特争夺西海岸首要贸易中心的地位。在东海岸，英国人从1639年起从马德拉斯进行交易。在南部，法国人在本地治里安顿下来，而在北部，荷兰人则驻扎在普利卡特（Pulicat）。查尔德要求莫卧儿人将除英国公司以外的所有欧洲人排除在贸易之外，并扣押了其他欧洲人和印度商人的船只。奥朗则布愤怒地下令停止在西海岸的所有英国贸易，并没收那里和孟加拉的英国公司的货物。受辱之后，英国人求和，要求赦免和恢复正常贸易，并同意支付赔偿金。

但是，欧洲商人正在聚集的经济力量不会被长久排除在外，这不仅是因为他们拥有武装船只和资本储备（包括从新世界进口的白银）来确保对印度国际贸易的统治，而且他们的自治中心，如马德拉斯的圣乔治堡，吸引了看重这些地方相对和平和财产受保护的富有的印度商人和银行家。欧洲资本也开始通过17世纪后期在印度西部和东部广泛采用的包税制进入沿海社会的领土治理中。

中世纪的思想和制度在这一时期继续发展，但这种演变越来越受到与欧洲人的互动的影响，那时欧洲本身正在经历重大变化。因此，有两个过程需要考虑，每个过程都有自己的历史，它们之间还会相互作用。

在葡萄牙人开启接触后的两个世纪，来自欧洲的商人数量急剧增加。17世纪初，英国和荷兰商人开始与印度进行定期贸易，此时葡萄牙人已被边缘化了。到该世纪末，英国人已将荷兰东印度公司排除在竞争之外，到18世纪中叶，仅剩下法国人这个经济上软弱但政治上危险的对手。

1700年的印度展示了一幅具有欺骗性的图景。从表面上看，莫卧儿王朝是庞大、富裕、强大和稳定的。英国东印度公司在1686年对莫卧儿人发动战争的鲁莽行为受到了奥朗则布的惩罚。英国人错误地认为他们可以利用对印度周围海域的控制来抵消莫卧儿的军事力量并获得商业优势。在遭受屈辱之后，他们幸运地被允许恢复利润丰厚的贸易。帝国城市的财富，其制成品的珍贵品质，吸引了活跃的国际贸易，印度农业似乎有能力维持政府行动和大规模军队所依赖的土地收入，所有这些似乎都已注定会持续。难怪17世纪以及之后的许多人将其称为"新时代"。

莫卧儿"新时代"的脆弱

反对这一评价并对此深表怀疑的，是另一种解释，它说明了为何在1707年奥朗则布逝世后，一个大国瞬间分崩离析。在奥朗则布长期统治的后半期，其行政框架的崩溃缩短了所谓的莫卧儿"新时代"。阿克巴的体系在对抗马拉塔人的德干战争的过程中变得庞大且头重脚轻，这些战役也产生了其他后果。奥朗则布跟随穆罕默德·图格拉克到德干的几乎同一个地方建立新首都。因为决心粉碎西瓦吉和他的马拉塔继承人，他在马拉塔国家建立了他的边陲首都奥兰加巴德。那里确实有奥朗则布的简陋坟墓，这象征了德干作为莫卧儿王朝的坟墓的角色。到17世纪的最后二十五年，几乎已没有耕地可以分配给那些在德干为皇帝服务的新官员，到处都是新老莫卧儿家臣向农民生产者提出更多要求。那些繁重的要求是在莫卧儿中心地带发生锡克教和贾特农民暴动的部分原因。这些叛乱也受到社区意识形态的影响，并以社区意识形态为中心，或者用"社群主义"来描述更恰当，其基于身份认同的种族和宗教元素和民众动员，这也是18世纪形成的新政治体制的核心。

在阿克巴之后的莫卧儿时代，另一个不断累积并使莫卧儿衰落的变化是巴布尔的关于包括轻骑兵和机动炮兵的军事创新被传播到各种雄心勃勃的战士首领中。同时，并且致命的是，莫卧儿人放弃了这种战争模式，而由此发生的变化说明了问题。阿克巴曾率领一支小部队无所畏惧地向古吉拉特邦发动了400英里的骑兵冲锋，并凭借出其不意和机动性赢得了那个富庶的省份。17世纪的莫卧儿军队已经变得非常庞大而缓慢，大象行列、成群结队的营地尾随者和供给者，以及攻城炮，由此产生的龟速移动的堡垒城市很令人生畏，但它也容易受到更敏捷、使用枪支的骑兵的攻击，例如17世纪后期马拉塔酋长西瓦吉的骑兵。奥朗则布在17世纪后期为试图遏制马拉塔掠夺者付出了非常高昂的代价，18世纪马拉塔佩什瓦的马匹将整个莫卧儿军队扫荡到一边，夺取了恒河中心地带。

那么，可以说，莫卧儿人的突然衰落表明他们没有开启"新时代"，也没有为未来的印度设定方向。他们显然是印度中世纪时代的顶峰，在这个时期，各种政权都在努力实现能够利用城市化货币经济和国际贸易的国家建设潜力的更高度的中央集权，但收效都不大。舍尔·沙的阿富汗政权比其他政权更进一步、更快地推动了中央集权，他的创新被纳入了一个军事实力略高于阿富汗人所能集结的力量的莫卧儿政权。莫卧儿的军事统治不受部落组织的限制，不像阿富汗人，有能力的士兵可以从遥远的非洲和波斯以及次大陆的非穆斯林中被自由招募到莫卧儿服役。这与阿克巴构建的行政框架一起为莫卧儿政权提供了保持强大的手段，当时世界上其他旧政权正在经历欧洲历史学家记录的"17世纪危机"（并且很容易假设那一定是世界性的）时，莫卧儿人完善了中世纪后期的制度，并将印度的下一次政治、社会和经济危机推迟到18世纪，那时人们设计了新的解决方案，这种解决方案一直持续到殖民时代。

东印度公司

引 言

即使在当时，一家贸易公司收购一个帝国也被认为是异乎寻常的，在那些年间有过许多对此试图进行解释的尝试。需要解释的是它是如何发生的以及为什么会发生。关于这个问题的标准俏皮话是，它发生在无意识的情况下。但是，从这个玩笑的正确的方面而言，可以说，这种无意识更多发生在印度的本土统治者身上，而非在那些追逐利益的征服者身上。

对帝国进行诠释

许多人，甚至是民族主义历史学家，都接受了英国统治下的帝国主义辩护者的观点，认为东印度公司征服印度是由于奥朗则布死后据称发生的混乱，它是有必要的。许多帝国主义和民族主义历史学家都认同，1707年之后，一个毁灭性战争的时代开始了，导致了经济衰退和无政府状态，直到东印度公司统治的建立，情况才得到遏制。帝国主义和民族主义两个阵营中的一些人进一步认为，在托马斯·芒罗、蒙特斯图亚特·埃尔芬斯通（Mountstuart Elphin-stone）、约翰·马尔科姆和查尔斯·梅特卡夫（Charles Metcalfe）等有远见的人的领导下的东印度公司于19世纪初开启了有希望的发展，后来被维多利亚女王的大臣们在1858年至1901年之间颠覆了。

针对这些对印度向殖民统治过渡的理解，有另一种观点则提出了截然不同的发展方向。根据这个较新的论点，奥朗则布死后盛行的政治制度和经济比以前想象的更加稳健有序，部分原因是后来18世纪创建的那些邦国对莫卧儿的制度和做法有广泛借鉴和改进创新。例如，18世纪的政权往往通过直接和建设性参与促进农业生产而取得成功，就像莫卧儿王朝那样，坚持要求那些获得土地以支持其军事、民事或宗教机构的人增加农业种植。诚然，成功率参差不齐。

最近的研究表明，持续的、实质性的，也许是不平衡的经济增长和政治发展，更具有18世纪后莫卧儿时期的特征。这在那些追踪例如印度西部和北部的马拉塔人与锡克教教徒那样小型的区域政体以及许多其他较小王国的兴起的专著中有很好的记录。

但是，这种相对稳定的国家是如何出现的？同样，为什么到18世纪末有这么多国家沦为东印度公司的猎物？这两个问题的答案可能都在同一系列发展过程中。如前所述，奥朗则布统治下的印度见证了商业贸易的发展和土地"乡绅"阶层的出现。先前的解释已将17世纪后期对莫卧儿官员要求的日益抵制视为"农民"反抗的迹象。然而，较新的史学观点强调，所涉及的力量和所表达的意愿都大大超出了"农民"的传统含义。虽然马拉塔人、锡克人和其他团体所做的动员可能得到了农民的支持，但也涉及不同范围的社会参与者，而随着简单的反叛让位于国家形成过程，这些社会参与者的作用得到了增强。

需要银行家和商人提供资金；需要抄写团体提供行政技能；需要理论家将从帝国士兵的卑微队伍或昔日农民酋长中产生的新统治合法化。这些新势力的附庸者包括受过教育且往往是有教养的婆罗门和穆斯林，以及吠舍种姓的后裔。他们在新国家秩序中的影响力稳步增长，特别是在应对战争的需要方面。以直接征收系统为中心的莫卧儿税收方面的古典做法逐渐让位于包税制形式，在这种形式下，银行家和商业巨头这样的富人通过竞标取得在指定的地方收取赋税的权力，并在他们收取的佣金中增加自己的资本，用于对被征税的土地和商业进行投资。他们还利用与征税相关的警察权力来胁迫商品生产商。这些与税收相关的商业活动，加上强劲的国内外贸易，在正式殖民统治开始之前很长时间就已加速了印度本土资产阶级的发展。

18世纪本土发展的另一个方面是，越来越多的穆斯林统治精英是从本土招募而来，而不是像通常情况下那样从很远的伊斯兰世界的地区招募而来。大多数新统治者来自改宗家庭或长期居住在印度的团体，例如在恒河西部建立小型罗希拉（Rohilla）王国的阿富汗人。同样，印度教邦国的新统治者较少是中世纪作为统治者的刹帝利血统的拉杰普特氏族的后裔，更多的来自占主导地位的当地农民，如马拉塔的昆比人（Kunbis）或锡克教贾特人。当这种当地招募的"土生土长"（本土主义）精英构成了地主和统治阶层的重要组成部分时，莫卧儿时代早期的直接农业剥削就无法再实行了。即使在18世纪的少数几个较大的王国中，当然也在大多数其他王国里，旧的莫卧儿习俗也被更注重从区域和国际商业中获得收入的经济所取代，税收负担从种植者身上转移到商品生产者和贸易商身上。

图18　古吉拉特邦艾哈迈达巴德的迪沃提亚家族的豪宅。哈维利（Havelis）是坚固的木结构建筑，是18世纪和19世纪等级森严的商业社区中重要贸易家族的家庭和商业总部（由维瓦克·南达提供）。

　　南亚的"国家"的社会经济基础当时正在发生变化，国家建设进程在朝着建立更加统一和集中的秩序的方向发展，这取代了过去分割式的政治结构。在这方面，穆斯林和印度教政权与同时代的西亚的奥斯曼帝国和萨非王朝有许多共同之处。事实上，其与欧洲历史中稍早一些的后中世纪国家也有许多共同之处。不过，与西亚以及欧洲的类似时期相比，有一个因素在更大程度上影响了印度的这些过程，那就是欧洲商人本身的存在，他们已经在印度的海上贸易中发挥了重要作用，并且在18世纪新兴国家的形成过程中，正逐渐深入内陆。而构成这些国家支柱的银行家、文士、贵族甚至农民也与欧洲人有利益联系，这可能会给他们的忠诚度造成压力。

葡萄牙人在亚洲

当英印关系开始时，阿克巴的印度是整个欧亚大陆国土面积最大、国力最强的王国之一，而伊丽莎白女王的王国是最小、最弱和最外围的王国之一。在那之前的世纪里，在探索和主导印度洋贸易方面最有经验和最成功的欧洲强国是葡萄牙。葡萄牙人于1498年在瓦斯科·达·伽马（Vasco da Gama）的指挥下乘坐三艘船抵达印度，他们绕过了好望角，抵达了马拉巴尔海岸。他们很快就与当地统治者进行了谈判，试图为自己的民族国家争取垄断贸易特权，但没有成功。

那时，探索并对世界上尚且未知的和未信奉基督教的地区宣称主权的"权力"在西班牙和葡萄牙之间（在教皇的赞许下）被划分。当西班牙被授予新世界（除了南美洲最东的部分，那里超出了西班牙所属半球势力范围）时，亚洲落入了冒险的葡萄牙人的手中。尽管他们无法立即排除阿拉伯异教徒，但与印度的贸易增加了，到1505年，一位总督被任命，他带着帝国的预谋就任了，他们很快在西海岸的几个地方建立了贸易站。

印度洋贸易在葡萄牙人出现之前大体上是自由的。为了获得对该系统的控制权，葡萄牙人不得不付出购买装备和维持武装部队的费用。贸易站变成了"海关"，或者更确切地说是敲诈勒索站，商人在那里购买"保护证书"，以"保护"他们在公海上免受葡萄牙官方海盗的侵害。沿海的地方统治者甘愿达成能为他们的领土提供收入而似乎不会影响他们自己的权力的协议。阿拉伯商人和欧洲商人对他们来说都是一回事。

然而，当时真正有利可图的商品并非来自印度，而是直接或间接来自印度尼西亚的香料群岛。瓦斯科·达·伽马带回来的胡椒非常有利可图，国王将胡椒贸易与之前探险家带回来的非洲黄金一起定为皇家垄断品。这一体系有两方面的弱点，其也将会影响后来者：一方面，葡萄牙是一个比英格兰更小、更穷的国家，并且迅速变得依赖于海外贸易，这种贸易只能靠武力来维持，而当更强大、武装更好的竞争对手出现时，他们将不得不屈服；另一方面，国王们长期缺乏现金资助他们的领土探险，以及维持国内的奢侈生活所需开销。

为了解决控制贸易的人力短缺问题，并促进异教徒基督教化的事业，葡萄牙人鼓励水手和仆人与当地妇女结婚。为了改善他们的现金流状况，国王们开始对其垄断品实行特许经营，以换取稳定的有保障的收入并释放政府风险和责任，并对官职进行出售。即便如此，他们仍然依赖波动的贸易状况，经常入不敷出并陷入破产。到了16世纪，另外两个强国出现了，葡萄牙的竞争力迅速下降。那就是荷兰人和英国人，他们都利用1588年西班牙无敌舰队的失败，无视教皇诏书，开始到国外冒险。

荷兰和英国公司

1579年，荷兰的七个省在争取从西班牙独立出来的长期斗争中联合起来，并最终在1609年获胜赢得停战协定。尽管荷兰国内人心惶惶，其私人商船与英国人同时开始了前往印度洋的航行。1597年，荷兰人与东印度群岛的班丹（Bantam）国王缔结条约，到1601年已派出数十支远征队，几乎垄断了香料贸易。这促使了伦敦的商人联合起来向伊丽莎白女王请愿，要求授予他们与东方的贸易垄断权。这当然不是她愿意放手的，尽管如此，她还是优雅地授予了

"伦敦总督和商人进入东印度群岛贸易"的巨大名义权力。该宪章授予新的东印度公司垄断伊丽莎白王国范围内与印度的所有贸易，以及更进一步地垄断印度和欧洲之间的所有贸易。

荷兰人不甘示弱，在一年后的1602年创建了自己的东印度公司，并授予它相同的理论上的垄断特权。英国和荷兰商人之间的竞争和经常发生的血腥冲突一直持续到17世纪后期，到那时，双方达成了一种共识，为每方划定了一个商业势力范围：荷兰人是爪哇，英国人是印度。垄断是重商主义实践的标准特征，以致人们很容易忘记它们只是欧洲总体计划的特殊表现，即通过将权力统一在中央机构（国王和国家立法机构）下，建立强大国家，并增加可用资源，将这些资源用于对抗内部和外部敌人。

起初，英国人试图将他们的贸易活动集中在香料群岛上，但他们和荷兰人一样，发现作为换取香料的产品，印度印花布在班丹王国和摩鹿加群岛（Moluccas）的需求很大。因此，英国人于1612年抵达苏拉特，面对葡萄牙人的抵抗，他们获得了莫卧儿皇帝贾汗吉尔的许可，在那里建立了一个贸易站或"工厂"。到1620年，葡萄牙人在战斗中经常被击败，这足以抵消他们构成的任何威胁，但荷兰人在香料群岛被证明是不可战胜的，英国人则越来越多地专注于印度贸易，尤其是纺织品。

到17世纪中叶，东印度公司拥有超过二十家工厂，包括一些位于孟加拉湾的厂和位于内陆的几家厂。1640年，他们得到了当时已经开始衰落的毗奢耶那伽罗王朝的权力代表的许可，在一个村庄附近建造一座要塞，该村庄后来成为现代的马德拉斯市。1668年，查理二世国王沿袭以往国王的做法，为换取大量贷款和名义上的租金将孟买市转让给了东印度公司，这是他的葡萄牙王后布拉干萨的凯瑟琳（Catherine of Braganza）的嫁妆的一部分。

印度统治者遵循了类似的做法：他们觉得为了稳定的收入或手中的大笔贷款，值得为外围领土的琐碎之事承担繁重责任。东印度公司逐渐获得设立飞地和拥有其他贸易权利和特权的许可，这只是干预印度政治竞争以寻求更多特权和关税减免的一小步。

另一批像葡萄牙人和荷兰人一样在印度游戏中最终输给英国人的好运和战术的欧洲人是法国东印度公司，该公司于1664年才成立。尽管荷兰人反对，法国公司还是于1668年在苏拉特开设了一家工厂。1674年，其员工弗朗索瓦·马丁（François Martin）在马德拉斯以南的科罗曼德尔海岸建造了本地治里这个地方，并于1690年在加尔各答附近建立了一家工厂。后来法国人不仅在欧洲、北美和亚洲成为英国人的商业和军事对手，在印度，他们也倾向于支持本土政治对抗的对立派别。

从1600年到19世纪初，东印度公司及其官员的商业活动都有印度人员和机构的参与，他们以自己的名义进行私下交易。一个交易季的成功取决于负责与公司的印度商品供应商签订所有合同以及负责公司船上所载进口货物的销售的印度商人。印度商人也经常在公司与当地政治权力机构之间进行调解，而财务上的成功取决于这些外交调解。欧洲人的个人财富源于私人贸易，直到康沃利斯勋爵（他在18世纪末担任总督）改革后才被禁止，而私人贸易也主要掌握在那些受到信任的印度代理人手中。

无论如何，短期和中期信贷是从印度银行家那里获得的，他们也获得了巨额财富。一部分利润由印度银行家和金融家定期投资于附属的经济活动领域，例如纺织品生产。最后，出口到欧洲、爪哇和中国的实际商品——最初是香料和纺织品，后来是棉花、靛蓝和鸦片——是由一群印度企业家组成的混合团体生产和为公司采购的，这一团体中包括织工或其他工匠团体的负责人，以及控制粮食、棉花等农业产品供应的村长和地方首领。所有这些都或多或少地分享了公司贸易的利润，但他们并不是真正的合作伙伴，真正的合作伙伴是伦敦东印度公司股票的持有人。在17世纪和18世纪的大部分时间里，印度人只是公司不断增长的业务网络中的代理人，该网络是在印度政治体制下的重商主义结构中建立的。

发展的共同轨迹

到18世纪中叶，东印度公司已成为东方乃至世界最大的重商主义企业之一，在对次大陆日益扩大的地区进行统治时，它将现有的、较弱的印度重商主义机构推向了更高的发展水平。远在英国的实际统治权正式确立之前，印度和英国之间的关系网很早就编织好了。

从1700年左右开始，英国和印度的结构锁定在了一个共同的发展过程中，改变了它们在战略关头的发展进程。考虑到殖民征服的不对称强制力，印度和英国之间的共同轨迹的概念似乎是有争议的，但这种征服之前的漫长史前史允许了印度和英国从17世纪开始存在某种互惠。在这里，没有必要来审视印度因与英国的关系而被深刻改变的各种方式，因为这个主题将占据本书的很大一部分。然而，对英国的反向影响也体现在几个基本方面，主要是由东印度公司及其运营和赞助来实现的。东印度公司成为两大金融公司之一，它是英国18世纪金融统治、财政规划和国际贸易的核心机构。公司为普通和高层的英国人提供利益，其恩惠是如此之大，以至于英国政治机构直到19世纪中叶才敢将其纳入寻常政治。公司的军队，连同在英属印度的皇家军团，征服并控制了英属东部帝国的大部分地区。

克莱夫的职业生涯

尼札姆·乌尔·穆勒克于1748年在海得拉巴去世，引发了他儿子之间如同莫卧儿兄弟间常有的争斗。此外，同样的争斗也发生在阿尔果德（Arcot）的纳瓦布①（nawab）的儿子们之间，这位莫卧儿总督为自己建立了一个在海得拉巴之下的准独立王国。在这两场较量中，法国和英国军队分别支持对立双方，最终法国的候选人在海得拉巴获胜，而英国支持的王子在阿尔果德获胜。1751年，东印度公司军队的上尉罗伯特·克莱夫（Robert Clive）和一些同样受公司雇佣的印度"西帕依"②（sepoy）一起占领了阿尔果德，并成功对抗了更多的敌军。

1757年，阿尔果德的英雄夺回了被孟加拉的纳瓦布占领的加尔各答。克莱夫与纳瓦布部队的指挥官米尔·贾法尔（Mir Jafar）阴谋勾结，贾法尔在战场上叛离了他的主人，因此被英国人奖赏，并获得职位。在普拉西（Plassey）的这场战役通常被认为是大英帝国在印度的真正开端，因为它导致大量财产落入了东印度公司囊中。克莱夫不久继续占领并摧毁了附近的金德讷格尔（Chandernagore）的法国定居点，并在比德拉（Biderra）击败了荷兰人，使这两方在孟加拉的竞争中付出了代价。克莱夫本人亲自控制了巨大的以省为单位的财产，他和他的同僚们将那些财产租给一连几任印度纳瓦布，以收取高额贡金，这为克莱夫和他的同事们赢得了巨大的财

---

① 纳瓦布，莫卧儿皇帝授予下属邦国统治者的头衔，字面意思为"点督"，后被孟加拉等地的独立统治者沿用。在东印度公司获得巨大财富后回国购买议会席位者也被称为纳瓦布。——编者注

② 西帕依，又译印度兵。

图19 "一个身着印度服装、抽着水烟、在他的房子里看印度职业舞女舞蹈表演的欧洲人，可能是大卫·奥克特洛尼爵士（Sir David Ochterlony）。"注意奇怪地放在门上方的肖像（IOL Add OR2，neg. no. B710，经大英图书馆许可）。

富，以至于当时嫉妒的英国人嘲讽他们为"纳博布"（Nabob，纳瓦布的一种扭曲说法），并导致了"1765年孟加拉已由东印度公司直接统治管理"这种对他的统治的批评。公司本身成为孟加拉的迪万。这是东印度公司在孟加拉、比哈尔和奥里萨邦建立的"双重政府"的基础，其中本土统治者保留他们的风格和尊严，并获得规定的年收入，而公司通过印度官员管理政府并收取税收。

　　具有讽刺意味的是，作为一名管理者，克莱夫被特别告知要根除公司官员中的腐败行为，然而，他发现腐败行为的铲除工作不仅难以管理，甚至不易被系统化。返回英格兰后，他被封为普拉西的克莱夫男爵，同时又因非法挪用公司掠夺的234000英镑而受到谴责。他极度忧郁，于1774年自刎。

公司掌权

东印度公司扩充军备和公然军事化对印度政治产生了直接影响，尽管这种影响具有复杂性和模糊性。克莱夫的胜利，尤其是在普拉西的胜利，是通过使用新型欧洲步兵作战技术取得的。在他的胜利之后，东印度公司对商业（或者至少是其官员和商人以他们的"私人"身份进行的商业活动）的控制也大大加强了。看到这一点，许多印度新兴的独立统治者反而很反常地与公司拉近了距离。东印度公司收到了许多要求其派军官训练苏丹和国王的步兵部队的请求，甚至要求公司的部队支持皇家军队。因此，东印度公司很快就在其新领地提供的众多功能中添加了雇佣兵服务，并很快意识到这种方法能以极低的成本提升其影响力。一个"附属联盟"系统应运而生了，据此，在印度各土邦有偿部署东印度公司士兵成为开展进一步业务的先决条件。进一步的业务又包括各种商业服务，这些服务使许多土邦的国库处于公司的有效控制之下。到该世纪末，在与法国开战的背景下，英国政府在印度执行其帝国使命，迫使东印度公司将其影响力转化为实在的领土，这使得英国对印度的征服轻而易举。

事后看来，在18世纪中叶，如此众多的印度新政权被东印度公司致命吸引似乎令人费解。难道穆斯林纳瓦布和印度教国王没有意识到他们成为东印度公司的"盟友"和客户所冒的风险？对于此问题的部分答案可能在于东印度公司在两重掩护下发展时对其性质和野心的隐藏程度。一方面，它没有试图将自己确立为一个独立国家主权的来源。它的行为不像苏丹或国王那样显露出皇室标志，它也没有表明对领土扩张的正式要求。相反，它继续承认莫卧儿皇帝的主权，并将自己呈现为是一套技术和商业服务的提供者。另一方面，东印度公司在英国的政治地位在印度是可以自由了解到的，而且这方面的信息表明公司的任何帝国主义角色都将违背董事和议会的利益及愿望。在这种情况下，印度统治者相信他们购买的服务不会对自己构成威胁——与其他更直接的、在家门口的危险相比当然不会。地区统治者之间的战争很激烈，"附属联盟"只是购买了防止邻国入侵的保护。

不过，有一些本土统治者确实洞察到了事态的发展方向。在迈索尔，从18世纪70年代起，海德尔·阿里（Haidar Ali）和他的儿子铁普苏丹开始在东印度公司自己的游戏中去击败公司，为此，海德尔集中精力获得了一支不受东印度公司影响的独立军队，并专注于加强对他的财政系统的集中控制。父子俩向西推进，试图占领马拉巴尔丰富的香料园，他们计划在那里建立自己的重商主义帝国，并在门格洛尔（Mangalore）建立一个转口港，以与英国拥有的一切相抗衡。海德尔甚至考虑发展一支海军，以从欧洲人手中夺回海洋。

铁普的梦想更宏大，他制订了促进国有工业的计划，并将税收制度的直接控制下达到个体农户的层面。在18世纪80年代初期，扩张中的迈索尔几乎将东印度公司驱逐出其南部的马德拉斯基地。不久之后，在旁遮普邦，令人敬畏的兰吉特·辛格开始建立一个能够阻止两代英国人逼近的王国。他的特殊优势是他可以进入通往西亚和中亚的陆路贸易路线，从而保持东印度公司无法触及的商业流动。另外，迟来的，浦那的最后一个佩什瓦，巴吉·拉奥二世（Baji Rao Ⅱ）也试图为他的领地独立做出最后的努力。

所有这些抵制东印度公司崛起的企图都化为了泡影。在迈索尔，至少部分原因在于其他统治者没有海德尔的洞察力，以及他们对海德尔日益增长的力量的恐惧。在1782年海德尔因癌症去世后，康沃利斯在1792年至1793年首次击败铁普苏丹，且是在东印度公司军队的兵员不足的情况下。东印度公司得到了大多数铁普邻国军队的增援：马拉塔、海得拉巴和特拉凡哥尔（Travancore）。就旁遮普邦而言，问题出在1839年兰吉特·辛格去世后的内讧。一场激烈的继任斗争最终为东印度公司在1846年至1848年间开辟了道路。但在这两种情况下，以及在巴吉·拉奥二世时期，其他力量也在起作用。

1792年至1793年，还有1799年，当塞林伽巴丹（Seringapatam）最终被攻陷、铁普被杀害时，东印度公司得到了迈索尔领土内的文士、商业和乡绅团体的大量帮助。事实上，在铁普死后，被海德尔所取代的印度教王朝复兴了，王朝的财政管理权被交由铁普自己的迪万，即婆罗门普纳亚（Purniah）掌管，不久之后，他因为英国人效劳而获得了很可观的贾吉尔奖励。与此同时，在浦那，巴吉·拉奥二世的武装号召甚至没有得到他自己的伊南达[①]（inamdar）和亲戚们的回应。东印度公司成功地收买了他们，并承诺承认并加强他们的商业和土地特权。在旁遮普邦，东印度公司的征服是通过与城市印度教银行家族的联系来促进的，这些银行家族的商业网络沿着恒河流域延伸到了东印度公司自己的领土。归根结底，印度对东印度公司权力抵制的失败在很大程度上要归因于前一个世纪社会进程所形成的主导群体和"资本家"阶级对本土政权的"颠覆"。

回顾起来，至少这不很意外。到18世纪的最后二十五年，欧洲对商业财富和军事力量的控制已经牢不可破。在某种程度上，即使是海德尔和铁普，当他们试图利用法国与英国的竞争，尤其是两

---

① 伊南达，当时印度的一个封建头衔。

者在海上的竞争，来弥补自己的相对弱点时，他们自己也意识到了这一点。然而，用对一个欧洲大国的依赖取代对另一个欧洲大国的依赖，这很难说是他们所渴望的自由，而迈索尔的盟友在被召唤时，已经站在了历史的陷阱上。法国海军的无能使海德尔失去了在1782年驱逐英国人的机会，当他的儿子接受法国大革命的荣誉，成为"铁普公民"（Citoyen Tipu）时，印度南部已出现了不好的预兆。在新统治者的统治之下，与欧洲人结盟（并且是越来越多地与英国人结盟）对于那些在新国家体系中享有特权和财富的印度社会群体来说，只不过是一种谨慎行为。

另外有两个因素增强了这种趋势。首先是向更集权的国家形式的转变所造成的经济和社会紧张局势。虽然当时国家权力在更直接地促进商业繁荣，但谁的繁荣会得到加强，这并不完全清楚。18世纪的统治者试图首先填满自己的国库。由于经常需要现金，通常是用于军事行动的现金，他们一直压榨当地商业集团，直到后者怒目圆睁。铁普特别喜欢鞭笞顽固的阿米尔达（amildars，代理人），让他们吐出囤积的现金。因此，从莫卧儿统治到更新、更严格的国家形式的过渡并不顺利，而是产生了许多潜在的内部（以及外部）冲突。此外，某些反复出现的经济冲突形式也会对社会和文化冲突产生影响。最值得注意的是，那些试图对以印度教寺庙或高种姓群体名义持有的大量财产征税或实施没收的穆斯林统治者，面临着来自宗教方面的抵抗的风险。

印度各邦在营造安全的财产形式方面进展缓慢，这些形式明确地将统治者的权力与"私有的"臣民的权利区分开来。另一方面，东印度公司至少在为自己获得国家霸权之前——直到19世纪的第二个十年——作为一家商业公司，它认为"私有"财产权利对文明是至关重要的。

除了东印度公司的经济立场外，许多英国官员对印度产生了真正的学术和哲学兴趣，这有助于塑造司法观点。其中最重要的是威廉·琼斯爵士（Sir William Jones），他从1783年到1794年在孟加拉担任最高法院法官，他是最早学习梵语并将一些梵语经典翻译成英语的英国人之一。在他和其他志同道合的法学家的影响下，东印度公司早期的司法机构在他们对古代印度教法律的考古研究中发现了与独特的宗教特权联系起来的那些权利。19世纪后期，东印度公司官员中流行的一种理论认为，高度复杂和商业化的印度教文明被伊斯兰专制主义摧毁了，英国人将拯救印度视作他们的责任。

无论这种观点的真实情况是什么，其对大量商人、文士和乡绅阶层的吸引力是显而易见的。东印度公司势力的扩张承诺确保商业和税收特权作为私有财产的一种形式，并保护宗教机构的财富免受印度统治者的贪婪或疯狂之害。公司自觉地开始与当时正在上升的社会群体大规模接触，而后者的反应并不慢。

政府里的公司

然而，随着公司开始在印度获得真正的政治权力，其性质开始发生了变化，并面临着新的反对，尤其是在英国国内。沃伦·黑斯廷斯（Warren Hastings）是依据1773年第一部《印度事务议会监管法案》（Parliamentary Regulating Act for India）被任命的第一任总督，他认为印度已经发展起来的历史制度为英国统治提供了最佳基础。尽管如此，在退休三年后的1785年，黑斯廷斯因任期内的二十项指控而被弹劾，这些指控包括腐败和侵犯著名印度人的权利，报复性地掠夺他们，并向他们非法勒索大笔金钱。

黑斯廷斯案的检察官埃德蒙·伯克（Edmund Burke）已经是一

位著名的公众人物，后来因其反对法国大革命的著作、文章而声名鹊起。通过与当地亲属的通信，代表印度统治者的宣传以及通过积极参与处理印度事务的议会委员会，他对印度有相当多的了解。审判持续了多年，使东印度公司名誉扫地，据说成了伦敦最受欢迎的大众娱乐活动之一。最终，对于所有的指控，黑斯廷斯被宣布无罪释放，虽然他因法律费用破产并最终死于贫困。

在印度的公司商人迟迟没有领会在这个庞大的次大陆上称霸的含义。在伦敦，许多人完全反对这种征服。在约西亚·查尔德与奥朗则布的屈辱性交锋之后，东印度公司股东反对战争。随后的军事冒险变得谨慎起来，为了保护贸易活动，他们要对抗17世纪的荷兰人和18世纪中叶的法国人。他们知道，战争会危及股息，即使没有可分配的营业利润，公司股东也坚持要获得股息，这些股息就得从伦敦的货币市场上借入。

东印度公司的官员被任命到印度履职的条件是要严格遵循他们与伦敦的董事们达成的不会发动战争的原则。但他们经常违反他们的承诺，例如，在1786年，曾被迫在约克镇向美国革命军投降的英国将军康沃利斯勋爵在担任总督时是接受了禁止战争的禁令的，然而，为了确保自己比其前任沃伦·黑斯廷斯拥有更大的独立性，他坚持指挥东印度公司的军队，并且坚持他的决定不应受到他的加尔各答委员会的否决。因此，在抵达印度后不久，当他确信铁普苏丹威胁到英国在南印度的地位时，他就发起了无情的攻击，这给他漫长的公共事业生涯招致了罕见的批评。

康沃利斯于1793年对东印度公司在印度的业务进行的改革，是沃伦·黑斯廷斯被弹劾的结果。尽管如此，很少有他的同时代人为他对孟加拉土地收入的"永久协议"以及他的法律和行政改革做好准备，而所有这些都使孟加拉政府沿着欧洲路线走上了一条亦步亦趋的现代化道路。这不是支持滋养印度机构的伯克所想的。印度机构、实践和人员将构成东印度公司在1830年之前收购的其他领土（但不是在孟加拉）上建立行政机构的基础。

康沃利斯的孟加拉改革最引人注目之处是在15万平方英里的领土上征收土地税，这片领土由孟加拉、比哈尔和奥里萨邦三个较古老的莫卧儿省组成。以前通过被称为"柴明达尔"（在波斯语中为"土地所有者"）的大小包税人征收的赋税，从此以后将向地主征收，他们被授予对土地完全、永久的所有权，条件是他们须严格按照要求支付固定的税。也就是说，通过一个单一的法案，创建了一小群仍然被称为"柴明达尔"的土地所有者，废除了他们耕种的土地上其他耕种者的权利。然而，柴明达尔需要使他们拥有的农业资源得到维护和改善，如果他们不履行纳税义务，权利就有可能被剥夺。《孟加拉永久决议》（The Permanent Settlement of Bengal）被作为一项务实的措施提出，以解决向那些因1769年至1770年饥荒而遭遇贫困和一贫如洗的农民征收土地税的具体困难，在那期间，农民们经常在孟加拉和印度许多其他地区迁徙以改善他们的状况，与新的地主谈最好的土地租赁条款。

康沃利斯发起的改革为下一代英属印度殖民地的发展奠定了基础，无论是像在马德拉斯的部分地区那样的其他地方实施他的措施，还是设计替代性税收计划，例如以马德拉斯和孟买大部分地区采用的莱特瓦尔（ryotwari）制的形式向大量小农征税，或是印度北部采用的以村庄为基础的税收运作。东印度公司运营所涉及的所有方面，即公务员、司法和公司的商业，都以土地税收管理为中心。其中，公司贸易的变化最小。东印度公司和其他18世纪政权的重商主义取向仍在继续，对食盐的收集和销售以及鸦片的现有垄断得以维持。此外，缘于东印度公司的征服而得以征收的土地税收入，部分被用于采购公司从印度出口的一些货物。

法律改革旨在为孟加拉新产生的地主提供保护，使其免受东印度公司文职官员的任意强加之害——沃伦·黑斯廷斯就曾被指控有这些不当行为。康沃利斯取代了最初由黑斯廷斯遵循的司法系统，那是一个基于伊斯兰原则，采用民事和刑事法院的等级制度的系统。从概念上讲，新司法机构在大多数不涉及合同的事项上遵循"本土"法律；涉及合同事项的，英国法优先适用。"习惯做法"将由新任命的英国地方法官实施，并根据威廉·琼斯爵士及其继任者收集和翻译的文本编纂成册。结果是使灵活的做法变得僵化，并使得某些用法优先于其他用法。

另一组的变化与东印度公司的欧洲公务员有关，从那以后，那些公务员被禁止从事任何商业活动，这是为了避免个人利益与官方职责之间的利益冲突。为了弥补这个失去的个人致富机会，他们的工资大幅增加。当然，也有人提出了更好的薪水会吸引更好的公务员阶层的论点。

马德拉斯行政系统

几乎在孟加拉引入这些变化的同时，马德拉斯根据不同的司法和行政原则构建了另一个系统，尽管也是将税收作为其基本关注点。该系统被称为"莱特瓦尔"，它基于对数百万个小土地所有者的直接征税，在波斯语中称为"拉阿亚特"（*raayat*），意思是"主体"或"耕种者"。这种制度下的"莱特"（ryot）计算出其所耕种的田地的生产能力，将作物的一部分向国家支付。这意味着一个不同于孟加拉的、需要更多人的公务员队伍，孟加拉的大多数官员都是司法官员。在马德拉斯，以及后来在孟买，欧洲的主要行政人员被称为"收税员"，其任务是监督土地调查，并向所在省二十个税收区的数万名小农户中的每一个签发个人税收协议。这项繁重的任务由收税员们的数以千计的印度下属帮助一起完成。

马德拉斯制度的主要代言人托马斯·芒罗多年来一直在努力为这种计划建立一个合适的司法制度。在1819年至1827年担任总督期间，芒罗最终成功地用他自己设计的一个制度取代了康沃利斯的司法体系，在他的司法体系下，实质性的司法权力属于印度地方官员。芒罗认为，他们应该正当地参与税收和法律事务，这与康沃利斯统治时在孟加拉实施的情况相反。

随后东印度公司领土的增加导致了进一步的变化，但大体上，对大多数后来获得的土地的管理是按照马德拉斯模式设定的。这意味着保留了比孟加拉明确的"现代化"政策所允许的更多的前殖民体制结构。在所有这一切中，实用主义，而非教条，是公司决策者的指南，当然是那些身处印度的决策者。

英国意识形态

法国重农观念被引入了关于孟加拉税收结算方案的讨论之中，或者说功利主义学说被引入了孟买计划中，但几乎没有证据表明它们直接为政策制定提供了参考。詹姆斯·密尔（James Mill）希望边沁学说能够在印度奏效，许多福音派人士希望基督教能够得到推广，这些是印度政策制定中有学说及教义偏好的主要直接表现。这些偏好在英国吸引了人们的情绪，但在印度面临各种问题的官员并没有太多地注意到。诚然，越来越多的欧洲文职官员和军事官员信奉福音派基督教，对一些人来说，这影响了他们的公务职责。尽管如此，东印度公司在领土统治初期的政策对宗教是持谨慎中立的态度。

结果，针对马德拉斯政府给予印度教寺庙财政和其他支持，以及在基督教传教士被禁止的情况下持续给予维持印度教及穆斯林牧师和传教士个人特权以延续殖民时期的制度，英格兰的基督教评论家提出了抱怨。马德拉斯政府的谨慎在一定程度上被证实是正确的，1806年东印度公司在韦洛尔（Vellore）驻军的士兵发生兵变，部分原因是普通士兵们对他们的指挥官进行公开的传教活动不满。这种情况不祥地预示了五十年后的大兵变。

公司对过去的沿袭

东印度公司的规则是绝对务实的，当考虑到一些像芒罗和蒙特斯图亚特·埃尔芬斯通（他于1819年至1827年担任孟买总督）那样的创始人的观点时，产生这种非教条实用主义的原因是显而易见的。这些人和他们那个时代的其他人对被他们击败的印度政权的外壳下发现的制度框架印象深刻。东印度公司的第一代管理人员发现这些机构效率高，管理这些机构的印度精英阶层能力强、有责任感并能对公司的政治任务做出响应。

此外，拥有财富的印度人被他们的财产能得到保护的许诺，以及东印度公司提供的财产增长的机会所吸引，这种趋势显然适用于康沃利斯土地政策的柴明达尔受益者以及在马德拉斯和孟买的莱特瓦尔制度中占主导地位的农民种姓的领导人，公司的工作和特权是向他们提供的。这也是恒河地区土地部族的首领的特点，在那个地区，乡村社群和他们的土地"兄弟会"享有专有权。总体上讲，地方大亨对下层佃户和无地劳工的古老权力得到了加强，而古老的文人群体则有了在东印度公司或欧洲商业办公室找到稳定和可领取养

图20 托马斯·芒罗爵士。由马丁·希伊（Martin Shee）雕刻的美柔汀版画（Mezzotint），大约作于1828年（IOL P 1559；neg. no. B 18670，经大英图书馆许可）。

老金的新工作机会。对许多印度群体而言，欧洲殖民统治的前半个世纪为他们提供了良好的商业和职业机会。对于那些放弃对东印度公司进行军事抵抗的大多数人而言，他们的利益或地位几乎没有受到什么威胁。东印度公司的做法一直沿着这些路线持续到1830年左右，它改进了18世纪政权的旧有的重商主义做法，并将它们带到了发展的巅峰。

印度的奴隶制

奴隶制是东印度公司统治下的一种有争议的本土制度，其历史体现了英国和本土精英利益的纠缠。当东印度公司特许状于1833年更新时，议会面临很大压力，要求将其与同时正在审议的《废奴法案》（Slave Emancipation Act）联系起来。事实上，1833年的《废奴法案》原本应该废除所有英国殖民地的奴隶制，但最终被修改为仅适用于四个地区：西印度群岛、毛里求斯、加拿大和好望角。在英属印度，奴隶制大规模实行，以至于有人抗议说，废除奴隶制会造成巨大的经济困难。1834年在那些殖民地获得自由的奴隶估计有100万人。北美和南美奴隶的人数约为400万。对印度的奴隶人数有过几次估算，估计在800万到1600万之间。即使是800万这个数字也意味着当时印度的奴隶数量是美国的三倍，比新世界所有国家的总和还要多。

英国的总体政策是不干涉该国社会和宗教习俗的。尽管如此，政府还是会时不时地禁止它认为特别令人反感的做法，例如娑提、杀女婴和土匪［dacoity，涉及图基教（*thagi*）］，这些土匪谋杀旅行者，包括儿童，盗窃他们的贵重物品，干这些事的人声称这是一种种姓职业。但是，与娑提和杀婴不同的是，干涉奴隶制不仅会干涉家庭，还会干涉财产，而财产更加神圣。因此，废除奴隶制的速度较慢。奴隶制在英属印度的继续存在是由那里的官员以多种方式让其合法化的。首先，它有非常久远的历史，是由欧洲人继承下来的，而不是像在美洲那样是由欧洲人建立的。此外，这不是种族问题，而只是部分的种姓问题。

毫无疑问，奴隶制非常古老。根据获得奴隶的条件，执著的分类者摩奴识别出七种类型：

> 有七种奴隶，[即] 在一个标准下被俘虏的人 [即战俘]，为自己的日常食物而为他人服务的人，出生在家里的人，被买来的人和被给出的人，从祖先那里继承的人，被惩罚去做奴役的人。[1]

那罗陀在他的法典中比摩奴走得更远，他细分和添加类别后使数量达到十五种，其中一种显然包括了领养而来的有缺陷的儿童，而另一种则是输掉赌注所致。此外，还增加了有债务束缚的人和没有纳税的人，如果这两种人在摩奴的时代不存在的话。

印度奴隶制的性质极其复杂，跨越种姓、亲属、性别、宗教和社会角色这些类别。虽然奴隶通常被认为来自首陀罗种姓，但其他瓦尔那的成员也可能被奴役。理论上，奴隶的种姓应该低于他们的主人，但我们已经看到，穆尔希达巴德的第一个尼扎姆据说是一个被卖为奴隶的婆罗门男孩，尽管根据规则，婆罗门免于被奴役。

奴隶制也是穆斯林传统和制度的重要组成部分。我们已经看到，德里苏丹国的缔造者被称为"奴隶王"，因为他们从军人起家，他们的部队中大部分是突厥血统的、在孩提时代就被卖去服兵役的人。阿克巴皇帝将他的奴隶纳入他的"门徒"之列，门徒当中还包括这片土地上的一些最高贵的贵族。

因此，在印度，奴隶不仅被获得的方式不同，而且还扮演着许多不同的角色。除了农业和军事奴隶，家庭奴隶制也很普遍。虽然在种植园工作中，强壮的成年男性是最理想的，但由于他们有许多不同的角色和职能，印度人更喜欢获得可以达到男主人（或女主人）训练要求的男女儿童。这些儿童接受了各种各样的技能培训，可以成为厨师、裁缝、音乐家、舞者、织工、染工、抄写员、商业代理人、木匠、铁匠、外科医生、瓦工和其他所有类型的手艺人，以及保镖和勤杂工。如果说女奴隶在什么地方更有用的话，那么除了在经济、娱乐以及提高地位等方面她们可以发挥技能和作用之外，她们还是其他奴隶的生产者，而奴隶都是有价值的商品。一般而言，孩子的地位由其母亲的地位决定，尽管主人可以做出别的决定。

关于这一主题的文献有时仍然区分这样两个类别的奴隶：一类的功能主要是通过生产劳动为主人带来财富，另一类则为主人提供舒适生活、娱乐和地位——后者一般被称为是印度类型奴隶。这显然是错误的区分，这不仅是因为印度奴隶从事许多有用的经济活动，而家庭和娱乐活动本身也具有经济价值，并且还因为印度奴隶制确实包括农业工人。东印度公司本身拥有在马拉巴尔工作的奴隶。然而，与美国的制度不同的是，从属于富裕地主的奴隶通常可以免费或以仅交纳象征性租金的方式获得土地，他们被期待从中养活自己。作为回报，他们被要求为他们的主人提供某些服务。在印度南部如马拉巴尔、卡纳塔克和泰米尔的部分地区，有很多这样的奴隶。

与美国不同，在美国，奴隶与他们的主人属于不同种族，而印度家庭中自由和不自由之间的界限并不是绝对清晰。无论如何，父权户主所拥有的巨大权力意味着他们对妻子和孩子的控制与对奴隶的控制在程度和种类上没有太大区别。在许多家庭里奴隶有很大的多样性，那些家庭有将他们视为准亲属、次级妻子和孩子的倾向，他们有时甚至从其主人处继承财产，或成为他们主人的继承人，这些给一些英国官员的印象是，印度奴隶制即使不是良性的，也是温和的。它通常被视为死刑或其他惩罚形式（例如监禁或放逐）的替代，因此奴隶主有时将自己的角色描绘成为奴隶提供居所、家庭和就业机会的救世主。梵文学者兼最高法院法官威廉·琼斯爵士称自己的童奴们是他"从死亡或苦难中拯救出来的人"，几乎同时，他又在对看到的那些船上的儿童表示遗憾，他们中的大多数是从他们的父母那里被偷来的，船只顺流而下，准备在加尔各答把他们出售。[2]

在饥荒时期，父母经常卖孩子，男人卖他们的妻子或姐妹，成年人卖自己，以换取安全和食物，这使得1840年进行调查的一位印度法律专员将奴隶制称为"印度的贫民法"。事实上，维持贫困者生活的替代手段的高成本是阻碍废除奴隶制的一个重要考虑因素。

但是，英国参与蓄奴，肯定还有更难以洗脱的其他方面的问题。18世纪身处印度的英国人中，被称为"非洲黑人"（coffrees）的黑人奴隶特别流行（就像他们在欧洲一样，直到1772年，法院才裁定奴隶制在英国没有法律依据）。贩奴的海外三角贸易非常普遍，利润丰厚，奴隶首先被卖给葡萄牙人，然后是法国人和荷兰人。中东男孩在被运往印度之前，他们经常被阉割。大多数人没能在旅途中幸存下来，幸存下来的人会成为富有的印度人的后宫看守人。

英国人，不仅是个别人，而且在制度层面上都在积极参与奴隶

制的实践，因为他们的行政部门和法院负责监督和执行：惩罚那些
使用过分残忍的惩罚手段的奴隶所有者，决定对逃跑者的处置方法
以及界定并规范奴役和奴隶贸易的条件。这导致了许多自相矛盾和
不一致的决定。例如，在 1772 年，沃伦·黑斯廷斯判定奴役是对
土匪行为的适当的惩罚。两年后，他宣布，自英国政府抵达以来，
从父母那里偷走孩子以出售的做法有所增加，补救办法是执行在没
有证明卖方（通常是父母）有权处置奴隶的契约的情况下不得出售
奴隶这一规则。

　　除了绑架儿童之外，使英国绅士们反感的奴隶制的其他方面，
包括他们的荷兰和法国竞争对手在非常广泛地进行奴隶海外贸易，
以及将女童卖给舞蹈团的女主人，所有这些都意味着围绕在舞女周
围的不贞行为。印度改革官员选择的是缓解和改善的路线，确定的
最终目标则是废除。黑斯廷斯颁布法规禁止出售没有证明文件证明
他们是已经处于被奴役状态的奴隶后，达卡省议会询问黑斯廷斯，
根据他的裁决，奴隶地位是否应继续扩大到随后出生的奴隶的子
女。议会焦急地提醒他，"将曾经成为奴隶的人的所有子女和后代
都保持奴隶地位是整个达卡区的既定习俗"。[3]

　　先不废除，而是首先努力抑制奴隶出口贸易，尤其是东印度公
司的荷兰和法国竞争对手以很大力度进行的奴隶出口贸易。但这种
抑制收效甚微。即使在 1843 年印度政府最终废除奴隶制时，它还
是以某种间接的方式处理的：通过一项法案规定政府官员不再出售
奴隶以获取租金或收入，法院和司法机构将不再执行奴隶主对其奴
隶的权利。正如一位作家所指出的，这些条款的主要目的在于改变
农业奴隶的状况，而他们甚至很难知道自己新获得的权利，更不用
说行使了。对于家庭奴隶来说，这一切则更加困难，人们怀疑这种
奴隶制是否已经消失。

一个新秩序的出现

印度新生的资产阶级和乡绅阶级与东印度公司之间的共生关系在19世纪上半叶开始受到新的压力，到1830年左右，可以看出这种关系已经让位于新的政治格局。英国的优势地位和"殖民主义"的标志更为明显。这种转变背后有几个因素。首先，印度与世界其他经济体的贸易条件发生了变化。东印度公司直到19世纪20年代一直广泛地保持和利用与前任政权一起发展起来的重商主义制度。但之后印度出口的成品纺织品比例下降了，而供应英国纺织厂的原棉数量增加了。第二是出口繁荣和萧条的格局更加明显。这两个变化都是世界经济普遍深化渗透的结果，特别是欧洲领跑者英国的渗透，以及印度在殖民统治下推进国家市场和货币体系一体化的结果。印度与世界其他地区贸易的历史性逆转是其金融从属地位的第一个迹象。

拿破仑从1807年开始对欧洲的封锁导致印度纺织品进口量减少，这刺激了英国的布料生产。与印度不同，英国布料当时是通过工厂方法生产的，其生产线受到战时对军装和武器的需求的刺激。随着革命的法国被击败，纺织品向印度的逆流引发了印度布料生产长期的局部的去工业化（deindustrialization）。这种逆转也终结了东印度公司的持续垄断，随着英国商业资本寻求进入印度市场，这种垄断已愈发受到批评。东印度公司对印度贸易的垄断于1813年结束，其所有贸易于1833年被终止，当年为东印度公司续签的议会宪章表明，该公司不会持续太久：王室现在准备进行直接统治。

从罗马时代起，印度的出口盈余由进口白银和黄金来平衡。这种情况在1835年之后发生了变化，当时进口值开始攀升并在1860

年左右达到顶峰，部分原因是次大陆建设铁路所需的工业品成本高昂。印度国际经济关系的另一个逆转与英国、印度和中国之间长期存在的三角贸易有关，印度银行家和承运人在其中发挥了重要作用。在19世纪中叶，这种贸易被霸权主义的不列颠帝国和因欧洲人造成的军事屈辱而衰弱的中国之间的直接、双边商业联系所取代。战败的中国做出的贸易妥协通过享有特惠的管理代理人形式为英国资本提供了优惠准入。

贸易模式的这些变化，加上英国工业垄断力量的增强，改变了英国和印度资本之间关系的特征。东印度公司从17世纪初开始运营时就依赖于印度资本，这种依赖在18世纪后期东印度公司接管领土后继续存在。印度银行家和商人将他们的技能和资源投入到英国人的重商主义利益中，并以比为旧的印度重商主义政权服务更大的热情为他们服务，因为事实证明，在英国统治下，财产更加安全。在乡村，这种合作一直持续到19世纪后期，这要归功于法律的变化，这些变化有助于增加和维持富裕的、受保护的乡村食利者和高利贷阶层的利益。

然而，在城市以及国际商品的生产聚集地，印度资本家注定要被外国资本拒之门外。在19世纪30年代之后，英国管理机构接管了19世纪后期蓬勃发展的国际贸易中最有利可图的业务，印度资本退回到了利润较低的企业，他们被排挤在外，不能再担任船舶建造以及拥有银行和保险业中的核心和盈利角色。本地资本家与外国资本家之间的竞争以这种不利的方式延续了一个世纪。管理机构作为西方资本的中心蓬勃发展，直到19世纪30年代许多机构因世界贸易萧条而倒闭。下一次发生在1846年至1867年的经济危机使印度资本家承办的第一个这样的机构倒闭了，其创办人是德瓦卡纳斯·泰戈尔（Dwarkanath Tagore），他是另一个先例打破者、孟加拉语诗人和诺贝尔奖获得者拉宾德拉纳特·泰戈尔（Rabindranath Tagore）的祖父。

国家干预、社会改革和"娑提"

英国和印度资本之间关系的转变以及印度向新的资本主义秩序的过渡，与威廉·卡文迪许·本廷克勋爵（Lord William Cavendish Bentinck）开始于1828年的总督任期密切相关。在他的管理下，将政府的雄心限制在对前任政权的继承水平的政策开始被抛弃，取而代之的是更加强劲的（即使不是完全坚定的）"改革"和"改进"的政策。在经济领域，本廷克投资改善交通设施，这增强了英国进口的影响，为廉价的工业生产布料取代印度纺织品开辟了道路，并对古老的商业结构造成致命打击。

在社会和经济事务上进行公开干预的政策标志着英国统治者信心的增强。本廷克的现代化改革有利于资本家的利益，尤其是有利于英国的资本家，而对印度较老的土地集团则不利。1857年至1859年的印度叛乱是当时英国统治面临的最大挑战，对此的一些解释坚持认为本廷克在19世纪30年代的措施助长了这个叛乱，这些措施试图将大都市资本家的社会习俗强加给他们昔日的印度合作者，而此时他们正在被稳步推向道德以及经济和政治的边缘。

本廷克最著名的干预措施涉及废除娑提（sati，或suttee，即殉夫自焚，在丈夫的火葬仪式中焚烧印度教寡妇），这与其他"可憎的做法"一起，成为东印度公司被越来越多的基督教传教士和在印度的商务旅客敦促进行改革的一个目标。废除娑提的问题引起了很大的争议，最值得注意的是，它在成长于英国势力崛起过程中的、现在不得不面对英国势力对自己社会未来的更完整的意义的一代印度知识分子和商人中间造成了分裂。一侧站着拉姆·莫汉·罗伊（Ram Mohun Roy）之类的人，罗伊强烈反对这种习俗，他不仅用各种博学的论据来支持他的观点，而且对女性在日常生活中被迫忍受的残酷和侮辱表示深切同情。在他看来，娑提只是他那个时代印度女性普遍命运的极端逻辑延伸，就像过去几千年一样。在他对妇女问题最充满激情和最雄辩的谴责中，有两本小册子，最初是在废奴前几十年用孟加拉语写成的，并由其自行翻译成英文。在这些小册子中，罗伊模拟了娑提的一位"倡导者"和一位"反对者"之间的辩论。当然，所有最好的台词都归于了"反对者"，后者对将不幸的寡妇绑在葬礼柴堆上以确保她无法逃脱的额外暴行感到特别愤怒。在"第二次辩论"结束时，"反对者"总结道：

> 在婚姻中，妻子被认为是丈夫的一半，但在婚后的行为中，她们受到的待遇比劣等动物还要差。因为女人受雇在家里做奴隶的工作，例如，轮到她一大早打扫房间，无论天气是寒冷的还是潮湿的，她擦碗，洗地板，日日夜夜做饭，为她的丈夫、父亲［公公］、母亲［婆婆］、小姑子、小叔子、朋友和亲戚准备并提供食物！……如果妇女们在准备或提供食物时犯了最小的错误，她们定会受到来自丈夫、婆婆和小叔子们的各种侮辱。在家里所有的男性都满足了自己之后，女性只能满足于可能剩下的东西，无论数量是否足够……只要丈夫穷，她会吃尽苦头，当他富了，她就彻底伤心了……如果不能忍受这种残酷的习惯，妻子离家与丈夫分居，那么丈夫在地方当局的影响力通常足以将她重新置于他的手中。为了报复她离开他，他会千方百计地以各种借口折磨她，有时甚至私下将她处死。这些都是每天都在发生的事实，不容否认。令我感到悲叹的是，看

到这些妇女如此依赖男人并遭受各种苦难，你对她们没有同情心，而同情心是可能会使她们免于被绑起来和被烧死的。[4]

罗伊的一些同时代人有不同的看法，他们反对1829年的废除条例，其论点在两份请愿书中进行了阐述，两份请愿书都用了作者认为可能对征服者来说有分量的所有术语，这些征服者很奇怪，嘴上谈论自由和福利，但却使用武力和强征财产，并表现出对反复使用妇女问题作为界定殖民干预对象范围的敏感性。在这个世纪晚些时候将出现更多类似的情况。

奇怪的是，虽然娑提的反对者将寡妇描绘成软弱、无助和经常被下毒的，但支持者却将她描绘成坚强、有自我意志的英雄。提交给威廉·本廷克勋爵反对他废除这个习俗的决心的第一份请愿书这样陈述：

在古法和戒律的认可下，印度寡妇出于她们自己的意愿和乐趣，也为了丈夫和自己的灵魂的利益，进行名为娑提的自焚祭祀，这不仅仅是一种神圣的职责，对真诚地相信宗教教义的她来说也是一种崇高的特权，我们谦卑地表示，对如此崇高和自我毁灭的本性的任何干预，不仅是对良心问题的不公正和不宽容的训令，而且很可能完全无法实现所提出的目标。[5]

当这份请愿书完全未能达成所提议的目的时，第二份请愿书被送到伦敦枢密院，即最后上诉法院。在请愿书中，娑提以其是古老的习俗和"我们的圣书否认我们的统治者有权审判"为由被辩护。请愿书还争辩说，总督针对娑提的规定违反了对印度臣民宗教自由的宪法保证，接下来还将印度教人口与其穆斯林同胞在忠诚度方面

图21　对悉多的激烈审判；罗摩和罗什曼那对她奇迹般地保全性命表示敬意，这表明她没有在囚禁中被强奸。当一个寡妇被架在她丈夫的葬礼柴堆上焚烧时，这也是为了证明她的贞洁和忠诚。作为妻子美德的典范，悉多被要求在火焰中证明自己，这一事实表明，这种仪式早在《罗摩衍那》定稿时就已形成。19世纪中叶孟加拉故事卷轴中的镶嵌板（BM OA. 1955. 10-8. 096，由大英博物馆受托人提供）。

进行了比较，最终以含蓄的威胁结尾：

> 一个多世纪以来，英属印度的印度人一直是最依附的……陛下的土生土长的臣民……由于迄今为止对他们的宗教、种姓和习惯所严格遵守和实行的宽容和保护而得到调和，而不像他们的另一类本国同胞［即穆斯林］，对失去的统治感到遗憾。在印度教的虔诚和忠诚度上，当地政府［即孟加拉管辖区］有最含蓄和应得的信心。他们的团结构成了一支庞大而英勇

的军队的绝大部分……印度教教徒占英属印度人口的十分之九，而在这个管辖区中，拥有财富、智慧、有事业心和知识的人所占的比例最大……他们用一个声音恳求废除第一条法律，那条法律已使他们有充分的理由害怕他们自己的信仰和他们自己的法律对他们来说将不再是不可侵犯的。[6]

这个请愿也以失败告终，娑提在法律上被废除了。然而，娑提毕竟只影响了少数上层的或有抱负的种姓，而且正如罗伊指出的那样，无论娑提是否合法，广大女性在生活中的普遍状况仍然很糟糕。在整个关于娑提的辩论中，女性自己的声音从未被听到，而对男性来说，触动他们神经的不是问题本身，而是对社会习俗的控制。

英国权力的巩固

在本廷克政府表现出的新信心背后，还隐藏着一个更严峻的事实，即：到19世纪20年代后期，东印度公司的武装已经成功地在印度政体中建立了看似无懈可击的主导地位，这改变了与印度合作关系的性质，不仅仅是在像加尔各答这样的地方与商业和银行集团的合作，而是涉及整个印度社会。如果没有强大的土地集团、富有的商业利益集团和有影响力的文士的合作，第一代殖民统治者不可能建立英国的权威。诸如此类的合作者受到东印度公司官员的保护，并因司法和土地使用权的改变而得到进一步加强。财产关系以及个人财富受到法律和警察保护是重要的特权，这种特权使得地方精英们为地主地位的安全而放弃了对小型行政机构的统治。到19世纪中叶，农村和许多城市社群的领导阶层发现，通过某种与英国

人的联系，对他们自己和他们的家庭来说，比通过他们原生的历史
社群所能实现的优势更大。

英国人在早期统治期间，急切地在农村寻求盟友，最终是东印
度公司的印度士兵为他们赢得了印度。虽然这些士兵中有一些是从
东印度公司最初占领的河流平原招募的，但大多数来自干旱高地的
小地主家庭，他们长期以来有比较高的家庭收入和地位，有军事追
求。他们当中包括了主要的农民群体，如北部的贾特人、西部的马
拉塔人和南部的雷迪人（Reddi）。这些群体都曾统治各自的乡村，
主要并不是因为其拥有正式的政治机构或拥有任何高种姓地位，而
是因为从这些卑微的队伍中发展出来了许多小地主和一些大地主，
他们正是在早期的东印度公司统治时期发迹的那些人。一些更次要
的，祖先为军事雇佣兵的统治家族，通过加入理查德·韦尔斯利
（Richard Wellesley）勋爵（1798年至1805年的总督）提供的附属
联盟，保持了脆弱的独立性。地方当局接受东印度公司的宗主权，
缴纳一些贡品，从而得到安全和特权保障。

这些是东印度公司18世纪运营所依赖的群体，但在本廷克时
代，这些群体与公司的密切联盟开始被撬动了。在英属印度的那些
建立了莱特瓦尔制度（政府将土地在一个固定时期归于耕地者，而
政府拿走一半的产品）的部分地区，许多在东印度公司税收运营体
系中作为小官员获得了新的和安全的财富的较小的农村富豪发现，
他们正在被在欧洲公司官员越来越直接的行政管理下的文士专家所
取代。在莱特瓦尔税收系统运作以外的地方，一些拥有土地的家庭
发现自己不再有财富和地方权力，尽管其他人在19世纪早期东印
度公司的制度下实际上改善了地位。昔日的大领主发现事情变得更
加困难和危险，因为剩下的几个大的印度王国都在东印度公司手中
遭遇失败。马拉塔人终于在1818年被征服了；对缅甸王国的一系

列战争中的第一场于1824年打响；信德于1843年被吞并；1849年，锡克教教徒的失败使旁遮普邦落入东印度公司的统治。

这些胜利巩固了东印度公司士兵的声誉，减少了对无论是王公还是自耕农附属盟友的需要。放弃本土盟友还有一个额外的好处，那就是让东印度公司在英国的敌人不再批评这种联盟只是使印度王公的暴虐统治永久化，他们可以放心地相信他们的臣民的任何叛乱都会被英国领导的东印度公司的军队镇压。结果是东印度公司的直接统治扩大到更多以前由独立统治者统治的领土——这往往违反已有的条约。东印度公司像这样的对早期实践的背离，给包括非常广泛的东印度公司支持者的印度公民社会的核心带来了不断加深的焦虑。

哗变与反抗

如果英国人对本廷克时代的信心没有染上一些正在加剧的种族傲慢的色彩，他们可能会更加注意这种日益加深的焦虑。随着英国实力的骤然增强，在一些新国家的关键地区出现了越来越不安的情绪。反对英国霸权吞噬的武装起义变得更加频繁，尽管由于其印度士兵的忠诚和效率，东印度公司总是能够恢复秩序。因此，在印度士兵驻军中的任何叛乱都会引起警报。1806年，在马德拉斯管辖区内的韦洛尔，穆斯林印度士兵起义反对他们的军官，据说是受到被击败的迈索尔的铁普苏丹家族的穆斯林同情者的鼓动。此外，印度教士兵对一些英国指挥官的基督教福音派活动感到不满。在孟加拉的巴拉克普尔，士兵们在1824年的第一次缅甸战争中拒绝参战，理由是过去服役的额外津贴没有发放。这两次抗拒都被相对轻松地镇压下来了，随后指挥官们重新表达了对他们部队忠诚度的信心。

他们未能认清 1857 年发生的广泛动乱，其中大部分集中在恒河平原中部具有战略意义的阿瓦德，那里的统治家族于 1856 年因"统治不当"而被推翻了。

1857 年的印度大兵变和公民叛乱令人震惊，在接下来的九十年里给英属印度帝国的所有关系都带来了冲击。在孟加拉军队中的大量印度士兵起来反对英国的统治，并着手恢复以前的各种统治王朝。当他们的行动威胁到作为英国权力真正基础的军事力量时，还出现了广泛的民间叛乱，其中像法院、政府办公室、基督教传教士这样的许多新设立的对于帝国"现代化"要求至关重要的机构被挑出来攻击。一时间，似乎自普拉西战役以来持续了一个世纪的英国统治看上去将被从印度的历史中抹去。

但实际并非如此。印度盟友又一次前来援救了。在北部叛乱肆虐的几个月里，英属印度的大部分地区保持了和平，东印度公司的士兵对他们的英国军官的态度坚定不移。在一些情况下，这是非常令人惊讶的。孟买军队包括从马哈拉施特拉邦的自耕农（yeomanry）中招募的人以及东印度公司旁遮普军队的锡克教士兵，前者是东印度公司在不到半个世纪前用了三场战争才打败的，后者是在仅八年前的 1857 年被英国人打败的。这两者都参与了镇压在恒河平原叛乱的士兵，甚至在 1857 年反对东印度公司统治的公民起义的中心地带，也有许多地方权贵拒绝参与或拒绝允许反叛者在他们的地盘上建立控制。

兵变被镇压了，然而，它给英国人上了一课，他们后来很快学到，在殖民统治下的任何"现代"发展中，都必须更密切地就印度的利益和意见进行协商。过早或过快地将"英国式"框架和习俗强加于人，可能会疏远重要的合作者并助长不满。从那时起，英国统治下的印度前进的步伐更加谨慎。如果其目标仍然是某些类别的

"现代化"，那么它们至少必须部分地扎根于印度社会本身。本廷克时代所采用的将印度人转变为英国人的使命在 1857 年后被放弃，转而使用合作方式，尽管前提是英国在大都市的权力得到稳固的强化。

公司后期的制度

在过去的一百五十年里，关于印度次大陆的制度和文化的描述不可能不以殖民征服为中心。统治范围扩大到政治、经济和文化等所有基本制度，但没有扩大到用英国制度取代本土制度。作为殖民地的臣民，印度人既不被邀请也不被允许享受"生来自由的英国人"的权利。英国的政治和经济统治使许多早期的制度只得到了部分转变。如果印度的现代资本主义是在其他情况下发展起来的，那么扎根于此的新社会阶级就不会形成。

印度的殖民资本主义在各个地方都复制了资本主义的阶级形式，但带有特殊的帝国主义标记。印度资产阶级从英国商业和英国国家的监管中解脱出来的速度非常缓慢。印度资本家迟迟没有决定拿自己的财富来冒险支持民族主义势力，只有在许多人相信民族独立将会实现，并且他们的任务是防范一个敌视印度大企业的独立政权时，他们才会这样去做。中产阶级，即小资产阶级，这个资本主义社会的另一个主要社会阶层规模非常大，在政治上也非常重要。它在殖民统治下的演变决定了它从来都不是印度上层资产阶级意义上的民族阶级，其出现的是一个高度分散的中下阶层，该阶层于 16 世纪后复杂而缓慢地从多元化社群基础上产生并与之保持密切关联。它承载着作为其基本意识形态的强大社群取向和价值观。

在 19 世纪上半叶左右，英国东印度公司领土上的社会变革愈演愈烈。在政治上，殖民政权从伦敦和印度的东印度公司经验丰富的官员（他们主要关注印度和中国）手中转出，到了其他更关心英属印度打算服务的不断发展的帝国利益的人的控制之下。印度政策的决策权从一套机构转移到了另一套机构。直到1858年，政策一直是由东印度公司的主要股东以及历届英国政府所提名的人共同制定的，该机构通常称为"管理委员会"，成立于1784年（作为议院的印度事务专员）。1858年之后，印度的政策由王室的大臣们制定，议会授予东印度公司的特许状（最近一次于1854年）中已经深入考虑了这一变化。

第四部分

当代南亚

第四部分年表

1861 年	《印度参事会法》
1877 年	维多利亚女王宣布成为印度女皇
1878 年	《印度森林法》声称国家拥有森林所有权，否认传统权利
1880 年	《饥荒应对规范》颁布
1883 年	《伊尔伯特法案》争论
1885 年	印度国大党第一次会议
1891 年	《同意年龄法案》
1892 年	《印度参事会法》增加了印度人在地方政府的参与度
1905 年	孟加拉分治；抵制进口布匹；斯瓦德西运动
1906 年	穆斯林联盟成立
1907 年	"极端"民族主义的兴起挑战了"温和的"国大党成员
1909 年	莫莱-明托改革启动了立法机构中的社群代表制
1912 年	首府迁往德里；新德里建设开始
1914 年—1918 年	第一次世界大战
1915 年	甘地从南非返回印度，进入政界
1916 年	国大党与穆斯林联盟签订《勒克瑙协定》
1918 年	《蒙塔古-切姆斯福德报告》承诺进一步的政治改革
1919 年	《罗拉特法案》威胁到公民自由；阿姆利则的札连瓦拉园惨案
1920 年	基拉法特和不合作运动；甘地重组国大党
1922 年	甘地因暴力暂停不合作运动；甘地入狱

1924 年	基拉法特运动随着哈里发的废除而结束
1924 年—1925 年	瓦伊科姆非暴力不合作运动
1927 年	西蒙委员会被任命
1929 年—1939 年	大萧条
1930 年	甘地前往丹迪抗议盐税，被判入狱
1930 年—1932 年	圆桌会议
1930 年—1934 年	公民不服从运动
1931 年	《甘地-欧文协定》；甘地出席圆桌会议
1932 年	《浦那协议》为受压迫阶级保留立法席位
1935 年	《印度政府法案》，后来成为印度宪法的基础
1939 年—1945 年	第二次世界大战
1940 年	"拉合尔决议"；穆斯林联盟呼吁建立独立的伊斯兰国家
1942 年	苏巴斯·钱德拉·鲍斯前往新加坡招募印度国民军；克里普斯调查团提出将印度变为自治领；"退出印度"运动
1943 年	孟加拉饥荒
1947 年	印度和巴基斯坦独立和分治；重大暴力事件随之发生
1948 年	甘地遭暗杀；真纳之死；印巴克什米尔战争停火
1949 年	印度宪法通过
1951 年	法拉卡水坝计划启动
1952 年	印度采用计划生育来减缓人口增长
1955 年	万隆会议；《印度婚姻法》规定了最低结婚年龄
1956 年	巴基斯坦宪法通过；印度以语言为基础重新划分行政区块
1958 年	巴基斯坦宪法被废除；阿尤布·汗通过军事政变建立统治
1959 年	喀拉拉邦实行总统管治
1961 年	《禁止嫁妆法》；萨尔达尔萨罗瓦尔水坝项目启动；果阿被占领
1962 年	与中国在偏远的阿克赛钦发生战争；印度战败
1964 年	尼赫鲁去世
20世纪60年代中期	绿色革命

1971 年	孟加拉国（东巴基斯坦）独立
1975 年—1977 年	英迪拉·甘地领导下的紧急状态
1979 年	印度人民党政府垮台
1984 年	"蓝星行动"；英迪拉·甘地遭暗杀
1990 年	曼达尔委员会的建议得到实施
1991 年	拉吉夫·甘地遭暗杀
1992 年	阿约提亚的巴布里清真寺被拆除
1998 年	印度核爆炸
2002 年	古吉拉特邦反穆斯林骚乱
2004 年	全国民主联盟政府被击败

皇权取代东印度公司

当代国家

1858年，在兵变之后，一个看似直接的结果是，东印度公司被解散，其政府权力直接移交给了英国王室。在许多方面，这只不过是对一种长期以来已发展出的情况的迟来的合理化。1813年东印度公司的经济垄断权力被剥夺，1833年所有贸易业务被取消，而公司的政治职能则受到威斯敏斯特的限制，需要通过管理委员会行使。到1850年，除了剩下一个股东团体之外，那个曾经强大而体面的东印度公司几乎荡然无存了。

在其他方面，向皇室统治的转变意义重大，它明显证实了印度实际上是由英国在统治这样一个过去在象征意义上很模糊的事实。直到1858年，东印度公司一直都是从多年来吸毒成瘾、身处德里的俘虏莫卧儿皇帝那里获得部分统治名分，尽管这种名分越来越不令人信服，东印度公司仍将自己展示为一个印度政体。到了这一时期，英国统治的外国特征已变得无可争议，并成为政治反应和组织的焦点。此外，在权力从一个特许商业公司移交出来时，英国人还明确表示，其印度领土构成并应作为一个单一国家进行管理。他们建立了一种权力，将来可以由其他机构整体接管。因此，虽然起初这种变化似乎没有在印度的土地上带来巨大的变化，但它标志着那里已在从现代国家向当代国家过渡。

印度的现代性与欧洲一样，始于一种通常被称为中世纪的社会形态被另一种社会形态所取代，这一过程始于16世纪左右。在欧洲，英国和法国等地向现代性的过渡非常迅速，而印度的进程则稍慢一些。

1500年之后，前两个世纪人口增长带来的压力导致了土地所有权分散、生产力下降，最后导致了资本主义生产的出现，无论是在英格兰和普鲁士那样的地方的大型土地庄园上，还是在诸如法国和其他地方小业主的土地上，都是这个情况。这种新的经济力量导致了一场政治危机，这是在封建秩序衰弱的外壳下贸易、市场和资本主义关系不断增长的结果。也有人认为，地主与农业工人之间的激烈冲突，加上市场关系的扩大使农奴制成为一种反常的制度，将封建制度推向了危机并最终将其毁灭，这为资本主义土地关系的出现打开了大门。

无论是什么原因或哪些原因的组合，政治经济学原理总是被引用来对欧洲向资本主义和现代性的过渡进行完整的阐释，这当中，被采用的是我们称之为"重商主义"的那些经过深思熟虑的国家建设政策。根据这一学说，强大的国家是通过将诸如军队及有权征收赋税、关税的官僚机构这样的国家机构，与商业资本主义制度和被特许管理垄断且国库会从中受益的企业商业机构相结合而建立的，其还执行外交政策任务。英格兰、法国和荷兰的东印度公司就是为此目的而创建的。因此，印度，或者至少印度帝国①（Indian Empire），

---

① 印度帝国，指英属印度。

是欧洲重商主义现代性不可或缺的一部分。欧亚大陆这两个相距甚远的地区的经济经历了类似的变化，之后西欧和印度的经济愈加相互交织。

印度没有经历过严格意义上的封建主义危机，但在后莫卧儿时代，其中世纪制度发生了重大转变，这为印度走向资本主义和现代性的进程创造了条件。阿克巴和他的继任者在他们广阔的恒河中心地带实现了比以前的国家更高程度的权力集中、国家权力和官僚控制。尽管如此，即使在德里和阿格拉周围的核心地区，对国家统治的强烈抵制仍在继续，即使在帕伽那被政府官员接管后，由主导世系和农民种姓组成的地方社会经济组织的结构也没有发生根本改变。中央集权非常不完善，旧的世袭权力形式与官僚主义同时盛行。

超越莫卧儿政治的更深层次的变化正在发生。商业发展，造就了成倍涌现出的小集镇以及激增的粮食和信贷市场，以应对不断扩大的欧洲贸易圈。以胡椒和纺织品为首的印度出口产品吸引了欧洲商人，他们为国际贸易带来了来自新世界的持续白银供应，以支持稳定的莫卧儿银卢比①（rupee）。

总的来说，莫卧儿社会比以前的中世纪政权更进一步，显示出了一系列政治、经济和文化变革将导致的未来新社会秩序的迹象。在欧洲和印度，帝国政体被较小的国家所取代，而这些较小的国家在政治和文化上的融合程度更高。一些较早的阶层失去了特权，而其他阶层获得了特权，国家建设项目受益于经济措施的有计划和系统的部署，"重商主义"和"政治经济学"这两个术语后来一直都与这些措施相关联。

---

① 卢比，在舍尔·沙统治时期，莫卧儿王朝开始发行的银质货币。

在对欧洲现代性的定义中，文化变迁的巨大影响在印度并没有体现出来。印度没有任何东西可以与欧洲文艺复兴时期活力的解放相对应，特别是在世俗和科学价值观摆脱基督教教义束缚的方式这一方面。印度没有这样的自由化，但同时可以说，它对中世纪天主教以前的愚昧禁闭也知之甚少。印度和其他地方的伊斯兰教从未像中世纪的基督教那样将自己封闭隔离在科学和多样化的思想之外。

如果欧洲和印度大约在同一时间并以某些相同的方式开启了现代性，那么两者在当代历史开始时就会更加紧密地相互联系在一起。然而，在今天的印度或巴基斯坦的基础是何时奠定的这个问题上，次大陆人民的多元性以及他们的文化和经历的多样性否定了有单一看法的可能性。那么，就目前而言，在印度和对印度人来说，"当代历史"始于19世纪中叶左右，那时一系列政治、经济和文化形式变得明显了，那些形式以前只是部分地被瞥见。那个时期，当代状况的直接前因可以被确定为具有重要因果关系的结构，当代人所分享的普遍和重要的制度、意识形态模式也已经形成。

兵变之后

在过去的一百五十年里，相当古老的社群在阶级冲突和失去很多历史上的自主权的双重压力下变得更加分裂。1830年后出现了全新的国家和族群关系，社会、文化和经济发展明显受到相对更大的外生影响。即使意识形态的连贯性在种姓、宗教身份和忠诚的持续召唤下在一定程度上有保持，这些意识形态所指涉和起源的社会世界已经完全改变了。无论是种姓、宗教还是地域，这些古老的、决定亲缘关系的因素，其意义都与中世纪的法典中表达的意义不再相同。也许这种连续性并不可预期，但将人们与特定地域和意识形态凝聚在一起的纽带的衰减是当代的一个显著特征，古老的历史利益无法继续得到保护。

1857年东印度公司的印度兵起义骤然导致公司于1858年被取代。对"大兵变"（Great Mutiny）的镇压，以及对任何形式的英国统治都构成威胁的反叛行动的镇压，是英国士兵在包括锡克教教徒在内的印度盟友的帮助下所为，对其他起义的恐惧给19世纪余下的岁月蒙上了阴影。但从长远来看，权力转移带来的更重要的影响是将英国和印度锁定在了一条共同轨道上。与英国一起，印度从此走向了更加复杂和官僚的政府结构，各部门专注于技术职能，并有望根据国家和政府的自由主义哲学为由市场驱动的经济发展做出贡献。此外，在不断扩张的大英帝国中，印度被赋予了越来越重要的作用，特别是在提供和供养确保帝国目标所需的兵源方面。为了这些目的，英国和印度士兵在亚洲、非洲甚至欧洲的许多地方作战。他们的费用大部分由印度的农业生产者承担，这些农业生产者的儿子，尤其是来自旁遮普的，为军队提供了大部分的兵源。

从表面上看，叛乱后的王室统治几乎没有引起印度内部权威结构的变化。从税收的基本行政级别（司法区）到省会（或称马德拉斯、孟买或加尔各答的"管辖区"），以及在这些省会的总督和伦敦之间，这些级别的权力仍然与之前东印度公司在过去半个世纪里的情况差不多。英国小贵族继续被委以总督①办公室和总督的行政职务，最高司法职位通过专家招聘填补，大多数政策是由印度公务员系统的高级官员组成的委员会制定的。

在东印度公司时代，一项重大变革已有预兆，那就是技术部门的发展，例如公共工程、道路、灌溉、林业和警察。这些都是在省

---

① 当时已变为viceroy of India，中文仍译为总督。

级层面引入的，到了19世纪后期，它们全都变成了深入到每个地区的官僚机构。这对地区行政的影响是显著的，因为这是政府与被统治者联系最紧密的地方。这方面的变化意味着对19世纪早期东印度公司管理创始人制定的早期理想的背离。蒙特斯图亚特·埃尔芬斯通、约翰·马尔科姆和托马斯·芒罗等人曾是全能的当地行政官员，这些地方总督官员被认为在叛乱期间保持了印度人对英国事业的忠诚，尤其是在旁遮普省。

统治者和被统治者

个人在地方统治的原则在叛乱之前已开始减弱，而当英国国王在叛乱之后直接控制印度时，地方当局已成为一种欧洲公务员的寡头政治。到19世纪后期，地方官员在欧洲的妻子和家人们也来了，在一些地方，其他欧洲人——教师、种植园主、商人——组成了足够大的殖民地，在广阔的印度世界中形成了小型而独特的欧洲飞地。省会城市拥有与欧洲人相同的社会模式，有他们的俱乐部和比赛场地，与本土贵族、新兴的受过西方教育的印度专业人士形成的中产阶级以及众多的中下层商人、集市商人、工匠和政府小官员的家庭，还有城市贫民的中下阶层都是分开的。

区镇和省级城市继续通过各种复杂的纽带与农村腹地相连。那些通常是建立在中世纪的纽带在18世纪得以加强，商业化的加强与国家建设相结合，增强了城乡关系网络。尽管如此，印度在19世纪仍然是一个乡村占绝对主导的社会，当第一次省级人口普查在19世纪中叶开始时，城市地区的定义是人口须多于5000，这一标准很低。1872年、1881年和1891年的印度人口统计报告均显示，居住在城镇（仍被定义为拥有5000名或更多居民的地方）的人口比例很低，到1901年只有10%的人口居住在城镇，当时大约有2100个城镇，总人口为2100万。1947年印度独立时，城市居民已增加到占总人口的15%，近5000万人居住在大约2700个城市地区。

由于历史阐释偏向于关注政治和经济现代化，城镇中阶级的形成引起了人们的关注，但在19世纪，阶级关系也在整个农村得到了加强。也就是说，在仍然被认为是占主导地位的传统种姓社会之下，有一群来自不同种姓的男子，他们在财富、住房和教育方面都占优势，使他们与其他具有类似传统等级的人区别开来了。无论是受过西方教育、担任政府小官员的专业人士还是临时工，他们在不断扩大的资本主义关系中的各种位置形成了与其他人的关系，都会与其他人建立起影响种姓和宗教取向的关系。

孟加拉呈现了一个阶级形成的极端例子。它拥有加尔各答，英属印度的首府，"宫殿之城"。在被孟买取代之前，加尔各答是拥有最早、最多接受过西方教育的印度人的地方，是第一个西化的、知识分子的城市，是次大陆最发达的商业中心。虽然孟加拉的城市人口是印度所有省份中最少的，在19世纪末仅占5%，但在19世纪初，孟加拉农村却是印度商业化程度最高的农村之一，这体现在依靠雇佣劳动维持生计的农村劳动力的高比例中，这个比例可能高达80%。

在其他地方，可以看出乡村阶级的不同结构。到19世纪中叶，已能够划分出广泛的农村居民阶层，他们的社会、政治和经济利益独特而强大，足以挑战古老的种姓、教派和地方观念，有时甚至可以推翻这些观念。每个地方都存在着农村阶级的三类划分。最高阶级包括两个类别的土地拥有者，他们有时也被区分为不同的阶级。在许多地方存在地主，那是一小部分土地所有者家庭，他们拥有足够的土地使用权保障，在耕种方面，除了监督佃户或日薪工人之外，他们无须耕作，而是通过放贷来增加农业收入。在稳定持有大片安全土地的人之下，是富有的农民，他们既拥有土地又耕种土地，在需求高峰时期，因为他们拥有大片土地，也会雇用其他人。富有的农民从事谷物交易，并充当小规模的本地放债人以增加他们的货币收入。

对一些学者来说，除了在印度的那些可能由税收改革造就了大地主阶级的地方，比如康沃利斯的孟加拉和马德拉斯的部分地区，在其余地方区分地主和富农是没有意义的。在印度的大部分地区，比个别地主地产的相对规模或安全性更重要的是，那些拥有大量土地的人以什么方式雇用短工来耕种那些土地、从事粮食贸易和放高利贷，以巩固他们的经济和社会支配地位以及与城镇主要团体建立多元联系。通常，连接乡村和城镇的因素远比分隔它们的因素重要得多。与这种关系较有隔阂的是第二个同时也是数量更多的农业阶层，由中层农民组成。他们拥有的土地充其量只够吸收家庭全部或大部分的劳动力，还没有大到需要雇用其他人的程度。虽然中层农民通常并不会去出卖自己的劳动力，但由于要面对税吏的收税，以及想要避免欠下放债人的债务，他们面临着巨大压力，不得不这样做。他们有时被称为中产阶级农民，他们最恐惧自己可能会滑入贫困耕种家庭的行列，必须以佃户或临时工的身份为他人工作。那些最低阶层的农村社会群体包括没有足够土地来吸收他们自己的劳动力或挣维持生计所需资金的家庭，他们偶尔为其他人工作，通常是为邻居。在高产量和灌溉耕作的地方，存在着一种农村无产阶级，他们没有土地，没有工具，没有牲畜，他们自己得外出当日工，并且通常可能是因为已转嫁了几代人的债务被绑定在特定的拥有土地的家庭里。

同时，社会阶层是城市生活的一个熟悉的特征。贝拿勒斯在

1827年是一座拥有20万人口的城市，其男性劳动力的三分之二按职业分为以下几类：手工业者和纺织工人、商人和银行家、运输人员以及提供个人和专业服务的人员，例如理发师和洗衣工。另外还有专业人士、医生和律师。当然，在安拉阿巴德和伽耶，以及在贝拿勒斯和其他朝圣城镇，有众多的神职人员，例如，在19世纪初，贝拿勒斯有40000多名婆罗门靠施舍生活，占那里人口的近五分之一。最富有的城市居民由两个独特群体组成。一个是乡村富豪的大户人家，他们的财富来自他们作为身居异地的乡村地主所收取的土地租金，和在城市所拥有的价值不菲的土地的租金，以及放高利贷和进行粮食贸易获得的利润。另一个贵族群体包括利息和租金收入丰厚的银行家及大放债人，以及批发商。这就是资产阶级本身。在他们下面是普通城镇居民：中下层阶级的手工业者、集市的小商贩、商品经纪人和劳务承包商、小额放债人以及宗教和政府工作人员。底层是那些贫民，他们被在农村受剥削的险境驱使，逃脱到城镇，却依旧遭遇到类似的经历，过着悲惨的生活。在印度北部，所有城市阶层中穆斯林占较大比例，这是早期穆斯林统治时期人口结构的遗留。

印度的城市人口在19世纪增长缓慢，但在近代时期，城市居民的重要性不仅仅在于数字。从19世纪初期开始，城市阶级是殖民国家的附属和代理人，殖民国家的制度将改变印度并使其现代化。虽然包括欧洲人在内的商人在这一转变中发挥了作用，但现代商业进展缓慢。1815年，加尔各答只有23名欧洲商人，只有少数印度教大商人和银行家以及零星的穆斯林公司协助他们，大多数交易是由孟加拉公司以老式的方式进行的。到该世纪中叶，加尔各答的现代商业行业包括173名欧洲商人和代理商、大约50家印度大银行（其中8家来自马德拉斯）、35家穆斯林公司和160家较小的孟加拉公司。

与康沃利斯的税制改革所造就的孟加拉大地主相比，这些数字微不足道。1870年左右，500名被称为柴明达尔的人拥有超过20000英亩的土地，另有16000人持有500至20000英亩的土地，还有138000名地主持有500英亩以下的地产。这种情形发生在大多数家庭都依靠几英亩的灌溉土地来维持生计的孟加拉。面对这些庞大的人数，那个时代的城市资本家似乎微不足道，受过教育的人也是如此。

1859年，整个英属印度只有13所公立大学，约有2000名学生。有30000名学生在公立中学学习。然而，正是从这个薄弱的基础上崛起的印度中层和中下层阶级，清除了欧洲人对次大陆的霸权统治，这是部分通过印度人越来越多地参与官方管理来实现的。同样，一开始参与的人数也很少。1850年，担任高级地方行政职务的印度人共约3000人，看到这么低的数字，像托马斯·芒罗那样的人会感到失望，他在1824年担任马德拉斯总督时曾倡导印度人应越来越多地参与他们自己的政府，在他离开印度之前的告别演说中，他是这样陈述的：

> 如果我们将……［印度人］排除在每个重要职位之外，并说……在一个拥有1500万居民的国家中，连发出一个鞭挞令这样的权力都掌握在欧洲人手里……
>
> 仅用我们的书［来］改善一个民族的性格……会是徒劳的。要产生这种效果，必须将通向财富、荣耀、公职的道路打开。[1]

但即使是那些为数不多的有保障、可领取养老金的政府就业机会，也促使私人资助的学校得到了广泛支持，以补充那些由传教组织支持的学校和接受国家资助的学校。由于这种对学校的综合投资，到1857年，私立和公立中学以及大学的入学人数增长到足以有正当的理由在孟买、加尔各答和马德拉斯等管辖区城市建立大学。

然而，西方教育的推广并不足以保证所有毕业生都能有适当的就业机会。因此，在东印度公司政权因其北方军队中印度士兵的兵变而失去权力的同一年，受过教育的印度人阶层的发展基础正在被奠定，19世纪后期，他们在经济和政治上的挫折感融合为民族主义的反抗。

印度政治参与的开始

代表大会逐渐向受过西方教育的印度人开放，这也是一个重要的政治变革。城镇和区议会是根据1861年的《印度参事会法》（Indian Councils Act of 1861）创建的，最终，通过一系列类似的法案，总督委员会的成员资格向受过教育的印度精英开放了。对政府事务的这种非常有限的参与，被认为是对中产阶级同意甚至偶尔主动发起增税的适当奖励。

这些政治上的让步被许多印度人视为利好，但也有一些损失，主要是经济损失，这是当代的标志特征，它将当代与前一个时代的现代历史区分开来。到19世纪30年代，本土资本家和外国资本家之间在利益和制度上达成了新的平衡。在此之前的两个世纪里，包括批发商、银行家和纺织工业家在内的印度资本家享受了大量的国家支持，以回报他们对现存制度的贡献。重商主义一词已被应用于许多前殖民政权的政策当中，以确定旨在促进国家建设的措施的核心。强大的政权需要为基于武器的军事现代化提供资金，这需要采取措施从商业中筹集资金以补充土地税的收入。因此，17世纪和18世纪的印度国家试图通过鼓励商品生产来发展其区域经济，以扩大税收基础，从而为进口军事物资和使用这些新武器的、训练有素的常备军提供资金。这一切都需要印度资本家的贡献，而作为对他们合作的回报，他们获得了包税人和垄断企业的持有者这样利润丰厚的职位。因此，后莫卧儿时代的国家建设将整个18世纪印度的农村社群卷入到了更深层次的商业和金融网络中。

东印度公司和王室的经济政策

在我们讨论政治发展的出现之前，应该对其物质和文化基础进行更全面的评估。从一开始，东印度公司在孟加拉和马德拉斯的统治就强化了18世纪各省所遵循的重商主义做法。东印度公司通过加强对被征服臣民资源的控制和支配，要求用现金纳税，鼓励小商品生产和货币化，将增强国家权力的做法推向了更高的阶段。在这些方面，英国的统治与其说是类型不同，不如说是程度不同，但在其他方面，它则是一种不同类型的统治。作为一家在欧洲和中国都有重大利益的国际贸易公司，东印度公司以前所未有的方式使印度人的产品、技能和资本流通起来。直到1813年，公司对欧洲贸易的垄断被终止，东印度公司的贸易业务及其作为政府的职能，确保了印度的纺织品和农产品，例如棉花、糖和鸦片，都由公司自行支配，而且，它违犯中国法律，通过向中国输出鸦片使英国对中国的贸易逆差变成了巨额顺差。

在这些活动中所产生的、商业和货币得到强化的氛围中，不同群体的相对优势会发生重大变化也就不足为奇了，这取决于不同群体与印度经济生产形式的不同关系。然而，在一般层面上，人们常说，次大陆最商业化的地区遭遇了两个转型过程——去工业化和再农业化，但这两个过程都没有像"现代化"一词所意味的那样，对旧形式造成如此大的破坏，从而对印度社会产生深远影响。

对印度"去工业化"的指责基于一种无可争议的观察，即与除中国以外的其他18世纪亚洲社会相比，印度是一个工业巨头，正如黑格尔的赞歌所肯定的那样，它生产了种类繁多、质量非凡的商品，令人羡慕和惊讶。纺织品和金属制品是主要的工业产品，并且与该国许多地区的大规模棉花生产以及采矿和冶炼这样高技术含量的行业有着令人印象深刻的反向连接（back-linkages）。在东印度公司治理下的第一个世纪的大部分时间里，这些生产形式仍然存在，甚至做出了一些通过选择性现代化来改进旧方法的努力，其中之一是使用美国的棉花种植州的种子和一些技术来满足欧洲对印度纺织品日益增长的需求，以及满足东南亚对印度纺织品的需求以换取那里种植的香料。

然而，到了19世纪40年代，印度出口的性质发生了变化，从出口纺织品成品转为向英国新的蒸汽驱动的纺织机提供原棉，这种转变一开始缓慢，然后迅猛。从那时起直到第一次世界大战前夕，曾经因其布料而闻名于世的印度进口了英国出口的纺织品的近一半。当该贸易因第一次世界大战而中断时，英国对来自印度的机器制纺织品的关税限制有所放松，现代工厂纺织品生产被允许进口。同样，在前殖民时期，印度的重型工程工厂为印度各省生产了质优的火炮。这些工厂后来被关闭了，它们的产品被不一定比印度版本更好或更便宜的英国制造的工程产品取代，这损害了印度的工业潜力，但使其履行了作为帝国市场的角色。

1860年之后的经济变化是由印度许多旧的和一些新的商品在国

内和国际市场的整合推动的。纺织品的现代化工厂生产方式引领了印度的这一发展，就像在欧洲一样。以类似的方式，紧随纺织品之后出口的是煤炭，最后是钢铁。这些发展不仅加速了许多印度人的职业在社会、经济方面的变化，而且加速了许多家庭和社群从此之后生存的社会背景的变化。现代城市工人在像孟买这样的成熟商业中心出现了，在那些地方，印度资本家手中的旧商业财富变成了现代纺织厂的工业资本。这些印度金融家的利益遍布次大陆，在那里，他们与来自孟加拉的投资者相融合。孟加拉的金融家在比哈尔省开办了煤矿和铁矿，新的城市出现了，比如由孟买帕西人的塔塔家族（Parsi Tatas）创建的贾姆谢德布尔①。

农村也同样受到这些转变的影响，尽管其结果不是发展，而是现在所说的欠发达。在19世纪的最初几十年，次大陆许多地区对用现金纳税和缴纳租金的需求增加，一时间农业商品的价格下滑，给低阶层农业和牧业群体带来了困难。然而，当农产品价格在1860年之后开始上涨时，受益的仍然是富裕的农民和放债人，这导致资源大量集中在他们手中。但赢家们相互之间也存在敌意，1875年浦那附近出现的，由大批马拉塔农民反对马瓦里（Marwari）放债人所引发的骚乱体现出了这一点。

随着1854年铁路开始发展，英国资本和消费品的渗透力度增加了。铁路是按照利于帝国的逻辑建造的，英国资本拥有外国投资者享有固定回报的保证，这是英国资本主义因殖民关系而被加强的另一种方式。1914年之前所谓的"自由贸易时代"，只不过是一种有利于通过各种正式和非正式方式进口英国制成品的制度，它预示了20世纪30年代的大萧条中所谓的帝国特惠制（imperial prefer-

---

① 贾姆谢德布尔，一译"詹谢普尔"，今天是印度恰尔肯德邦的第一大城市，钢铁生产中心。

ence），导致了原本的印度制造业和运输业的退化，过剩的工人被迫去从事农业活动，并被再次农民化。

这些过程反映在了1881年和1931年进行的印度人口普查中，据报道，农业领域的工人增加了28%，而非农业领域的工人减少了8%。这些人口普查中观察到的趋势在1840年至1880年之间（常规人口普查开始之前）的四十年中可能更显著。在18世纪和19世纪初期，可能只有不到一半的劳动力从事种植业和与之相关的活动，而到19世纪后期，依赖农业的人口比例上升到75%，这对生产力和技术已经远远落后于欧洲的印度农业来说，是一个巨大的额外负担。

在这种对农业工作的依赖日益增加的情况下，农村的社会关系对穷人来说必然会变得更加危险，实际上也确实是变得更危险了。有些变化起初是渐进的，但在19世纪后期，变化步伐不断加快，这种变化注定将加剧随后发生的毁灭性饥荒的凶猛程度。

始于1840年的、英国帝国统治的那个世纪中，所发生的变革的更为致命的后果是饥荒和疾病，而长期营养不良和随之而来的发病率揭示了整个次大陆的社会文化结构的退化。在广阔的农村，这既是社区衰弱的原因，也是其症状。随着财富在少数家庭聚集以及地方合作的政治手段因职能部门的官僚责任划分而丧失，社群失去了历史上曾有的，维持能够应对地方危机的机构所具备的能力。那些有助于社群合作的种姓关系，例如客户和资助人种姓之间的关系，由于英国法律和人口普查活动的倾向性而发生了深刻的变化，被赋予新的含义和功能，使地方群体从历史背景和责任中脱离出来。

与宗派和社群一样，种姓关系总是对不断变化的历史环境做出反应。面对诸如农业经济大量扩张而挤占畜牧业经济、印度北部的穆斯林统治或欧洲支配地位的强加于人等变化，某些所谓的古代本质和传统又如何能保持呢？印度人曾经是社群和王国的一部分，现在受制于新的统治框架。曾经，当地的宗教和政治权威以及远方的国王，在灵活的、更关注当地情况的规则下，尽可能地保持着他们习惯的关系和互惠权利。现在，英国法官领导下的法院制定了新的条款，英国司法和民事官员不会保留这个群体或那个群体的权利和特权，因为根据他们自己的财产法基本原则，没有理由这样做。人口普查和其他现代控制措施倾向于将一些不同的地方特权和责任进行统一，将其他对独特权利和传统的要求视为不相关的或麻烦的。

社会结构被撕裂

就这样，当地农村的社会关系和习惯丧失了，这些本是社群对抗时来时往的军事领主的结果，现在，来之不易的权利被搁置一旁，为了一些当地团体对另一些团体的利益，社群的完整性可能受到法律和警察的攻击。在这些地方斗争中取胜的人，通常是通过与殖民官员的特权关系而获胜的，这些殖民官员可以决定谁失去旧特权，谁获得新特权。取胜的人往往是那些被视为财产所有者和现金纳税者的人，或者被认为是像文士、律师和地主这样有用的职业的从业者，而败下来的人，包括一些以前地位很高的人，如小统治者以及大多数小农家庭。整个次大陆的农村社群就这样发生了转变。

这并不是说印度的殖民统治用西方社会文化中的个人主义和多元主义伦理取代了一个有着田园诗般的习俗及公平性的世界。前殖民地时代的印度自身有充分的阶层划分、剥削、压迫和苦难。此外，欧洲价值观也真正吸引了印度人，因为许多人为习得英语或另一种欧洲语言，为得到西方教育和西方商品而去寻求、去献身。这些使印度人的生活方式发生了深刻的变化，至少是对印度男性来说。印度人在摸索一种可能属于他们的现代性时，旧的制度和文化形式屈服于新的制度和意识形态，或者说希望一些旧的特权和豁免权能得到保护。但是，从19世纪中叶开始，跨越旧社群界限并通过公共机构进行的政治、社会和文化特性的同化是史无前例的。这些较新的形式和意识形态的权威中心，总是在城市和城镇的其他地方，远离历史上的地方核心。它们受党派政客、官僚、民粹主义大师和工业大亨等专业人士的控制，这些专业人士的利益往往与旧社群是疏远的，或与旧社群是不大相关的。

英属印度的统治

英国王室在印度的统治一开始还呈现出希望。1858年11月，维多利亚女王发布了"致印度王公、族长和人民"的公告，向前两者保证，他们的尊严和特权将与东印度公司的现有条约一起得到维护。对于非贵族的印度公众包括所有宗教和种族，政府根据他们的"教育、能力和品德"提供就业机会。她的慷慨之词是为了弥补前一年的起义造成的政府与人民之间的裂痕。

公告发布后不久，英国于1858年通过了《印度政府组织法》（Government of India Act of 1858），该法案规定了其他优先事项。一位印度国务大臣被任命为威斯敏斯特内阁成员。不过，他的办公室和工作人员的经费来自印度的税收。议会专员被印度委员会取代了，这一委员会的15名成员中的大多数将从东印度公司的退休董事中提名，其余的则已在印度供职满十年。这种安排意味着东印度公司政权与其帝国继承人之间的人事以及政策有非常实质性的连续性，但也意味着权力因公司董事的影响力被稀释而变得更加集中了。

维多利亚女王对印度人参与高级职位的承诺兑现得太慢了，到1880年，在印度公务员系统（Indian Civil Service，ICS）的900名成员中，只有16名印度人。1858年的法案确认了几年前制订的，在英格兰通过举行竞争性考试招募精英行政人员队伍的计划。在接下来的几年里，候选人必须满足的条件变得越来越严格：

最高年龄从二十三岁降至二十一岁，在19世纪70年代又进一步降至十九岁，并额外要求要在英国大学进行为期两年的试用期。因此，构成英属印度专业高薪行政人员的近千名公务员绝大多数是通过严格英语考试的英国人。许多人认为这一结果违反了1833年东印度公司特许状中将高级职位向印度人开放的承诺，英国女王曾在1858年重申过这一承诺。

不过，该公告只是为了缓和印度人对王室政权取代东印度公司的顾虑，而英国人的自私占了上风。尽管很明显，1857年在加尔各答、马德拉斯和孟买新成立的大学中出现了有能力的候选人，并且所有人都同意需要更多高级官员，但对印度高级官员的招聘却仍遭到抵制。此外，在印度的那些一向吝啬的权力托管人还考虑到，除了公正和可行性外，印度本土的高级公务员的工资和养老金成本会更低，而且同样的考试可以在英国和印度同时举行。

然而，那些英国在印度的高级官员，以及他们在英国的同僚无法信任拥有重要权柄的印度人。总督利顿勋爵（Lord Lytton）于1879年秘密写道：“印度人获得大量担任高级职务的承诺永远不会兑现，只能决定是拒绝承诺还是继续进行令人遗憾的欺骗。”其他人不像利顿那样傲慢或诚实，他们认为更安全的方法是设立第二层行政管理人员：来自“良好家庭和社会地位”的年轻的、受过教育的印度人应该担任多至六分之一比例的高阶职位。这样的计划于

图22　总督的大象。当总督达尔豪西勋爵（Lord Dalhousie）试图用更豪华的银制象轿来代替他的"涂得像街头出租车一样的木制"的象轿时，他被指责为肆无忌惮地奢侈［IOL雷·戴斯蒙特（Ray Desmond），《聚焦维多利亚时代的印度》（*Victorian India in Focus*）。伦敦：HMSO，1982年，第82页，图61，经大英图书馆许可］。

1880年推出，设定了法定公务员制度，但它仍然没有满足对同步考试的任何要求。19世纪90年代提供此类考试的提议被以新的理由拒绝：印度教教徒在高等教育中占主导地位，这意味着在印度拥有长期统治经验和传统的穆斯林、锡克教教徒将有失公允地处于不利地位。

　　伦敦和加尔各答不愿将办公室职位向印度人开放，除了普遍不乐意自愿放弃权力之外，还源于当时的社会达尔文主义种族优越理论。甚至让几个值得信赖的印度人参与有关如何分配印度资源以缓解贫困的政策讨论，对19世纪后期的英国官员来说都会感到特别不愉快。令这些英国官员尴尬的是，在印度贫困问题上批评最大的声音来自其他英国人，包括他们的担任最高职位的一些同事，而不是来自利顿勋爵害怕的、受过教育的中产阶级印度人。事实上，印度中产阶级在很大程度上也持自由放任的态度，与他们同时代的英国人和宗主的态度没有太大区别。

从19世纪70年代到世纪之交，成功赢得议会席位的孟买商人达达拜·瑙罗吉（Dadabhai Naoroji）发表了一系列论文、演讲和信件，谴责英国为自己的利益而部署印度资源。1901年，他的题为《印度的贫困和非英国统治》（*Poverty and Un-British Rule in India*）的著作集出版，旨在将公众讨论的焦点集中在经济问题上。同年，威廉·迪格比（William Digby）具有讽刺意味的《“繁荣”的英属印度》（'*Prosperous' British India*）一书中出现了类似的控诉。迪格比是印度饥荒救济基金的名誉秘书，他因批评马德拉斯政府在19世纪70年代的可怕饥荒中的消极态度而闻名。1888年，他开始游说应采取更有效的福利措施，引起人们对英属印度政府进行的秘密调查所揭示的印度日益严重的贫困问题的关注。

这些研究本身就是被高层文官威廉·威尔逊·亨特[1]（William Wilson Hunter）的批评所推动的，亨特因其大量的统计学、语言学和农村方面的研究，以及他所编辑的于1881年至1887年间出版的23卷《印度帝国地名录》（*Imperial Gazetteer of India*）而受到尊重。1881年，他出版了一本小篇幅的书，声称五分之一的印度人是在没有足够食物的情况下度过一生的。亨特1881年的控诉书除激励迪格比在1901年谴责帝国政策及其带来的大规模贫困时所进行的研究之外，也引发了各省级出版物多次试图反驳贫困指控。一位名叫

---

[1] 威廉·威尔逊·亨特，苏格兰历史学家、统计学家、编者和印度公务员。

斯里尼瓦萨·拉加瓦伊扬加①（Srinivasa Raghavaiyangar）的早期的、被信赖的印度官僚曾做了一项巧妙的为政策辩解的工作。1893年，马德拉斯管辖区发表了他的《英国政府过去四十年马德拉斯管辖区进步备忘录》（*Memorandum of the Progress of the Madras Presidency during the Last Forty Years of British Administration*）。然而，即使长达650页的篇幅也未能驳倒亨特简短而严厉的控诉。

印度军队的军官职位迟迟没有向印度人开放，这方面进展极其缓慢，而19世纪后期的帝国活动还在继续给印度军队施以重负：1882年在埃及，导致该王国被准殖民征服的行动；1885年至1886年和1896年在苏丹的行动；1900年在中国对抗义和团的行动。在寇松勋爵（Lord Curzon）的领导下，对印度人的任命也没有增加，而当时，即1904至1905年度，印度的预算有52%拨给了军队。

从1857年东印度公司印度士兵兵变中汲取的教训，迫使欧洲人加强在英印军团高层中的力量。对兵变的恐惧挥之不去，这使得英国战略性地驻扎在英属印度各地的军队人数相当于其欧洲军队的三分之一，并把持着对炮兵部队和高级指挥权的控制。加强英国对军队控制的成本高昂，这也解释了为什么直到20世纪，军费支出一直是印度预算中最大的类别。

旧殖民模式的延续取决于公共事务管理人员，这方面可与军队相提并论。能被委派到印度担任东印度公司商人、士兵、法官或文职官员，长期以来一直是来自公司董事的一种恩赐。那些董事位居17世纪和18世纪伦敦最重要的人物当中，向他们的年轻客户授予政治恩惠，在孟买、加尔各答和马德拉斯这几个管辖区，每个人都在其有特殊兴趣和影响的地方任命他的门生。这是管辖区之间在行

---

① 斯里尼瓦萨·拉加瓦伊扬加，印度公务员和行政人员，于1896年至1901年担任巴洛达的行政长官。

政风格上存在差异的原因之一，在东印度公司本身不再直接承担政府责任后，这种差异仍长期存在。各省在行政、税收和司法实践方面的独特模式，导致了一种可变性，降低了在整个英属印度实现集中行政权力的可能性。

国内的自由主义，国外的官僚主义

虽然那些欧洲行政精英在努力成为次大陆上更强大的工具，但在英国，政府对公民社会的影响力在依自由主义原则减弱。法院和合同制约着公共交易，包括工人作为个人与雇主签订合同的自由，但不包括联合工会。印度的行政人员却走向了另一个方向：他们的政策是固定而不是解放劳动力和资源，以及为那些充当帝国权威与大量贫困人口之间中介的人提供特权。

1872年，由大约1000名官员组成的印度公务员系统管理着整个英属印度，当时第一次普查统计的人口为1.855亿。印度其余的2.4亿人由大约600位印度王公所统治，他们自己是英国人的客户，被允许进行有限的自治。为了照顾他们的利益，一个较小的印度政治服务机构成立了。1854年后，当官员职位开始通过竞争性考试选拔，原则上从英国主要大学的毕业生中选拔时，英国社会的一个新的阶层开始与印度接触。中产阶级家庭开始越来越多地居住于单独的社区，住在优雅的"独立洋房"里，有许多仆人，享受不对公众开放的俱乐部和运动场地，将自己与自己统治的人严格区分开。到20世纪之交，新的社会和政治态度不可避免地产生，并促成了接受西方教育的印度人的政治觉醒。

更快到来的是印度政府本身性质的变化。1860年之后，英属印度各省以及印度王公领地的官僚主义愈演愈烈。18世纪晚期和19

世纪早期由个别官员掌握全部地方权威和权力的情况不复存在，无论是马德拉斯和孟买的税收官，孟加拉的地方法官，还是西北省份的专员，都被几位官员取代，每个官员都有特定的职能。除了税收人员之外，还有司法官员、警察、处理灌溉和公共工程或林业事务的技术官员。这些技术人员中的一些是在东印度公司时代后期引入的，但在政府统治下，他们的人数有所增加。

印度下属行政人员的人数远多于欧洲官员，19世纪初，他们在东印度公司和印度王公的统治下时，曾有自己的做事方法和特权。大多数既定的方式在英国王室统治下仍然存在，即使在官员招募发生变化时也是如此。占主导地位的地主群体是早期下级官员的主要来源，他们加入政府时，被期待他们的本地身份会提高他们的影响力。地主们逐渐被从文士团体中招募来的，通常为外来的人所取代。在19世纪后期日益官僚化的结构中，有学识的婆罗门或具有抄写技能的卡雅斯塔被认为是更有用、政治上更安全的雇员。至于从官场被淘汰下来的权贵们，他们当中较有权势的人的利益往往被保留下来，甚至因为法律变革赋予了他们安全的土地持有权而得到加强。这是19世纪后期经济变化加速阶级形成的一个方面。

到19世纪50年代中期，另一个明显的变化是印度公众舆论的兴起，公众有能力并希望更多地参与印度行政管理。1851年孟加拉英属印度协会（British Indian Association）的成立就是这种新公众意识的体现。紧随其后的是孟买和马德拉斯的类似组织。1854年，当英国议会在审议东印度公司的特许状时（众所周知这是公司的最后一个特许状），这些新的协会的请愿书被提交给了英国议会。

其他机会也开始提供给受过教育的印度人。1861年选举委员会问世，地方自治有了适度的扩大，在教育和其他便利设施方面的责任转移到不断扩大的印度中产阶级的自我征税（the self-imposed taxation）上。这种政治上的让步在渐进式地且带有戏谑性地增加，以帮助温和的印度政客对抗更激进的挑战者。尽管在19世纪后期受过教育的印度人之间出现了这种新的政治分歧，但他们一致敌视印度的另外一个中产阶级——常驻英国人，他们被称为"盎格鲁-印度人"（Anglo-Indians），有时被称为"中产阶级贵族"。随着印度人进入法律、教育和新闻行业，这两个中产阶级之间只会有越来越多的猜疑和怨恨，以及偶尔的公开对抗。印度专业人士尤其不满于英国人控制印度语媒体或剥夺印度人拥有武器权利的企图。

英属印度与19世纪的其他国家一样，在寻求达到有限的目标：解决其外部边界问题（通常是在军事行动之后），为公共事务的开展制定新的规则或法律，加入与其他帝国势力的巨大竞争。印度被视为一个整体还需要经历相当长的时间。因此，1798年至1805年任总督的理查德·韦尔斯利将印度视为反抗拿破仑向中东扩张计划的重要中心。

到19世纪中叶，英属印度打造了利于对抗业已衰弱的清朝以及对抗从波斯到缅甸的次大陆北部边缘的小附庸国的边界。在英国国内盛行的有限政府观念会阻碍国家的干预，除了偶尔禁止一些"可恶的做法"之外，例如禁止土匪行为，以回应商业旅行者的投诉。甚至禁止娑提也是对基督教传教士对东印度公司统治的批评的让步。

改革运动

到19世纪末，社会、宗教和政治改革团体在英属印度的2000个左右的小城镇中扩散开来了。孟加拉的"地区城镇"有梵天社①

---

① 梵天社，印度教教徒于19世纪初创建的改良主义组织。

（Brahmo Samaj）的分支，在较小程度上，孟买管辖区的小镇也有祈望社（Prarthana Samaj）的分支，该运动类似于梵天社，但它是于1867年在孟买成立的。这些由省级城市中受过教育的人组成的、名义上的宗教改革协会，在政治上更加公开。在旁遮普省以及恒河西部的其他地方，成立于1875年的雅利安社（Arya Samaj）在小城镇因谴责种姓和迷信的意识形态而赢得了追随者。相反，各种明确肯定印度教并采用诸如印度教社团之类名称的改革机构出现在了恒河东部地区。在印度西部的帕西人以及穆斯林当中，类似的改革活动也开始了，赛义德·艾哈迈德·汗（Sayyid Ahmad Khan）于1875年建立了阿里格尔·盎格鲁–穆罕默丹学院（Aligarh Anglo-Muhammadan College）。为了面对和反驳基督教传教士的指控以及推进西方教育进程而产生的这些明确的宗教改革机构，不可避免地担负了政治目的并开始阐述公共意识形态。

"有限政府"的原则和自由放任的学说本应阻止东印度公司插手，并禁止英属印度干预印度社会，除非它们受到了传教士和其他有地位的批评者的煽动。然而，即使是在不受约束的市场和合同运作这样重要的问题上，东印度公司在涉及国家收入时也违背了自由主义原则，对鸦片和盐的贸易实行垄断，这种贸易一直维持到19世纪后期。土地生产和贸易的税收仍然很高，不管是以功利主义学说还是以继承的东方主义态度为理由。

由于19世纪后期的可怕饥荒，英属印度和印度各邦国的国家职能扩大了，造成了与早先娑提问题相同的尴尬，削弱了帝国的存在对帝国的臣民有利这个信念。一个不情愿的政权做出了决定：必须部署国家资源，并且最好通过技术专家来管理反饥荒措施。这一决定加速了印度现代官僚制度的发展。在森林管理、灌溉或公共工程方面受过培训的官员被派往各省执行发展计划。在英国招聘的公务员与技术人员被安排在不同地区之间巡回监督项目，这些技术人员与负责抓捕罪犯的欧洲警察和负责监督囚犯健康的医学专家组成了19世纪世界上规模最大、资质最好的政府部门之一。官僚主义和技术文化在寇松勋爵的领导下达到了巅峰，他自豪地宣布："效率一直是我们的福音，是我们政府的基调。"

柴明达尔和莱特瓦尔：税收和支出

即使英国王室在印度的统治走完了其一个世纪的历史时间的近一半之后，寇松所说的官僚美德在那几个省份也很难看到，它们的行政方法和风格各不相同。省际差异反映了不同的历史和资源禀赋。孟加拉是英属印度最先进的商业区，也是东印度公司所有领地中管理最宽松的地区。1793年的《永久协议》（Permanent Settlement）将财产归属于康沃利斯勋爵创建的地主阶级，希望能从他所认为的本土绅士中培养出一批改良的农村资本家。实际上，这些新的印度乡绅源自其他不那么高贵的阶层。他们当中有少数来自古老的当地族长家族，大多数是由18世纪初接替莫卧儿总督的纳瓦布任命的包税人。康沃利斯的新柴明达尔中几乎没有人愿意成为农村资本家。不久之后，他们中的大多数人的财产都被那些除了可以赚取利润之外对农村几乎没有兴趣的加尔各答的企业家夺走了。在孟加拉，东印度公司和后来的帝国地方行政管理人员几乎完全是地方法官，其主要任务是保护新的土地财产和履行合同义务。但即使是这些司法官员也很少，而对他们自己所服务的领域有详细了解的人就更少了。

马德拉斯管辖区和孟买管辖区的大部分都是比较贫穷的地方，那里的土地之所以被视为国有财产，部分原因是土地太多，而且土地的品质较差，很少有人想拥有那些地方的土地。小农生产者从东印度公司的地主手里以支付年租金的方式耕种土地。获得书面协议的数十万小耕作者每户需要缴纳的租金（或者说税收——英国人无法决定如何表述他们对收取份额的要求）数额是通过对田地的测量和评估来确定的。与柴明达尔或"以地主为基础的支付"相反，这种征税的方法被称为莱特瓦尔，或"以农民为基础的支付"，它在孟买和马德拉斯几乎随处可见，其运作需要大量印度小职员在英国的"税吏"手下工作。

在1858年英国王室统治开始后的前十五年里，所有收入的一半或近一半来自土地，其余的主要来自对国内外销售的鸦片征税和盐税，还有小部分来自所得税、印花税等。1860年至1870年期间，超过一半的支出被用于军队和行政（分别为33%和22%，后者主要是税收成本），总成本的另外12%用于偿还债务，剩下的三分之一左右是小额支出，包括用于例如灌溉等公共工程的资金。

1900年后预算有所增加，但收入和支出的格局变化都很缓慢。土地收入直到1918年一直占税收的一半，之后首先下降到三分之一，然后在1930年下降到四分之一。与此同时，关税和所得税逐渐增加，取代了不断下降的土地税，而或许是帝国税收中最具累退性的盐税则从1872年的15%左右下降到1918年的10%和1930年的5%。

除少数几年外，收上来的税通常能满足国家开支，产生的盈余以"应付母国款"（Home Charges）的形式转给英国。应付母国款被认为是在印度产生的义务，因此可以通过将在印度收取的部分税款转移到英国来履行义务，这些"义务"包括东印度公司到1858年失去管理权时一直向其股东派发的固定股息。应付母国款主要来自印度土地税，在1860年之后不久，印度民族主义者开始将它们称为"流失",是印度人维持帝国制度的成本。

1860年前后,孟加拉、西北各省、旁遮普、马德拉斯和孟买的政府支出均超过了收入,原因是镇压兵变和公民起义的遗留成本很高。之后,到了1872年,年均盈余恢复到7060万卢比(约合700万英镑),到19世纪末增加到2000万英镑以上。但从印度转移到英国的净资源总额实际上是这个数字的两倍,因为到19世纪末,英国与印度的年度贸易顺差大致也是这个数字,1880年约为2500万英镑。英国对贫穷的印度既收取款项,又收取商品,从而平衡英国与美国和欧洲间的贸易逆差。

19世纪后期的政治经济

1860年之后,帝国控制的英属印度很少认为需要为自己辩解,不像东印度公司于1813年、1833年和1854年在其特许状更新时,在议会调查和讨论中被要求这样做。如果说印度事务于19世纪早期在英国没有引起多少兴趣的话,那么后来公众对此就几乎完全漠不关心了。即使当印度事务大臣被要求向内阁或议会的同僚解释一些印度问题或政策时,他很少被要求对普通印度人有更高程度的关注,也几乎不会被期待比他的部门对普通英国人的关注更高。维多利亚时代的政治家们关心的是帝国防御、有利可图的贸易条件和来自殖民地稳定的贡品来源(比较诚实的人都会承认)。20世纪的英国政客对印度的关注同样有限,尽管他们已经意识到,参与政策制定是培养温和的印度政治公众以抵消激进分子的必要成本。

就大多数印度政客而言,他们对自己在国家治理中扮演一个小角色感到满足,并且,他们与英国人一样认为市场经济较好地分配了他们所享有的利益。而更激进的人,包括富有的专业人士,则要求将全面和及时的社会、经济和政治改革作为一项原则。20世纪的政治节奏是由印度国大党内部这两种趋势的相互作用和英国作为权宜之计勉强进行的改革所决定的。

在19世纪的大部分时间里，税收要求如此之高，以至于抑制了收入并阻碍了生产性投资，而且还对最贫困人口的主要消费必需品征收沉重的间接税。这种惩罚性的榨取制度在19世纪后期略有缓和，但由国家资助的发展规模仍然微不足道：很多东西从印度人民那里被夺走了，而回报却是少之又少。

19世纪后期统治印度的人确信，市场会确定价格、决定供应和分配利益。他们也确信国家能做的很有限，甚至教育的提供也留给了印度人自己和传教机构去做。与英国一样，铁路和运河最初是由私营企业建造的，但在英国，此类企业的风险由英国投资者承担，而在印度，承担风险的是印度的耕种者，即主要纳税人，他们承担风险却享受不到收益。为英国铁路和运河建造商提供有保障的回报，是试图把他们从欧洲有利可图的建筑工程业务吸引到印度来的举措。除了担保外，那些源于印度税收的贷款被以低息或无息提供给欧洲公司，用于开展私人发展项目，其中一个是东印度灌溉和运河公司（The East India Irrigation and Canal Company），该公司成立于1867年，目的是在东部的奥里萨省开展工程项目。在基本服务领域（道路、学校、医院）对投资的寻求异常积极活跃，以至英国当局早在1819年就在孟加拉设立了相当大的地方自治政府，并于1861年和1882年在其他地方也设立了地方自治政府，以便印度人可以为当地的便利设施建设征税。

技术与通信

英国和印度的经济联系日益紧密，这对前者非常有利，这种交织部分是由于在19世纪50年代后显著加速的技术变革的作用，其大大缩短了英国本土与其主要殖民地之间的距离。电报和轮船改善了欧洲和亚洲之间的通信，随后产生了重大的政治和经济后果：伦敦和加尔各答之间以及加尔各答与印度的其他省会之间分别从1854和1870年开始通电报；1869年由斐迪南·德·雷赛布①（Ferdinand Marie Vicomte de Lesseps）修建完成的苏伊士运河使欧洲和印度之间的航程缩短了大约4000英里。因此，伦敦对加尔各答和后来的新德里进行更密切的政策控制，以及世界经济力量渗透的加强成为可能。

到1910年，印度拥有了世界第四大铁路系统。印度的铁路是在1853年开始建设的，印度是世界上最早开始修建铁路的地方之一。英国资本家因政府保证其投资的固定收益而进行铁路开发，相比之下，该项目让印度人耗资5000万英镑。到1869年，省级乃至地方政府和各土邦国都加入了铁路建设，从这个庞大的企业中诞生的运输系统使英属印度成为全国性的商品市场。另外还有军事优势：新铁路提供了可以将士兵迅速运送到印度或世界上任何可能需要的地方的一种手段。

铁路开发的高成本在当时和后来都受到批评，特别是因为当地人获益太少。与其他地方的国家铁路发展相比，印度人民几乎没有获得新技术的附属优势。除了作为非技术工人就业外，印度人既没有从机车车头和车辆制造中获得金钱，也没有获得现代工程的经

---

① 斐迪南·德·雷赛布，法国企业家，原在外交界供职，苏伊士运河开凿者。

验，因为这些来自英国，并让英国的业主和工人受益。传授给印度的先进技术技能很少，到1921年，在铁路部门的高级职位中，印度人仅占10%，而且印度在独立前的一个世纪里仅制造了700辆机车。

公路、运河和铁路的发展都加快了英属印度的商业化步伐。19世纪60年代出口扩张的爆发带来了繁荣，尤其是在适宜种植棉花的地方。在19世纪60年代初期，随着由于美国内战而减少的库存需要补充、替换，棉花价格上涨了五倍，棉花种植面积迅速扩大。美国内战结束后，棉花价格开始回落，印度北部小麦出口的价格也回落，原因是来自美国、加拿大、澳大利亚和阿根廷的竞争，这些国家已经开始了小麦的机械化生产。到19世纪90年代，铁路将大部分耐寒和廉价的粮食运送到遥远的市场，生产者陷入了前所未有的信贷压力。随着当地市场与外界隔离状况的结束，小农不得不通过高风险的出口贸易挣钱来偿还债务，否则他们就会失去土地。当时出现了大量生产资源被放债人占据的情况，部分原因是印度当局坚决拒绝保护小生产者，同时，向遥远市场出口粮食构成了另一种"流失"，导致了一系列可怕的饥荒，而帝国政权对此种局面又反应迟钝。

饥荒和人口

在过去和现在，饥荒都是复杂的事件，具有政治、社会和文化的决定因素。食物供应匮乏是在印度许多地方普遍存在的情况，而且与世界上其他贫困地区一样，在印度也有经过反复验证而行之有效的应对食物短缺的做法，例如临时迁移到被认为或已知是条件更好的地方，或食用能在森林中找到的"充饥食物"。但是，匮乏会变成饥荒，杀死病人、儿童和老人这些人口中最脆弱的部分。这些事件在印度和在其他地方一样，会以特殊的名称被人们记住，事件的时间被标注出，其他较小的事件会以此为参照被记录下。因此，在1899年古吉拉特发生了毁灭性的饥荒之后，人们将其他事件的时间记录为该饥荒之前或之后几周、几个月、多少年，就像他们将1943年孟加拉饥荒作为一个时间参照那样。

英国人早在东印度公司对印度承担政治责任之前就知道印度的饥荒。彼得·芒迪（Peter Mundy）是17世纪早期的东印度公司代理人，他报告说古吉拉特和印度西部其他地方发生了一系列毁灭性的粮食歉收和短缺，这促使种植者和工匠迁移，其中一些人长途跋涉到1000英里外的印度南端，在那里继续生活。芒迪描述了该省莫卧儿省长的反应，包括他对奸商和食品掺假者的惩罚，他赞赏地记下了沙·贾汗皇帝下令免费分发食品，要求官员免除一小部分土地税，并用政府国库提供慈善支出的措施。

所有这一切在孟加拉的第一批英国官员看来一定是非常慷慨的，1769年至1770年的饥荒导致大约3000万人口中的三分之一死亡，尽管存在严重粮食短缺的风险，19世纪的官员仍然顽固地坚持自由贸易和不干预市场的原则。官僚的怯懦也随之而来。由于担心自己的职业生涯，大多数官员不愿建议减少国家收入来应对短缺或去投资灌溉工程这样的公共项目，这些项目曾经为农村家庭提供资金收入，使其免于赤贫，而且这些项目还可用于避免将来发生此类事件。

事实证明，在印度，这些阻碍官方积极努力降低饥荒造成的死亡率的意识形态和职业障碍，和在爱尔兰一样难以克服，原因也没有什么不同。除了对关于不干涉市场的教条式的政治-经济虔诚之外，还有一种种族主义因素导致了官方在减轻爱尔兰和印度饥荒死亡状况方面的惰性。但无论是主义上的公正还是种族主义，都不应该被夸大，英国统治者们在对待英国穷人问题上的记录——他们糟

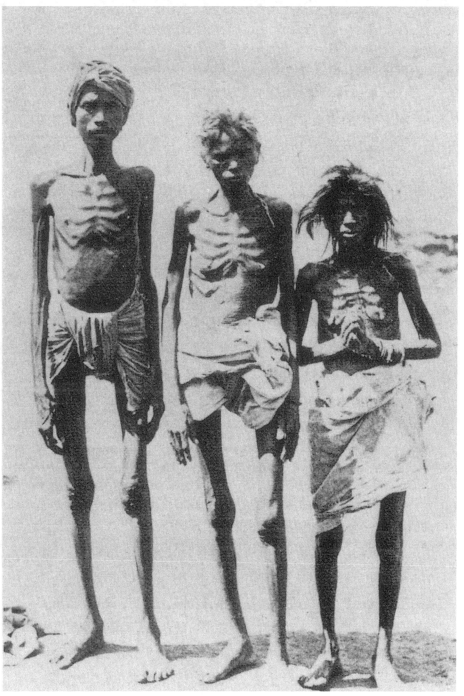

图23 19世纪饥荒的受害者（上面没有其他标识），应该是欧洲人拍摄的，可能是英属印度的雇员（IOL雷·戴斯蒙特，《聚焦维多利亚时代的印度》。伦敦：HMSO，1982年，第3页，经大英图书馆许可）。

糟的法律和糟糕的议会——也令人遗憾。

1866年至1867年开始出现了大面积并且严重的饥荒，虽然在19世纪上半叶许多地方也发生了导致死亡率高于平常水平的局部饥荒。发生在1866年至1867年的饥荒通常被称为奥里萨饥荒（Orissa famine），但实际上死亡已经深入到恒河谷，直抵遥远的马德拉斯管辖区的东海岸，并穿过半岛到达了海得拉巴和迈索尔公国的部分地区。有300万人受到影响，有记录的死亡人数超过正常水平80万人。紧接着，从1868年到1870年，拉贾斯坦、恒河西部地区以及印度中部和德干北部的部分地区发生了影响到约2100万人的饥荒，造成约40万人死亡。在19世纪的最后30年中，可怕的死亡人数在上升：1873年至1874年，孟加拉和印度东部有25万人受到影响；1876年至1878年，涉及恒河部分地区以及马德拉斯、孟买、迈索尔和海得拉巴的3600万人，死亡人数为350万人。19世纪结束时，另外两次大规模的饥荒和疾病几乎在次大陆所有地方都爆发了，死亡人数更加可怕：1896年至1897年，影响到9600万人，造成超过500万人死亡；1899年至1900年再次发生，有6000万人受到影响，又造成500万人过早死亡。

这些高发病率和高死亡率的时期有时仍被错误地认为是季风带来的厄运。造成悲剧性生命损失的完整原因更具历史意义，而且原因是多方面的。从威廉·本廷克总督时代起，由于公路和河流运输的改善，更广泛的食品商品市场网络出现了。到19世纪中叶，铁路加强了这一趋势。与更远处签订粮食合同，这在逻辑上使市场关系延伸了，由此，在粮食通常过剩并出口的地方，即使出现粮食短缺、价格飙升和饥饿死亡的情况，出口仍会继续。政府在干预市场和合同关系的影响方面行动迟缓，但随着死亡人数在英国被披露，英国政府因受到指责而被迫进行干预。

　　印度总督利顿勋爵克服了顾虑，宣布当某些地方的粮食市场出现供应短缺时，帝国必须通过提供可以满足购买食品需求的额外收入来进行干预，政府在印度的惯性最终被克服了。1880年，在他的继任者里彭勋爵（Lord Ripon）的领导下，作为官方指导文件的《饥荒应对规范》（Famine Code）颁布了，以指导官员了解饥荒威胁以及如何应对。该法律明智地写明了要倡导在贫困者自己的村庄里对他们提供帮助，而不是求助于灾民营，因为人们已经发现卫生条件极差的营地导致的疾病会带来大范围死亡。

　　大多数人并非直接死于饥饿，而是死于疾病，这些疾病因为交通运输条件的改善而广为传播，最终成为19世纪后期的大流行疾病，这一事实加深了帝国政权在国内的批评者面前以及到19世纪末时在越来越多的印度的批评者面前的尴尬。印度农村几十年来日益商业化的后果是旧的社会保险和权利结构被削弱（在某些情况下被破坏），而直到20世纪开始之前都没有任何替代的保障。之后，粮食救济措施和公共卫生计划的实施终于缓和了人们对19世纪饥荒的一些愤怒。

　　有一种理论认为，近半个世纪的灾难是由恶劣的季风造成的，国家和任何人类机构都不应对自然现象负责，这一度被人们相信。然而，在20世纪的大部分时间里，大规模的饥荒死亡几乎被消除，而记录的气候数据并没有什么不同，这就使得上面这种宿命论的解释不可接受。持续粮食短缺的可怕的重现是由于19世纪60年代开始的农业经济的迅速商业化，造成灾难的原因包括棉花的"繁荣"、通过铁路连接的全国市场的发展以及不考虑社会成本的更加苛刻的食品和其他商品的运输合同安排。这些变化对大量非常贫困的农村人口的影响意味着，除非采取干预措施，否则哪怕是食品供应方面轻微的波动都有可能导致严重的死亡。

尽管《饥荒应对规范》是帝国的一项重要承诺，但维多利亚时代的帝国官员只是勉强地将这一责任与可能减轻贫困和改变落后农业的计划相对接。从1891年到1935年，最大的单一预算支出仍然是一个世纪以来一直占比最高的军费支出，大约占预算的25%。其他大量支出也与之相关：警察、法律和司法支出从1891年占总数的8%左右增加到1935年的10%。19世纪90年代开始的教育和公共卫生措施的预算仅占1%，到1935年上升到9%；农业支出仅上升到总支出的1%，这一比例少得可怜；1891年公共工程支出保持在不太重要的4%。对于长期以来贡献了大部分税收、在19世纪90年代仍然贡献了总税收的44%的农业经济部门来说，这些支出少得可怜。

在殖民统治时代之前，许多社群形式的社会保险——共享社区资源的权利——已经将风险广泛地分散到任何因降水问题而受灾的地区。随着社群之间经济的高度隔离，这些权利限制了大多数自然发生的粮食短缺的严重程度和规模。然而，在殖民时期，社群制度被更明显的阶级关系削弱了，铁路与更大程度的农业生产商品化相结合，甚至导致了粗粮类粮食的短缺。与穷人相比，富有的土地所有者、农民和商人能自己坚持，他们的收益甚至可能还增加了。他们可以通过土地租金和强制销售来控制他们获取的谷物的价格，特别是当那些粮食可以通过铁路运输到遥远的城市市场时。阶级关系由此在19世纪后期的历史中打上了深深的烙印。从15世纪到18世纪那段时间，印度因其财富和产品而成为世界上许多人钦羡的对象，之后，印度陷入了深深的贫困，而其现代化，尤其是铁路的建设，是导致此后果的部分原因。

累积的贫困无疑是导致19世纪后期可怕的饥荒死亡的因素，这是一些英国最高官员得出的令人不安的结论，其中一些人在出版物中发表了他们的观点，这令政府感到恼火。可靠的人口普查是近些年来才有的，但在1750年至1900年，次大陆的人口被认为从大约1.9亿增加到2.85亿，这是0.3%的年增长率，略低于世界人口的估算增长率，远低于亚洲的总体增长率，更不用说和像美国这样的人口年增长率为1.5%的快速发展的国家相比了。

人口发展的格局直到20世纪20年代才开始从较低的水平上发生变化。1911年的人口普查显示，印度人口从1901年的2.85亿小幅度增长到了3.03亿，而到了1921年，人口仅增长到3.06亿。那些几十年的贫困不可能是由人口增加造成的，如我们在20世纪后期习以为常地假设的那样。因果关系是反过来的，贫困是人口增长的障碍，并且像饥荒一样，是由多种因素造成的。

文化变革、教育和新的阶级

殖民时代在印度的历史长河中虽然短暂，但其留下的文化变迁的遗产与其他时期相当，甚至超过了其他时期留下的。尽管伊斯兰教在1200年后将次大陆转变为世界上最大的穆斯林社会，并为我们这个时代两个人口最多的伊斯兰国家奠定了基础，但欧洲的影响产生了更大的效果：除了通过国家来推动另一种世界级宗教基督教的传播外，欧洲世界的统治还开启了工业与西方知识革命。

讲英语的印度人在殖民时期很早就出现了。在17世纪和18世纪欧洲小型贸易中心的世界中，他们被称为度巴什斯（*dubashis*，字面意思是讲双语的人），他们先后学习了葡萄牙语、荷兰语、法语和英语，如同在他们之前的其他人为了有机会为莫卧儿工作而学习波斯语。在马德拉斯以及后来在加尔各答和孟买的东印度公司雇用这些人作为中间人，负责将公司官员与他们试图要控制的市场联系起来。后来大批母语是英语的人加入了度巴什斯，他们服务于东印度公司在孟加拉和马德拉斯通过购买而获得的第一片领土上。正规学校教育在英语和其他欧洲语言的教学中发挥的作用很小，语言教育是从经常为欧洲人做一些低级工作的家庭长辈那里获得的。的确，东印度公司的商业雇员以及后来的法律和政治部门的众多文员是通过与受雇于公司的亲戚坐在一起来学习他们应如何工作的。他们学习书写并无偿做记录工作，直到他们熟练到可以被雇用为止。英语学校出现得较晚，在19世纪后期，这些学校的入学人数迅速增加。

教育辩论

这些教育发展通常被称为是"西方式"的，指的是基于英国高等院校、学院和专业学校（例如法学院）课程的学校教育，以英语为教学语言。很少有年轻的印度人能找到去欧洲接受教育的途径，而且在印度几乎没有钱被用来支持西方式学校。尽管如此，19世纪初加尔各答、孟买和马德拉斯管辖区实现的相对繁荣还是为那里的欧洲教育创造了蓬勃发展的条件，但这与官方支持无关。确实，那时最常被引用的文化傲慢和忽视的例子之一是托马斯·巴宾顿·麦考利（Thomas Babington Macaulay）关于东印度公司1813年特许状中指定的微薄的教育资金是应该用于学习西方的还是印度的语言问题的商议纪要。1834年麦考利被英国政治赞助人派去印度赚钱并协助编纂印度法律，他对印度不了解，他毫不犹豫地选择了"英国人"应选的选项，反对东方主义者（当时这个词的意思只是东方文化学者）用土著语言进行古典和通俗印度式学习的偏好。而威廉·琼斯爵士雄辩地提出了东方主义的观点，他在度过一段辉煌的学习生涯并在加尔各答成立亚洲协会后于1794年去世。持类似观点的人后来认为，政府为学校教育提供的经费应该用于保存和传播印度古代知识，因为它是一种遗产，而且无论以何种标准来看都是值得保存的知识。

麦考利在他著名的《教育纪要》中，以一种不受任何古典或当代文本和语言知识影响的平淡自信贬低了这种观点，他断言道：

> 各方似乎都同意这一点，即印度这一地区当地人常用的方言既不包含文学价值，也不包含科学信息，更是非常贫乏和粗鲁，在它们从其他方面丰富起来之前，不可能将任何有价值的作品翻译为那些语言……

> 我对梵文和阿拉伯文一无所知。但是……我读过最著名的阿拉伯文和梵文作品的翻译版本。我曾……与讲东方语言的杰出人士交谈过。我已经完全准备好以东方学家们自己的评价来接受东方学问。我从来没有发现他们中任何一个人会否认一个好的欧洲图书馆的一个书架的价值就相当于印度和阿拉伯的全部本土文献。西方文学的内在优越性，确实被那些支持东方教育计划的委员们完全承认了……

然后他谈到了他所说的问题的核心。统治者们需要翻译：

> 我们目前必须尽最大努力去造就一个阶层，他们可以成为我们与我们所统治的百万人之间的翻译者，一个在血统和肤色上是印度人但在品位、观点、道德和智力上是英国人的阶层。[2]

然后他继续争辩说，英语知识实际上有益于本土文学，就像希腊语和拉丁语知识丰富了英语学习一样。

拉姆·莫汉·罗伊在 1823 年给当时的总督阿美士德勋爵（Lord Amherst）的一封信中，更加激烈地主张采用英国式的，但风格与麦考利主张的形成很大反差的教育形式。罗伊很小就学会了波斯语、阿拉伯语和梵语，二十二岁时开始学习英语。他也具有幽默感：

> 印度原住民不情愿在政府发布通知后强行表达他们对任何公共措施的看法，在某些情况下，沉默会将这种尊重的感觉带向应该受谴责的程度。当今印度的统治者，远在几千英里之外，统治着一个语言、文学、举止、风俗和思想对他们来说几乎是全新和陌生的民族……因此，我们应该对我们自己的严重失职感到内疚，如果我们在像现在这样的重要场合疏忽大意的话，我们的统治者就有理由抱怨我们的冷漠。
>
> 一所新的梵文学校在加尔各答的建立表明了政府通过教育改善印度土著人的值得称道的愿望，他们应永远感激这种恩惠，并且人类的每一个好心人都希望促进教育的努力能以最开明的原则为指导，以便智慧之泉会在最有益的渠道中流淌。
>
> 当这个培训学府被提议时……我们充满了乐观的希望，希望这笔款项能够用于聘请欧洲有才华和受过教育的绅士来指导印度本土人学习数学、自然哲学、化学、解剖学和其他有用的科学。

不过，他很快沮丧地发现那些被提议的东西与印度已经大量存在的东西是相似的，然后他开始分析梵文和吠陀学习的精妙之处，他将其与中世纪的学术研究进行了比较，认为前者复杂且实际无用，但他暗示，这些东西过去的功能是将学问限制在少数高级精

图 24　拉姆·莫汉·罗伊。水彩，大约 1832 年（IOL WD 1288；B 989，经大英图书馆许可）。

英中：

　　如果想让英国民族持续对真正的知识一无所知，那么培根哲学就不会被允许取代最能延续无知的中世纪学校制度。同样，如果英国立法机构的政策是要使（印度）这个国家继续处于黑暗中的话，那么，梵文教育系统会是最佳计划。[3]

到1850年，英属印度公立学校有22000名学生。在贝拿勒斯、阿格拉、加尔各答、浦那、孟买和马德拉斯都有学院。五分之四的学生是印度教教徒，其余的则在穆斯林和其他种族之间大致平分。1857年，加尔各答、孟买和马德拉斯的一些学院合并成为大学，招生人数攀升。到19世纪80年代中期，仅英语专业的学生就有98000人，1907年更增加到超过500000人。1864年至1873年授予学位最多的是加尔各答大学，有超过12000人，其次是马德拉斯大学，有5500人，孟买大学有2700人。到19世纪70年代中期，印度教和穆斯林大学生之间的差异很明显：在穆斯林占人口大多数的孟加拉，通过加尔各答大学入学考试的印度教教徒人数接近1200名，穆斯林只有66人，仅占5%。到1886年，1230名印度教教徒成功进入大学，但穆斯林只有91名，仍然只是占无足轻重的7%。获得学士学位的人数比例大致相同。在19世纪70年代，在马德拉斯大学注册的6800名学生显示出类似的倾斜分布：66%的毕业生是婆罗门，而根据1891年的人口普查，婆罗门仅占该省人口的3%。1873年至1893年，由于知道印度人将提供替代资金，用于高等教育的国家资金减少了。婆罗门当然一直要求他们的年轻人接受教育，作为他们进行世袭仪式和从事抄写员职业的条件。

送悉多上学

农村和妇女教育在整个19世纪都严重滞后。生活在小城镇的人要办学并支付孩子在主要大学中心的生活费，需要付出特别的努力。教育中的城市偏差和随之而来的职业追求塑造了19世纪后期发生的那种文化变革。家庭需要为教育留出大量的资源，在19世纪后期和20世纪初期，许多年轻人（而且仍然是男性）在上中学和大学时，会有几年远离父母在大城市生活的经历。

在东印度公司时期，女性教育是少数富裕家庭的特权，当时大多数女孩和妇女是在家接受辅导。当然，教育政策中没有对妇女的教育做出规定。尽管如此，在私人努力的支持下，一些学校确实成立了。对马德拉斯的一项调查发现，印度语言学校有5000多名女孩子入学，而男孩子则为179000名。由于东印度公司拒绝资助女校，而中层家庭不愿让女儿上教会学校，因此这类女校由私人赞助。有时这些私人努力会得到著名公众人物的有益认可，例如孟加拉的拉姆·莫汉·罗伊。到后来，非教育领域的组织也参与其中。古吉拉特方言协会的成立是为了鼓励出版古吉拉特语书籍，协会于1849年在艾哈迈德讷格尔开设了一所女子学校，另有一所开设在阿格拉。

到19世纪中叶，女孩的名额开始迅速增加，但人数仍然只占男孩人数的一小部分。在城市里像帕西人的组织、祈望社和孟买的德干教育协会那样的志愿组织开设了女子学校。祈望社在加尔各答做了同样的事情，雅利安社在旁遮普的几个城市也都开设了女子学校。结果，马德拉斯有了256所女子学校，其中有7000名走读生和1000名寄宿生；加尔各答有288所学校，有7000名学生。孟买只有65所学校，有6500名女学生。但这只是一个大城市的现象，其他地方的学校数量要少得多，在整个恒河流域的西北省份，只有17所学校和386名女学生。

在19世纪末，英属印度的女子学校有82000名学生，另有42000名女生就读于男女混合学校。一些师范学院是为女性设立的，但1881年的一个教育委员会承认，实际在校的学龄女孩子不超过

2%，会读写的甚至更少（1%）。

19世纪的新闻出版业

在19世纪，婆罗门以外的群体谋求识字和掌握算术知识技能，以便在行政机构或商业领域中获得更好的职业。本土出版业的发展进一步刺激了读书的风尚。1853年，孟加拉的46家印刷厂用孟加拉语出版了250多本书和小册子，印数达418000册。此外，还有19种孟加拉语报纸，出版了8000期，其中很多是日报。对印度人拥有的报纸数量激增的担忧导致官员们将他们的审查注意力从英语媒体上转移了。自19世纪20年代以来，鉴于英语期刊对官方政策的批评，他们一直试图控制英语期刊，但现在重点落在印度语出版物上了。1878年的《本地语言新闻法》（Vernacular Press Act）规定，印度语报刊的出版商应缴纳保证金，并规定，如果出版商反复煽动对政府的不满或有种族或宗教诽谤的情况，印刷设备将予以没收。

第一家印度人拥有的出版社成立于加尔各答，该城市拥有最大的知识分子群体，而且它是英属印度的首府，因此，该出版社在新闻方面既成熟又具有批判性。不过，其他大城市也很快效仿。在孟买，一家成立于1861年的印度出版社通过电报从伦敦的路透社新闻以及英国报纸中接收有关英国和世界其他地区的新闻。印度企业家在马德拉斯开始了类似的创业，第一份晚报《马德拉斯邮报》（*Madras Mail*）于1868年在当地创立，19世纪60年代和19世纪70年代在安拉阿巴德和拉合尔也有了类似的报纸。

印度媒体的内容越来越政治化并具有民族主义色彩。孟加拉语报纸开始暗示，对于被征服的人民来说，对英国文化和制度的钦佩是不自然的，并推出了诸如意大利马志尼那样的欧洲革命者的生涯等内容作为替代。大多数印度报纸，无论是英语的还是印度语的，都会报道行政新闻，经常批评官员个人的行为，并对根据1861年《印度参事会法》设立的城镇和地区议会的辩论进行全面报道。印度语媒体的另一个重点是打击基督教宣传。泰米尔语期刊对传教士出版物的观点提出异议，并以泰米尔语来创作供娱乐的轻松文学作品。与当时的印度北部语言一样，泰米尔语和其他南部语言发展出了新的散文和诗歌表达能力，这也是当今这些语言的特点。

文学协会的建立刺激并推动了英语和印度语识字率的增长。加尔各答的中产阶级知识分子再次带头与加尔各答图书协会合作，在协会定期用英语开展讨论，即使讨论主题是孟加拉语的作品。不久之后，在1874年，孟加拉语语言与文学改进协会成立，旨在自觉地努力使通俗文学现代化。到19世纪后期，那些有钱购买书刊的人也可以享受报刊和语言发展所传播的现代性成果。

志愿协会和慈善机构

19世纪70年代的饥荒中出现了另一种形式的新型公共协会，其中一个是由威廉·迪格比组织的，前文已经提到，他于1901年出版了一本对英国政策和印度贫困进行尖锐批评的书。19世纪70年代，他在一家日报担任编辑时，还担任马德拉斯饥荒救济基金的秘书。迪格比与饥荒救济基金的其他成员一样是欧洲人，他也呼吁他的中产阶级印度朋友组织有效的游说团体。他认为，这些应该以浦那公共协会（Pune Sarvajanik Sabha）为蓝本，这是一个成立于1870年的自愿性协会，专门充当孟买政府与该省人民之间的桥梁。不久之后席卷德干的饥荒为协会提供了站出来要求政府改进措施以应对粮食短缺问题的机会。

在某种程度上，迪格比的呼吁在1877年马德拉斯本地协会（Madras Native Association）的复兴中实现了，该协会于二十多年前的1854年成立，在加尔各答和孟买还有一些类似的组织，其宗旨是向听取有关更新《东印度公司宪章》的证据的议会委员会发起请愿。与当时的加尔各答和孟买要求为印度人提供更多办公室职位的请愿不同，马德拉斯这个组织的要求转向了更加务实的问题：增加道路支出，改善其他与商业相关的设施。在19世纪70年代，马德拉斯本地协会采用浦那公共协会的模式，通过收集有关大众需求的信息并组织会议讨论政府提案，在民众与国家之间架起了信息桥梁。里彭勋爵关于将选举自治扩大到市政当局和农村委员会的提议得到了解释和支持，里彭勋爵就政府从高等教育中减少或撤出资金是否可行提出了证据，该措施是协会反对的。

像浦那和马德拉斯的志愿者协会以及苏伦德拉纳特·班纳吉①（Surendranath Banerji）于1876年建立的印度协会（Indian Association）那些组织，它们不同于那些为增进特定地区种姓群体（通常是富有的地主或商业种姓）的利益而成立的协会，也不同于印度教教徒、穆斯林或锡克教教徒的宗派协会，它们不受出生或家庭宗教的归属原则的限制，这样的新型组织对受过教育的个人很有吸引力，无论他们来自专业职业、商业还是政府。这些组织的核心议程是政治改革，都是围绕英语印度报刊广泛讨论的问题，那些报刊的发行量在1905年达到了276000份左右。这些现代人构成了20世纪初出现的民族主义政治的基础，从少数受过西方教育的专业人士的狭窄范围扩展到了更广泛的阶级基础中。

---

① 苏伦德拉纳特·班纳吉，英国统治时期最早的印度政治领袖之一。

印度的阶级体系

在专业和商业领域就业通常需要受过教育的印度人离开他们的家乡省份，成为以英语为通用语言的社区的成员，这种流动性使英语成为宝贵资产，同时也构建了有关次大陆其他地区情况的信息网格，这为印度的国家意识奠定了基础。孟加拉人是印度第一批现代知识分子和专业人士，到了 20 世纪，他们已经远离商人的利益，他们惊讶地发现，在孟买和马德拉斯，最受追捧的英文出版物都是与贸易和商业有关的。同样让孟加拉知识分子感到惊讶的是，其他那些受过教育的印度人抱怨的不是政府职位的机会问题，而是改善交通和商业发展的必要性。在另外一些地方，受过英语教育的中产阶级是由作为税收承包商与旧莫卧儿王朝或马拉塔政权有联系的土地家庭组成的，例如，在 19 世纪的马哈拉施特拉，巴尔·甘加达尔·提拉克①（Bal Gangadhar Tilak）和戈帕尔·克里什纳·戈卡尔②（Gopal Krishna Gokhale）。

人数相当多的富有商业阶层在采用西方方式方面速度缓慢，其中突出的是孟买的古吉拉特人，以及孟买和加尔各答的马瓦里人。这些家庭与过去的一切保持着密切的联系，他们不愿意看到这种联系被削弱。他们的业务继续依赖家族网络。大多数人还继续与较旧的宗教和文化机构保持联系，并且在采用西方教育、服饰、家具或房屋方面落后于帕西人、马拉塔人以及孟加拉的婆罗门。直到 20 世纪前，古吉拉特人或马瓦里人当中很少有富有的男人会把他们的

---

① 巴尔·甘加达尔·提拉克，印度民族主义者、教师和独立活动家，印度国大党早期领袖之一。

② 戈帕尔·克里什纳·戈卡尔，印度独立运动期间的自由派政治领袖和社会改革者。

孩子送到新式学校，或者他们自己会去加入社会多元化的公共协会。在这些问题上以及在其他形式上，一方面他们没有从18世纪印度的社群结构以及重商主义经济与国家之间复杂而矛盾的旧关系中解脱出来；另一方面，社群制度仍然强大。

在19世纪后期阶级制度的另一端，数量众多的下层阶级家庭靠货币工资或被迫借小额贷款勉强生存，这使他们一直处于负债状态。要估算这个下层阶级的人数是很困难的。不过，帝国高级官员威廉·威尔逊·亨特在1881年提出的关于4000万人（占英属印度人口的五分之一）缺乏足够食物的指控从未被反驳过。随着19世纪城市的发展，大量城市贫困人口也在增加，比如拥有微不足道的库存和工具的街头小贩、手工业者、车夫以及帮工。他们有可能会像18世纪那样成为动荡不安之源。

在城市受过教育的中产阶级和城乡贫民之间，有一个中下阶级，他们来自18世纪及以后的小城镇及其农村腹地。除了商人、放债人和手工业者之外，还有其他人也与城市市场中劳动力、信贷和商品等各种经济活动元素直接相关。在经济和其他方面有联系的小农、富农和中农，与小城镇群体一起，也可以包括在这个小资产阶级中，因为他们与无地农民有着明显的区别，后者构成了一个庞大的依靠工资生活的下层阶级。

这个中下阶层扎根于印度古老的社群结构中，在过去两个世纪中，他们在不断增加的城镇中拥有众多分支，是当地机构及其所伴随的意识形态的主要支持者。其中包括宗教机构，它们继续拥有特权和权力，例如源自过去的政权、现在受到地方机构保护的免税土地所有权。到19世纪后期，通常在更加西化的专业人士的帮助下，中下阶层男性发起了模仿上层阶级和种姓的自愿主义的宗教改革运动。此外，由于政府官员依赖高种姓印度人了解种姓的惯常做法和观点，为了消除高种姓印度人的诽谤，中层种姓成立了协会，向政府提出他们的利益并执行新规范。

《伊尔伯特法案》和民族主义的起源

19世纪后期的宗教和社会改革运动反映并加强了印度中产阶级日益增长的自尊心。这种阶级自信很快与英国人的那种"其他中产阶级"的社会傲慢相冲突，并引发了印度民族主义萌芽的第一场行动，即1883年的《伊尔伯特法案》（Ilbert Bill）骚动。

考特尼·伊尔伯特爵士（Sir Courtney Ilbert）是19世纪最受欢迎的总督里彭勋爵的总督委员会法律成员。他们两人都打算结束欧洲人的一些令人愤怒的司法特权，包括欧洲人可以选择不在印度法官面前受审的权利。伊尔伯特提出的终止这种豁免的提议不可避免地在欧洲人中引起了骚动。英属印度各地都组织了防卫协会，动用资金来宣传反对这项措施，这种动员当然导致了印度人支持伊尔伯特立法的反制运动。不过，政府还是向欧洲反对派让步了，取而代之的是一项较弱的法令，该法令规定一些欧洲人的案件可以由印度法官审理，但允许被告坚持由陪审员中有一半是欧洲人的陪审团审判。此外，被修订后的法案所延续的歧视还扩大到了根据1873年《刑事诉讼法》（Criminal Procedure Code）已允许印度地方治安官和法官审判欧洲人的一些管辖区城镇。

围绕《伊尔伯特法案》的骚动具有多重意义，其中之一就在意识形态方面。盎格鲁-印度的立场是，英属印度是建立在欧洲人不可挑战的优势之上的，如要像伊尔伯特所做的那样去表明印度人在能力和性格上的平等，那必然会削弱"欧洲性格"并连带削弱英国的安全和权力。这种社会达尔文主义的公开表现向受过教育的印度人发出了一个新的艰难时代即将到来的信号。伊尔伯特冲突的另一个结果是这样一个耀眼的证明：印度人远没有像1858年《维多利亚女王宣言》所暗示的那样会被鼓励分享他们的国土统治权，而是被鄙视了。同样重要的是人们从中学到的实践和组织经验。对种族主义罪行的补救措施是去模仿盎格鲁-印度中产阶级的成功策略。

1883年，印度国大党在加尔各答召开了一次大会，重点讨论了一系列印度人所抱怨的种种不平并寻求解决方法。国大党由苏伦德拉纳特·班纳吉担任领袖，他是那些具有很强能力的印度年轻人之一，他克服了所有障碍，通过考试赢得了印度公务员系统内的一席之地。通过考试后，班纳吉被迫提起诉讼以维持他的候选资格，结果，他刚被任命，就因许多人都认为并不充分的理由被解雇了。因此，班纳吉的民族主义形式既有个人原因也有哲学原因。

阶级、种姓和性别的政治化

在19世纪最后二十五年，印度社会聚集了一系列复杂且相互关联的社会力量，从而产生了一种新的、有别于零散的基于区域和地方环境中的种姓和教派制的社会替代方案。当代世界的力量推动了印度民族阶级的形成，而始于18世纪前殖民时期的社会变革被19世纪的殖民政策推动和塑造了。然而，印度的制度不断受到帝国要求的制约，这使得一些古老的压迫习俗没有得到改革，甚至还被巩固了。因此，城市资产阶级的出现部分是缘于新统治者在行政管理和商业方面的需求所带来的可以让他们提供服务的机会，这些人最终可能占到人口的十分之一，而与此同时，下层阶级仍然大量存在，主要是农村家庭，对他们来说，每一天都对他们微薄的资源构成威胁。在这两个阶级之间夹着一层厚厚的在农村和城市的下层中产阶级家庭，他们在争取获得更富有的人有的那种安全感，但又非常害怕落入下层阶级的深渊。

受过西方教育的中产阶级是当代印度社会中最受关注的部分。在20世纪的大部分时间里，他们都受到过英属印度警察和政治官员的监视，后来他们成为政治学家和历史学家们的研究对象。这个阶层对自己和世界的看法也没有保密，因为其成员的自我认知在他们的报纸、小册子和宣言中有着广泛的宣传。

中产阶级意识以多种方式表达自己。印度中产阶级热衷于教育他们的子女，因此他们支持学校并在学院和大学的管理机构任职。大多数人还签署过请愿书，要求政府提供更多更好的就业机会、消除商业障碍和改善商业机会。但最普遍和最重要的是，印度中产阶级个人和集体致力于宗教改革和复兴，他们的阶级意识通过对传统和价值观的重新定义被表达出来。因此，宗教仍然是民族主义情绪的核心，社群斗争提醒了我们这个以意识形态为中心的事实。

19世纪后期的社会改革者

改革和复兴的模式来自19世纪初期的孟加拉。虽然本廷克勋爵废除娑提、镇压黑镖客（thugi）是旨在缓和英国对英属印度的批评，但这些行动往往赢得拉姆·莫汉·罗伊等印度人的认可和参与。但在19世纪后半叶，改革的动力几乎从孟加拉消失了，孟加拉早期运动的继承人之间陷入了争论不休的境地。火炬已被该国其他地区受过西方教育的人拾起。

马哈德夫·戈文德·拉纳德（Mahadev Govind Ranade）是19世纪最后四十年马哈拉施特拉著名的社会改革家，他的盛名部分来自他作为孟买高等法院法官的声望。他自己是婆罗门，也是取消对高种姓女性限制的早期倡导者。他于1861年创立了寡妇再婚协会，该协会旨在实施1856年通过的允许寡妇结婚的法案。他还创立了德干教育协会，该协会部分关注增加女孩和年轻妇女的教育设施。此外，他与其他人一起敦促立法提高结婚年龄，这最终在1890年《同意年龄法案》①（Age of Consent Bill）中得以实现。

像拉纳德这样的宗教自由主义者就此类问题的律法条文解释与保守派专家展开了激烈辩论。另一方面，像学者拉马克里什那·苟帕尔·班达拉卡（Ramakrishna Gopal Bhandarkar）这样的政治自由主义者与像巴尔·甘加达尔·提拉克这样的激进分子针对应该以国家法律为准还是以社会规范的自愿改变为准进行了辩论，在这场辩论中，与其他辩论一样，名义上的主体既没有被征求意见，也不允许发表意见。他们是关于其他问题的辩论的棋子，那些问题涉及印度国大党（其前身为1885年之前的印度国民大会）的心目中的政治改革会伴随多大的社会变革以及什么样的变革。

19世纪后期，改革的呼声在通过让更多印度人参与改变政治制度的愿望与从根本上保持社会实践不变的愿望之间造成了紧张关系。这种紧张关系的一个迹象是，最热心的改革者在要求提高法定结婚年龄的同时却继续在他们自己的家庭中遵守旧的婚姻习俗，包括儿童定亲。拉纳德本人在妻子去世后娶了一个十一岁的孩子。处理这种明显的虚伪或矛盾需要展开辩论，这种辩论可能会吸引不断扩大的印度职业和商业中产阶级，但也要吸引英国政权，因为新的法律和机构的建立必须向英国政权寻求。印度和欧洲一样有在不断变化的政治框架内构建社会态度和目标的过程，两者就像是同一类现代空想家的作品。

---

① 该法案于1891年3月19日颁布，将已婚或未婚女孩的性交同意年龄从十岁提高到十二岁。

不太温和的声音开始出现了。其中一种论调来自一位女性，她是第一位直接针对妇女解放问题向其他女性发表讲话的印度女权主义者。潘迪塔·拉玛巴依（Pandita Ramabai）是一位种姓特别高贵的马哈拉施特拉婆罗门的女儿，她的种姓也恰好是改革者拉纳德的种姓。拉玛巴依的父亲已经从非个人的、神秘的吠檀多不二论（*advaita*）教义转向巴克蒂。此外，作为一项教育实验，为了用梵文辅导他的童养媳，他带她去了一个很偏远且晚上有老虎在周围徘徊的森林小屋。他的女儿后来就出生在那个小屋里，再由她的母亲教她学习梵语。

拉玛巴依的父亲也反对妇女早婚（尽管他自己就是个例子），在他去世后不久，拉玛巴依的母亲和家人也相继去世，她二十二岁仍然未婚，这几乎闻所未闻。此时，她和她的兄弟已经前往加尔各答，在那里她以惊人的记忆力和梵文知识给许多聚集在那里的专家留下了深刻的印象，以至于他们以智慧女神的名字授予她"娑罗室伐底"①的称号。从那时起，她被称为"智者"（pundita），尽管她和她的兄弟都已放弃了印度教信仰。当她的兄弟去世时，她嫁给了他的朋友，那是一名律师，但属于首陀罗种姓。在种姓制度里，女人下嫁被认为是一种滔天大罪。

仅仅十九个月后，她的丈夫也去世了，给她留下了一个女婴。她去了浦那，打算学英语，她在那里与拉纳德结为朋友，却遭受了保守派的恶毒流言。这种批评促使她将注意力集中到了影响印度妇女生活的社会弊端上，并于1883年在威廉·威尔逊·亨特爵士的教育委员会面前做证。

同年，她前往英国并改信基督教。在一次美国之行期间，她撰

---

① 娑罗室伐底，梵文Sarasvati的音译，意译为"辩才天女"。

写并发表了她最为人所知的作品，对印度妇女状况的控诉书。不过，对传统上高种姓（而且越来越有抱负）的寡妇的处境这方面而言，她的谴责达到了夸张的程度。不过，与思想健全的男性不同，无论他们是印度人还是欧洲人，是当时代改革者还是后来的历史学家，她都与他们不同，她意识到婚姻不一定是解决妇女痛苦的灵丹妙药：

> 因此，再婚是不可能的，也不是在所有时候都可以作为减轻受害者的命运痛苦的理想选择。因此，这个可怜、无助的，被剥夺了通过娑提仪式结束她的苦难的唯一机会的高种姓寡妇，仍然像过去一样，没有人帮助她。[4]

回到印度后，在美国基督徒朋友的支持下，拉玛巴依为高种姓女孩开设了一所学校，希望能吸引大量的童养媳寡妇，并注入了一种逐渐开放的传教精神。结果，她成了许多圣徒传记的主题，她的头衔中被加上了"圣人"，但同时她也失去了自由派印度男性改革者的支持，成为巴尔·甘加达尔·提拉克批评的特别目标。她毫不畏惧，利用19世纪90年代马哈拉施特拉和古吉拉特遭受可怕饥荒和瘟疫的机会，扩大了她的庇护范围，包括了对女性受害者的救援和教育，而且不分种姓（尽管"堕落女性"的"救援之家"是被小心地与高种姓学校分开的）。接着，围绕着她的形象，遍及19世纪后期改革和原始民族主义运动中的种姓、阶级、宗教和性别政治的争论与冲突得到了体现。

有些人也要求帝国政权进行更强有力的改革。贝赫拉姆吉·马拉巴瑞（Behramji Malabari）是孟买帕西社群的一名成员，他组织了一场反对童婚习俗的立法运动，这个项目引起了其他地方知识分子的兴趣，最终在英国国内引起了很大的关注，以至于英国于1891年颁布了一项禁止童婚的法律。然而，到那时，有更加极端的观点被提出以反对温和的改革者，那些温和的改革者只是像拉纳德那样恳求，或者像马拉巴瑞那样温和地施压。

提拉克是这些将社会改革与日益加深的爱国主义和政治化相结合的新代言人之一。作为一名教育改革者，他拥有令人印象深刻的资历，他是孟买附近浦那一家英文报纸的编辑。他反对英国立法改变社会和宗教习俗，他说，这是因为印度人必须自己去改变那些他们认为令人反感的做法，而不是依赖于外国统治者的法律。他不仅宣讲反对改革立法，还反对抗击瘟疫的措施，认为由低种姓卫生人员对房屋进行熏蒸是对像他这样的高种姓印度教教徒的蓄意挑衅。

在19世纪90年代后期，提拉克是一个成功的宣传者和公共活动的组织者，其中一个例子是他为17世纪马拉塔国王西瓦吉组织举办的节日庆典，他颂扬西瓦吉是反抗早期殖民者莫卧儿人的自由战士。他还引入了对湿婆神的儿子象头神迦尼萨（Ganapati）的公开崇拜，迦尼萨是在马哈拉施特拉人中受欢迎的神，就像杜尔迦（或称卡利）女神在孟加拉一样。由于其中一些引人注目的做法，提拉克被判犯有煽动罪，被流放到缅甸多年。然而，提拉克的多方面活动没有得到他那个时代的其他思想家的响应，那些人专注于用不断唤起人们感情的宗教符号和论点来表达他们的民族意识和爱国主义。

他们当中的一员是孟加拉社会宗教宣传家斯瓦米·维韦卡南达（Swami Vivekananda），他因在1893年芝加哥世界宗教大会上发表的关于印度教虔诚哲学的演讲而闻名。尽管他声名鹊起，但由于他建议允许低种姓参加传统上他们被排除在外的印度教仪式而受到正统印度教教徒的谴责。他说，为将他们从传教士的花言巧语中拯救出来，或者为将他们从社会主义者和无政府主义者这些更糟的恶魔手中拯救出来，允许他们参加是必要的。维韦卡南达的激进主义意识形态重新点燃了许多受过西方教育的孟加拉年轻人对政治变革的渴望，这为他们在1907年民族主义高潮期间的行动做了重要准备。

恒河地区开始了一场旨在推动禁止屠宰牛的匿名运动，这个运动在中产阶级下层的正统印度教教徒中赢得了广泛的公众支持。虽然这个运动在名义上是印度教教徒的虔诚表达，因为对他们来说牛是神圣的，但这个问题被以明确的反穆斯林的方式进行了宣传，因为穆斯林吃牛肉。然而，这场运动并不是以社区为基础的政治动员的新起点。一个更早的例子是1875年由达耶难陀·娑罗室伐底（Dayananda Saraswati）所创立的雅利安社。

达耶难陀作为一个流浪的苦行僧在恒河西部平原短暂逗留了一段时间，之后定居在旁遮普省，在那里宣讲新的社会福音。童婚、禁止寡妇再婚和声称出国旅行会造成污染等做法被谴责为是"无知的婆罗门"在没有受到圣典认可的情况下任意强加的行为。他主张"重归吠陀"。这让人想起了19世纪早期拉姆·莫汉·罗伊的批评，以及达耶难陀阐明的积极原则：严格的一神教，谴责偶像崇拜，拒绝婆罗门对仪式和社会习俗的支配。他坚持认为，在旁遮普省，纯正的印度教优于伊斯兰教和锡克教，也优于各地的基督教。他于1875年创立了雅利安社，该组织至今仍保留其好战的特点。他激发了旁遮普省受过教育的年轻人，他的教义似乎比孟加拉专业人士和那些带着投机政客嘴脸招人反感的政府公务员的主张更符合他们地方性的品味。

雅利安社在改革运动中也出现了一种越来越普遍的分歧，即，是集中精力获得更好的教育和能够产生经济效益的机会，还是参与

激烈的宗教争论。该组织的一个派别主张开设以英语授课的大学和
对食牛肉行为的宽容，而其他人则主张实行针对穆斯林和基督徒的
激进反改宗计划（*shuddi*，指净化）以及保护母牛的法律，包括取
缔经营牛肉生意的商业屠宰场。20世纪早期这种更加明确且更具对
抗性的印度教意识预示着后来通常被贴上社群主义者标签的、公开
反穆斯林的意识形态。

穆斯林运动

在所有这些高涨的政治意识中，穆斯林都不太积极活跃。18世
纪后期，孟加拉东部发生了一场名为"伊斯兰教法乌拉"（Shariat
Ullah）的运动，旨在加强普通民众对伊斯兰法律的了解，以抵消
基督教的宣传。一个世纪后，穆斯林中出现了两次重大的改革运
动，其中一次发生在规模虽小但在不断壮大的中产阶级中，其中包
括现代职业人士以及恒河平原旧有的地主家庭成员，赛义德·艾哈
迈德·汗就是其中之一，他是一位理性主义者，在从英属印度的司
法部门退休后，他代表他的宗教信仰者投身于公共事业。作为英国
的忠实拥护者，他创立了第一个专门针对穆斯林的西方高等教育中
心，位于阿里格尔（Aligarh）的盎格鲁东方学院（Anglo-Oriental
College）。

这一时期的另一个穆斯林运动在其阶级诉求和纲领上有所不
同。这是场反英运动，由1857年起义反对英国军官的两名士兵穆
哈麦德·卡忻·纳诺塔维（Muhammad Qasim Nanawtawi）和拉什
德·阿哈麦德·甘苟里（Rashid Ahmed Gangohi）发起，以1867年
成立的德奥班迪神学院（Deoband seminary）为中心。到19世纪后
期，被称为德奥班迪斯（Deobandis）的人大力反对英国统治以及

奶牛保护和反改宗运动，他们认为这些运动得到了英国官方的暗中支持。

除了对英国统治的态度之外，这些穆斯林动员运动在另一个方面也彼此不同。阿里格尔的学院旨在吸引一些富有的穆斯林地主的支持，并让他们的儿子入学，而德奥班迪神学院则吸引了穆斯林中产阶级中较低层的人：小地主、小镇商人、宗教领袖和教师（毛拉）、政府中的小官员和工匠。

对于阿里格尔的支持者来说，有一个西方研究项目，是关于如何使富有的年轻穆斯林成为英国绅士同时又保留他们的伊斯兰教义的。这个目标在赛义德爵士的有影响力的著作中得到了阐明，他向他的英国朋友保证，伊斯兰教的方向不一定是敌视基督教的。相比之下，德奥班迪斯接受的是中东瓦哈比运动的教义，他们的目的是抵御欧洲政治和文化统治的冲击以净化和捍卫伊斯兰教。瓦哈比派聚集在阿富汗边境的白沙瓦，从那里，他们的代理人最远散布到孟加拉来动员印度穆斯林支持对抗英国在印度西北边境的军事活动。毫不奇怪，德奥班迪斯招致了英国的监视，最终许多人被监禁，理由是受到泛伊斯兰（pan-Islamic）导师哲马鲁丁·阿富汗尼（Jamal al-Din al-Afghani）的影响。阿富汗尼于1880年左右在加尔各答和海得拉巴居住了几年，其间宣讲了穆斯林和印度教教徒合作反对英帝国主义的煽动性路线。在密切关注德奥班迪斯和泛伊斯兰主义者的同时，英国当局培养了赛义德爵士在阿里格尔的西化与合作实验。

19世纪后期的政府管理人员已经开始承认穆斯林在印度北部的公共服务机构中人数过多的事实，认为在公共就业方面，应该在他们和印度教教徒之间在公共就业中做更好的平衡。在穆斯林统治者手下享受了几个世纪的恩惠和特权之后，以前的贵族、下层官员和宗教领袖对工作和福利被从他们手中转给印度教教徒感到不满。穆斯林在公职就业人员中的比例从1857年的高达64%下降到20世纪初的35%，虽然这仍然高于他们在恒河地区人口中的比例。穆斯林对接替他们的印度教文士和商业团体的不满情绪爆发了，而随着反穆斯林的保护牛的呼声，以及伴随着礼拜期间清真寺附近的印度教教徒的挑衅性喧闹游行，穆斯林的不满情绪变成了愤怒。

甚至在20世纪初之前，印度中下阶层日益扩大的分歧已导致了印度北部宗教骚乱不断升级。在穆斯林占人口很大一部分的西北省份的城镇，骚乱于1892年至1893年爆发，并在这十年结束前扩散到了远至仰光的其他城市。警方将这些骚乱归咎于印度教教徒保护奶牛的鼓动和对穆斯林信徒的骚扰，但伴随着宗教对抗的还有经济冲突。在恒河中部地区的印度教农民与穆斯林地主和小官员之间，以及恒河城镇的小穆斯林工匠和贸易团体与带有剥削性的印度银行家和大商人之间发生了暴力冲突；在孟加拉东部和旁遮普省，穆斯林农民攻击了印度教放债人、商人或印度教地主。

在沿马拉巴尔海岸的地区，穆斯林租户和小农针对印度教地主和放债人的其他农村暴力事件发生了。被称为莫普拉（Moplah）的穆斯林农民形成了一种高度自我认同，认为自己是16世纪与印度教教徒和基督教葡萄牙人那些伊斯兰教的敌人进行圣战的士兵的后裔。在19世纪中叶和1882年至1896年的起义中，他们重新扮演了好战的宗教殉道者的角色。他们在警察的手中寻死，相信他们会立即被带到天堂。

但在宗教狂热的背后有世俗的原因，具体到这个例子：穆斯林农民欠地主的债，收债由法院强制执行，导致了大规模的驱逐行动。莫普拉针对印度教地主的行动摧毁了包括寺庙在内的财产，他们的暴力行为一直持续到20世纪20年代。虽然参与打斗的人数最多也就数百人，但他们得到了其他马拉巴尔穆斯林的同情和支持。

产业工人和森林人

　　另外有两个其他社会经济群体找到了自己具体的合适定位并表现出政治意识，他们是加尔各答和孟买的黄麻和棉纺织厂中出现的工人阶级以及山地、森林人。到1881年，工厂工人的数量之多已经足够证明政府颁布一项工厂法案是合理的。就像英国通过的表面上限制童工和女工的法律一样，这种英国福利立法罕见地扩展到印度，其潜在目的是削弱工厂制造的产品所享有的价格优势。具体而言，是通过强制执行成本昂贵的安全条款。这些措施抵消了使印度纺织品在印度市场上比进口英国布料更具竞争力的低工资优势，英国制造商对此感到很高兴。1891年和1911年出台了更多关于工厂就业的法律，但这并没有改善恶劣的工作条件，没有避免第一批印度工业工人的罢工，这些工人还只是印度劳动力的微不足道的一部分。当然他们人数太少，无法与在1885年至1907年期间作为印度国大党代表印度的中产阶级专业人士、经理和官僚展开竞争。

　　印度生活在森林和丘陵地带的人口相对较少，他们在19世纪后期获得了新的自我意识和政治意识，在官方语言中他们被称为"部落居民"（tribals）。从表面上看，他们与大多数农民的不同之处在于不分种姓。到19世纪后期，他们可能占总人口的10%左右，这些人始终处于最贫穷的状态。出于特定原因，从1872年开始的人口普查使用"部落"这一术语作为其类别之一。如果生活在森林和山地的人是以"部落"形式组织起来的，那么他们就被认为在他们长期以来狩猎、采集以及部分轮垦开发的土地上没有历史权利。土地财产权仅授予农民，也就是说，给那些以种姓组织起来的农户。

1898年以来颁布的法规旨在限制森林的使用，其理由是要减少会降低农业产量的土壤侵蚀，并从商业林业中获得收入。森林人对这些规定进行抗议之后，随之而来的是一系列起义，这些起义都是持弓箭的军队与持枪械的军队的对峙。受到鼓舞的部落首领们站起来要求恢复他们自由使用森林产品和进行小规模轮垦的权利。那些被认为是落后的、支离破碎的森林团体结成了联盟并提出挑战时，官方的和社会学的假设就被推翻了，这不仅是因为他们的粗暴但有效的军事化，而且还因为他们用鼓舞人心的论点做动员，作为振兴运动的基础。

1855年和1870年分别发生在印度东北部和西北部的桑塔尔人和其他"凯罗尔"[Kheroal，卵生（egg-born）]人的叛乱，以及1868年奈克达（Naikda）森林人在古吉拉特发动的千禧年主义者（mille-narianist）叛乱，都是此类运动的例子。这些人曾经（并且现在仍然）被称为"阿迪瓦西"（adivasi）或"部落"，他们都借鉴了印度教或基督教，并将其和先前已经存在的魔法和神话信仰混合成一种意识形态动员。所有人都将森林赋予了特殊的神圣性，并将他们自己的福祉甚至存在都与森林联系起来。抵抗运动于1899年在印度东部兰契（Ranchi）周围森林山丘的蒙达人（Munda）起义中达到高潮。他们旧的公共土地持有制度被放债人、政府指定的地主以及受英国当局许可和保护的劳工承包商破坏了。在蒙达人中工作的传教士进行的所有干预尝试都被官方无视。最后，蒙达人找到了一位有魅力的领袖，他是一个佃农的儿子，也是一位受过一点传教士教育的基督徒，他预言了一个新时代，并领导了对兰契周围警察局的袭击。该运动遭到暴力镇压，但仍然不失为一种生动而珍贵的传统，在后来的贾坎德运动中得以复兴，并构成了20世纪20年代和

图25 桑塔尔人描绘鲜花节（Baha festival）的卷轴画，纪念森林女神。在比哈尔省或孟加拉边境，20世纪20或30年代。桑塔尔人跳着舞并前往神圣的树林，在那里献祭一只公鸡。艺术家们，曾经只是凯罗尔人，但现在有时是有种姓的印度教教徒，他们将卷轴带到最近有人去世的家中，并背诵卷轴所描绘的故事。所叙述的故事根据哀悼的家人的宗教信仰而略有不同。例如，伟大的马朗布鲁（Marangburu，山神）、辛邦加（Singbonga，太阳神）和加赫尔依拉（Jaher Era，森林女神）的神圣三位一体等同于印度教的贾格纳神（黑天或罗摩）、大力罗摩（Balarama，贾格纳的兄弟）和杜尔迦（或悉多）。他们的一首歌这样唱道："在没有森林的地方我们不快乐。"［BM OA. 1988. 7‐3. 02.（第二次登记），由大英博物馆受托人提供］。

20世纪30年代民族主义运动的一部分。

在次大陆的其他地方，森林人继续组织起来反对针对其传统生活方式的攻击。他们的抗议虽然被镇压，但在20世纪初的几十年里持续爆发，当文盲"部落"加入他们的农民邻居中共同反对英国统治时，那些抗议就融入了大众化民族主义斗争的更大框架中。

农民的抗议

印度大量农业人口的政治化，可能与后来城市中产阶级对寇松在孟加拉的"效率"改革的反对一样重要。在19世纪的最后二十五年，大地主开始使用武力来保护他们的经济利益。1875年的德干骚乱，当时孟买管辖区的浦那和艾哈迈德讷格尔地区的富裕农民袭击了来自拉贾斯坦的马瓦里放债人，这表明了这种新的决心。当美国内战后棉花价格暴跌时，这些农民在过去几十年的棉花市场繁荣时期为增加产量而签订的债务已被证明是不可能偿还的。法庭诉讼导致了大量土地因被止赎而丧失，这驱使富裕的农民烧毁债券并掠夺粮仓。他们经常由村长或大地主带领，当地马拉塔放债人通常可以幸免。英国似乎已经意识到1875年的这些暴力行为中有一些是正义的，于是在几年后通过了一项债务减免法案，以防止因债务而造成土地丧失。

1879年，在一位名叫帕德克（Phadke）的婆罗门知识分子的领导下，浦那也发生了更加暴力的行动。帕德克似乎是受到了发生于1875年的暴动和最早关于"流失"（Drain）的著作的影响，以及受到宗教复兴主义的推动，他在当地的大学里领导了一个秘密的劫匪团体，他们通过抢劫来筹集资金，以支持他们破坏通信的计划。

在孟加拉的帕布纳（Pabna），这个种植多季水稻和黄麻的繁荣地区，当种植者发现他们根据1859年租佃法所享有的土地占有权受到侵犯时，他们通过群众集会组织了抗议活动，并筹集了资金用于对地主的诉讼。在这样的抗议中，政治变得令人困惑，因为英国人经常被视为反对印度压迫者诡计的保护者。事实上，抗议者经常为英国统治的美德而呐喊，并呼吁女王进行干预。这种情绪赢得了英国官员的同情，并鼓励他们巩固反对地主压迫的租佃条例。

19世纪后期的大多数农村骚乱都有一定的阶级冲突基础，而且大多数是和平并且严格守法的。然而，随着19世纪的结束，人们开始听到要求停止违反法规和协议的行为，否则就不付税或租金的号召。涉及租金和赋税的罢工确实偶尔发生，例如，1893年至1894年在阿萨姆省和1896年至1897年在孟买，提拉克为因饥荒而抢劫粮仓的行为辩护，并以同样的理由要求减免租金和赋税，要求结束为让农民还债而对其财产进行的司法扣押。

对于这些和其他农村危机，政府提供的补救措施微不足道。一项改善措施是恢复因孟加拉和其他地方实施的柴明达尔税收结算系统而失去的租佃权。尽管如此，农村富豪们还是获得了新的稳固的权利，例如恒河平原中部阿瓦德的地主，他们从主要的税收承包商转变为大型私人地产的持有者以及地方政府和市场的支配者。在其他地方，地主通过将他们的角色从收租人转变为农村债权人，并与商人和放债人一起控制小农使用的信贷和商品市场，从而拥有了影响力。19世纪后期农村阶级的紧张局势加剧，在孟加拉等省引发了声势浩大的佃农运动。

种姓变化

伴随着种姓意识增强的是日益增长的政治抗议的阶级特征。种姓团结成为一种重要的动员力量，当时政府的人口普查起到了加强种姓文化和组织的作用。关于种姓的较旧的社会学概念一直假设其是一个几乎不变的古老制度，这是给英国人当顾问的高种姓人的观点，他们从中获益最多。现在人们认识到，在19世纪，如同在整个历史中，种姓关系不断被重新定义，以适应不断变化的环境和条件。例如，在18世纪后期，当莫卧儿人统治印度西部时，众所周知，一些马哈拉施特拉的婆罗门采用了伊斯兰的头衔毛拉，意思是拥有神圣法律学识的人，希望由此能免除非穆斯林需要缴纳的人头税。欧洲殖民主义带来了明显的压力和机会，这是过去某个时代一成不变的习惯和信仰所难以满足的。就欧洲殖民主义而言，它施加了过去时代不变的习惯和信仰明显难以面对的压力和机会。

东印度公司从一家贸易公司转变为一个国家政体时，其官员未曾想过要改变他们在印度不同地区遇到的各种种姓制度。尽管如此，他们确实带来了很大的变化，以一种不同的政治棱角改变了种姓。婆罗门"专家"经常针对曾被灵活多变地使用的规则提出了武断定义的严格条文，这些规则通过编纂和出版进一步得到强化，供地方治安官和法官使用，他们的判决形成法律判例。印刷成文的法律和社会法规旨在减少英国人对那些总是被怀疑藏有自己的利益的印度下属的依赖，但法规和司法判决构成了新的知识类别，取代了达摩法典中包含的知识类别。除了这些最新的概念之外，还增加了其他知识，例如，语言和民族志调查的结果也旨在协助官员的工作，但产生了更广泛的影响。

针对英国人在当前社会和文化实践方面所用的排序，印度各个群体经常请求改变他们相对于其他人的排序方式。被列为首陀罗的团体会抗议说他们以前是国王或祭司，理应被登记为刹帝利或婆罗门。为了支持这种诉求，他们成立了游说组织，就他们的主张进行施压，这些组织通常被称为萨布哈（*sabha*），这是一个古老的梵语单词，意思是集会。为了使这些说法令人信服，那些种姓协会经常要求其成员改变行为，例如，采用禁酒主义或素食主义，这些是为英国人所接受的更高种姓地位的标志。此外，种姓萨布哈还聘请宣传人员编写小册子甚至书籍来支持他们的主张。毫不奇怪，随着1905年之后民族主义活动的加剧，首先是在孟加拉，然后在更广泛的范围内，这些社会运动的领导人处于极好的位置，担任了重要的政治角色，他们将政治和社会运动带入了同一公共轨道。

迈向自由

两种类型的民族主义

20世纪上半叶的印度政治主要是试图从英国人手中"恢复"国家；在下半叶，政治使命则是"完成"这个国家被赋予的命运。然而，这两个项目都受到了民族主义理念本身固有的矛盾的影响。一方面，这一理念借鉴了世俗主义和自由主义的知识遗产，其目标是建立一个基于自主的政体，不分肤色、信仰或阶级。这种"公民"民族主义的多元化愿景标志着印度国大党从早期"温和派"时代到贾瓦哈拉尔·尼赫鲁（Jawaharlal Nehru）更强大的社会主义野心，再到独立后、以宪法为基础的印度国家建立这期间的一些努力。

另一方面，这一理念也借鉴了一种不同的，但同样根深蒂固的、与"社群"的象征符号相关联的政治意义体系，它们隐藏在"社群主义"的政治过程中。无论这些符号是基于宗教诉求还是基于种姓或语言，这一过程的显著元素是"社群"这一习语，它意味着一种被感知或被声称的共性，无论其定义多么模糊，它都可以将不同的民众变成一个单一的集体，就好像他们一起生活在一个小村庄或城市街区一样。

世俗民族主义和社群民族主义是在 1880 年左右同时兴起并且相互平行发展的。印度在国大党领导下取得独立后，尽管贾瓦哈拉尔·尼赫鲁的国大党所实行的多元世俗政治延续了大约三十年，但在同一时期，还存在着另一个同样完善的、基于社群动员的政治进程，其主张根据印度的主要宗教印度教为建国基础。

民族主义、社群主义、极端主义和温和主义这样的标签是有问题的。在印度的用法中，"社群主义"通常是指基于印度教教徒和穆斯林之间差别的政治动员和结盟。如上所述，该术语还可以包括种姓之间以及不同语言人群之间的争论。无论如何，社会科学家普遍认为社群主义是反民族主义的，但这并不准确。有一种社群主义的国家概念，主要基于印度教和穆斯林的差别，但也包括语言差异，这种形式与世俗民族主义是同时推出的。

自 19 世纪 80 年代以来，"印度教民族主义"一直是恒河平原这个历史悠久的印度中心地带的政治行动工具。自那时起，印度教教徒和穆斯林之间的争议从二者之间存在着的真正和重大的差异中出现了，例如许多印度教教徒反对穆斯林（和基督徒）屠宰牛为食，以及穆斯林对在清真寺区域扰乱他们祈祷的宗教和非宗教嘈杂游行的不满。但早期的宗教冲突不可避免地会涉及其他紧张局势。在 19 世纪印度不断变化的秩序中，旧的精英阶层面临新精英阶层的挑战。这方面的一个例子是，当穆斯林和印度教拥有土地的家庭被剥夺作为柴明达尔和当地社会领袖的地位时，他们失去了财富和地位。当这些破落的家庭是穆斯林，而反精英阶层围绕着印度商人和专业人士形成时，有时为了维持旧有的特权，会诉诸基于宗教信仰的民间暴力。

在阶级结构的另一端，城市市场的小商店和摊位上的手工编织的纺织品被机器制造的布料取代，这导致了经济困难。当手工织布者是穆斯林、工厂商品的卖家是印度教教徒时（在恒河流域的城镇中常常是这样），这两个群体会以宗教为由发生争执。恒河地区的另一个例子是，20世纪20年代和20世纪30年代的萧条时期，那里的穆斯林人口相对较多（在某些地方约为20%），当时集镇中低级工作的竞争加剧，那时，印度教工匠和低种姓工人转而反对穆斯林和贱民，以激进的方式利用宗教动员来保护他们的经济利益。

同样，动员和暴力表面上的宗教原因掩盖了政治行动的其他目的。殖民当局在20世纪30年代煽动了一些这样的不和，以削弱政治化团体的团结，试图分裂他们，让他们无法行动。独立后印度的政治未能改善殖民统治在这方面的记录，这一点是得到广泛承认的：宗教、种姓和语言都为主要政党所利用了，结果是，相互竞争的民族主义继续成为整个次大陆政治的一个关键要素。

对印度民族主义的研究勾勒出了民族主义者的惯用语和其实践的各个阶段。"极端"民族主义被认为植根于社群情绪和仇恨，而"温和"民族主义被认为是基于世俗的、宪法形式的政治。1885年之后，印度国大党的第一阶段通常被称为"温和"阶段，因为该党的创始人是印度和英国的专业人士。最早的会议甚至得到了总督的官方赞助。他们作为忠诚的臣民开会，和善地陈述他们温和的目标。他们在圣诞节假期期间开会，那时许多人工作的法院或政府办公室是关闭的。他们的请愿书温和地提醒总督委员会和英国内阁中的印度事务大臣：维多利亚女王1858年提出让印度人更全面地参与印度治理。在年度会议之间的时间，甚至国大党这些温和的责备也停止了，因为国大党没有民选官员，也没有持续的执行机构在会议之间采取行动。

国大党年度会议的主席包括欧洲人，如退休的印度公务员系统成员艾伦·屋大维·休姆（Allan Octavian Hume），他为国大党赢得了 1884 年至 1888 年担任总督的达弗林伯爵（The Earl of Dufferin）的同情鼓励。无论是他还是由主办代表大会的城市的地方安排委员会选出的其他人，都不大会因尖刻而违反礼节。当然，有一段时间，那些要求必须更加坚决地反对英国统治的人是不被容忍的，也没有给他们的平台。即便如此，官方的支持只持续了几年，之后取而代之的是对每次国大党会议提出的礼貌要求的蔑视。

根据印度民族主义的传统年表，"极端主义"时代被认为是从 1907 年开始的，对"温和"国大党成员和英属印度政府的"极端主义"挑战，引发了在"温和"与"极端"两种倾向之间的摇摆，这种摇摆因对立宪派和请愿派印度政客进展缓慢感到沮丧而形成，这导致了民族主义暴力反抗的短暂爆发和对其的镇压，随后温和的策略又恢复了。1920 年，圣雄甘地打破了这个循环。此后的民族主义运动将是有纪律的和非暴力的。

奶牛保护

在 1885 年国大党"温和派"创始人们在孟买的第一次会议开完几年之后，印度教教徒和穆斯林在比哈尔省巴特那附近爆发了严重的骚乱。1893 年的这些骚乱，导致有穆斯林丧生，表面上看是源于印度教从穆斯林屠宰场中拯救奶牛的激愤情绪。"保护奶牛"已成为恒河地区的一个热点问题，也是频繁引发内乱的原因。1893 年的骚乱发生在印度人口最稠密的地区之一，当时距印度教民族主义组织雅利安社的宣传者在那里开始活动还不到十年。因此，和平和暴力的方法以及世俗和社群的目标占据了同一历史时刻，这两种民族主义从此代表了不同印度群体或同一群体在不同时期有选择性的政治轨迹。

从19世纪后期开始，社群主义者就开始关注印度人的内部构成，他们关注的是哪些群体是严格意义上的"印度人"这样的问题。其他人——政治多元主义者和世俗主义者——由他们自己来决定次大陆的不同民族如何融入印度民族这个尚未定义的社会政治整体。

不可否认，在20世纪初期存在分裂，那些分裂见证了两种相互冲突的关于适当政治活动的概念的结晶。对于接受过西方教育的专业人士来说，他们的想法是要实现与他们在西欧和北美同样阶层的人所享有的那种民族国家。这一观念划分出印度的民族主义精英，包括莫提拉尔·尼赫鲁（Motilal Nehru），他是安拉阿巴德的一位成功的律师，也是贾瓦哈拉尔·尼赫鲁的父亲。他试图将印度的所有宗教和传统纳入一个单一的世俗政治运动，旨在以大英帝国的"白人自治领"（White Dominions）模式加强自治。与此相反，另外有鼓励民众的民间组织，其认同印度教复兴。其中之一就是普拉亚格的印度社（Prayag Hindu Samaj）。"普拉亚格"是被穆斯林和英国人后来称为安拉阿巴德的地方的古老名称，是莫提拉尔·尼赫鲁所在的城市。这个社团成立于1880年，比国大党早了五年，随后其年会开始与国大党一同举行，直到两个组织都认为他们在项目和议程上已有很大分歧。到19世纪90年代初期，普拉亚格印度社与印度北部的其他组织一起采纳了包括保护奶牛和文字改革在内的方案，在文字改革方面，用天城文这种梵文字母取代了用于书写印地语的阿拉伯文字。因此，宗教和语言两方面的考虑将它们分开了。

早期国大党及其对手

第一代国大党成员为他们适度的计划及其领导层的精英性格感

到自豪，即使当一群年轻的西化政治领导人已开始表达他们的失望之情时，他们也不希望让英国统治的改革成为一项大众事业。奥罗宾多·高士（Aurobindo Ghose）是一位曾在英国接受教育的年轻的批评家，他申请印度公务员时，因骑术不过关而落选，之后，他开始在印度西部的巴洛达任教，并开始发表对国大党领导人的批评，这使他在其他受过西方教育的年轻人中赢得了追随者。旁遮普省的拉拉·拉杰帕特·雷（Lala Lajpat Rai）和孟买管辖区的提拉克是其中两人，他们与高士一起倡导成立秘密社团，反对当时正在提议的孟加拉分治。

到 1902 年，高士在他的家乡孟加拉教书，他积极推动抵制英国进口。为此，他与拉杰帕特·雷和提拉克一起被贴上了极端主义的标签。这些都为现代印度的第一个群众政治时刻——从 1905 年持续到 1908 年的反分治抗议运动——做出了贡献。年轻的改革者不是仅仅通过谴责他们所谓的"国大党的乞讨"就改变了政治的方向和风格。他们改变策略的要求之所以取得成功，是因为在 19 世纪 90 年代，国大党成员之间已经存在分歧。在孟加拉、旁遮普和马德拉斯，国大党被派系分裂，这些派系经常因个人因素发生变化，这在政治中很普遍，但同时也会因不同派系的侧重点和利益的差异发生变化。

在马德拉斯有一个有趣而复杂的例子，在那里，占总人口很小一部分的、受过西方教育的泰米尔婆罗门主宰了公共生活，包括法律、新闻和向印度人开放的最高级别的官方就业安排。马德拉斯精英中的一个群体被称为麦拉坡（Mylapore），那是该城市里一个部分的名字，这个群体和许多其他婆罗门住在那里。反对他们的是一个主要由其他泰米尔婆罗门组成的派系，其联盟延伸到下属的政治中心，一些是在北部的马德拉斯管辖区中讲泰卢固语的部分地区，其他则在遥远的南部。在1905年之前，小小的麦拉坡派系一直控制着国大党组织。到了1905年，同样为数不多的反对者抓住机会，通过采用高士和提拉克等人的激进主张来取代他们，并在那年发生的骚动期间，将马德拉斯国大党与孟加拉国大党结成联盟。

孟加拉分治

到那时，英属印度的风格和实质都发生了变化，就像在国大党中发生的变化一样。在19世纪和20世纪之交，印度的帝国政府看起来像它自认为的那样不可战胜。1899年，凯德尔斯顿的勋爵寇松就任总督一职，他对英国在亚洲的力量充满信心，仿佛总督职务是一个王位，对组成他的委员会的印度公务员高级成员的谨慎方式没有一点不耐烦。寇松在亚洲许多地区的旅行以及在国内得到的保守党其他领导人的支持，为他就职于那个权力很大的职位和在制定政策方面发挥积极作用做好了充分的准备。除了这些优势之外，他还注入了巨大的精力和决心，让印度在英国的政策制定中占据突出地位。矛盾的是，印度的财政和行政自治政策得到了他的大力支持。

寇松的自信与大多数印度公务员体系的精英行政团队的自信并没有太大的不同。到了19世纪后期，即使是最热衷于功利主义思想的官员的迟疑不决也转变成了威权主义，既不容忍关注印度的少数英国公众的建议，也不容忍印度人的异议。不过，除了威廉·威尔逊·亨特爵士等少数受人尊敬的公务员对贫困问题被忽视有抱怨外，还有印度的批评者：居住在英国的帕西商人、英国议会议员达达拜·瑙罗吉，退休的政府官员罗曼什·琼德尔·达特（Romesh Chunder Dutt），达特在印度公务员系统中获得了对印度人开放的最高职位之一。为了应对各种各样的批评，各省政府纷纷委托出版书籍来反驳他们的指控。无论是饥荒还是贫困，都不会被允许破坏英属印度政府对维多利亚王冠之上这颗至尊宝石的出色管理所带来的深深满足感。

尽管如此，当由经验丰富的公务员组成的委员会反对新任总督分治孟加拉以改善这个人口众多的庞大省份的管理方式时，新总督拒绝接受并表现出了危险的狂妄自大。由于这个原因和其他措施的影响，印度舆论很快将寇松与里彭勋爵进行了对前者不利的比较。人们认为里彭真诚地致力于逐步扩大他们在各级政府中的参与范围，寇松则不然，他对英国高级顾问的警告置之不理，致使印度国大党激进化。

分割孟加拉省的理由很充分。它是英属印度中最大的省份，有7850万人口，其中将近三分之一是穆斯林。在它被划分的两个省中，"东孟加拉和阿萨姆"主要是穆斯林，人口为3800万，这部分人口是加入了阿萨姆人之后的数字，而他们当中大部分是非穆斯林。这些阿萨姆人分别来自1826年和1886年两次战争中从缅甸赢得的山地。另一部分是名为"孟加拉"的西部省份，划分后人口减少到大约5500万，其中16%是穆斯林。讲孟加拉语的人成为少数，因为在原孟加拉的西部，被截断的部分，增加了讲印地语的比哈尔省以及讲奥里亚语的奥里萨省。

不管寇松和他的顾问们如何坚持说分治出于纯粹行政管理方面的理由，其他动机很快就浮出水面。寇松的一位主要顾问指出，在一个统一的孟加拉省内，对英国统治的反对肯定会增加。另一方面，在1904年，寇松向拟议中的东部孟加拉的达卡的穆斯林承诺，下一年的分治将产生一个自莫卧儿时代以来还从没有过的穆斯林团结局面。在政府的鼓励下，孟加拉的穆斯林地主于1906年成立了穆斯林联盟，得到了从事出售英国进口商品生意的穆斯林商人的支

图26　《可怕的同情》，根据加加内德拉纳特·泰戈尔（Gagenendranath Tagore）创作的
水彩画制作的平版印刷画，现代孟加拉画派，约1917年（IS 77 1979，由维多利亚和阿
尔伯特博物馆提供）。

持，他们反对为抗议分治而组织的抵制活动。

在分治生效前的半年时间里，国大党在加尔各答组织了多次大型会议，在会上收集了反对分治的请愿书，并提交给了那些对此漠不关心的官员。原国大党领导人苏伦德拉纳特·班纳吉承认请愿没有效果，并且随着分治日的临近，他承认采取更严厉的措施，例如拒绝购买英国商品，是合理的。他和其他人更愿意将其称为斯瓦德西（swadeshi，"自己的国家"）运动而非抵制活动，但同意禁令应超越英国商品的范围，而包括更多其他目标。在1905年10月16日的分治日，政府和学校开始被保护起来，商店和学校均被设置了警戒哨卡。

警察和军队被派去清除示威队伍，随后发生了暴力冲突。随着这种情形愈演愈烈，年长的国大党领导人的不安也加剧了，他们说服自己那些好战的年轻同事取消学校抵制活动。班纳吉和其他人，包括当时的国大党主席戈帕尔·克里什纳·戈卡尔（Gopal Krishna Gokhale），在获悉新选出的自由政府里的格莱斯顿自由主义者（Gladstonian）约翰·莫莱被任命为印度国务大臣后，取消了他们对抵制的支持。他们信任莫莱，认为他会同情印度中产阶级，并希望通过他的干预取消分治。

抵抗与改革

在接下来的三年里，随着政治抵抗的节奏越来越快，那些期待伦敦有所改变的人感到非常失望和屈辱。当寇松的分治继续进行时，尽管莫莱明确表示他既不会容忍抵制活动，也不会容忍恐怖主义，但无论是戈卡尔已经败坏的声誉还是老一辈政治家达达拜·瑙罗吉的声誉，都无法平息对英国进行更激烈的反对的要求。然而，私下里，莫莱开始制定印度宪法改革方案，以争取让国大党远离其日益激进的领导人。

加尔各答不仅是英国在孟加拉和印度的权力机构所在地，也是"可敬的"孟加拉巴德拉洛克（*bhadralok*，"上等人"）的经济、社会和文化中心。它拥有学院、政府办公室和法院，对印度东部几代专业人士而言是既亲切又熟知的地方。政治激进主义，即所谓的极端主义，不仅仅是像戈卡尔这样的人所青睐的宪政政治的政治替代品。19世纪与20世纪之交，一些高种姓孟加拉人和马哈拉施特拉人的激进主义体现了这两个省份衰落精英群体的焦虑。婆罗门和其他高种姓孟加拉人是第一批被西化的印度人，他们绝望地看到他们的地位受到加尔各答商人和文士种姓成员以及孟加拉东部穆斯林佃农的新代言人的挑战。

与孟加拉的巴德拉洛克一样，孟买省的马拉塔婆罗门发现他们的精英地位受到了低种姓商人的挑战，那些商人正准备让孟买取代加尔各答成为印度的商业中心。阶层等级和不断变化的政治条件相互作用，降低了一些人的身份地位，也使一些人的财富增加，同时鼓励失败者在印度民族主义政治更具竞争性的实践中采用新策略。

许多商业团体对抵制运动的成功感到欣喜。从1906年到1908年，随着诉诸暴力的倾向从加尔各答传到孟加拉各地的小城镇，城镇委员会效仿加尔各答指挥抵制运动，结果同样令人印象深刻。到1906年，从英国进口的棉线和织物分别下降了25%和40%，这引起了英国制造商的抱怨。随着印度人在纺织品市场份额同等比例的增长，他们的利润也随之增加，部分原因是他们不顾孟加拉的斯瓦德西领导人的抗议而提高了价格。手摇织机产品的销售额也有所增加，这可能是对孟买纺织品制造商的贪婪做出的反应，但另一个原因是斯瓦德西委员会的鼓励，他们意识到帮助以家庭为基础的手工生产有政治优势，因此预示了甘地后来的运动将会把科哈迪（*khadi*，手纺和手摇布）作为一种政治策略。

从1905年到1907年，反对孟加拉分治的鼓动标志着那些致力于印度民族事业的人的激进态度和时不时的暴力倾向的升级。提拉克19世纪90年代在浦那的工作已经预示了这一点，但现在出现了新的方法，暴力事件也已蔓延开来。在奥罗宾多·高士等领导人带领下开始形成的革命团体，偶尔会部署炸弹。暗杀英国高级官员的图谋产生了，还有为资助恐怖活动和出版物而进行武装抢劫。与欧洲公司的员工、电车司机、铁路商店和黄麻工厂组织的罢工相关联的街头暴力攀升，工人的要求与斯瓦德西的宣传被混杂在一起了。

并非所有印度地区都卷入了这种骚动。在联合省（以前的西北省），国大党运动的温和领导人扼杀了激进主义并继续与英国官员合作。在那里，以及在印度北部的其他地方，"孟加拉事业"遭到拒绝，孟加拉人因他们在白领就业和商业服务以及专业领域占主导地位而被怨恨。在其中一些地方，人们更有可能发起运动，为了让印地语与英语平等，同样作为官方语言，以抵消孟加拉人因英语的运用能力而享有的优势。恒河地区激进主义减弱的另一个原因是，当民族主义事业具有印度教的狂热时，穆斯林开始对民族主义事业产生了怀疑。

尽管如此，在旁遮普、马德拉斯和孟买的许多地方，在孟加拉斯瓦德西运动的刺激下，对英国政策的抵抗速度加快了。例如，在旁遮普省，有一种基于商业团体活动的斯瓦德西形式，这些团体在19世纪后期开始建立银行、保险公司和学校，学校项目尤其反映了商人和文士团体教育他们的儿子以期改善他们的就业前景的强烈愿望。

旁遮普人中斯瓦德西情绪增长的另一个原因是穆斯林（占该省

人口的一半）与印度教教徒和锡克教教徒之间的关系日益紧张。旁遮普和附近地区的独特之处是政治意识的增强有其他决定因素，例如雅利安社这个组织，它承诺为穆斯林创建像阿里格尔那样的、不受基督教传教士影响的大学。

旁遮普省穆斯林和非穆斯林之间的紧张关系要早于孟加拉分治运动，在旁遮普河流域建造运河灌溉区殖民地并居住在那里的英国人引发的愤怒也是如此。为得到对河流工程投资的回报，并且要使这些计划对英属印度有利可图，英国人认为有必要采取严密管制，这是引起不满的一个特殊原因。更高的水费和任意的控制增加了其他方面的不满。瘟疫的暴发和农场工人赖以生存的食品价格的上涨也同样引发了不满。由于所有这些原因，旁遮普与孟加拉一样成了政治动员的场所，而且，由于担心反英情绪会感染到仍有大量旁遮普人服役的军队，旁遮普遭受到更严厉的压制。

旁遮普人沸腾的不满情绪为包括拉拉·拉杰帕特·雷在内的激进分子提供了大量的追随者以及一次难得的机会，他们通过1907年的示威游行使旁遮普的政治对手和英国人都感到不安。由于这些活动，拉杰帕特·雷被驱逐出了该省，所有政治集会和罢工都被禁止。不过，与此同时，运河殖民聚集区的管理有所放松，水费也降低了。

1907年前后，旁遮普高涨的政治气氛受到了困扰马德拉斯地区的那种派系斗争的影响，也导致了那里温和派的削弱。虽然马德拉斯市仍由麦拉坡寡头集团所控制，但该市和这个管辖区其他地方的国大党成员正在鼓动采取更强有力的措施来支持孟加拉运动。为了让麦拉坡领导层难堪，马德拉斯管辖区北部泰卢固语区（注定将被称为安得拉）的政治家引进了由班吉姆·钱德拉·查特吉（Bankim Chandra Chatterjee）演唱的、被禁的孟加拉歌曲《班达·

玛塔然》［*Bande Mataram*，"向母亲（印度）致敬"］①。这首颂歌被小学生广为传唱，他们无视警察的禁令。之后，为了给讲泰卢固语的人在印度争取建立一个省，安得拉马哈萨布哈（Andhra Mahasabha，安得拉大会）成立，这是一个历经近五十年的时间才得以实现的目标。马德拉斯的其他人则采取了更直接的步骤，他们成立了斯瓦德西轮船航行公司（Swadeshi Steam Navigation Company），该公司旨在与一家往返于印度南部与锡兰科伦坡之间的英国公司竞争（锡兰是斯里兰卡在殖民时期的国名）。

马德拉斯的一些激进分子迅速从抵制活动转向恐怖活动，其中包括对一名英国地方法官的谋杀。此外，在1905年，激进分子对打击了专制和欧洲帝国主义的俄国革命进行了庆祝。泰米尔诗人苏布拉马尼亚·巴拉蒂（Subramanya Bharati）后来在庆祝1917年的俄国革命时也表达了同样的情绪。

一种不同类型的乌托邦主义启发了奥罗宾多·高士，他于1909年退出了恐怖主义和政治舞台，定居在南部城镇本地治里（当时在法国控制下）。那里远离英国的威胁和监视，他创立了如今举世闻名的曙光村修行所，这是一种理想主义的合作社，至今仍出产印度最好的法国面包。

斯瓦德西运动的影响导致塔塔家族在孟买创立了印度第一家钢铁厂。塔塔家族是孟买忠诚的帕西商业精英之一，他们的新钢铁企业得到了官方的肯定，因为它没有损害英国的商业利益，受到影响的是印度从比利时的钢铁产品进口。

另一方面，斯瓦德西领导人组织纺织厂工人加入工会的尝试遭到了印度工厂经理的反对，其反对力度不亚于来自欧洲工厂经理

---

① 又作 *Vande Mataram*，也译作《致敬母亲》，对印度民族独立运动的发展壮大发挥了重要宣传鼓动作用，被甘地称为印度的国歌。

的。印度工厂经理也试图延长工作时间，以利用电灯的引入所带来的剥削机会，这导致了孟买纺织工人于1905年发起罢工。纺织制造商对斯瓦德西运动给他们带来了更多利润感到满意，但拒绝降低那些非常贫穷的人所消费的、最不起眼的布料的价格，因为，他们说，这样的举动将构成对自由市场的无端干涉。他们不认为他们的立场具有讽刺意味或存在矛盾。

在商业化的孟买之外，提拉克从1905年起一直是印度西部激进策略的灯塔，像他十多年来一直做的那样。浦那是马哈拉施特拉的知识中心和提拉克的大本营，那里见证了他早期一些以西瓦吉和象头神迦尼萨为中心的宗教爱国活动的复兴。除了这些街头活动之外，还有一场大规模的酒类商店示威运动，这也是后来甘地运动的一个组成部分。提拉克因在他的报纸《凯萨里》（*Kesari*）上发表了关于孟加拉恐怖主义的文章而受到审判，为此，孟买工人放下工具走上街头抗议，此时，城市和农村之间的分歧已缩小了。提拉克在1908年被判处六年有期徒刑，这引发了一次总罢工，在这次罢工中有16人被警察和军队杀害。

1906年在加尔各答举行的国大党年度大会期间，温和派受到了有人威胁要选举激进领导人提拉克或拉杰帕特·雷的挑战，他们呼吁受人尊敬的达达拜·瑙罗吉让大家保持冷静，并让他建议大家更加谨慎。即便在那种情况下，激进派的方案还是通过了，会议决议支持抵制活动、斯瓦德西运动、斯瓦拉吉（swaraj，自治）运动和民族主义教育改革。连瑙罗吉本人都谈到将司瓦拉吉作为国大党的目标。因此，1907年在西海岸苏拉特举行的年会，为国大党老领导层和他们的挑战者之间的另一场更具决定性的交锋搭建了舞台。按照惯例，负责会议程序的会议主席由当地组委会指定，委员会选择了一位著名的孟加拉温和派人士担任。有传言说前一年的决议将被否决。代表之间爆发了冲突，有些是暴力的，导致了温和派退出大会。提拉克和孟加拉激进分子随后试图弥合裂痕的努力失败了，但到1908年，莫莱-明托改革所承诺的让步成为众所周知的事，国大党的亲英倾向取得了成功。或看起来如此。

镇压和妥协：分裂的选民

1905年后对斯瓦德西领导人的镇压，是英国人的一种新策略，他们不情愿地采用了这种策略，因为当时警察暴力和司法骚扰的目标变成了那些一直被认为是英国统治堡垒的受过西方教育的中产阶级。为压制中产家庭学生的政治活动，公民权利被废除了。许多人仅仅因为唱斯瓦德西歌曲《班达·玛塔然》而被捕。他们的父母被阻止参加警方（而不是法院）认为具有煽动性的会议。最终，所有斯瓦德西委员会均被取缔，这让包括国务大臣约翰·莫莱在内的一些英国人感到绝望，因为这是一个令人不安的迹象，表明他和其他人赖以将统治合法化的道德优越感正在丧失。

对孟加拉分治的抵抗遭到了暴力镇压。最终，孟加拉省和马哈拉施特拉的激进领导层被监禁，集会和示威活动遭到警察袭击。不过，在暴力镇压之后出现了让步。1909年议会颁布的一项温和的政治改革使国大党立宪者备受鼓舞。议会通过了《莫莱-明托改革法案》（以莫莱和总督明托伯爵的名字命名），该法案略微增加了1861年《印度参事会法》所规定的可以被选入立法机构的印度人的数量，并首次允许他们讨论预算和就决议提出动议。因此，这是决定孟加拉分治的间接后果。早在1906年中期，就曾有过莫莱-明托改革的暗示，但又过了三年才成为1909年的《印度参事会法》。在加尔各答宣布该法案，是旨在通过给人一种改革实际上起源于印度的印象来加强总督的权力。

1907年至1909年的事件往往会在不断发展的自由斗争的政治中重演。政权当局在温和派面前挥舞让步的旗帜，以使他们与激进的国大党成员分裂开，镇压则是指向激进派的。在此过程中，孟加拉分治产生了一批新的激进民族主义活动家，还引发了具有穆斯林政治倾向的组织成立，该组织有时与印度国大党合并，但在大多数情况下保持独立，并且最终因其付出的努力，巴基斯坦实现了独立建国。通过颁布1909年的改革法案，政府打算争取该国民族主义运动中较为温和的分子。随后几年每一次有改革牌打出，都意味着当局让出更多权利，也引发了更多对权利的期待。这种策略给英国的持续统治带来了相当大的危险，但那是将来的事了。

印度各级议会成员被允许对预算和其他事项提出质疑，但他们因选举席位的分配方式问题而受到阻碍。帝国议会以下的民选席位的数量和分配由各省来制定，行政调整可以防止对英国权力的破坏性联合。然而，更大的障碍是独立选区的原则，该原则意味着不同选民群体之间的联盟很难在下级议会中形成，在帝国和省级立法委员会中则不可能形成，在这些委员会中选举产生的议员人数是少数。选民应该根据他们所属的不同选区来挑选委员会成员，例如：专业人士、土地所有者、穆斯林、欧洲或印度商人。甚至政府官员这个类别也是地方议会的单独选区！此外，收入要求也限制了选民的资格，以确保处于最不利地位的人被剥夺提高其地位的政治手段，尽管这一条件是有选择地适用。例如，有一定收入的穆斯林有权投票，而有同等收入的印度教教徒就被认为太穷，没有资格投票。

可以说，孟加拉分治最重要的政治意义是1906年末穆斯林联盟的成立。这是在阿里格尔的政治精英的胜利，他们在那里得到了英国官员相当大的公开支持。赛义德·艾哈迈德·汗的教育运动在阿里格尔的继任者偶尔会游说政府，声称自己是印度穆斯林的权威声音。其他受过教育的穆斯林并不认同。例如，阿里格尔学生在1906年通过的一项决议倡导在斯瓦德西事业中进行印度教和穆斯林的政治合作，并谴责他们的领导人对一个不向穆斯林提供任何东西的政权有奴隶般的忠诚。该决议使穆斯林领导层感到尴尬，他们提醒他们的英国支持者，包括当时的阿里格尔·益格鲁-穆罕默丹学院校长，需要转移年轻的穆斯林激进分子的注意力。在年底之前，穆斯林联盟成立了，它的目的是作为激进的斯瓦德西领导人的一个替代品，也是为了游说穆斯林更多地参与英属印度的公共生活。

英国官方的支持是显而易见的：1906年晚些时候，阿里格尔穆斯林领导人与总督明托勋爵会面，为穆斯林单独的选民安排说明了理由。尽管明托在伦敦私下向莫莱承认，根据1909年的计划，最终分配给穆斯林的大部分席位是几乎没有道理的，但穆斯林的持续善意给政府带来的便利超过了这种顾虑。

英国在印度穆斯林问题上的善变立场后来才暴露出来，当时成立于1905年的东孟加拉省和阿萨姆省被强行解散，孟加拉省于1911年重新统一。英属印度首府迁至德里（新德里是在与之相连的旧城的南部建立的），伴随着这样的提议：这一举动可让人回想起过去伟大的莫卧儿。但这一提议没有考虑到穆斯林对德里的更近的记忆是兵变之后年迈失明的莫卧儿最后的皇帝被流放的屈辱。

让首府远离孟加拉及其受过教育的精力充沛的加尔各答公民是孟加拉分治运动的另一个后果。加尔各答仍然是重新统一的孟加拉省的省会，但一个被认为配得上帝国的英属印度威严的新首府建立了，被称为新德里。这与1914年世界大战的爆发一起，预示着在过去十年动荡的残余之上，印度进入了一个新的但令人不安的政治和社会时代。恐怖主义在孟加拉持续存在，那里发生了受斯瓦德西启发的武装抢劫，而在旁遮普，仍有搞暗杀的企图，最引人注目的是一次炸弹袭击，造成总督哈丁勋爵（Lord Harding）在1912年12月正式进入新首府时受伤。

与此同时，年轻的革命者开始流亡到伦敦、欧洲大陆和北美。1909年，一名印度办公室的官员在伦敦被谋杀。这座城市对印度民族主义者来说已是一个危险的地方，而随着1914年欧洲外交紧张局势的加剧，法国，以及德国越来越多地方，似乎在提供庇护。更远的地方，在不列颠哥伦比亚省和美国西部的几个州，锡克教教徒移民成为商人和技术工人，并且在相当强的种族主义面前找到了新家。在这15000名左右的北美移民中，一场自称为加达尔（*Ghadr*, "革命"）的运动于1913年开始形成，并以几种印度语言出版了一份以该名称命名的报纸。不可避免地，这些印度政治难民的移民社区和各种左翼政治运动之间形成了联盟。加达尔运动的一位创始人哈尔·达亚尔（Har Dayal）是总部位于旧金山的无政府主义-工联主义的世界产业工人联盟（Industrial Workers of the World）的有偿代理人，一些外籍印度人在1917年十月革命后成为共产主义者。

战争、牺牲和群众政治动员

1914年，印度在未发表任何自己意见的情况下就被宣布与德国及其盟国处于战争状态。事实上，帝国官员对印度批准和参与的期望，无论多么勉强，都被证明是正确的。英国士兵和许多印度军团被自信地从印度运送到各个战区。尽管这场战争是针对土耳其的奥斯曼政权发动的，一度只有15000名英国士兵留守在印度。而土耳其的统治者被印度的逊尼派穆斯林视为先知穆罕默德的继任者［*khalifa*，哈里发（Caliph）］。

军队被从印度调走这件事并非完全没有被得到利用。孟加拉的革命者加强了他们的武装抢劫（"土匪行为"），并与德国特工密谋获取武器和炸药，以破坏铁路交通。这些冒险活动因警察渗透而受阻，而普通印度人对这些计划或旁遮普革命者的其他计划毫不关心。在印度驻扎的旁遮普军队虽然激起了一些轻微的不满情绪，但这些不满也被发现并被平息了。

更引人注目的是北美的加达尔组织返回印度并支持反对英国统治的革命活动。他们的船抵达加尔各答，在那里他们遇到了武装警察。有22名加达尔成员被杀，另外8000人随后被捕入狱。柏林也是许多此类活动的策划和资助中心，这为英国当局提供了一个对印度恐怖分子采取严厉镇压措施的借口，如果需要借口的话。

这些年轻的革命者为在他们看来是解放他们的国家的事业而做出的牺牲，与在欧洲和近东战场上为王室而战死的印度人相比，在数量上相形见绌。为了支持已扩大到超过200万人的印度军队以及他们在欧洲和美索不达米亚的战役，印度的资源流失加剧。对于印度人来说，这确实是一场"世界"战争：除了人员和物资外，印度的穷人在未经他们自己同意的情况下，向英国政府捐赠了1亿英镑。战争税和贷款剥夺了国家积累的资产，需要用额外的税收来满足迅速增长的支出。进口商品被分流用于军事需求，造成了价格水平上涨，而为军用动物供应饲料作物导致了动物饲料价格飞涨，如果还能买到的话。战争"贷款"经常被没收，所得税增加了五倍，征收的关税比战前几乎翻了一番，这些加剧了价格通胀。所有这些都直接影响到了农民和商业团体。

有些令人惊讶的是，提拉克和其他人为了英国事业而筹集资金和招募士兵，他们这样做的目的是期望在战争结束后，他们对英国在那个艰难时期的支持会得到回报。像提拉克这样的激进分子此时也试图修复他们与温和派领导人始于1907年的分歧。事实上，持各种信念的政治家都在战争期间寻求重新团结。提拉克和他的追随者在1907年苏拉特会议期间发生混乱之后被逐出国大党，他们在战争结束时被邀请重新加入国大党，并帮助制定新的对英国的政治方针。对圣雄甘地来说也是这样，这场战争为争取自由的统一运动提供了一种前景，不过它延续并附带了战前所有种族分裂。甘地受到了鼓舞，他支持盟国的战争目标。

提拉克已成为民族主义事业中最受尊敬的年长政治家。那些像戈卡尔那样的老对手都已经离世，提拉克这位老激进派领袖在1914年监禁结束时受到了一种很慎重的欢迎，并获得了新的声望。很快，注定要在未来几年发挥重要作用的新政治人物们也加入了他的行列，其中包括安妮·贝赞特夫人①（Annie Besant），她与位于马德拉斯的神智学会（Theosophical Society）世界总部建立了联系，并于1907年主持该学会，在此之前，她在英国的政治异议生涯中漂泊不定（在那里她因提倡节育而声名狼藉）。她在爱尔兰问题上对英国的敌意以及她的社会主义观导致她与国大党中更激进的分子接触，并与他们建立了印度自治同盟（Indian Home Rule League），这是她对印度民族主义斗争的众多贡献中的第一个。提拉克以她为榜样，在马哈拉施特拉建立了自治同盟的分支，并通过由数百个自治同盟分支构成的网络发布了一系列英文和其他语言的小册子，这个网络里拥有超过30000名成员。

---

① 安妮·贝赞特夫人，英国的社会主义者、神智学家、妇女权利活动家、作家以及演讲家。

穆斯林民族主义的兴起

在印度的最高职业层中也有支持者，包括著名的孟买律师穆罕默德·阿里·真纳（Mohammad Ali Jinnah），真纳注定要成为巴基斯坦的创始人。他出生在卡拉奇，在孟买做律师并取得巨大成功。他最初与国大党温和的领导人（如瑙罗吉和戈卡尔）结盟进入政界，但在 1913 年加入了穆斯林联盟并很快成为其主席。真纳和其他穆斯林专业人士决心改变穆斯林联盟，以满足印度穆斯林对新的现代领导层的需求。

对于穆斯林来说当时的关键问题是英国针对土耳其奥斯曼政权的行动。作为德国的盟友，奥斯曼帝国被英国人从长期以来是帝国领土的阿拉伯领土上赶了出去。现在，奥斯曼帝国最后一丝威望，哈里发，先知穆罕默德的权威的继承者，受到了威胁。伊斯兰世界利益使真纳和穆斯林联盟与提拉克和国大党于 1916 年在勒克瑙走到了一起，他们的联合会议详细制定了针对英国的行动。

这种团结是在一个关键时刻出现的，当时孟加拉和旁遮普这两个主要的鼓动中心因警察镇压而变得沉闷。自治吸引了中产阶级男性并唤起了他们的参与意识，首先是在马德拉斯和马哈拉施特拉，然后是联合省和古吉拉特。随着战争即将结束，自治为国大党 1917 年的会议注入了活力，该会议在安妮·贝赞特作为国大党主席的领导下召开。英国人对她的短暂而轻率的监禁使得她的事业将会占据中心舞台。

宪法改革的颁布几乎立即打破了民族主义者的统一，宪法改革以印度事务大臣埃德温·蒙塔古（Edwin Montagu）和总督切姆斯福德勋爵（Lord Chelmsford）的名字命名。1917 年 8 月 20 日，蒙塔古向感到震惊的下议院宣布了这项改革，他宣称"负责任的政府"或一种有限代议制民主是英国对印度政策的目标，并承诺将为此采取实质性的进一步措施，包括1919年制定新的《印度政府法案》。

此公告的效果是即时且可预测的。突然间，温和的政客们重新考虑接受可能已改过自新的提拉克，并被蒙塔古威胁要大力镇压反政府活动感到震惊。由于蒙塔古宣布改革，甚至贝赞特夫人和她的一些欧洲和印度的神智学家同事也放弃了激进派的事业。此后不久，提拉克离开印度政坛，前往英国起诉一起诽谤案。然后，政府宣布正在采取新的管制措施来遏制想象中的煽动性计划，使分裂的国大党恢复了以前的团结。最后，莫汗达斯·卡拉姆昌德·甘地（Mohandas Karamchand Gandhi）身上开始展现出一种新的领导者形象。

帝国主义矛盾的敌人

甘地是后来的印度独立运动的天才领军人物，并最终成功。他的创新手法不仅在他的追随者中，而且在全球的拥护者中创造了一种近乎神秘的崇敬氛围，这在很大程度上要归功于传播领域偶然的和新的发展，尤其是电影新闻片的问世。他的殉难者之死完成了他封圣的条件。结果是，他的角色的两个方面往往被掩盖或忽视。第一个方面是他的领导风格所带有的古怪的威权主义，这常常让他最忠实的追随者和崇拜者感到困惑。第二，矛盾的是他拒绝扰乱印度社会和经济等级制度的现状，这让他的对手和受益于现状的人感到安慰，这一点被他居高临下的对被诅咒的贱民受害者的关心和他对跨阶级和种姓的团结的坚持所掩盖。他的理想之国是由自治村庄组成的，其居民生活在斯巴达式的简朴中，虽然这种理想之国只是乌托邦幻想，但他成功地阻止了其他的、更激进的社会和经济理想主义形式的实现。他使贱民领袖比姆拉奥·拉姆吉·安贝德卡尔①（Bhimrao Ramji Ambedkar）博士深感失望，他对避孕的无情反对可能最终加剧了他声称关心的妇女和穷人的苦难，以及加剧了印度当今仍在面临的严重的可持续性问题。

甘地是印度许多土邦国中最小的土邦国之一的一位大臣的儿子，他在伦敦完成学业，获得法律学位。他在孟买的律师生涯没有获得成功，于是他在南非受委托为印度的商人做一些法律工作。在那里，在自己经历了羞辱性的歧视之后，他参与了反对种族歧视法律和做法的民权斗争。他正是在南非参与斗争的过程中，设计了一种"非暴力抵抗"的方法，他称之为真理永恒（satyagraha，真理的力量），为那里的印度人赢得了胜利，也赢得了他的敌人的钦佩，当他在1915年返回印度时，赢得了许多人的掌声。

在接下来的几年里，他参与了农民中的各种乡村运动，并在一次抗议活动中代表了艾哈迈达巴德的纺织工人。这些活动为他在印度西部和东部的更加活跃和激进的国大党领导人中赢得了追随者，也让他了解了印度在欧洲战争条件下的变化方式。当时印度正在经历的过程成为甘地后来竞选活动的基础，其中最重要的是工业和人口变化以及强化了的种族政治形式。具有讽刺意味的是，它们与甘地想要看到并努力创造的那种印度是背道而驰的。

尽管他没有担任任何职务，但他不仅能够迷住印度广大城乡的数百万人，而且能够绝对控制那些受过良好教育、经验丰富且往往愤世嫉俗的国大党成员。他通过对标识（有时是他自己创造的）的细心和近乎痴迷的关注来做到这一点，他将这些标识属性归为"国

① 比姆拉奥·拉姆吉·安贝德卡尔，印度宪法之父，现代印度佛教复兴倡导人。

家"，例如旗帜和甘地帽，他精心设计，考虑到了生产和易维护等所有方面的因素。在他采用的标识中，最重要和最明显的是他自己经过多次考虑后特意选择的缠腰布和披肩这样的服装，他把这样的穿着作为对印度极度贫困的一种抗议，最终让全世界都看到这是在谴责帝国主义者们的自命不凡。

因为甘地的特点和性格对决定印度民族诞生的关键阶段有非常大的影响，而且因为他比任何其他政治家都更坚持使自己的生活和思虑成为政治工具，所以在这里至少要简短地讨论一下。在他的观点中，始终坚定不移的是不懈怠，并且他个人会勇敢地去实现这些观点，他有时会很自相矛盾地不切实际和不可预测，以至于他最亲密的同事在当时和后来常常对无法理解他的行为感到绝望。然而，他对"纯洁"和性的重叠痴迷，后来使他成为有精神分析倾向的作家们的喜好的一个目标，他的这些行为不仅是由印度教传统定义的（例如，在《摩奴法论》中规定的），而且完全符合19世纪的普遍关注点。他的独创性在于他对传统做法的选择性使用和漫不经心的违反。结果是，他代表贱民发起的运动获得了神话般的地位，但表达方式是麻木不仁和贬低贱民的，尽管他声称要提高贱民地位；同时，尽管他有大量的女性追随者和许多女性同事，他在个人和政治上对妇女的影响在很大程度上是有害的。

他对"非暴力"（*ahimsa*）的强调被他对苦难和忍耐的强调所破坏，这在他自己的"禁食至死"中得以体现，表明了他性格中具有强烈的施虐和受虐倾向。在对贱民和女人表明他的态度时，他完全没有难为情，他宣称自己的言论和行为纯真甚至高尚，他完善了这一技巧，他如此自信，以至于暗示任何不洁的思想都只存在于他的挑战者的头脑中。在他的新闻实践中出现了许多这样的例子，他炫耀地将刊物命名为"哈里让"（*Harijan*，神的孩子，他自己对贱

民的含混称呼)。例如，他和一位来访的基督教福音传教士有一个
交流，他欢迎基督教祈祷但不欢迎传教：

> 甘地：如果基督徒想将自己与改革运动联系起来，他们就
> 应该抛开任何改宗的想法去这么做。
>
> 莫特博士：……他们不应该从接受福音的角度来宣讲福
> 音吗？
>
> 甘地：莫特博士，你会向一头牛宣讲福音吗？嗯，有些贱
> 民在理解力上还不如牛。[1]

当国大党中有一位贱民种姓的政治家贾吉万·拉姆（Jagjivan
Ram）反对这种对其种姓智力的污蔑时，甘地巧妙地回避了这一
点，声称他无冒犯之意：母牛是温柔和耐心地忍受痛苦的典范。[2]

与贱民不同，20世纪早期的印度女性仍然无法开展集体辩论并
就她们的处境和充斥她们生活的那些臆说进行抗议。此外，对孟加
拉时期社会和政治讽刺漫画的分析显示，即使是受过教育的男性也
会感到恐惧，认为女性一旦获得解放，她们就会忽视丈夫和家
务。[3]不过，甘地对待自己妻子的方式就是臭名昭著的，即使那是
发生在当时那种情况下，而主要原因他自己写得很详细。他透露，
即使在婚姻中，他对性的态度也很早就变成了对可耻放纵的厌恶。
他持有19世纪常见的某种"精液经济"的信念，即精液的消耗会
耗尽一个人的能量，并使他至少暂时虚弱。无论是在印度还是其他
地方，这种自负都不是无害的怪癖。在甘地的例子中，他能够将其
变成一个公共政策问题，浪费了许多宝贵的岁月，在这些岁月中，
印度人口迅速增长的问题本可以得到更有效的解决。在回答有关
1936年刚刚起步的节育运动的询问时，他回答说：节育是"必然会

导致整个种族的活力被耗尽的运动"。[4] 他反而赞同"自我控制"。在他自己获得"自我控制"之前，他不仅决定何时进行性交而不考虑任何其他因素，而且还决定何时宣扬他实现永久独身生活的胜利。对于任何女性来说，在几乎任何社会中，尤其是在那些更加拘谨的时代和那个极其拘谨的文化环境中，在公开场合讨论任何性方面的状况都是羞耻的。

甘地在许多情况下都让他的妻子和其他女性感到羞耻。令他妻子非常苦恼的是，他强迫自己这个高种姓妻子去照料那些客人不愿自己管的便盆。而且，无论是否独身，他的思想和行为都继续被性所渗透。在他于南非建立的修行所（一种公社）中，他聚集了一些青少年，要求他们一起裸体洗澡，他喜欢见证这样一个场合，并且让大家紧挨在一起睡觉。当不可避免地发生其中一个男孩嘲笑几个女孩、女孩们抱怨的事时，他坚持要剪掉女孩的头发，这是印度和其他地方的（在性方面）有罪、忏悔的女人的标志。这一行为以典型的甘地风格被解释为给女孩们带来安全感并"给罪人的眼睛消毒"。[5]

甘地常常设法将他对性和贱民的关注结合起来。除了敦促实现19世纪西方在奴隶制的废除中未能成功实现的那种心态改变之外，他还支持用通婚的方式消除偏见。他一度沉思："如果我按照自己的方式行事，我会说服所有受我影响的印度教女孩选择哈里让丈夫。"[6] 当然，正如他自己很清楚的那样，无论有没有他的影响，当时及以后的印度教女孩都不能自由地选择她们的丈夫。

成就圣雄

从甘地1915年返回印度开始，公众就开始猜测他将扮演什么政治角色。他会加入他所尊重的戈卡尔的温和追随者，还是加入更激进的印度国大党？戈卡尔曾劝告甘地不要急于做出决定，而是要到全国各地看看情况。甘地这样做了，发现他几乎完全不认同戈卡尔追随者的立宪主义观点和他们在政治上的胆怯。甘地通过投身于社会正义运动来表明他的决定。有两个运动发生在乡村地区，其中一个发生在比哈尔省查姆帕兰县（Champaran）的靛蓝生产商当中，另一个在古吉拉特的科达县（Kheda），那里的小农面临因债务而失去土地的境遇。他进一步卷入到艾哈迈达巴德，也是他的家乡古吉拉特的磨坊工人的劳资纠纷中。

甘地被卷入的那些乡村冲突在他从南非返回之前很久就开始了。在比哈尔省，靛蓝种植者在官方支持下采取了剥削性措施，当地农民对此进行的抵抗导致了一战前的暴力冲突。由于法院发出止赎令并由警察强制执行，古吉拉特农民失去了土地，在这些农民中也发生了类似的抵抗动员。战争的结束向甘地和其他观察家揭示了危及民族主义团结的冲突有上升趋势。工厂工人，诸如艾哈迈达巴德的工人，他们为了让纺织品制造商分享战时的利润，举行了罢工，这导致了工业界发生广泛对抗的可能性增加。

与此同时，甘地意识到，从加尔各答到安拉阿巴德，印度教教徒和穆斯林之间的骚乱日益加剧，这威胁到主要是印度教教徒的国大党和穆斯林联盟之间新建立的友好关系。在马德拉斯和孟买省，另一个旧的分歧变得更加尖锐：婆罗门和中产阶级的非婆罗门之间因婆罗门主导官方和职业就业机会而产生的公开冲突日益加剧。在英属印度的其他地方，以及在迈索尔等更大、更发达的土邦国，类似的婆罗门对官方职位的控制是在受过教育的非婆罗门当中引起仇恨的原因。

地方（国家以下的各级）层面对于语言家园（linguistic homeland）的要求使各种各样的冲突加剧，并对国家意愿构成了额外的潜在威胁。马德拉斯管辖区北部地区讲泰卢固语的人开始召开年度会议（后来会议被称为安得拉马哈萨布哈），重点争取更多的公共工作和在学校使用当地的母语泰卢固语。1918年，马德拉斯省国大党允许在党内有单独的安得拉党团。行动比讲泰卢固语的人略微晚一些的，是来自西南海岸特拉凡哥尔土邦国和马德拉斯的马拉巴地区讲马拉雅拉姆语的人。在这两场运动中，主要对手是讲泰米尔语的婆罗门。所以，第一次世界大战在欧洲结束时，国大党正在向群众运动的另一个阶段迈进，而这时，种姓和语言两个因素就已结合形成了新的亚民族主义。

1917年宣布的改革最终颁布了1919年《印度政府法案》，该法案开启了英国所承诺的走向自治政府的进程。根据该法案被称为"二元政体"（dyarchy）的中央宪法原则，一些领域（教育、卫生、农业）被规定由根据1909年《印度政府法案》设置的单独选区所选出的省长之下的省级立法机构负责，而更重要的事项（法律与秩序和税收）则保留给中央机构，即总督国务委员会和帝国立法委员会。选举出的多数不能推翻总督对立法提案的否决。

1919年法案的背后是实现两个帝国目标的愿望。一是继续将财政责任下放给印度机构，特别是为保健和教育提供资金。这使英国当局摆脱了因增税或削减服务而被憎恶的局面。其次，蒙塔古–切姆斯福德改革（Montagu-Chelmsford Reforms）旨在扩大愿意与帝国当局合作的印度人的阶层。候选人并不多，许多从战争中获利的人不希望他们的幸运境况发生改变。

经济机会，社会动荡

正如甘地在对印度有了新的发现后所明白的那样，战争为印度资本家创造了机会，并使他们对自己的阶级利益日益警觉。提供军服的纺织品制造商和提供用于最终生产小型武器、弹药以及野战枪的机器制品的工程公司从军事承包中获得了暴利。为沙袋和帐篷提供面料的英国黄麻厂主赚取的巨额利润吸引了印度资本家，尤其是来自拉贾斯坦的马瓦里银行家，他们开始在加尔各答从事利润丰厚的业务。这些投资者在战时的指令型经济下蓬勃发展，拥有了对黄麻生产进行重大投资的资本，这是印度人在该行业的首次投资。马瓦里人也加入较早的帕西和古吉拉特资本家行列中，生产棉纺织品以取代英国的进口产品，这些进口在战后一段时间内没有恢复。印度制造商由于战时进口中断而获得的市场和利润是其他发展的基础，那些新兴工业家开始寄希望于国大党能以适当的措施维持他们在战时获得的优势，且准备为此目的而提供资金捐助来支持国大党。

印度工业家还指望国大党来缓解他们与工人之间的麻烦。工会主义当时正处于起步阶段，由中产阶级的民族主义者领导。物价上涨和失业率上升加剧了劳工的不满情绪，尤其是在旁遮普省这样的地方，在那里，过去四年里应征的许多士兵一下子复员了。除了孟买、马德拉斯和孟加拉以及许多小城镇的粮食骚乱以及加尔各答穆斯林债务人针对马瓦里放债人的暴力骚乱之外，城市工人的斗争导致了1918年至1919年间更多的暴力事件。当时全球流行的流感带来的恐惧，加剧了从经济方面冒出的普遍焦虑的暗流。

旨在为政府提供额外权力以打击煽动性行为的司法法规的颁

布，使有序、和平地推进到更具代表性的制度的希望破灭了，这些以其制定者、司法委员会的负责人罗拉特大法官（Justice Rowlatt）的名字命名的法规，使希望变成了对政府战后意图的怀疑。战后，在一场反对《罗拉特法案》（Rowlatt Acts）和抗议旁遮普省阿姆利则不断恶化的经济状况的和平示威中，戴尔将军（Reginald Edward Harry Dyer）指挥的一支军队打死了379名示威者，打伤1200名手无寸铁的示威者，这使得起初的怀疑变成了愤怒。不久之后，当戴尔将军受到官方表扬时，甘地仍然呼吁，只有坚定地以非暴力运动反对英国政权，才能终止抗议旁遮普大屠杀活动中的暴力聚集、平息穆斯林对哈里发制度被侵犯的愤怒、解决涉及125000名孟买纺织工人的大罢工以及其他地方的许多小规模罢工。

所有这些因素都加剧了源于当时政治运动的国内纷争，其中最突出的是反对罗拉特的示威游行和自孟加拉分治以来从未见过的革命热情的再起。对于许多政治化了的知识分子来说，他们的政治是由1917年布尔什维克革命以及列宁和托洛茨基对俄罗斯亚洲帝国的率直放弃所标志着的世界变化潮流所承载的，列宁和托洛茨基发誓要与世界人民一起反对帝国主义的暴政。甘地正是抓住了民族主义运动并从根本上重新调整其能量和目的，使其加入了这股洪流。

首次竞选

甘地在他五十岁时就已经是一位经验丰富的政治家，他凭借勇气和想象力在南非战胜了种族主义的布尔人（Boers）和英国官员。尽管如此，他看上去并不像一个将会在第一次世界大战结束后的几年内取得领导人地位而且将独揽大权的人。他在任何国大党派系中都没有正式地位，而且他提出了一个奇怪的非暴力抵抗方案。他的

"非暴力不合作"是一种对抗政体的手法，通过和平示威、偶尔的纠察和罢工（以联合休业罢工、关闭商店和企业以及撤出劳工作为政治抗议）挑战其道德权威和合法性，最后通过违犯特定的不公正法律去寻求逮捕。甘地在南非设计了他的非暴力策略，并在其1909年的著作《印度自治》（*Hind Swaraj*）中描述了这些策略。在印度，他还提出了许多印度人有时觉得古怪的其他想法，例如在性方面的自我约束，以及偏好简单的农村生活方式和生产形式，而非工业社会的方式。然而，正如他通过征兵和其他方式支持战争所证明的那样，他是一名适应性强的战士。

阿姆利则惨案（Amritsar massacre）将全国的政治注意力集中在甘地已经参与的一场运动上。1919年2月，他已宣布必须抵制《罗拉特法案》，并宣布将首次在印度开展非暴力不合作运动。当局出台法令，限制反对1919年《罗拉特法案》的大范围但和平的集会，那些法令被用来为国家暴力进行辩护。甘地的计划是让志愿者（*satyagrahis*）违反一项禁止销售认可联合罢工的文学作品的法律来让警察逮捕他们。甘地态度温和的一个标志是，在确定全国"罢工"的日期时，他选择了一个星期天，反正很少有人上班，如果有人上班，他们都会被告知未经雇主许可不得参加！

甘地相信他的非暴力计划不仅可以避免暴力，而且可以促进许多不同群体之间形成政治行动联盟，那些群体包括自治同盟组织和被第一次世界大战胜利者强加给土耳其人的侮辱性条款冒犯的穆斯林。在大屠杀发生地旁遮普省以及德里、孟买和加尔各答等地掀起了联合罢工。但4月13日在旁遮普省阿姆利则市的札连瓦拉园（Jallianwala Bagh）发生的死亡事件引发了更加暴力的示威活动，一些政府大楼和电报线路被破坏。警察进行了镇压，并根据《罗拉特法案》起诉了肇事者，对许多人实施了鞭笞惩罚。新德里街头上演了特别激烈的示威活动，其间印度教教徒与穆斯林之间的友好合作显而易见。这种团结的表现使政府惊慌失措地逮捕了甘地，而此举又在以前平静的地方和在警察镇压下变得平静的其他地方引发了新一轮的冲突。对于甘地来说，这次事件的教训是，面对警察的暴行，控制暴力需要参与者为他们将受到的暴力做好充分的准备。志愿者应该由一个更小、更精挑细选和纪律严明的核心组成。

在遭受镇压的磨炼中，国大党像往常一样于1919年圣诞节在阿姆利则召开了大会，计划下一步行动，这次大会由早期成员莫提拉尔·尼赫鲁主持。在阿姆利则大会上，温和的路线被采纳了。甘地和真纳加入了对已宣布的宪法改革表示赞同的行列，在对戴尔军队所涉事件进行调查的结果出来之前，对戴尔军队行为的谴责被暂缓。在那次会议上显现出的紧迫性来自以真纳为首的穆斯林，他们要求保护哈里发。他们呼吁发起一场旨在保留奥斯曼帝国苏丹作为穆斯林圣地保护者的国大党运动，并试图迫使英国恢复奥斯曼帝国对阿拉伯领土的统治，这是一种有点令人尴尬的帝国主义要求。

国大党在如何实现这些目标上存在分歧。与甘地最亲近的人中，有一些是商人，就像多年前邀请他到南非的那些人一样。许多人参与了欧洲纺织品的销售，因此最不接受斯瓦德西的讯息。其他在寻求更有活力的政治活动形式的人包括穆斯林神职人员和穆斯林记者。前者对小城镇和村庄的穆斯林有很大影响，而后者都在城市，他们更倾向于采取强硬措施，包括抵抗罗拉特。

甘地敦促这些相互不同的群体对英政府"不合作"。他的提议得到了1920年召开的国大党特别会议的普遍同意，该会议审议了前一年对阿姆利则事件进行调查的委员会的调查结果。该报告被甘地斥为粉饰，甘地宣布纠正他早期的竞选活动中未能预见到暴力事件这一错误步骤，他通过这些步骤将国大党重新打造为群众运动。

甘地 1920 年的组织改革是国大党自 1885 年成立以来最重要的事件，该党变成了一个有纪律的群众组织，能够执行他的非暴力战略。1920 年 9 月，在另一次特别会议上，他们迈出了决定性的第一步，会上批准了对学校、法院、议会和外国商品进行抵制，作为对戴尔将军被免责和被官方赞同的适当回应。民族主义学校和仲裁机构将取代公立学校和法院，而印度制造的（在纺织品方面，最好是手工制造的）商品将替代英国进口商品。这些广泛的目标将通过一个全新的印度国大党组织来实现，这些目标于 1920 年晚些时候在那格浦尔举行的 12 月会议上获得批准。

两项重大变化被立即宣布。第一，甘地宣布了通过非暴力手段在一年内实现"斯瓦拉吉"的目标，而这个斯瓦拉吉的确切含义和要部署什么非暴力手段没有具体说明，留给甘地决定。第二，国大党成了一个真正的群众政党，拥有支付党费的党员和从村一级到镇、区和省级委员会，再到全印度委员会的层次结构。非常重要的是，新国大党的省（邦）分支不是现有的英国分支①，而是一套新的基于语言区域的分支，覆盖整个次大陆，包括土邦领地。这样操作的逻辑是，群众政治工作应该在有意义的文化区域内进行，而不是在英国人建立的武断划分和（被认为是）故意制造分裂的行政区域里。在甘地的坚持下增加了一项重要的让步：设立一个讲泰卢固语的省级委员会。所有这一切的顶层是一个小型的国大党工作委员会，是该运动的执行机构，它在史上首次准备好了引领国内构建变革的力量。

在 1921 年威尔士亲王访问印度期间，甘地和其他领导人成功地组织了示威活动，以此检验这些变化，但此后不到一年，当暴力

---

① 即基于殖民地划分的区。

事件爆发时，他突然单方面结束了这场运动。虽然他的行为惊人地展示了他一个人对全国运动的个人控制，但在许多人看来，他的权威似乎是武断的，甚至是异想天开的。他的穆斯林追随者和更激进的追随者尤其持批评态度。由于甘地的决定，他们中的许多人退出了国大党的运动。

尽管在实施过程中存在奇思妙想，甘地清晰的政治愿景和他在1920年实施改革的技巧为他接下来对自由运动长达二十五年的管理工作奠定了基础。他知道哪些危害是需要进行协商的。必须让英国人在不发生可怕破坏的情况下放弃他们的统治，从而确保自由不是空洞的成就。为了实现这一目标，他必须设计一种道德类型的手段，能够激励数百万印度人有纪律地参与，等于迫使英国人给予自由，如果不是自愿的话，至少是顺势。

甘地在非暴力不合作中找到了他的措施。他坚持认为这不是一种懦弱的抵抗，相反，它需要最坚定的勇气。他依靠追随者的个人勇敢，不仅赢得了英国人的支持，而且最重要的是，遏制了印度社会在战后艰难岁月里竭力争取表达诉求过程中的暴力成分。

甘地与伊斯兰教

甘地继续与卷入基拉法特运动（khilafat movement）的穆斯林领导人密切合作，对废除奥斯曼哈里发进行抗议。他这么做的部分原因是出于这样的原则：印度穆斯林占这个大政治团体的四分之一，这个团体必须摆脱英国的统治，因此应该得到所有印度人的支持。但他也希望防止这个团体再次成为英国权力的道具，像在19世纪的大部分时间里发生的那样。1920年，基拉法特事业从保护遥远而古老的土耳其君主转变为反对更接近和更危险的英国敌人的动员。

除了激昂的穆斯林公众之外，还需要应对战后那些产业工人的激进行为。一战之后，印度所有工业中心因战时的高需求已缩减而被迫裁员，导致数十万工人失业或减薪。1919年，发生了针对那些被迫紧缩的印度公司的罢工。到1921年，因罢工而损失的累计工作时长约达700万日，在大多数情况下是自发停工，而不是工会决定的结果。工会很少，但在这个劳工斗争时期，它们的数量增加了。这些工会通常是由中产阶级领导的，他们的背景和观点与跟他们进行集体谈判的、对英政府忠诚的雇主没有本质区别。但是在孟加拉、马德拉斯和孟买，还有其他更激进的工会反对雇主和工人之间合作伙伴关系的合作主义哲学。这些激进的工会会员拒绝加入国大党工会的行列和其全印度工会大会，后者在1920年加入印度国大党。

要求甘地和国大党采取更激进政治手段的压力还来自印度庞大的农业贫困者。他们参与不合作运动的热忱表明了这一点。即使在比哈尔省这样落后的地方，乡村五人长老会也被证明是政府法院的受欢迎的替代品。禁酒运动也取得了成功，该运动部分是为了不让政府征收消费税，部分是为了阻止最贫困的工人酗酒。印度教教徒和穆斯林之间的合作在农村盛行了相当长的一段时间。甘地要求将贱民纳入所有地方政治计划中，这引起了高度关注，也许也是最令人印象深刻的。上层种姓的国大党成员厌恶贱民的参与，但当甘地坚持这样做时，他们不敢反对他，这就是他们对甘地的尊重。

甘地在农民中的领导地位经常受到来自下层的其他方式的挑战，例如，他反对扣留强横的地主的租金，理由是这会使地主与佃户分道扬镳，从而会削弱反对英国统治的斗争力量。他敦促劳工领袖也保持类似的克制，以免印度资本家因工人的要求而被推入帝国主义者的怀抱。结果，某些行动被否决了，例如，拒绝纳税的想法被否决，因为这很容易导致拒付租金。在某些领域，甘地的领导地位受到质疑：1920年提拉克去世后，继任领导的马哈拉施特拉政客对甘地的非暴力是否能抑制孟买激进的产业工人表示怀疑。

不合作

尽管有这些局限性，但不合作运动在全国许多地区仍被大力推行，其中最成功的是那些拥有经验丰富的民族主义者领导人的地区，例如旁遮普、孟加拉和马德拉斯。新的政治活动区出现了，例如在古吉拉特，巴尔多利（Bardoli）这个地方发起了一场激进的不合作运动，以证明其更广泛的适用性。在一些土邦国，如拉贾斯坦，也有新的群众活动，那里的农民和山地团体组织起来反对统治者的压迫政策。马德拉斯是禁酒运动的一个非常成功的舞台，这场运动让政府损失了1920年酒类消费税收入的五分之一。在马德拉斯的泰卢固语地区，不合作受到了更激进的压力。尽管甘地试图阻止，税收款还是被扣留了。

可能最令人印象深刻的不合作运动发生在恒河流域中部，那是一个在保守的社会和政治精英统治之下的政治平静地区。1920年和1921年，在一场由将指导整整一代人的国大党新领导人带领的斗争中，那里的城镇和乡村都举行了反对英国人的示威游行，其中包括莫提拉尔的儿子贾瓦哈拉尔·尼赫鲁，他从英国求学回来后，花了一些时间调查印度广大农村贫困人口的农业状况。他和他的同事联系了几年前由自治同盟倡导者建立的拥有数百个基桑（*kisan*，农民）委员会的网络，这些机构通过抗议地主和警察的反复无常和暴力行为，迫使他们改变了做法。对年轻的尼赫鲁来说，恒河中部中小农民的正义感和斗争精神与城市中的普通民众抵制和破坏1921年威尔士亲王访问印度的行动同样鼓舞人心。因此，年轻的尼赫鲁对甘地因1922年2月导致17名警察死亡的比哈尔省村民对当地警察的暴力行为而暂停不合作运动特别不满。

那个村庄的名字乔里–乔拉（Chauri-Chaura）成了甘地在20世纪20年代和20世纪30年代对政治的铁腕控制的象征。那个事件本身是由于警察对不合作的志愿者的挑衅和暴力造成的，那些志愿者一直在就酒类销售开展示威并针对食品的高价进行抗议。甘地因一个村庄发生的事件而暂停全国的运动，这引起了震惊和不满：震惊是因为当时没有人认真考虑过他的暂停威胁，不满是因为对每周都在增长的政治力量做出如此重大决定的是甘地一个人。尼赫鲁后来回忆起他和当时其他年轻领导人的愤怒。其他人，例如真纳，则很反感地得出结论，基拉法特运动的成功不能仰赖如此不切实际的人。必须指出的是，针对他们的批评，甘地始终坚持认为，如果不合作变得暴力，就会失去其令人信服的道德效力。当20世纪30年代非暴力不合作重新开始时，毫无疑问，数百万人都知道，失去纪律严明的自制力并对警察的暴力行为进行反击的话，甘地就会再次暂停行动，大家对此印象深刻，这一信念说明了无数普通印度人在可怕挑衅下的勇敢和坚定。

然而，所有政治行动一时都停止了。英国人在运动期间监禁了众多国大党领导人后，于1922年3月将甘地审判并判处他六年监禁，而之前他们没敢这样做。这造成了另一个混乱时期，导致了新的政治和社会经济条件的产生，并最终导致英国在20世纪30年代中期做出了新的让步。

运动间隙

在监狱里，甘地继续通过给《青年印度》（*Young India*）期刊投稿来提供指导。在期刊中，他发起了印度科哈迪委员会（Indian Khadi Board）来倡导手工纺纱，自相矛盾地向每个人推荐它作为旨在减轻最贫困者的困境、被他的追随者称为"建设性计划"的核心。当这个计划在持怀疑态度的国大党工作委员会勉强通过时，甘地得出结论，许多国大党成员（可能是大多数人）不赞成他的政治主张，他们实际上渴望重新进入他们在不合作运动早期就已辞职的委员会。甘地是对的，那些寻求在这些机构内进行适度改革的人组织了一个政党来参加将在1923年举行的议会竞选。他们宣称自己是斯瓦拉吉党，并表明他们和任何人一样忠实于甘地的精神。

在甘地被监禁期间，针对警察禁止悬挂国大党旗帜的抗议活动吸引了来自各地的志愿被捕入狱的人。其他甘地式的行动包括通过非暴力不合作方式进行干预，以支持一群锡克教教徒，这些锡克教教徒试图从被指控与英国密切合作的腐败宗教人物手中夺取对锡克庙的控制权。另外两场非暴力不合作运动分别是针对古吉拉特增加税收和限制特拉凡哥尔土邦国低种姓人士进入寺庙而发起的。这些行动都没有明确结果，因为所有行动都涉及妥协。尽管如此，它们仍然提供了甘地方法被采用和广泛参与的证据，成为即将到来的20世纪30年代斗争的训练场。

与此同时，大多数具有宪法意识的国大党领导人试图以其他方式让英国人感到不安。1923年，在根据1919年《印度政府法案》举行的第二次选举中，国大党在几个省的立法机构选举中再次大获全胜，他们继而表明该法案在印度人眼中没有实际效力。国大党的议员们一再通过巧妙的拖延来操纵省长随意颁布法令。这些策略旨在说服印度人和英国公众，比起甘地采用的方法，必须做出更大的让步，才能使宪法路线成为一条在印度获得追随者的路线。

印度教与穆斯林之间敌对情绪的再起

1924年奥斯曼苏丹国被推翻后，土耳其人自己废除了1918年至1924年将国大党和穆斯林联盟联合在一起的基拉法特运动，然后该运动瓦解了。在20世纪20年代后期，在基拉法特运动史无前例的联合之后，印度教教徒和穆斯林之间的冲突变得致命。很明显，开始时的团结只是打断了始于19世纪后期的激烈社群冲突的过程。20世纪20年代中期和后期，从英属印度与阿富汗的边界一直到孟加拉与缅甸的东部边界的小城镇再次爆发了屠牛骚乱。穆斯林对工作机会的竞争，无论是那些在政府中相对声望很高的工作还是地位低下的工作，都加剧了中下阶层印度教教徒对他们的敌意。

大部分事情背后是一些就业领域的普遍危机，例如穆斯林织工用手摇织机生产的产品市场下滑，拥有工厂的印度教教徒能生产高产量纺织品，那些织工因此被取代。1931年，在联合省的坎普尔，穆斯林和印度教教徒之间为此发生了大规模骚乱。在地主和佃户信仰不同宗教的地方，例如在孟加拉东部，或在1915年成立的印度教大斋会（Hindu Mahasabha）的追随者强推他们的穆斯林"重新改宗"计划的地方，导致怀疑和冲突的历史原因仍继续存在。国大党领导人，甚至甘地本人，都没有明确拒绝这种煽动性的宗教运动，并且还经常与他们的领导人保持密切的个人关系，这些，穆斯林并没有忘记。

共产党人、尼赫鲁和左派

20世纪20年代出现的一场共产主义运动，加剧了国大党主流民族主义者的政治困境。一些印度人在流亡欧洲时成为共产主义者，逃脱了在战争期间从事恐怖活动应受的惩罚。其中一位，罗易（M. N. Roy），在布尔什维克革命后前往俄罗斯，并活跃于共产国际（Comintern）。其他人在印度成为共产主义者，经常在不合作和基拉法特运动中取得突出地位。按照共产国际的政策，他们反对另外组织一个共产党，而是主张在现有组织内工作。虽然共产党员的人数很少，但警察仍然严密监视他们，并对他们进行司法骚扰。尽管如此，有些人还是成功地在主要的纺织工会中找到了自己的位置，在那里，他们为国大党工会领导人的策略提供了替代方案。

另一个共产主义，或至少是左翼政治利益的中心存在于国大党本身的一些年轻领导人当中。贾瓦哈拉尔·尼赫鲁钦佩并追随甘地，但偶尔对这位年长者的神秘主义、宗教信仰和专断心存疑虑。随着尼赫鲁和孟加拉领导人苏巴斯·钱德拉·鲍斯（Subhas Chandra Bose）不断扩展他们的政治观点，他们不可避免地会去探索共产主义，甚至参与共产主义者领导的行动。尼赫鲁在欧洲时就是这样做的，他参与了反殖民组织并宣称自己是社会主义者。他和他的父亲一起访问了苏联，留下了深刻印象，认为这个国家是反对帝国主义的堡垒，也是他认为印度要摆脱大规模贫困就应进行的那种社会经济变革的典范。

印度工业的发展

英国和欧洲其他交战国家了解到，除非以20世纪军事技术进行大规模屠杀，否则他们是无法追求19世纪的政治目标的，而那时印度已在采用军事技术方面取得了令人瞩目的进展。第一次世界大战期间，为满足帝国在亚洲的军事需求，并为取代从英国和德国进口的民用商品，印度的工业产出增加了。印度工业技术现代化的基础是在19世纪50年代东印度公司结束之前奠定的。那时，三个现代产业开始起步：孟加拉建立了黄麻厂，到1911年，雇用了330000名员工；棉纺厂于1856年开始在孟买建立，其数量从1875年的47家增加到1914年的271家，该行业的就业者仍集中在印度西部，人数在1911年至1951年间增加到320万；钢铁企业排在最后，由帕西人和印度投资者认购股份的公司塔塔钢铁公司于1907年成立。虽然战争阻碍了欧洲工业品的进口，但来自美国和日本的进口工业品增加了，因此印度产能快速增长的规模还是有限的；不过，利润并非如此，利润的看涨刺激了对现代工业设备的新投资。战时的状况也为包括有投资或技术和管理经验的印度人提供了更多技术培训的机会。简而言之，现代资产阶级的出现和工业劳动力的扩大受到了激励，并且他们都怀有从20世纪政治中受益的期望。

大萧条岁月

其他因素也在发展。过去的一个世纪，印度的人口数量在十年一次的、准确度不断提高的人口普查中有记录。人口普查始于1871年，当时的人口，经后来调整的数字约为2.55亿，1941年增加到约

3.9亿。虽然年均只有0.6%的小幅增长，但人口基数如此之大，即使是很小的年度增长率也会对食品和其他商品的产量造成压力。对资源和利益愈演愈烈的竞争伴随着争夺、苦难和政治动荡，这两方面都在1921年至1941年变得更加尖锐，那段时间人口的平均增长率是19世纪最高估计值的两倍多。

增长是不均衡的：1921年至1941年，印度东部和中部人口增长最快，而南部则远远落后，南部人口的年增长率不到1%。较低的增长率反映了19世纪后期的饥荒死亡率以及霍乱、疟疾、天花和鼠疫较高的发病率。在19世纪末和20世纪初，如果不是抗旱作物的问世和更好的农业技术的发展以及公共卫生的进步，特别是广泛的疫苗接种，疾病和死亡人数会更高。

伴随着健康状况不佳和贫困的是发展资金的不足。与英属印度的其他地区相比，印度南部在铁路、公路、电力和灌溉方面获得的公共投资比例较小。人口少于马德拉斯省的旁遮普省和印度西北部的部分地区在1914年之前获得了近五分之一的公共投资；孟买管辖区获得了更多。半岛南部的大部分地区仍处于与比哈尔省和奥里萨省相同的贫困水平。

在所有地区，某些职业在两次世界大战之间的时段内遭受的损失特别大。工匠的收入逐步下降，其中不仅包括因工业生产的纺织品的出现而处于不利地位的手工制品生产商，还包括所有靠兼职制作廉价家具或以加工茶叶等商业产品谋生的人。尽管如此，在这个总的贫困水平上，对于许多低价值商品和服务的兼职生产者或提供者来说，印度庞大的贫困人口构成了他们的一个市场。在20世纪20年代余下的时间里，经济衰退一直在持续，印度和世界上那些20世纪20年代曾经繁荣过的地区一起陷入了20世纪30年代的长时间的、令人绝望的萧条。之后，政治与贫困之间的关联在很大程度上变得更加直接了。

　　1929年开始的萧条导致了从20世纪20年代中期开始缓慢下跌的农产品价格暴跌：原棉、大米和黄麻的价格在1929年至1931年几乎降了一半，批发价格普遍以大约同样的比例下跌。受这些商品价格下跌影响最大的是相对庞大的农村中产阶级生产者，他们有库存要销售，有沉重的租金、赋税和利息要支付。这是国大党和农民组织可以用要求减免税收、租金和债务的口号进行动员的选区，但国大党一直有种担心，他们不想因过多鼓动贫困农民而失去地主甚至一些富农的支持。

　　与此同时，较富裕的农村家庭不得不忍痛出售他们囤积的黄金，而正是黄金库存的释放使应付母国款（从印度流向伦敦的税收）的水平在大萧条期间得以维持。要求卢比贬值以减轻印度生产

图27　"绣花者。印度的刺绣与民间艺术有着密切的联系，其技艺代代相传。"（IOL 雷·戴斯蒙特，《聚焦维多利亚时代的印度》。伦敦：HMSO，1982年，第44页，图33，经大英图书馆许可）。

商损失的呼声无人理会，因为卢比贬值会降低民族主义者称之为"流失"的应付母国款的价值。在经济困难的20世纪20年代和30年代，来自印度的汇款缓解了英国的萧条。在伦敦，资本投资、保险、运费和特许权使用费等金融服务的收入有六分之一来自印度，此外，还有向退休官员支付的养老金。伦敦不会容忍由于印度的困境而减少这些财富的转移。

随着印度出口的下降，其进口当然也下降了，这影响了曼彻斯特等地的英国经济，那里的机器生产的棉制品是向印度出口的。从1929年到1932年，英国的出口下降了大约四分之三。尽管当时的英国政府是一个包括工党在内的联合政府，但在这个低迷时期，政府为保护兰开夏郡（Lancashire）的工人所做的努力并不比为印度农业出口商所做的更多。然而，这里有一个区别。虽然伦敦不会同意通过贬值来保护卢比，就像保护自己的英镑货币那样，但英国政府允许印度提高对棉花、纸张和糖的保护性关税，从而使印度达到了前所未有的经济独立程度。鉴于有这种保护，英国许多主要的工业出口商决定在印度设立子公司，以此来保住他们长期以来主导的市场。由此带来的工业就业的增长，加上印度技术人员的培训，加速了次大陆的工业发展，尽管这些收益被使卢比保持在金本位制下的金融管制的加强所抵消。

因此，经济萧条带来的影响之一是扩大了印度制造业在国内市场的份额。工厂生产的纺织品数量超过了来自英国的纺织品的数量；糖制品、水泥和纸张也是如此。到了20世纪30年代中期，塔塔公司的钢铁生产和具有竞争力的成本已经强大到可以结束关税保护的程度。随着工业投资对旧形式的商业、房地产业和放债业务的取代，印度拥有的工业从孟买和艾哈迈达巴德扩展到印度东部、中部和南部。印度投资者已对这种日益民族化的经济做出了回应，他们对民族主义政治有了更强烈的兴趣和企图，这种倾向使政府官员感到苦恼，因为它削弱了对民族主义的另一种防御。然而，从一个不同的角度来看，同样的转变给一些国大党领导人带来了问题。虽然许多人对最高级别的商业团体为他们的事业提供资金感到高兴，但其他人则对他们新的富有的盟友导致国大党对产业工人支持的削弱感到忐忑不安，那种支持在过去本来就不大。

不断扩张的印度产业的工人遭遇了通常在工业化早期出现的那些恶劣的工作条件，20世纪20年代的经济衰退还导致了工资削减，这两种情况都在20世纪30年代恶化了。随后，反对减薪和要求改善工作条件的罢工遭到停工和镇压。最后的一个例子是1929年至1933年在密拉特（Meerut）对工会官员进行的，表面上是针对共产主义者的一系列审判。

然而，随着新闻电影开始创造一种世界文化，自1929年以来的大萧条，最终给这个国家和更远的地方留下烙印的是农村贫困和苦难的幽灵。工业化国家的观众已经习惯了看到成群结队的贫困印度人。这些图像真实地反映了在未能跟上人口增长速度的农业基础上不断扩大的人口：在第一次世界大战结束和第二次世界大战之间，印度的人均收入没有变。面对人口快速增长和资源相对静态的剪刀效应，仍然坚持自由主义政策的英属印度政府的温和干预是无效的。因此，再一次，按照印度政治的惯例，民众抗议遭到警察和司法的联合镇压，随之而来的是政治让步，政府主要关心如何赢回一些失去的印度中产阶级的支持。印度方面再次出现了混乱的回应。

西蒙委员会及其结果

政治上的让步开始毫无希望。1927年11月，当约翰·西蒙爵士（Sir John Simon）领导的一个委员会宣布将访问印度，对1919年宪法的运作情况取证以进行改革时，起初印度出现了罕见的、统一的反应：对西蒙委员会没有印度成员普遍感到反感。这个"全白人"团体遭到来自国大党和穆斯林联盟的不满，他们宣布准备抵制该委员会，并将合作制定一部体现"自治领地位"原则的宪法，这是受1926年《威斯敏斯特法令》①（Statute of Westminster）授予大英帝国白人自治领自治权的启发。

立宪主义者的领袖是莫提拉尔·尼赫鲁，1928年初，一份主要由他执笔的报告发表了，该报告反映了国大党现任和已退出的老一代政客的观点。包括贾瓦哈拉尔·尼赫鲁在内的年轻的国大党成员对这份报告不以为然，主要是因为他们认为，无论是英国人及其委员会还是像老尼赫鲁这样的温和政治家，他们制定的宪法都不是实现所需的社会根本变革的方式。

在抗议西蒙委员会的街头示威和罢工以及重新抵制英国商品的过程中出现了另一条抵抗途径。1928年与警察的冲突导致了死亡，尤其是旁遮普老一代领导人拉杰帕特·雷的死亡。学生们是反对莫提拉尔·尼赫鲁和其他立宪主义者所采取的方向的另一个中心力量。许多人被新的组织吸引，例如贾瓦哈拉尔·尼赫鲁领导的社会主义青年大会（Socialist Youth Congress），他的父亲为印度自治地位进行呼吁，而年轻的尼赫鲁和苏巴斯·鲍斯在国大党内召集了一个团体，反对在英联邦内建国的目标，号召建立一个独立的共和国。与老尼赫鲁的温和立宪距离更远的还有恐怖分子和共产主义者。恐怖分子于20世纪20年代后期在孟加拉和旁遮普重新浮出水面，并首次出现在了联合省。

---

① 1926年最初制定的是《巴尔福宣言》，于1931年正式通过后，名字变为《威斯敏斯特法令》。

由于印度民族主义者的反对，在宪法项目上的团结陷入了困境。具体而言，他们反对穆斯林联盟与国大党之间于1927年底达成的合作协议。根据该协议，穆斯林联盟放弃根据1909年《印度政府法案》被授予的单独选民地位，而作为回报，国大党同意在立法机构中接受固定数量的穆斯林少数代表席位。印度教大斋会抨击这种妥协是对伊斯兰教的不敬神投降，这一立场在1928年几个政党的会议上得到了国大党代表的支持。就这样，宗教民族主义者受到了鼓舞，他们要求国大党支持对非印度教教徒的"重新改宗"计划。

面对这种拒绝，真纳很尴尬，许多他的追随者放弃了国大党联盟而去与西蒙及其同事合作。与此同时，国大党当中的激进分子在拉合尔举行会议，加强了对西蒙委员会的反对，他们要求从英国完全独立出来，并立即采取社会主义措施来消除国家的贫困。国大党内部在强大的保守宗教阵营和激进的社会主义阵营之间的这种摇摆不定不可能激发穆斯林或国大党的任何信心，同时，这种情况削弱了反对英国在20世纪20年代后期提出的宪法改革议案的阵线。

1928年在加尔各答举行的国大党年度大会试图恢复早先的团结，但徒劳无功。真纳再次恳求在保证穆斯林有少数代表的基础上反对英国，这再次被国大党领导层拒绝，因为他们害怕失去印度教保守派的支持。真纳随后与其他穆斯林一起，通过基于延续的独立选区的理事会，尽可能从西蒙委员会那里获得他们所能得到的东西。印度教教徒和穆斯林之间的这种分裂完全是国大党中印度教狂热者的责任，也是许多国大党领导人懦弱的结果，那些国大党领导人不仅于西蒙委员会在全国各地旅行期间打破了印度的统一战线，而且还致使穆斯林在接下来的1930年的群众政治运动时期保持了冷漠，那场运动再次由甘地领导，被称为公民不服从运动。和以前一样，未来也将一样，宗教在进步的民族主义愿望前面设置了障碍。

新政治的条件

在20世纪20年代后期，民族主义倡议在甘地的支持下传承给了立宪派的斯瓦拉吉党。甘地本人在取消他的运动后被判入狱两年。随着更多传统的政治家重新确立原来在斯瓦拉吉党的统治地位，以及年轻的国大党成员崭露头角，甘地看上去的政治力量像是已经枯竭。年轻的国大党成员就包括未来印度共和国的第一任总理，贾瓦哈拉尔·尼赫鲁。

第一次世界大战之后的不合作运动虽然明显是失败的，但它实际上为20世纪30年代的运动奠定了基础。新的按照语言组织起来的国大党再次被动员起来，那些动员活动对讲相应语言的地区具有吸引力，并由地区领导人发起。通过甘地与邦地区委员会领导人的个人关系网络，控制权又一次集中在了甘地手中。

英帝国主义的民族主义批评者，包括一些历史学家，很久以前就指出，帝国政权为了更好地支配所有印度群体，采取多种方式将其彼此分开并实行种族政治。然而，在中世纪晚期和现代早期的政体中，当各种"土生土长的本地人"（农业民粹主义）运动变得强大时，种族的认同和纽带确实已经存在并具有重要意义。这样的例子包括16世纪和17世纪毗奢耶那伽罗王朝和后毗奢耶那伽罗王朝"纳亚克"（nayaka）政权时期主导主要农耕群体的泰卢固领导人，以及后来17世纪至19世纪的马拉塔和锡克教政权，这些政权由基本上是农民的土地部族的统治家族领导。穆斯林统治团体是代表传统上更重要的政治种族形式的一个例子，其划分不像马拉塔人和锡克教那样基于地域，而是基于宗派差异，例如逊尼派和什叶派的区别，或基于文化起源的区别：阿拉伯-波斯人、中亚人或印度本地人。本地人的种族和伊斯兰的种族变体一直持续到20世纪，并构成了甘地政治生涯赖以编织的经线的一部分。

在20世纪初，民族主义运动发生了巨大的变化。民族主义者从1909年空洞的立法辩论的顺从参与者，已成功发展到赢得了大量省级政治权力，此后该权力继续统治着印度政界的大部分。在这种转变过程中，爱国的印度人设计了新的政治行动和构想，这些都将在20世纪影响到更大的世界。

1935年《印度政府法案》的颁布迈出了宪法的最后一步，它将印度规划为由英属印度自治省组成的联邦，并由一系列印度土邦国来平衡。此外，带着印度一半的王公同意加入联邦制度这一看似不太可能的条件，一个民选的中央政治结构的征兆出现了。这基本就是印度次大陆当时独立的各邦国普遍采用的宪法。

甘地的胜利

甘地反对印度的阶级政治和工业化，在他看来，印度社会和民族性有着双重基础：社群关系的道德结构，包括清除对贱民的剥削后的种姓制度，和由地方化的农业秩序组成的、不受大政府和大企业支配的社会经济基础。阶级政治和工业化只会摧毁这种双重基础。对甘地而言，必将要取代英国统治的印度将由众多通过共同的文化纽带松散而自愿地结合在一起的社群组成，它们有着相同的、印度赖以形成的历史传统，其构建的原则是围绕种姓的相互关系和对宗教差异的相互容忍。这不是19世纪英国统治者所说的小乡村世界，不是他们假定一直存在的"乡村共和国"那样的小型自治社群，也不是由特殊种姓之间相互关联的等级和专门秩序〔这一直被称为贾吉曼尼制度（jajmani system）〕构成的。对于甘地来说，支撑社群的基础不是政治以及经济上有序的劳动分工，而是共同的道德和宽容，以及简单而朴素的生活方式。

甘地是一位道德绝对主义者，但他的愿景有时似乎是自相矛盾的。尽管在他的计划中没有现代资本主义，他仍拒绝号召没收印度资本家的财富，相反，他认为，必须以非暴力方式说服那些拥有巨额财富的人，包括那些曾为国大党的事业提供过资金的人，将他们的财富视为一种信托，将其用于改善社会中最弱势的群体的生存状况。基于同样的原因，他反对强制进行土地改革，说拥有土地财富的人必须知道他们也是将被公平分享的社群资源的受托人。他似乎认为，他拒绝从阶级角度看待社会，与他依靠道德劝说来更公平地分配财富之间没有任何矛盾。

公民不服从

20世纪30年代初出现了一个新的民族运动时期，它将被证明是最大规模的运动，其迫使英国在宪法上做出了另一项重大让步，为20世纪40年代的最终自由斗争奠定了基础。不过，它也同时显露了自身的优势和缺陷。在20世纪20年代的大部分时间里，斯瓦拉吉党人都在进行民族主义政治活动，坚持要求进行实现更高程度的自治和与英国合作的宪政改革。他们以新兴的"联邦"哲学和当时在帝国的白人地区实现的"统治地位"的例子为指导。甘地出狱后发起了一场关于手工纺纱和编织服装的群众运动，他的行动与斯瓦拉吉党的活动相平行，甘地也对斯瓦拉吉党表示同情。这场群众运动是抵制原则的延续，但并未威胁到向斯瓦拉吉派提供财政支持的印度资本家的利益。

当总督欧文勋爵于1929年拒绝给予印度更大自治权时，国大党在当年12月的年会上大胆宣布印度的独立将于1930年1月生效。当时，年轻的贾瓦哈拉尔·尼赫鲁是国大党的主席，这位年轻的领导者是在甘地的支持下当选主席的，也最有可能服从甘地的权威。这个期待被证明是正确的，因为尼赫鲁在设计一个实现独立的计划时寻求了甘地的帮助。这一回又再次强调了公民不服从，类似于十年前的非暴力不合作运动，但这次印度人意识到了，如果发生暴力，甘地会终止这场运动。

公民不服从运动于1930年开始，一直持续到1934年，中间有一些中断。印度人和英国人都对如此众多致力于非暴力抵抗的普通人的牺牲精神和纪律印象深刻。现在的公民不服从在政治和社会上也比以前的运动更加复杂，反映了20世纪20年代印度的变化，并预示了印度独立后的问题和裂痕。

在20世纪30年代初期的运动中存在着某些大家承认的弱点，主要的一个问题是对穆斯林的疏远。穆斯林对当地传统的认同不那么直接，对那些传统的呼吁，他们较少被打动，而且经常感到受威胁。例如，在恒河平原的许多地方，人们要求立法终止对牛的屠宰，而对于穆斯林和人数少得多的印度基督徒来说，牛肉是一种受欢迎且廉价的食品，不容易放弃。此外，穆斯林在城镇和城市中的人口比例过高。在恒河平原联合省有三分之二的穆斯林居住在城市，他们当中许多人从事依赖分销英国商品的小型零售业。因此，穆斯林往往处于占主导地位的乡村文化价值观的边缘，他们的经济利益与印度资本家是相对立的，后者往往拥有纺织厂或在其中有利益，并从抵制进口布料中获利。

城乡动荡

低迷的经济状况导致了铁路以及棉纺织和黄麻等主要工业的工资削减和罢工。1929年12月，一群要求通过包括完全独立在内的一系列激进决议草案的加尔各答工人闯入了国大党会议，使得大会将工会主义者和工人激进分子排除在国大党议程之外的尝试暂时失败。与此同时，1928年4月至10月，取代了国大党工会主义者的共产党人在孟买领导了纺织工人抗议减薪的大规模和平示威。充当罢工破坏者的帕坦人从印度西北部被调遣过来，警察袭击了示威队伍的纠察线，罢工失败了。不出所料，1929 年初，罢工之后，骚乱在帕坦和非帕坦工人之间发生了。在国大党工会成员说服低种姓工会成员从主要是婆罗门的共产主义者领导人手中夺取领导权后，其他纺织业的罢工也被放弃了。

1929 年，在联合省的密拉特，大约 30 名劳工领袖被指控为有预谋犯罪而受到审判。他们中许多人是共产主义者，有三位是英国人，这使官方镇压达到顶峰。英国的反工会主义目标仅仅通过延长诉讼程序就达成了，因为被告被还押候审，所以在四年的审判期间无法行动，之后他们被判处严厉刑罚。一些国大党成员利用英国的策略替换了左翼工会领导层。尽管受到联合攻击，但金属工业和政府铁路车间的劳工斗争仍在继续。如果不是甘地不断反对的话，它会持续更长时间并蔓延到更多行业。

印度乡村的局势同样动荡不安。20 世纪 20 年代后期，经济状况持续低迷，在公民反抗运动的不安前奏中，乡村贫困人口的斗争性并不低于产业工人。国大党领导人，甚至孟加拉和旁遮普省的激进分子，都追随甘地的态度，不愿卷入农业劳工、佃农和地主之间的冲突，甚至不愿在农业阶级问题上表态。他们的克制通常是因为担心卷入这些冲突会疏远有产阶级并把后者赶进英国人的怀抱。

最严重的乡村阶级冲突发生在地主阶级已有相当规模的柴明达尔永久定居点，但即使在那里，国大党的战略家也不敢尝试改善贫困的农业工人的命运，无论是劳工还是佃农。20 世纪 20 年代后期比哈尔省的情况就说明了这一点，在那里的国大党成员此前并不以斗争性为人所知，他们支持由宗教领袖斯瓦米·萨哈亚南达·萨拉斯瓦蒂（Swami Sahajananda Saraswati）1929 年创立的充满活力的比哈尔省基桑联盟。萨拉斯瓦蒂一直积极参与早期的不合作运动，当时他在组织小柴明达尔和富农反对大柴明达尔地主，但他对无地的劳动者提供的帮助却很少。

国大党决定不卷入无法实现其直接政治利益的乡村冲突，这导致了该党遭受一些严重损失。例如，1926年，在孟加拉省中部帕布纳发生的印度教地主和穆斯林佃农之间的暴力冲突中，国大党成员回避党派之争，穆斯林政治家抓住机会组建了一个单独的政党人民党，反对印度教地主以及穆斯林地主。同样，在旁遮普省，国大党这次与印度教大斋会结盟，避开了种植者与其债权人之间的斗争，因为在某些地方，前者是锡克教教徒，后者是印度教教徒。这为锡克教的阿卡利（Akali）运动留下了丰富的政治资源，在该运动原有的、从腐败的宗教人物手中接管锡克庙的主要宗旨上，又增加了领导那些反抗印度教放债人和有压迫行为的地主的激进农民的宗旨。国大党遭受了不易弥补的损失。

在英属印度的其他地方，这种反国大党的机会主义不那么明显。马德拉斯和孟买的莱特瓦尔税收的结算是在国家和小农个人之间进行的，那些地方产生的敌意是针对政府而不是私人地主。在那里，国大党组织了反对增税的抗议活动。1927年，马德拉斯当局要求安得拉地区增加20%的税收，以反映当地土地价值的升值，为此，在土地升值的主要受益者富农和中农中出现了群众反抗风暴。农民联盟组织是由参加甘地不合作运动并保持非暴力和对甘地主义的忠诚的国大党成员领导的。

甘地的方法在古吉拉特乡村也得到了部署和进一步完善，在那里，甘地能够证明他的政治行动形式有助于赋予乡村穷人权利，而又不会让人们担心他的干预会导致暴力。在古吉拉特，被称为帕蒂达（Patidars）的富裕农民在他们的土地上无情地剥削低种姓劳工。从1922年到1928年，甘地的追随者，其中许多人自己就属于帕蒂达种姓，在努力通过道德诉求来改善下层阶级的命运，但没有取得多大成功。

英国人希望可以利用分裂的乡村社会，他们觉得可以随意将税收增加20%以上，这促使国大党以成功的非暴力运动做出了回应。与此同时，国大党骨干分子通过巧妙地宣传一种否定阶级差异，坚持认为放债人以及地主和长工有共同目的，因而应联合起来抵制政府过分要求的甘地思想，赢得了受侵害的劳工的支持。结果是，1929年孟买当局推迟了土地税的增加，表面上说是为了给进一步调查留出时间，而事实上，根据当时的文件，孟买当局对古吉拉特各地对这场运动的普遍支持感到惊讶，而且孟买的工人威胁说，如果对乡村的欠税者使用武力，他们就将实行大罢工，这使孟买当局相当害怕。

贫穷的失败者，富有的民族主义者

以罢工威胁当局，这对甘地来说是成功的，它证明了通过乡村农民和城市工人的共同努力，能抵抗一个不得人心的专制政府。它还证明了非暴力方式的正确性，并促进了一种统一的思想方法的形成，尽管对社群中最贫穷的人不利。国大党领导人拒绝考虑改善赤贫者命运的计划，这是无法掩饰的。事实上，正是在这个基础上，国大党中的温和派和甘地，在20世纪20年代后期公民不服从运动的前奏中得到了印度工业领袖和中产阶级的支持。

一些孟买商界高层人士早些时候曾支持抵制西蒙委员会，因为他们反对政府的金融政策，包括高估卢比价值和拒绝征收保护印度制造商的关税。在其他城市，一些大商人通过参与不合作运动而获得了民族主义者的资格。例如，在孟加拉省，一些人试图进入有利可图的黄麻行业，他们在这种努力因当时欧洲银行拒绝提供贷款而受挫时感到愤怒。但其他人，如孟买的塔塔家族，则对整个民族主义事业不信任，尤其是对工会主义者，他们敦促其他资本家与他们一起资助一个单独的政党来反对国大党。

不合作者和像塔塔公司这样的反对者是资本家的两个极端，在他们之间是由马瓦里的实业家冈萨亚·塔兹·比拉（Ghanshyam Das Birla）领导的一个更大的、在政治上更精明的阶层。比拉成为甘地的密友，1948年甘地被暗杀的地点就在他德里豪宅的花园。在20世纪20年代，比拉表达了新兴民族资产阶级的观点，他认为印度资本向前发展的最佳途径是支持国大党中由莫提拉尔·尼赫鲁领导的寻求宪法改革和建立有序经济关系的斯瓦拉吉派温和人士。通过这种方式，比拉和他的追随者们在保护他们的民族阶级利益的同时表达了他们的印度爱国主义。

比拉和其他资本家的保守主义吸引了甘地。在20世纪20年代后期，年轻的国大党成员要重新采取更有力的行动以实现完全独立，这一要求不断增长，甘地对此很担心，认为需要避免。为了抑制这些要求，同时又能表现出对英国的持续抵抗，他提出了所谓的乡村建设性工作以及其他目标，例如提升"贱民"地位、生产科哈迪，还有禁酒。他还同意扩大对英国商品的抵制和对外国布料的公开焚烧。这些是甘地自信可以控制的活动，而被鼓动起来的城市工人、受过教育的年轻人和乡村的穷人不是那么顺从的追随者。甘地甚至表示，如果不接受他对运动目的和手段的定义，以及他的最终权威，他将不会领导任何运动。

此外，甘地还怀疑国大党是否就进行另一场群众运动做好了准备，国大党成员在大多数地方的数量都不够多。因此，他通过支持贾瓦哈拉尔·尼赫鲁于1929年担任国大党主席来努力阻止国大党任何浮躁的行动。这个看似悖谬的举措显示了甘地的精明，因为在选择年轻的尼赫鲁而不是年长的候选人时，甘地是选择了一个能够控制国大党激进分子的代理人，尼赫鲁也算是激进分子中的一个，但他会遵从甘地的意愿。在同一时刻，英国新当选的工党政府来帮甘地了，其提出了将考虑统治地位的问题，具体条款将在1930年在伦敦举行的圆桌会议上进行讨论，西蒙委员会的建议届时也将予以考虑。

争议立即撕裂了国大党，有些人对总督欧文勋爵提议的诚意表示怀疑，其他人则要求国大党应在伦敦会议上获得多数席位，而当这一点被拒绝时，对抗的舞台又一次被搭建起来了，1929年12月尼赫鲁在拉合尔的国大党会议上所做的主席演讲表明了这一点。尼赫鲁提出了一个令人振奋的共和政体和社会主义印度的愿景，明确否定了甘地的不讲阶级的政策，而尼赫鲁的同事苏巴斯·钱德拉·鲍斯很快就敦促采取拒绝缴税和大罢工的社会主义战略，但这在国大党大会上被认为过于激进。相互争论的派别最终达成妥协，让执行工作委员会决定采取什么具体行动。当甘地被要求加入他们时，似乎他的方案将引领印度完成当时国大党的官方目标：《印度独立宣言》(*Purna Swaraj*)，完全独立。

盐　税

当甘地宣布国大党将发起反对盐税的公民不服从运动时，连尼赫鲁都感到震惊。然而，在很短的时间内，甘地选择的这一统一了所有意见并为真正大规模不服从运动提供了舞台的方案，就使那些诋毁甘地的人，包括欧文勋爵，都不得不表示钦佩。尼赫鲁和鲍斯更全面的左翼计划无疑会疏远害怕拒付租金运动的地主，而商人则担心罢工会重新开始，但由于盐税在印度是最具累退性的税种，它成了帝国主义在盐这个人类最需要的东西上搞剥削的一个绝妙象征。

具有戏剧性的是，甘地宣布他将与他的一些追随者从他在艾哈迈达巴德的修行场游行到丹迪的阿拉伯海，宣布他将通过收集海盐供他们自己使用来违反国家垄断。反盐税游行于1930年3月开始，一个月后到达海边，由于当时已经有了新闻电影这一媒介，全世界都在观看。甘地被拍到拿着他舀起来的盐，宣布这种抗争将与对外国布料和酒类的抵制一起在印度各地开展。他再次告诫说，无论遇到何种挑衅，都不得使用暴力。不久之后，其他的行动也开始了：古吉拉特开展了不纳税运动（但不支付租金问题仍被回避），针对在印度中部部分地区开始实施的限制获取和使用森林产品的法律，非暴力违抗行为再起。但是孟加拉和孟买爆发了暴力事件，最初起因来自印度人而非英国警察或军队。纺织工人在5月得知甘地因违犯盐法被捕后，烧毁了酒类商店并袭击了警察和政府大楼。戒严令的实施使那里和次大陆另一边的吉大港恢复了秩序，当时孟加拉恐怖分子已在吉大港夺取了一个军械库，并宣称自己是"印度共和军"，为制服他们，发生了枪战。

与以往不一致的是，甘地将这些和其他违反非暴力的行为视为轻微的过失，视为仅仅是纪律严明的非暴力不合作运动中的枝节问题而不予追究。他指着挤满了那些已经被宣布违法并准备好要服刑的人的监狱提醒人们。1930年被监禁的抵抗者人数是1921年至1922年的两倍，其中许多人来自以前从未参与过不合作运动的恒河平原。

西北边境省的帕坦人，是阿卜杜勒·加法尔·汗（Abdul Ghaf-far Khan）领导下的民族主义政治的新成员，阿卜杜勒·加法尔·汗是一位穆斯林改革者，为结束造成帕坦社会分裂和易被统治的血腥仇恨而转向甘地主义，他组织了包括所有氏族和阶级在内的非暴力不合作运动，在省会白沙瓦附近举行示威。然而，当这些和平示威者在1930年4月被警察开枪射击并有200多名抗议者被打死时，暴力事件在该省爆发了。军队被调集前来平息这种新的混乱，但一些印度教士兵表现出同情并拒绝向穆斯林示威者开枪。在该省更偏远的地区，山地穆斯林与其他帕坦人团结一致的起义遭到的是英国飞机的轰炸。这一行动是在意大利法西斯分子轰炸埃塞俄比亚人之前发生的，并且是由自由的西方民主国家实施的。

1930年的政治行动有新的力量介入，这些新生力量的出现弥补了学生和产业工人参与的减少。更多的中下阶层文员、商人和店员加入了示威游行。虽然孟买的工人仍因前一年遭受的袭击在疗伤而保持沉默，但越来越多的来自乡村的参与者替代了他们，这表明甘地主义者已在许多地方扎根，他们的行动持久、规模大并且纪律严明。在沿海的安得拉、比哈尔和联合省的部分地区的基础上又增加了甘地行动主义的新区域：西北部的帕坦人以及来自卡纳塔克和马哈拉施特拉的农民。一般来说，由于第一线领导层被监禁，他们的位置由经验不足且往往更激进的活动家取代，因此也出现了转向更激进的反政府行动的情况，这些行动可能会导致拒付租金罢工和暴力对抗。

贾瓦哈拉尔·尼赫鲁全身心地投入到他在联合省的家乡地区，与村民密切合作，直到1930年10月被捕。到被监禁时，就他的大多数追随者中出现的政治行动放缓和普遍厌倦，以及同时其他人越来越激进化的现象，他已经开始进行评论。在注意到城市专业人士以及穆斯林的参与与十年前相比减少了时，尼赫鲁对农民的新的和热切的参与感到高兴。广大的贾特种姓的农民中间阶层构成了被唤醒的乡村人民的中坚力量，几乎无人能阻止他们采取拒绝国家征收土地税这样的激进措施。（对政府来说，收税已经变得困难了，因为乡村非暴力不合作的一种表现方式是村长和会计师这些主要税收官员的辞职。）

一些暴力的社区冲突破坏了城镇的运动，在那里，国大党成员对那些出售进口商品或者没有遵从为某些民族主义事件举行的联合休业罢工的穆斯林商店进行了封锁。但是，当尼赫鲁和其他人开始关注将对西蒙委员会宪法提案进行审议的第二届伦敦圆桌会议可能会取得什么成果时，大规模的城市动员已开始消退了。

国大党抵制了第一次圆桌会议，让其他人去表达他们的观点，去参加的包括各种穆斯林团体、印度教大斋会的民族主义者、锡克教教徒、一群自称为自由主义者的世俗政治家和一大群印度王公。西蒙委员会认为授予印度自治领地位为时过早，不予考虑，而这对在会议里的印度人来说无关紧要。海得拉巴和迈索尔等大公国的代表对一个薄弱的、总督可能向其提交立法提案的联邦议会表现出了兴趣。英国人为印度教教徒、穆斯林和锡克教教徒之间就省级立法机构的席位分配方案完全没有达成一致这样的分歧而窃喜。

难怪第一次圆桌会议中一些更倾向于自由派的参与者于1931年初从伦敦返回印度后，敦促国大党参加第二次圆桌会议，与他们一起在印度人占多数的情况下为制定一个可行的宪法而努力。工党首相拉姆齐·麦克唐纳（Ramsay MacDonald）在第一次圆桌会议休会时提出了类似的建议，尽管他在国防、外交和金融领域持保留态度。到1931年2月，甘地和其他国大党成员准备好就这些条款重新进行谈判，总督欧文勋爵同意了与他们会面。

根据1931年3月的《甘地-欧文协定》（The Gandhi-Irwin Pact），国大党同意结束公民不服从运动并将甘地作为唯一代表派往伦敦，这一协定为已被宣布的全面反抗英国统治的斗争按下了暂停键，得到的回报却很少。甘地决定停止抵抗——这最终是他的决定——在现在和当时都一样难以理解。尼赫鲁回忆说，到1931年初，人们普遍感到疲惫和绝望，但也有人认为甘地之所以结束运动，实际上是由于来自国大党商业支持者的压力，他们看到自己的利益没有得到什么推进，因此威胁要抛弃国大党。在伦敦，甘地无法接受英国人、穆斯林甚至印度教受压迫阶级的代表所青睐的独立社区选民的想法。

1932年1月，公民不服从运动在民众的压力下被恢复。这发生在1931年底国大党卡拉奇会议之后，那次会议令人灰心丧气的决议未能解决乡村贫困和债务的关键问题，令古吉拉特和安得拉省级国大党的许多人感到失望。一些历史上最活跃的国大党机构党员人数的减少进一步显现了国大党追随者的沮丧。

要求重返抗争的压力来自贫困的农村。随着他们的商品价格持续下跌，即使是日子过得好一些的农民也无法或不愿意支付他们的赋税、租金或债务。那些无法抗拒村里小官员的荣誉和特权的人会被其他人排斥，常常到被其他同种姓成员排斥在婚姻网络之外的程度。在古吉拉特，甘地出面劝说当地官员放宽对农民的税收要求，允许种植者只支付欠款的一部分，而他则放松了对租金和税收罢工的严词批评，激进的地方领导人将这种姿态解释为允许完全不用缴纳租金和税收。

整个联合省的农村激进分子都很愤怒，几乎都是针对谨慎的国大党领导人，包括尼赫鲁，这些人迟迟没有迎合大众越来越高的呼声，终结柴明达尔的土地所有权，将其转给租户。从遥远的北部克什米尔土邦到南部的安得拉和特拉凡哥尔，农业激进主义无处不在。然而，并非所有的大众运动都是针对税吏和地主的。在南方，有人要求国大党支持允许低种姓进入寺庙的运动，这些寺庙在历史上一直将低种姓者排斥在外。

当国大党的领导们在努力控制乡村要求采取反政府行动的这股火焰时，政府正在应对来自宗主国政府的保守势力浪潮。欧文勋爵软弱的自由主义受到了包括温斯顿·丘吉尔在内的保守党的批评。接替欧文的总督威灵顿勋爵（Lord Willingdon）持有一种在一些帝国官僚中流行的观点，认为过去英国政府与甘地进行平等谈判加强了甘地的领导地位，是错误的，而威灵顿的强硬态度得到了工党拉姆齐·麦克唐纳领导下的联合政府的支持。欧文曾就财政改革和对一些印度出口产品征收保护性关税做出过若干承诺，以需对因经济萧条而损失的土地税收和所得税进行补偿为托词被拒绝。

面对这种毫不妥协的态度，而且确信重开的圆桌会议不太可能带来让步，甘地决定采取双管齐下的战略。为了赢得穆斯林加入国

图28　甘地在第二次圆桌会议上，伦敦圣詹姆士宫，1931年9月［IOL Photo13（1）；neg.no. B1132，经大英图书馆许可］。

大党，立即实现印度独立，他同意了穆斯林关于代表权的全部要求；为了赢得英国公众对印度事业的认同，他前往伦敦直接进行解释。由于穆斯林对国大党的持续怀疑，第一个计划失败了。第二个则成功了。世界各地的媒体和新闻短片对他的伦敦之行进行了宣传，所带来的持久的积极意义之一是使美国公众产生了对印度民族愿望的同情，二战后披露的一个信息反映了这一点：富兰克林·罗斯福曾警告丘吉尔，他反对恢复英国的统治。

公民不服从运动再起

应对来自帝国官僚机构的一个新的攻击成了当务之急。1932年1月发布的一系列警察条例查禁了某些国大党机构和活动，允许任意逮捕其领导人并没收他们的财产，这让人联想到第一次世界大战后的《罗拉特法案》。甘地本人被逮捕。这是在向印度民族主义宣战，之后，公民不服从运动又重新开始了，这又将是持续痛苦而徒劳的十八个月。

不过，公民不服从运动的回归避免了进一步的、自发和不受控制的示威，甘地希望这会减轻让他采取更激进行动的要求。除了放松一些早期的限制，比如那些对反对扣留租金的限制，他还取消了对政治集会和悬挂国大党旗帜的禁令。在接下来的一年里，监狱里挤满了120000名公民不服从运动志愿者，包括店员、办公室工作人员，以及妇女，这是第一次有女性作为志愿者参加并入狱。

尽管印度国大党从成立之初起就接纳妇女以个人身份加入，但具有自我意识的女权主义出现的时间却很晚，而且长期以来一直被视为舶来品并受到怀疑。尽管早在1917年，印度妇女就参与政治，并提出了女性在与男性相同的基础上投票的要求，但女性参政完全被理解为是为了民族主义。女性在健康、福利和教育方面的利益诉求，是以这些利益将帮助妇女对她们的家庭或整个国家做出贡献的名义提出的。甘地在女性身上发现了他认为最适合执行他的计划的品质，他特别高兴地将女性带出深闺，这样他就可以在一个名为"国家仆人"（*desh sevika*）的妇女团体中看见她们、接触她们并将她们招募到这个组织中。在甘地的影响下，大批中产阶级妇女井然有序地从深闺中走出，她们在甘地的指导下，带着印度人特有的对家务劳动的强调（这也是所有关于印度女性角色的讨论中特有的），从事为低种姓男性服务的琐碎工作，以及因封锁商店和从事其他形式的公民不服从活动而被法庭逮捕和监禁。

其他群体则逐渐消失了。1932年至1934年期间，抵抗者队伍中没有了穆斯林，而产业工人则参与其中，尽管这两个团体都参与

图29　一位大君女儿婚礼上的欧洲女士们，1932年，哈拉尔德·莱辰珀格（摄影记者）拍摄。

了1932年5月和7月在孟买发生的印度教教徒和穆斯林之间的骚乱。此外，许多中产和富裕农民撤回了他们在20世纪20年代早期的不合作运动中向国大党提供的支持：他们再也不能冒因为不缴纳土地税而失去土地的风险。最后，一些印度商人开始悄悄地从他们原来的支持立场上退却，经济萧条和利润缩水的压力驱使他们与政府达成了某种妥协。

大萧条的影响

20世纪30年代的萧条以前所未见的方式凸显了印度殖民依赖性的代价。在更发达的当代国家，公共支出减弱了大萧条的社会影响，进而减弱了其政治影响。在英国，社会福利支出在1928年至1936年增加了两倍，而在美国，国防和警察预算被削减以资助贫困救济计划。大英帝国的其他地区，例如加拿大和澳大利亚，在20世纪20年代和30年代也改变了支出模式。1936年，加拿大将中央资金的5%用于增加省级支出以帮助穷人，而澳大利亚则将其军费支出从1928年占公共支出总额的近一半减少到不到四分之一，同时将社会福利支出从几乎为零增加到1936年的15%。

在包括帝国的两个领地在内的其他国家正在做出这些调整时，印度军队吸收了越来越多的预算拨款，从平均25%上升到1928年的45%，并在1936年至1937年间保持在40%以上，而公共卫生支出占比仅上升到1%。批评者还指出，印度人比包括英国在内的其他国家的穷人遭受的苦难更大，在那些国家，创造就业机会的公共投资被作为抗萧条措施，其中一些是以牺牲印度的公司和工人为代价来保护本国制造业，而印度公司还在用与通货紧缩和缺乏竞争力的汇率挂钩的卢比，继续为争夺外部市场而苦苦挣扎。

贱民的问题

鉴于印度人面临的一系列问题，不难理解，许多人对甘地决定将贱民作为国大党计划的关键要素是多么震惊和失望。好像英帝国主义不再是主要对手，而高种姓的印度教教徒才是！甘地的政治判断虽然在道德方面令人钦佩，并且肯定符合他长期以来致力于改善贫困种姓生活的努力，但这个政治判断再次受到质疑。尽管国大党是于1885年在19世纪的社会改革运动中成立的，但其大多数成员认为，最好将注意力集中在政治而非社会问题上，以避免产生分歧。无论如何，在其成立之初，紧迫的社会问题似乎都围绕着对妇女的不人道待遇展开。尽管达达拜·瑙罗吉这位富有的帕西人出版了他的名作《印度的贫困和非英国统治》，但他明确表明了要避免社会动荡的愿望。他曾两次当选国大党主席①，是第一位当选英国下议院议员的印度人。他说，国大党是一个政治组织，"面对我们的统治者，表达我们的政治愿望的政治组织，而不是要讨论社会改革"。

然而，到了1917年，也就是甘地返回印度两年之后，国大党已经在极端分子和温和派之间实现了足够的团结，甚至与穆斯林联盟达到了足够的和谐，这使得国大党转而考虑这样一个事实：贱民在人口中占了相当大的比例，根据不同的估计，在七分之一到四分之一之间，这可能会为志趣相投的组织增加政治分量。他们中的一些人已经向马德拉斯反对国大党的非婆罗门运动靠拢。

那年的国大党全国代表大会通过了一项决议，承认必须取消贱

---

① 达达拜·瑙罗吉曾于1886年、1893年、1906年三度当选国大党主席，此处原文疑有误。

民不得进入学校、医院、法院、公共机构、公共供水设施和寺庙等场所的禁令。之前一年在孟买召开的"受压迫阶级"的会议，呼吁了这样的决议，以换取国大党和穆斯林联盟支持修宪的立场，这对集中思想是有帮助的。

然后，关于最佳方案的争论开始了。甘地在第二年对国大党领导层实现了铁腕统治，当时，1917年当选主席的贝桑特夫人因其远超出预期的温和而被扫到一边。甘地认为贱民是一个宗教和道德问题，而不是一个法律或经济问题。但如果这是印度教的宗教问题，那么贱民的起源似乎与之相关，因为人们普遍认为一个人在生活中的地位是"应得的"，即是前人行为的结果。印度教教徒信奉轮回，要消除贱民就需要解决高种姓印度教教徒所持的这种观点。

甘地和其他一些高种姓改革者认为第五种姓没有经文依据，他们其实应该被包括在首陀罗中。甘地对种姓的总体看法是，种姓是基于职业的，一个种姓的成员，无论被视为瓦尔那还是贾特，都应该从事传统工作，以促进整个社会的和谐运转；尽管首陀罗的工作是为其他种姓服务，但这并没有使他们不值得尊重，也不会阻碍他们在业余时间从事其他工作。（这就很奇怪了，他自己的种姓原本是商人，但他的先人几代都是国家官员；而且，他自己打破传统，出国留学时，已被逐出了他的种姓。）

在他眼里，典型的贱民就是班吉（Bhangi），他们的工作是清理和打扫厕所。他的想法是，既然所有的工作都应该被视为同等光荣，那么班吉就拥有与婆罗门相同的地位，但他们要继续清洁厕所。为了实现必要的态度转变，他自己做了各种所谓"污染"的事情，比如触摸贱民，并鼓励他的追随者们也去做。但事实证明，让他的追随者去做象征性和临时的"卫生工作"（如清洁厕所）是一回事，而让贱民进入国立学校则是很不一样的另一回事。相比之下，年轻的尼赫鲁作为世俗主义者和社会主义者，相信世俗民族主义会自然而然地解决这个问题。

在贱民本身当中，有几种关于他们的种姓是如何沦落至此的理论。有些人声称自己是因在战斗中被击败而蒙受屈辱的刹帝利战士的后裔，有人认为他们是印度次大陆原始居民的后裔，是被雅利安入侵者征服的民族的残余。还有一些人认为他们是早期印度教复兴运动中受到迫害的佛教徒的后裔。

贱民领袖

比姆拉奥·拉姆吉·安贝德卡尔博士是20世纪上半叶贱民中最重要的领袖，他出生于马哈拉施特拉的马哈尔（Mahar）种姓，这是个占该地区人口十分之一的庞大群体。他们传统的乡村职业是扫地、送信、拖走死家畜和其他此类的琐碎工作（但不包括清洁厕所或拖运粪便，这些被认为污染更大）。在19世纪和20世纪初，许多人离开村庄成为新兴工业和铁路行业的工人，或成为英国人的家庭用人。那些设法获得过教育的人有时会进入小学教课。教育的获得不可避免地带来了社会流动并产生了更激进的种姓领导人。有些人，包括安贝德卡尔的父亲和祖父，曾在军队服役并在那里接受过一些教育，不过军队在1892年（安贝德卡尔出生的那一年）停止招募马哈尔人，当时英国拒绝了该社群声称自己具有战士血统的请愿书。

安贝德卡尔从未声称这一点，也没有声称他们是雅利安人之前的原始定居者。也就是说，他拒绝任何种族区分的尝试，并坚持认为不利的地位源于社会，而不是种族。后来，当他倾向于佛教，并在他去世前不久正式皈依佛教时，他确实接受了贱民是受迫害的佛教徒的后代这种理论。然而，长期以来，他试图改革印度教。除了参与进庙运动（temple entry campaigns）外，他还提出了通过考试选拔神职人员等建议。1927 年，他公开焚毁了《摩奴法论》，于1956 年皈依佛门。

作为一个有前途的青年，他获得了巴洛达土邦盖克瓦德（Gaekwad）氏族的奖学金，读了大学并最终出国，获得了纽约哥伦比亚大学的博士学位、伦敦大学的博士学位和一个法律学位。他于1923 年返回印度将他的贱民同胞组织起来，并受到一些与他有联系的印度教种姓的鼓励（他自己娶了一位婆罗门医生）。他创办了学校、报纸和政党。与其他马哈拉施特拉的改革者一起，他从一开始就拒绝甘地的支持和其过时的思想和计划方案。然而，正如他所说，"当一个人被所有人唾弃时，即使是圣雄甘地所表现出的同情也很重要"。

安贝德卡尔很现实，知道他需要与各行各业的改革者合作。尽管他拒绝所有社会定义的等级区分，但他希望让贱民意识到他们被不公正地贬低的状况，并通过任何可能的方式让他们获得政治权力，包括分离主义，即将贱民作为一个"社群"。为此，以及由于在住房方面存在对贱民的歧视，他为贱民学生建立了宿舍。但他并没有试图美化某些与贱民地位相关的"传统"做法，比如喝酒和吃腐牛肉。相反，他敦促他的追随者放弃那些做法并采取"高种姓"行为，就女性而言，这包括穿着高种姓服饰，如"长"纱丽，这些都是内在的自我尊重，也是外在形象的标志。

然而，他最终谴责印度教是无法改革的。在公开烧毁一本《摩奴法论》后，他决定他的社群必须通过获得政治权力而崛起。对于甘地来说，保护印度教社群的完整性甚至比提升贱民地位更重要。他和安贝德卡尔之间存在一个冲突历程，那是两个世纪和两个人之

图30　比姆拉奥·拉姆吉·安贝德卡尔博士。新德里，1946 年（IOL Photo134/1 Print 37；neg. no. B/W 17207，经大英图书馆许可）。

间的冲突历程：甘地的观点是典型的维多利亚时代的，而安贝德卡尔拥护的是20世纪的现代化、全民进步以及普遍人权。

安贝德卡尔在1924年至1925年的瓦伊科姆（Vaikam）非暴力不合作运动中首次公开分析了他们之间的分歧。在喀拉拉，对贱民种姓的歧视是如此极端，以至于有些人甚至连靠近寺庙的道路都不被允许使用，更不用说进入寺庙和进行崇拜仪式了。在喀拉拉的瓦伊科姆寺，一个"被压迫种姓"的成员以及一些种姓印度教教徒和一名叙利亚基督徒开始了一场根据甘地原则进行的非暴力不合作运动。甘地在示威的第二年走访了该地点，并试图与婆罗门寺庙的祭司辩论，但没有成功。之后他显然认为这样的干预相对所付出的痛苦和分裂而言是不值得的，并且他从未在进一步的进寺庙运动中发挥积极作用（对于一个如此关心宗教的人来说令人惊讶）。国大党的官方立场是不应使用强制手段。

安贝德卡尔在瓦伊科姆非暴力不合作运动期间发表的一次演讲中指出，甘地并没有像号召穿着土布棉衣或号召印度教与穆斯林团结那样去强调消除贱民。反对贱民类别划分并不是进入国大党或在国大党投票的条件。但他们之间真正的危机发生在1931年。

安贝德卡尔被任命为伦敦圆桌会议的"受压迫阶级"的两名代表之一，参与讨论印度人未来在其立法机构中的政治代表权问题。穆斯林、锡克教教徒、英裔印度人和基督徒都希望有单独的选区，也就是说，能够选举自己的代表。因此，安贝德卡尔要求贱民也应组成一个单独的选区。英国人同意了，甘地决定"禁食至死"以示抗议。最终，安贝德卡尔让步了，因为他害怕甘地如果死了他会被指责，但那是在他根据人们所知的《浦那协议》[Poona（pune）Pact］赢得了省立法机构的148个保留席位之后（根据政府同意实施的单独选区制度下他将拥有的是78席）。

甘地开始称贱民为哈里让，意为"神的孩子"，这一举动冒犯了正统的印度教教徒和具有政治意识的贱民本身。安贝德卡尔指出，一个新名字，甚至甘地的真诚努力，都没有减少高种姓印度教教徒对低种姓人民的偏见或压迫。除了伦敦提供给安贝德卡尔的政治权力外，贱民们没有任何可以求助的东西。甘地的绝食是对安贝德卡尔的一种勒索，而不是对英国人的勒索。后来甘地说他的"绝食"只是针对设立不同选区，说那会让贱民"流氓"与穆斯林"流氓"结盟去杀种姓印度教教徒。

在他可以自由参加的第二届圆桌会议上，甘地对安贝德卡尔代表贱民的资格提出质疑，声称他自己代表了他们中的绝大多数人。1932年，他组织了一个旨在消除贱民污名的社团，他将其称为"哈里让仆人协会"（*Harijan Sevak Sangh*，神的子民支援协会）。安贝德卡尔和其他几位杰出的贱民曾在协会的董事会任职，但不久在协会拒绝争取贱民的公民和经济权利时便离开了。甘地说它是一个目的是赎罪的忏悔者组织，他以这样极具个人特色的方式解释了协会中贱民领导的缺失。

当国大党于独立前在省级立法机构中赢得权力时，它在处理贱民问题方面很软弱。1942年，安贝德卡尔成为总督内阁的劳工部长，他再次尝试建立一个单独的贱民选区，但没有成功。然而，他确实设法在政府服务中推行平权行动，并在1944年为高等教育中的贱民建立了奖学金。1945年，他发表了《国大党和甘地对贱民做了什么》（*What Congress and Gandhi Have Done to the Untouchables*）一书，严厉抨击他们在贱民问题上缺乏强制力。在书中，他将哈里让仆人协会称为政治慈善机构，其目的只是将贱民运动纳入国大党。书的结尾是这样的："天哪！甘地这个人是我们的救世主吗？"

这个问题后来由拉贾戈帕拉查理①（C. Rajagopalachari）并无讽刺之意地回答了，大致意思是，甘地为印度的进步所做的，"与美国为黑人所做的事情，或南非共和国为土著人所做的，或者是文明欧洲为犹太人所做的相比，并不差"。[1]

尽管安贝德卡尔心怀怨恨，他还是被纳入了独立后成立的第一个内阁中（担任司法部长）。他领导了宪法起草委员会，在宪法中贱民被宣布废除。在宣读这些宪法条款时，甘地的名字被作为解放者和这些宪法条款的来源受到欢呼。然而，在实际的权力移交中，英国人很少考虑贱民，除了立法机构现有的保留席位之外，没有规定任何特殊权利或优待。随后，扩大平权行动的尝试遭到了高种姓的强烈反对。此外，许多种姓声称自己是"贱民"、"在册种姓"（scheduled）、"在册部落"以获得政府可能提供的任何特权或钱款，其中最受欢迎的身份是"其他落后种姓"（other backward caste，OBC）。无论他们作为个人还是群体是否真的处于贫困和不利地位，他们都如此自称，而且都尽可能在所附身份标签中少带污名。

甘地从帝国主义敌人向贱民问题的转向是堂吉诃德式的，不切实际但具有高度原则性，这个转向引起了来自国大党内印度政治派系的两个对立面的批评。正统的印度教分子对他把注意力和政治资本浪费在他们鄙视的人身上感到愤慨，而国大党内的世俗主义者和社会主义者认为，在英国的镇压空前严重的时候，甘地对贱民的执着是对民族主义者能量的灾难性挥霍。尽管有这两种批评，甘地对贱民的关注依然在持续。出狱后，他通过周刊继续他的努力，以改善印度被社会排斥的第七部分人口的地位并将周刊改名为《哈里让》。然而，与此同时，他一直试图坚决拒绝将哈里让的受压迫状

---

① 拉贾戈帕拉查理，印度政治家、哲学家、作家，1947年印度独立至1950年成立共和国期间，任印度总督。

态与他们作为被剥削的农业劳动者的地位联系起来，从而尽量减少
阶级分化。

政治中的左翼

贾瓦哈拉尔·尼赫鲁和苏巴斯·鲍斯等人对甘地的计划和方法
失去了耐心，他们将社会主义视为民族主义政策的替代品，能够满
足该国经济和社会需求并与潜在的国际支持联系在一起。他们都意
识到印度的工业家，包括英国人和印度人，都试图通过压制工会和
削减工人福利来缓解长期萧条对利润的挤压。黄麻和棉花制造商在
1933年实施了17%的工资削减，工会受到警察和司法压迫而严重
削弱，无力阻止。左派小团体之间的政治争吵造成了进一步的弱
势。1935年共产国际第七次代表大会决定建立反右翼"统一战线"，
印度共产党人与其他地方的共产党人保持一致后，情况有所改善。
罢工人数从1932年的约128000人增加到1934年的220000人，几乎
翻了一番，印度左翼的团结也受到了劳工斗争的鼓舞。

社会主义在印度政治舞台上开辟出了一片天地，首先是吸引了
各种工会会员，然后吸引了农民组织和许多感到无法再支持拒绝应
对残酷经济状况的甘地方案的个人。为了挫败这种左翼团结，政府
于1934年根据20世纪初的煽动叛乱法取缔了印度共产党，但共产
党人很容易就在新成立的国大社会党（Congress Socialist Party）这
个国大党附属机构中找到了另一个位置。不久之后，社会主义者和
共产主义者进入了农村的另一个民众动员中心，基桑萨布哈
（Kisan Sabhas，农民组织），该组织当时对压迫的地主采取了更强
有力的策略。

1935 年《印度政府法案》

这种左翼政治的巩固是英国重返宪法改革的一个信号。英国承诺 1935 年将通过新的印度政府法案，这将是来自英国议会的最后一项法案，也将是最持久的法案，因为其条款的实施贯穿了殖民征服时代余下的那些岁月，并被继续作为基本的宪法框架，在独立后的印度共和国使用。

拟议的新法经历了漫长的酝酿。总督欧文勋爵在 1929 年承诺将进行重大的宪法改革，并补充说，他将在 1931 年与甘地谈判时讨论自治地位问题。事实上，印度人对 1935 年法案的贡献甚微。虽然 1932 年底的最后一次圆桌会议有印度代表参加，但会议并没有对拟议的法案进行详细讨论，那是为议会辩论保留的。在议会辩论那个场合，是一小部分同情印度事业的成员与温斯顿·丘吉尔领导的心怀仇恨的多数派进行较量。排除印度的意见意味着，当该法案最终颁布时，印度没有任何团体对该法案有好的评价。大多数人谴责政府通过授予行政机关权力来加强中央集权。省长将拥有"酌情决定权"，可以传唤立法机构，可以拒绝同意其法案，而且，最不民主的是，可以以公共秩序的理由对以多数当选的省政府进行控制。尽管如此，选举出的省政府还是被授予了很大权力，而选民人数增加了五倍，达到 3000 万。

1935 年法案所设想的联邦国家体制只有在一半的印度王公同意加入的情况下才能生效。与此同时，没有民选参与者的中央政府权力非常大。外交和国防仍然是总督的职责，中央财政、铁路和所有涉及公务员、货币和债务的事项也是如此。

1935 年法案实际上并没有引入联邦制度，或者使之成为可能，这对印度的许多人来说很适合，就像联邦制度适合英国的政治体制一样。穆斯林不希望有一个强大的、民主的中央政府，因为这将会由占多数的印度教教徒控制。20世纪30年代民族主义斗争的浪潮逐渐消退，印度王公们对此感到放心，他们满足于与英国的关系保持不变。这就是社会主义批评者所说的，如果他们在国大党中的温和派同事得逞，就会出现这样的宪法。事实上，国大党中的大多数人仍继续相信，通向自由印度的道路是缓慢渐进式的宪法改革的道路，这能使财产和秩序免遭他们所认为的社会主义混乱的威胁。

国大党内斗

20世纪30年代，印度右翼持续的政治影响力在尼赫鲁领导下的国大党左翼势力的明显激增中已黯然失色。尼赫鲁的这种领导力通过坚定不移地号召印度人民实现一个公正的现代印度、一个社会主义的印度而大放异彩。这个人很是令人眼花缭乱，以至于人们很容易忽视，在过去三十年间，他所领导的运动是如何经常向着其他方向前进的。尽管尼赫鲁很快就转向了对社会和经济正义的要求，并能够热情地表达出来，但他继续接受甘地的指导，抵制了许多源自左翼意识形态的行动承诺。在审视第二次世界大战之前几年以及自由斗争的最后几年的阶段时，认识到尼赫鲁对甘地的服从以及国大党左翼对右翼的服从，既是困难的又是必要的。

1936年，贾瓦哈拉尔·尼赫鲁在主持勒克瑙国大党大会时宣称，他致力于科学社会主义，不仅反对帝国主义，而且反对法西斯主义，声援西班牙、阿比西尼亚①和中国人民。将处境艰难的印度

---

① 阿比西尼亚，埃塞俄比亚的前身。

自由斗争与其他国外反对压迫的斗争慷慨地联系在一起，这标志着尼赫鲁对印度在世界上的地位有着广阔视野。至于迫在眉睫的事情，他告诉他的同事，根据1935年法案，定于次年举行的省级选举将围绕激进的社会经济计划开展，他自信地预计，该计划将带动整个国家。

大萧条将民族主义政治推向了左翼，这一趋势的标志是在国大党内部及其由产业工人、学生和妇女组成的群众组织里成立了国大社会党。最终，它的一些成员向共产主义领导者靠拢了，这促使甘地进行了干预，因为他担心阶级政治会与民族主义政治对抗。与之前一样，当左倾政治在国大党追随者中飙升时，甘地敦促选举贾瓦拉尔·尼赫鲁为国大党主席。尽管尼赫鲁本人是国大党左翼派系的领头羊，但他会在甘地的指导下安全行事，这使甘地相信，尼赫鲁在激进分子中的崇高地位可以被用来分散阶级政治对印度自由运动的全面影响。甘地厌恶分裂的、与他自己关于印度未来的看法相距甚远的那种阶级政治。

甘地的信心再次被证明是正确的。不过，尼赫鲁设计了一个奇怪的策略：国大党成员根据1935年法案的安排应参加省级机构官员的竞选，但他们拒绝接受任何席位。在1937年举行的选举中，国大党确实赢得了除旁遮普省和孟加拉省以外的所有地方的多数席位，而即使在那两个省，地区政党也赢得了独立农民和佃户的大力支持，那些新近刚刚获得选举权的农民和佃户饱受价格低迷的影响。因此，各方都面临着压力，要求采取行动，出台改善经济的法律，这也是国大党左翼的要求。一个尴尬的妥协在压力之下做出了：国大党赢得的选区席位被允许就任，而那些省的国大党委员会则对这样形成的政府机构保持敌意。

其他社会主义者也加入工作委员会，以帮助尼赫鲁策划一场农业改革运动。该运动遵循全印度农民联盟的计划：下调土地税收和租金要求，结束强迫劳动，恢复森林权利和承认农业工会。正是凭借这一激进的计划，尼赫鲁和他的同事在1937年的省级选举中击败了穆斯林联盟和其他政党。穆斯林联盟只获得了为穆斯林保留的四分之一席位，其余席位均被国大党候选人赢得。这似乎很壮观地展示了一个世俗的、社会主义和国际主义的国大党的力量，其超越任何狭隘的其他选项，包括甘地方案。

所有人都承认尼赫鲁的选举吸引力非常成功。除了要归功于全印度农民联盟在大多数省份的农村投票动员之外，新近联合起来的工会联合会，即共产党领导下的全印度工会大会，轻而易举地就召集了有组织的劳工投票。像学生、作家和妇女这些其他群众组织积极参与了城市选区的拉票活动。结果看似是国大党左翼获胜，而实际上，1937年的选举同样是国大党右翼的胜利。国大党右翼与他们的资本家盟友一起，成功地保持了其对整个国大党运动的主导。

当时主要的国大党右翼成员与他们富有的盟友之间的私人信件中散发出一种玩世不恭的自信，他们认为尼赫鲁和国大党左翼的言论只是空谈，甘地最终会阻止尼赫鲁的社会主义，"布尔什维克的宣传将在印度找到肥沃的土壤，[但是]圣雄甘地的运动[已经]使人们从适应[原文如此]暴力方式转向他的非暴力方式"，拉尔吉·那然吉（Lalji Naranji）在写给浦尔索塔马达斯·萨库尔达斯①（Purshotamadas Thakurdas）的信中这样说。[2]

他们还深信，国大党工作委员会中的右翼多数，再加上甘地的明智干预，将抵消尼赫鲁获胜的选举宣言的激进性，而且，随着国大党稳稳获胜，上任的压力将会增加，并会进一步使尼赫鲁领导的

---

① 浦尔索塔马达斯·萨库尔达斯，印度棉花商、企业家和工业家。

左翼转向。国大党在11个省中的5个省（比哈尔省、中部省、马德拉斯省、奥里萨省和联合省）赢得了多数席位，在孟买仅差几票，至此，他们的预测又一次被证明是正确的。此外，国大党不仅赢得了为穆斯林保留的大部分席位，而且还赢得了在孟买外的大部分保留给贱民的席位，在孟买，安贝德卡尔博士组建的政党取得了成功。官方对联合省内忠于地主的一些政党的支持，或对被称为正义党（Justice Party）的一个马德拉斯反婆罗门党的支持，都未能削弱国大党的胜利程度。

很明显，拒绝上任的姿态是无法持续的。国大党执行委员会的右翼多数派否决了左派的一项动议，该动议要求坚持宣言中关于拒绝上任的承诺。相反，右翼提出了一项接受上任的动议，条件是在每个赢得多数席位的省份，省长（非选举产生的）将不会使用他的"酌情决定权"这种会使经选举的职位在有重大分歧的情况下变得毫无意义的权力，在这一问题上需要让国大党领导人满意。如何判定这一点并不清楚，因此国大党上任了。冈萨亚·塔兹·比拉和另外一些人认为，这一决定是右翼力量让人放心的标志之一。比拉注意到尼赫鲁很轻易地让步了，其间甘地做了一点说服工作。1937年选举还有第二个重要结果会让比拉和其他金融家和投资者感到高兴。竞争立法议会席位所需的资金数额超出了国大党拥有的全部资金，但富有的商人和一些譬如农民组织的群众组织确实拥有这么多资金。对于许多想参加竞选的人来说，这是一个令人深省的发现。

国大党在六个省成立了政府部门，国大党和群众组织的成员人数激增，他们期望发生巨大变化。当那些左派支持者愤怒地看着新的国大党政府部门首脑们诉诸警察措施来应对社区和阶级之间的传统紧张局势时，这些期望都破灭了。这证实了大多数当选的国大党成员的潜在政治保守主义。尽管如此，即使国大党在坚定不移地向右前进，左翼的言论仍继续在立法机构和街头回响。国大党的省政府部门首脑们与上层官僚之间建立了友好的关系。

早期达成妥协的一个棘手问题与释放政治犯有关。大多数省督都接受必须安排释放政治犯，但他们坚持必须对每个案件进行审查，从而设法化解对大赦的要求。对于必须废除1932年的镇压性法律，是有共识的，然而，令人尴尬的是，在那些法律被撤销后不久，许多国大党的省级政府部门首脑又谈到要重新实施这些法律，以平息由越来越沮丧的左派煽动的社群骚乱和罢工。国大党工作委员会同意1932年的法律对于保护生命和财产是必要的，这令许多英国观察家感到高兴（如果不是由衷钦佩的话）。

其他政治人物

竞选活动促进了国大党和穆斯林联盟之间在联合省的合作，开展合作主要是为了不让那里一个官方支持的地主政党取得胜利，同时也是因为，对于1935年的宪法使得帝国中心比以往任何时候都强大这一现实，穆斯林联盟成员跟国大党同样感到失望。在1916年的《勒克瑙协定》（Lucknow Pact）之后，国大党和穆斯林联盟之间重归和睦似乎是可能的，但国大党多数席位的规模太庞大了，其领导人认为，没有必要为任何得不到最大收益的事情妥协，因此拒绝了穆斯林联盟关于在联合省结盟的提议，甚至沉迷于要将那些赢得席位的穆斯林联盟成员吸收进国大党的幻想。对于右翼来说，考虑这种策略并非不切实际，因为那里的穆斯林联盟由柴明达尔和其他大地主以及军官和文职官员组成，他们不太可能支持尼赫鲁的大本营——联合省的政府。不可避免的是，联合省的国大党确实因自身右翼的主导地位而淡化了自己的要求，但被拒绝的穆斯林联盟此后决定要建立自己的群众基础，以便在未来的选举中更加成功。实现这一目标的唯一手段是加剧其与国大党的意识形态分歧，也就是说，在穆斯林的宗教恐惧方面做文章。因此，在国大党各政府部门成立后不久，印度北部中心地带的族群冲突就愈演愈烈。

拥有大量穆斯林人口的孟加拉省也有类似的问题和结果。那里的穆斯林政客更为激进，他们长期以来一直主张在不给予补偿的情况下废除柴明达尔。1937年，他们呼吁减租和实行小学义务教育。诸如此类的激进要求导致了孟加拉穆斯林与真纳领导下的穆斯林联盟之间的关系紧张。但在孟加拉，与国大党结盟更是充满风险。不仅大多数柴明达尔印度教教徒在那里，而且甘地继续拒绝对地主制度进行抨击。对于孟加拉省的穆斯林来说，监狱里有大量贫穷的佃农，几乎没有与他们有共同宗教信仰的人，所以他们认为减免租金比释放政治犯这个国大党的首要目标更重要。最后，对于孟加拉省的穆斯林领导人而言，削减一些激进要求比放弃他们的选民更简单，因此，他们不安地加入了穆斯林联盟。

在穆斯林人数众多的省份，国大党和穆斯林联盟政客之间实现联盟的所有尝试都因社群紧张局势的加深而陷入困境。不祥的是，印度教和穆斯林都已经开始组建准军事组织，例如20世纪20年代由印度教大斋会的追随者在马哈拉施特拉发起的国民志愿服务团。到20世纪30年代初期，国民志愿服务团已扩展到联合省和旁遮普省，并拥有100000名受过训练、纪律严明的为印度教事业而战的士兵。穆斯林也有与他们相抗衡的类似团体，例如旁遮普省的一个团体，其成立目的就是防备印度教和锡克教的欺辱。日益增长的致命仇恨将使尼赫鲁那样的社会主义者以及甘地的追随者在20世纪30年代后期都疲于应对。

到了那个时候，其他主要的政治和阶级阵线已经形成，并将持续到自由运动的最后阶段和独立的早期。特别重要的是，右倾的狭隘政治在中产阶级下层多样化的社会和文化环境中出现了，而甘地在对国大党的组织改革中给予了这种政治前所未有的权力。20世纪30年代后期的政治重心已向下转移到大众化的，但同时又支离破碎的社会底层。

与尼赫鲁不同，大多数国大党成员都不是国际主义者。自由在他们那里被定义为摆脱英国统治。不过人们也日益认识到，需要自由来赋予由语言、宗教和共同居住地等族裔标志构成的情感以建立持久的政治形式。对国际主义的警惕在某种程度上是由国大党的对手所操纵的：一方面是穆斯林联盟及其要成为全球伊斯兰教的一部分的正当理由，但另一方面是北方锡克教教徒与印度南部和中部讲泰卢固语、泰米尔语和马拉地语的人进行的种族分裂的亚民族主义运动。此外，大多数泰米尔人和马哈拉施特拉人在一定程度上将自己定义为是在政治上反对婆罗门的人，他们在国大党中享有很高的知名度，尤其是在其领导人中。这种分裂给领导层施加了压力，要求他们以印度人的身份进行反制，这种身份为想以自己的名义、为了自己的未来而发声的穆斯林及其他许多人都提供了位置。大多数国大党成员都知道，如果认识不到宗教、语言或其他文化元素的多样性，就会将优势拱手送给其他政客和政党。国大党不敢像对待穷人一样轻视这些身份的人。

国大党成员了解并害怕维纳亚克·达莫德尔·萨瓦卡（Vinayak Damodar Savarkar）的印度教大斋会和国民志愿服务团的政治吸引力。萨瓦卡是20世纪早期提拉克的追随者和恐怖主义者，他在1923年于题为《印度教教徒特性》（*Hindutva*，《印度教的本质》）的小册子中谈到了印度教的印度。他认为这是一个宗教文化和政治的范畴，他声称可以使之对所有生活在次大陆的、认为自己是共同的雅利安种族的后裔并珍惜和保持共同传统的人都具有吸引力。当萨瓦卡试图更具体地说明这个"印度教"的属性时，他心中所想的与他所属的吉特巴万亚种姓的马哈拉施特拉婆罗门没有什么相似之处，就像在他之前的提拉克和后来刺杀甘地的纳图拉姆·戈德斯（Nathuram Godse）那样。

针对这种政治保守主义的狭隘趋势，大商人们施加了影响。他们支持真正多元化和国际主义的国大党，他们有不同的社会出身：有来自从古吉拉特西部到孟加拉东部、从拉贾斯坦北部到马德拉斯南部所有地区的中高种姓的印度教教徒，也有同样出身背景多样的穆斯林，以及一些分散的帕西人和犹太人。毫不奇怪，这些资本家发现，很难说服20世纪30年代的国大党中的许多人相信他们与社会中的任何其他群体一样爱国，他们反对英国并不是为了获得比在国内经营的英国同行更多的利益，也不是出于自我利益的考虑。最难说服的是左派中的这些人，他们从理论上确信印度资本家一定都是与帝国主义资本家结盟合作的反民族主义者。在长期的萧条岁月里，印度企业压制工人对更好的工作条件和工资的要求，这加强了左翼分子的说服力。

第一次世界大战中，印度通过为欧洲提供军事装备和采用印度制造的产品替代以前的进口产品的方式，推动了印度的工业发展。到第二次世界大战前夕的1939年，印度工业已实现自给自足，印度生产的大部分产品来自印度人拥有的工厂。旧模式的另一个转变是，这种转型的资本来自印度本身，包括前资本主义时代留下的富裕的王公，他们加入了生产黄麻和纺织品的工业资本家的行列。印度资本在航运、保险、银行、煤炭和茶叶等领域也表现突出，并率先创立了水泥、重型化工等新兴产业。

从 1927 年起，印度的商业巨头们开始通过印度工商联合会（FICCI）巧妙地为他们的利益进行游说。很快 FICCI 就被英国人接受为印度资本的代表，还有冈萨亚·塔兹·比拉，他的祖先作为放债人已经从他们的家乡拉贾斯坦省扩展到遍及印度北部的地方，他说服了更多的资本家同僚相信，在动荡的 20 世纪 20 年代和 30 年代，最好的前进道路是支持国大党内的温和派。那些跟随他进入国大党的人增加了反对社会主义者的政治右翼的财富，他们效仿了英国人试图将左翼与民族主义主流隔离开来的策略。

尽管如此，他们的政治目的与政府的目的并不相同，经济利益也不同。比拉和像他这样的人已经发现作为民族主义者，有好的生意可做。只要反帝国主义不意味着反资本主义，并且左翼在自由运动中被剥夺领导权的话，那么独立，当它到来时——比拉确信它会到来——将为印度资本主义提供更好的机会。如果国大党的左翼取得领导地位的话，那印度的资本家就会像当时的任何英国人一样被认为是帝国主义的了。

在 20 世纪 30 年代，国大党工作委员会中的高层官员总是包括那些以甘地追随者的身份开始其政治生涯，但已退出积极参与乡村和哈里让地位提升运动的人。不过，他们个人仍然与甘地保持密切联系，并定期执行他的指示以阻止左派。前甘地追随者中包括一些未来的伟人，如 1948 年成为独立印度的总督的拉贾戈帕拉查理，尼赫鲁未来的副总理萨达尔·瓦拉巴伊·帕特尔（Sardar Vallabhbhai Patel），印度第一任总统拉金德拉·普拉萨德（Rajendra Prasad）。他们每个人都很看重印度商人的财政捐助，国大党靠这些钱支付组织和选举费用。因此，他们都与印度资本家关系密切，资本家们则期待他们的爱国资质能够得到认可。

右翼胜出

20世纪30年代后期国大党在意识形态方面确实有更多的表达，但右翼的观点和目的压倒了社会主义者。在几个关键问题上，双方之间没有严重冲突。双方都设想了一个基于现代工业基础的印度经济，其拥有庞大的、国家计划的公共部门，是一个能够执行复杂的技术发展任务的强大、统一的国家，一个正在从特定和等级分明的种姓关系转变为平等和体面的现代关系的社会。另一方面，甘地追随者和广大的印度人民还继续生活在一个种姓、地方主义和小资产的世界里，他们不信任现代主义的立场，无论是资本主义的还是社会主义的。

甘地提出的未来与尼赫鲁和他的同僚们提出的很不一样，它符合印度中下阶层的期望，中下阶层是他巨大而持久性权威的来源。他的政治选民当然不是那些在他上法庭时为他付钱的，并为他和其他人在推动国大党发展中产生的费用买单的商人。诚然，他对资本家角色的看法令人欣慰，但他经常表达的印度的未来基于村落这样的观点也可能令人不安。他说，印度的富人以信托形式持有财富，这些财富不应该被从他们那里拿走，而是应该由他们（自愿）进行配置以造福所有人。如何做到这一点，除了支持他的事业外，应该由富人自己决定，必须基于他们自己的同情心和爱国主义。甘地的托管、非暴力、两厢情愿的政治观念以及他对阶级斗争的否定在产业工人中并不那么受欢迎。到20世纪30年代后期，产业工人已是历经了二十年的罢工以及与罢工破坏者、警察和军队进行斗争的阶级，已变得更加坚强。他们也得到了很好的领导，其中就包括来自共产主义者的领导。

在印度资本家和无产者之间还有另外两个政治阶层：一个是人数不多但具有影响力的专业人士和知识分子阶层，尤其是受过西方教育的人，他们与工会主义者一起提供了社会主义者所享有的大部分支持；另一个是甘地的人民，这是印度中下阶层的庞大社会群体，他们分布在数千个小城镇、一些大城市和整个乡村中。1920年至1930年，次大陆的总人口增加了11%，而城市人口增加了18%，增长的核心是城市和小镇的商人、工匠、教师和其他低层次公职人员。这些城镇居民与独立农民和其他农村小业主这些中下阶层的其他主要成员是相关联的，他们的社会目标是获得并持有足够的资源，以保护自己免受贫困和极端经济依赖的屈辱，并在可能的情况下帮助他人。

这个阶层的成员不信任并且嫉妒那些财富安全的人，同时又厌恶地位低于他们的人，甘地通过他从20世纪20年代开始的改革，向这个阶层移交了国大党组织的控制权，甘地相信他可以管理他们的恐惧并塑造他们的愿望。他的机构改革为他的群众性的非暴力不合作运动奠定了基础，在其改革方案下，国大党分为三个层级。其底层是地方主导种姓当中的中下阶层和小商品生产者的代言人。中等等级的种姓，例如旁遮普省和联合省西部的贾特，古吉拉特省的帕蒂达，比哈尔省的亚达瓦和库马里（Kumris），马哈拉施特拉-孟买的马拉塔，讲泰卢固语的（安得拉人）马德拉斯的卡马斯（Kammas）和雷迪以及讲泰米尔语的马德拉斯的帕利斯（Pallis），他们在当地代表国大党。他们中的大多数人在20世纪20年代和30年代都获得了更高的文化教育程度和一定的经济保障，并且他们将从后来的两个重大变化中受益：一个是20世纪50年代柴明达尔定居点被废除，这将土地从没有在那里居住的地主转给了像他们自己那样的、在那里居住的小型农业企业家；另一个是始于20世纪60

年代中期、大大增加了他们的财富的绿色革命。不过，即使是在20世纪20年代，这些中等种姓/中小阶层的农村和小城镇团体的领导人也已开始进入国大党的第二层级，即省级层面，该层级是在1920年为开展群众动员而设立的。在甘地的指导并在他的努力下，国大党无数的地方村庄和城镇分支在这个层面上建立起了相互联系。

甘地通过与成千上万人的日常通信来维持他的个人政治网络，这个网络在他不断的旅行中通过个人接触得到加强。坐火车时他通常选择满是贫穷乘客的三等车厢，以便可以开展他的重要工作。［他的同事、诗人沙拉金尼·奈都①（Sarojini Naidu）曾评论说，没有人会知道甘地的追随者要让他保持贫穷需要付出什么代价。］这个网络是甘地最令人印象深刻和最不被认可的成就，这一成就记录在八十多部厚厚的信件集和其他著作集里，以及他活动的详细日历中。

甘地通过访问、信件以及他主办的期刊《青年印度》和《哈里让》，向次大陆各地的追随者提供他们所需要的或者他希望他们拥有的国家政治观点。而且，当他需要他们时，他会组织他的阵营。在他的群众运动期间，他被高调宣传的访问让数十万人倾听到了他的声音、响应他的号召参与他的村庄和"哈里让"地位提升计划以及手工纺纱计划。这些项目成本低，让人们合作努力，很容易得到乡村社会可用资源的支持而得以持续。对这些项目的推广扩大了他的直接客户、他的"民族主义分包商"的声誉，他们拥有成千上万的当地客户。甘地拥有的广泛追随者赋予了他从20世纪20年代后期直到去世所享有的巨大权力。

1934年，甘地已从国大党退休，表面上，他是将他所有的时间

---

① 沙拉金尼·奈都，印度政治家、女权运动者及诗人，第一位担任邦行政长官的女性。

都投入到了"乡村工作"中，但这也是为了与由国大党左翼领导的新兴群众性组织尽量保持距离，他在那些组织中几乎没有影响力。到20世纪30年代中期，甘地已将他所说的基础教育添加到他的手工纺纱和贱民地位提升计划中。他的目标是通过在国内各地区开展语言扫盲来提高体力劳动者的地位。在他1921年的机构改革中，普遍使用的地方语言成为教学和公共交流的媒介。同样在他的敦促下，孟买和马德拉斯的国大党的政府部门实施了禁酒令，从而断绝了省政府从酒类商店许可中获得丰厚收入的渠道。尽管如此，左派和贱民活动家都认为，自由运动取得的成就或者社会罪恶的改善都与他在20世纪30年代的活动无关。

在甘地时代之前，共产主义政治家们曾试图在共同的传统价值观的基础上动员他人，但他们做得不如甘地成功。与其他国大党领导人不同，甘地并没有将乡村传统视为落后的或是阻挡进步的障碍。相反，他说那些传统是印度未来的真正基础，其他都是虚伪和令人反感的。他提出要捍卫这些价值观和制度，条件是他的政治客户要采纳他的基本原则：非暴力、哈里让地位提升和推广手工纺纱，并避免可能削弱自由斗争的阶级冲突，尽管这意味着各种社会不公正问题将一如既往地得不到解决。

甘地追随者中的非农业群体加入了印度的民族主义政治，使其远离支持社会主义现代化的那些人的集体手段和目的。这些人由城镇职业群体组成：集市商人；那些将商品生产与本地销售相结合并通过运输代理在远处的市场上销售的自雇工匠；各种经济经纪人，同时从事小额借贷业务的大粮商的代理人；计件生产的承包商和劳动力招聘者，他们向下与下层临时工联系起来，向上与商业和承包商群体中的主要劳动力招聘者联系；收租员；小公职人员和政府服务的小承包商；许多普通的神职人员。所有这些城市群体，都通过经济联系、政治纽带以及普遍的婚姻和宗教关系，与构成城镇腹地的村庄联系在了一起。

甘地通过支持表面上反对大资本主义以及威胁到小特权阶层的社会主义的计划，为那些经常支离破碎的印度社会元素提供了一种参与民族主义的方式。领导这些选民的甘地在20世纪30年代后期面对并击败了左派最强烈的对国大党领导权的争夺。这被证明是甘地漫长政治生涯中最令人印象深刻的时期之一，通过他的胜利，他以无可争议的领导力出现在争取自由斗争的最后阶段。

竞争中的印度人和外国人

另一方面，商人们赞赏国大党对进口商品的持续抵制，这扩大了他们的市场份额以及对外国（包括英国）进口商品的关税壁垒。印度资本家越来越担心来自那些开始在印度经营的国际公司的子公司的竞争，那些公司大部分由英国资本资助，它们对印度的肥皂、橡胶、烟草产品以及化学品的生产商和机器制造商所获得的市场份额形成了挑战，这些行业提出的保护要求无人理会。像20世纪30年代后期那样的商业压力激发国大党和商界领袖对共同关注的经济计划进行了首次讨论。1938年，苏巴斯·鲍斯提议成立一个国大党国家计划委员会，由贾瓦哈拉尔·尼赫鲁召集。这一计划得到了印度商业大亨的热情响应和认真参与，这表明印度资本正在有效地与国大党甘地派右翼以及鲍斯和尼赫鲁的左翼双方合作以达到目的。

一些英国和印度资本家含糊地威胁说他们要将投资从孟买转到孟加拉、旁遮普，或者更好的是转到没有劳工法的土邦。针对此，孟买的国大党政府很紧张地推出了反工会法作为回应。1938年11月，孟买的合规法律对工作场所纠纷实行强制仲裁，对非法罢工判决监禁，并增加了工会获得法律认可的难度。反对这项压制性法律的人来自穆斯林联盟、安贝德卡尔的贱民和其他一些非国大党团体，他们在孟买举行大型集会并在全省发起了一次短暂但有效的总罢工。次年，孟买的国大党当局使用随着欧洲战争开始而实施的警察条例来镇压针对一家英国石油公司的罢工，因而更加声名狼藉。尼赫鲁和鲍斯都没有公开反对孟买的政府部长们，因为害怕惹恼甘地和国大党右翼。

20世纪30年代后期，甘地不再参与正式的国大党事务，但他的手从未远离政治行动的主要控制杆，这从其农业政策的试探性中最容易看出。印度乡村是国大党的天然选区，因为印度的乡村成员众多。来自印度中小农民群体的不满情绪有很多，但他们的处境不及那些饱经十年萧条的贫困无地劳动者的困境那么糟糕。债务和沉重且不断上涨的租金对最贫穷的人施加了最残酷的打击，但各地的国大党政府始终让广大农村追随者失望，而且令英国人惊讶的是，政府实际上为地主提供了救济。因此，在1937年费兹布尔会议上同意废除地主制度的选举宣言承诺受到嘲笑。比哈尔省呈现出了终极的讽刺境况：柴明达尔实际上威胁要以非暴力的方式反对他们的特权的一些谨慎改变。在其他地方，由于国大党各政府部门并不比旁遮普省工会党的地主党更同情农民的困境，妥协的情况比比皆是。

20世纪30年代的骚动

难怪农村沸腾了。基桑萨布哈的会员人数不断增加，到1938年达到了巨大规模，在比哈尔省拥有了惊人的250000名会员。此外，强有力的行动在四面八方被组织起来了：在孟加拉是要求降低灌溉费用和租金；在比哈尔省是要求恢复被驱逐出的佃户的土地；在旁遮普省，则是要求降低土地税负和灌溉费用。在安得拉地区，曾于1802年强制实行柴明达尔制度的地方发生了反柴明达尔的示威活动。经正式选举产生的当局以镇压应对了这些行动。很显然，国大党的政府对左翼分子已在其中取得领导角色的农业主义者和其他农村组织的激进行为没有耐心。在1938年和1939年，包括尼赫鲁和鲍斯在内的国大党领导层实际上谴责了农业激进主义，他们抱怨乡村发生的"阶级战争"是在唆使印度农民反对"他们的"政府。在这方面，人们看到了坚定的甘地式克制，不仅反对那些对国大党政权提出的不爱国要求，而且还反对贫穷的租户试图迫使地主让步的举措。然而，在这场农村动荡中，最贫困的乡村群体的问题都没有得到解决。无地者和最贫穷的人几乎总是贱民，他们按理说本应该受到甘地的哈里让运动的保护。

甘地的平息之手被用到了20世纪30年代后期的另一场政治动荡中，他认为那是一场转移人们注意力的民主运动。有几个土邦国兴起了要求获得与英属印度相同的公民权利的运动。甘地要求国大党不要干涉生活在王公统治下的印度人的政治权利（或不公正待遇）。迈索尔土邦的农民领袖请求组织支持，当工作委员会对此做出同情的回应时，甘地很快就批评了该委员会。1938年的国大党会议批准了对土邦领地的民主要求仅提供道义支持和同情的政策，会议特别支持了甘地关于王公应该增加公民自由并减少他们自身特权的立场，但这只能基于自愿。尽管如此，下层阶级的压力仍在继续增长，很快就与英属印度的压力相当。甘地勉强批准了开展非暴力不合作运动，但将其限制在他能得到不同寻常的支持的古吉拉特的一个小邦国里。他在那里禁食，但未达到任何目的，很快，一些主要的土邦国开始了更加坚决的要求民主权利的示威游行。

海得拉巴这个最大的公国的状况尤其令人感到压抑，那里穆斯林统治者和少数精英控制着90%的政府工作。那里印度教信徒占人口的绝大多数，乌尔都语是官方语言，他们当中一半人说泰卢固语，其余的人说马拉地语和卡纳达语。在海得拉巴的泰卢固语和马拉地语的使用者建立了文化协会，以促进他们的语言发展，并游说要进行适度的政治改革。到1938年，讲泰卢固语的安得拉运动组织了成功的非暴力抵抗活动，甘地下令停止了这些活动，因为它们使得印度教臣民与穆斯林统治者形成了对立。

但是，在20世纪30年代，给国大党带来最严重危机的是来自下层阶级的不屈不挠的政治斗争压力。这来自国大党左翼，他们与群众组织一起反对国大党政府各部门的保守主义倾向。

中产阶级民族主义者于1920年成立的全印度工会大会受到了日益增长的共产党人的影响。在密拉特审判和国大党工会中的共产党人被清除之后，左翼的工会主义者组成了一个单独的工会联合会，该联合会在共产国际要求建立反法西斯统一阵线时被解散。由此，那些成员重新加入了全印工会大会，在那里他们与国大党社会主义党的成员一起，仍然是一个有影响力的核心小组。另一个群众组织全印度农民联盟于1936年召开了第一次会议，从那时开始，共产主义者和其他左翼分子就参与了这个联盟，他们形成了农民运动中两大趋势之一，坚持认为主要问题是与地主和债务的斗争。

左翼的影响也延伸到学生中。全印度学生大会（All India Student Conference，后称为联合会）由贾瓦哈拉尔·尼赫鲁于1936年创立，由穆罕默德·阿里·真纳领导，这表明其目标是温和的。然而，在其成立后不久，省级左翼学生组织的发言人就要求国大党政策激进化，并对苏联在欧洲和中国组织反法西斯阵线的努力表示钦佩。尼赫鲁于1938年访问了西班牙，传达国大党对共和国反对佛朗哥的声援，他和苏巴斯·鲍斯一直在这方面代表国大党左翼发声。

国大党在中央省的特里普拉（Tripuri，又称贾巴尔普尔）举行会议时，有人提议选举鲍斯连任，这是对渐强的激进要求的加码。尼赫鲁在前一年获得了第二个任期的荣誉，他与甘地的密切关系使他为大多数国大党中间派成员所接受，而更独立的鲍斯则不是这样。当1939年1月鲍斯作为左翼支持的候选人获胜时，特里普拉"危机"就出现了，甘地宣布鲍斯的胜利是他个人的失败。工作委员会的大多数成员随即辞职，国大党右翼谴责鲍斯提出的选举宣言，该宣言为英国回应印度自治的呼吁设定了时间限制，并威胁要恢复大规模的公民不服从运动。鉴于甘地用他自己和他的声誉所做的背书，代替鲍斯诉求的另一个决议获得了通过。鲍斯辞去了主席职务，他试图动员恢复公民不服从运动，并因违纪被禁止在三年内担任任何国大党公职，包括他在孟加拉省的国大党主席职务。

一些政府部门持续镇压劳工以及农民运动，使得国内冲突持续存在，但由于英国于1939年9月（对轴心国）宣战，冲突没有变得更加持久和激烈。甚至没有与省级政府部门或政治领导人进行象征性的协商，印度就成为反对轴心国的交战方。这为国大党提供了一个完美的借口，使之可以从对印度一些省份进行统治的令人沮丧的尝试中退出。

战争与最后一幕的开始

当英国向轴心国宣战时，印度人未经协商就被卷入敌对状态中。因此，国大党领导人宣布他们不会在战争动员方面与英国进行合作，他们采取了和平措施去阻止战争动员并因此被监禁，这让年轻一代的国大党成员有了自行策划行动的机会。这些人发起了越来越激烈的反政府行动，1942年8月，破坏活动达到了高潮。很明显，这些人已超出了甘地的个人控制范围。在这一时刻，甘地通过呼吁采取非暴力抵抗的个人行动来反对英国人，又重新树立了他的权威。

然而，在第二次世界大战期间，设定政治步伐和计划的不是鲍斯、甘地或尼赫鲁，而是穆斯林联盟的负责人兼巴基斯坦独立运动的领导人穆罕默德·阿里·真纳，该运动在20世纪40年代初具规模。真纳的国家和社群概念不同于甘地或尼赫鲁的，他拒绝一个由多样化的社会和宗教集体组成的印度，无论它是在尼赫鲁设计的世俗化社会民主的承诺下，还是在甘地的众多自治社群的愿景下。相反，他断言伊斯兰教足以构成独立国家的充分基础，英国统治下的印度实际上由两个独立的国家组成，它们除非独立于英国并独立于彼此，否则无法实现其未来。这是一个将主宰20世纪40年代政治的非常简单的主张。

真纳本人具有某些与甘地相同的、有利于他成为领导者的社会特质。和甘地一样，真纳出身于政治上趋于边缘的商人阶层，因此，他不属于传统教育阶层，也非来自军事或有地产的家庭。真纳和甘地一样，是一名律师，这为他提供了空间和社会流动性。不过，与甘地相比，真纳在早期就取得了辉煌的成功。还有，他们各自都是以世俗主义者和温和派的身份开始从政的，但两人都把宗教作为个人政治的中心，尽管他们都不是传统意义上的宗教人士。

真纳在20世纪20年代的一段时间里大量参与了基拉法特运动，之后他退出政坛，作为一名律师积累了大量财富，其中大部分是在英国，在那里他参加了关于印度未来宪法的圆桌会议，甘地名义上代表国大党出席了该会议。当为印度穆斯林建立一个被称为巴基斯

图 31　尼赫鲁和真纳在真纳家的花园里，1946 年 5 月 （IOL Photo 134/2Print 28；neg. no. B5135，经大英图书馆许可）。

坦的独立国家的想法于20世纪30年代初首次形成时（巴基斯坦的名字是由穆斯林占人口的大部分的英属印度省的首字母构成的缩写词），真纳对此态度冷淡。可能他认为在1935年宪法提供的新政治计划下，有个重要的角色在等着他。然而，当国大党领导层拒绝考虑允许穆斯林占主导地位的省份中产生穆斯林政府，并为真纳本人和他的同教派人士提供政治基础和角色的那种选举安排时，真纳对分裂主义观点产生了热情，并于1940年在旁遮普省拉合尔举行的穆斯林联盟会议上充满活力地投身于这一事业中。

不管"拉合尔决议"（Lahore Resolution）是多么模糊，它确实标志着巴基斯坦开始出现。1940年也是真纳开始他的"伟大领袖"（*Qaid-i-Azam*）使命的时刻。最重要的是，当时的任务是反驳国大党声称只有它才是代表所有印度人的政治愿望的组织。至此，国大党领导人，尤其是尼赫鲁，显然不会同意真纳提出的与穆斯林联盟平等进行合作以实现自由的要求。于是，真纳向英国提出实施战时合作，以换取英国将穆斯林联盟与国大党同等对待的承诺，而在国大党于1939年放弃省政府职务并暂停与政府的所有谈判后，这变得更容易了。

对真纳来说，更困难的是他与其他穆斯林政治家的紧张关系。他必须不断防止失去旁遮普省和孟加拉省其他穆斯林政治领导人对他的软支持（soft support），那里的政客们以怀疑的眼光看着可能会因某种抽象的"巴基斯坦"而导致他们和他们人口众多的省份失去重要性的任何安排。由于有这种焦虑，真纳出于谨慎很少提及具体的政治安排，这里是指印度穆斯林可能寻求实现什么样的国家，他反而专注于在意识形态方面将穆斯林纳入一个无所不包的伊斯兰教中。"巴基斯坦"最初并不是指一个民族国家，一个有固定边界和中心的实体，而是一种宗教情感的模棱两可的体现，一个广泛的宗教社区。这一表述让人想起公元前1世纪印度列国时代的政治结构，当时社群就是国家。

在与国大党和帝国官员复杂而不确定的战时谈判中，真纳与旁遮普和孟加拉领导人的种种麻烦蔓延到了信德省和西北边境省。所有这些领导人之间的个人分歧和猜疑都在加深，每个省都因派系分裂而被撕裂。然而，所有人对一个关键点都没有异议：真纳是"伟大的领袖"，他可以自由地为"国家"说话，只要他不干涉他的追随者的省级政治，他就会持续保持这种地位。

虽然真纳不是旁遮普人，但他被接纳为该省占多数的穆斯林的主要代言人，该省的地主担心，如果国大党获得成功，就会实施激进的土地改革。在战争的过程中，真纳的独立性和声望不断上升，他巧妙地避开了国大党运动的操控，同时迫使甘地接受了以某种邦联形式建立"巴基斯坦"的想法。随着战争接近尾声，英国人再次关注印度宪法的修改，但真纳坚持认为他的联盟是次大陆所有穆斯林的唯一代表，并拒绝放宽条件让那些修改得到通过。他有意挑战国大党的世俗原则以及穆斯林在国大党中的地位。1945年英国工党政府成立时，所有关于宪法的讨论都简化为如何将政府权力移交给印度的单一问题。随着最后的戏剧性事件即将到来，真纳将成为无可争议的关键人物。

战争中的印度

当德国和日本相互协调政策时，印度成为战争的主要集结基地之势变得不可避免。由于担心民族主义者会利用战争带来的动乱来推进他们的事业，英国修改了1935年的宪法，允许对省级行政机构进行接管以及限制公民自由。当1940年5月英国政府移交到温斯顿·丘吉尔手中时，这一行动得到了威斯敏斯特的批准，此时希特勒的装甲车正在横扫低地国家和法国。日本在东南亚取得的胜利使印度更接近战争了，而这时丘吉尔的帝国主义仍然顽固。众所周知，他曾宣称，无论赢得印度对战争的支持是怎样好的权宜之计，他都不会"主持大英帝国的清算"。尽管如此，他采取了表面上顺从的态度，同意他的联合政府的工党部长斯塔福·克里普斯（Stafford Cripps）应在1942年春天与国大党和其他人进行政治会谈。

总督林利斯哥勋爵（Lord Linlithgow）拒绝了国大党提出的以支持战争的努力来换取战后政治让步的提议。甘地当时显然是同意国大党的这一提议和其他合作建议的。而在两年后，甘地改变了自己的立场，顺便提一下，他还拒绝给予英国他曾在第一次世界大战期间给予的支持。拒绝国大党的提议是由于帝国官僚急于与民族主义者对抗，想重新夺回因1935年法案的让步和在1937年至1939年底国大党统治时期失去的主导地位。

几年前，当尼赫鲁和克里什那·梅农（Krishna Menon）访问欧洲时，克里普斯告诉他们，工党致力于将印度的权力移交给普选产生的制宪会议，条件是在过渡时期英国的利益须得到保护。1942年初，克里普斯代表英国内阁出访时承认，来自多方面的变革压力越来越大。首先，内阁中有像克里普斯和克莱门特·艾德礼（Clement Attlee）这样的工党成员，他们个人认为印度的自由是一种权利。他们的信念得到了英国的同情者的强化，那些同情者向战时内阁施压，要求采取更加自由化的政策。美国总统富兰克林·罗斯福急切支持英国的战争努力，但也没忘记美国在历史上对英国的不满。当他们在珍珠港事件后会面以协调政策时，他就已告诉丘吉尔，美国对印度民族主义事业有相当多的同情。中国领导人也宣布中国支持印度自由。尽管丘吉尔被迫在公开场合做出让步姿态，但他私下在对印度民族主义进行有力对抗，这中间他没有做任何退让。

几年来，国大党对战时的英国人几乎没有提出任何挑战。占主导地位的右翼和甘地继续将国大党左翼视为其主要问题。左翼国大党成员要求反对英国的战争，他们设法在1940年的年度会议上取得了一个承诺：如果国大党提出的有条件的战时合作提议被拒绝，公民不服从运动将恢复。与此同时，甘地被赋予了全权负责掌控恢复公民不服从运动的时间和实施方法的责任。

甘地意识到政府在觊觎一个借口来释放出其强大的新权力以对抗国大党，他授意一些值得信赖的追随者通过发表反战演讲来被逮捕，这些人包括尼赫鲁和一位久负盛名的甘地主义者维诺巴·巴韦（Vinoba Bhave），后者后来被认为是甘地的精神继承人。其他人紧随其后，到1941年底，有20000名指定的志愿者入狱。共产党人在德国入侵苏联后支持参战，而国大党和非国大党社会主义者则对参战以及甘地的无效反对予以谴责。那些试图采取其他反战行动的人通常会被警觉而强大的警察力量清除，虽然也有例外。苏巴斯·鲍斯发起了勇敢而有效的公民不服从运动，赢得了孟加拉偏远地区穆斯林和农民的广泛支持并扩散到了迈索尔和喀拉拉，因为这一运动针对的是地主及其警察盟友，还有战争。

1940年经济状况的改善可以解释在印度为什么没有发生更多的斗争。与世界其他地方一样，政府在战争中的支出刺激了饱受二十年萧条重创的经济。随着第一次战争动员开始，农产品价格开始缓慢而稳定地上涨，就像在1914年至1918年的欧洲战争期间，工业就业人数随着战争物资的生产而增加。由于战争使得从欧洲和日本的进口削减，印度生产的商品在国内市场上开辟出了更广阔的领域。1939年至1942年，印度的工厂就业人数增加了三分之一。这种激增不仅仅涉及进口替代，因为到1941年，印度已经在制造汽车、船舶甚至飞机。

对于穆斯林来说，战争初期是政治巩固时期。真纳坚称穆斯林联盟是穆斯林利益的唯一代表，并且对所有拟议的宪法安排拥有否决权。在政治家当中，支持建立一个独立的伊斯兰国家的情绪日益增长。1933年和1935年，剑桥大学来自旁遮普省的穆斯林学生撰写的小册子中提到了这个想法，将未来的国家称为"巴基斯坦"（Pakistan）。这个词是由旁遮普、阿富汗、克什米尔和信德的首字母以及俾路支斯坦的后缀组合而成的，由此产生的首字母缩略词在乌尔都语中意为"纯净之地"。①奇怪的是，穆斯林最集中的孟加拉省并未包括在内。建立一个单独的穆斯林家园的建议受到了英国官员嘲讽式的同情，他们总是乐见次大陆政治团体之间产生分歧。随着缅甸的沦陷，1942年3月战争突然来到了印度边境。与此同时，德国入侵苏联导致了印度共产党支持当前的"人民"战争。战争的临近将各个民族主义阵营拉近了，对英国进行强大群众抵抗的要求加剧，这种情绪在随着英国战败的消息增长。反对战争的努力将国大党内外的甘地追随者和社会主义者团结了起来，并为苏巴斯·鲍斯带来了大批爱国追随者。作为国大党最激进的领导人，鲍斯设法逃脱监禁，逃到了德国，决心尽其所能为印度自由斗争拉拢盟友。从那里他被带到日本控制的新加坡，随后他在那里宣布，一支独立的印度军队将通过军事手段解放印度。他招募的军队包括日本战俘营中的20000名印度战俘，这些是在马来亚因他们的指挥官投降而被俘的士兵。随后在贯穿缅甸的丛林里，与日本士兵并肩作战的战役得到了印度民族主义者的欢呼。

---

① 原为Pakstan，其中包含旁遮普（P）、阿富汗（a）、克什米尔（k）、信德（s）、俾路支斯坦（tan），后来为了便于发音，增加了"i"。

克里普斯调查团

英国的脆弱性以及来自美国和中国盟友的持续压力迫使英国改变了对印度改革的态度。丘吉尔现在提出给印度自治领地位，并且，自由的印度还有离开英联邦的额外权利，如果这是制宪议会的决定的话。作为回报，印度人将同意继续在英国的领导下参与战争行动。斯塔福·克里普斯爵士于1942年3月被派往印度，向印度人解释这一提议的条款，把安抚总督林利斯哥的事留给了丘吉尔，林利斯哥因被排除在该决策之外而感到愤怒。丘吉尔解释说，如果处理得当，美国的批评者会相信，任何未能达成协议的结果都是由于印度人的不妥协所致。

实际上，克里普斯在前往印度时仍不清楚可以向印度领导人提供什么，以及他的内阁同僚们会同意什么。就印度人而言，他们给了克里普斯一个有些令人困惑的回答。甘地拒绝参与讨论，将其留给国大党谈判代表尼赫鲁和毛拉纳·阿布·卡兰·阿扎德（Maulana Abul Kalam Azad），他们专注于解决印度人在拟议的印度政府中央行政部门中的角色问题，并将克里普斯的提议解释为国大党最起码要完全控制内阁，总督降为名义上的首脑。这是伦敦没有想到的布局。由此产生的混乱，有些是丘吉尔故意制造的，他说服了他的内阁同僚召回克里普斯，并宣布会谈因印度反对而失败。克里普斯调查团的希望破灭，以及印度普遍怀疑英国不诚实，这些引发了新的斗争，甘地于1942年8月发起了"退出印度"（Quit India）运动。

退出印度

到1942年底，印度卷入了两场战争：一场是反对日本的战争，另一场是反对英帝国政权的战争。国大党工作委员会于1942年8月8日宣布的"退出印度"运动是一个战争宣言。非暴力将一如既往地保持，但以前运动中的严格纪律有所放松。国大党领导人知道他们将面临立即被逮捕和拘留的处境，因此甘地宣布印度人必须以最好的方式进行正义的战争。他还将参与的方式扩展到法庭、监狱之外，包括了他长期以来一直禁止的总罢工。长期以来，关于他这种新的斗争性的原因一直有争论。尼赫鲁认为甘地改变战术的原因是他坚信英国会在德国和日本的联合进攻下崩溃，因此英国战后让步的承诺毫无价值。但另一个可能的原因是，来自长期受挫折的下层的压力无法通过温和的措施得到遏制。8月9日国大党领导人被捕时爆发的大规模自发示威，正如他们预期的那样，为后一种解释提供了可信度。

英国反应的迅速程度和力度证实了自1939年战争开始以来，帝国机构就已经为这种可能性做好了准备。亚洲的军事逆转在英国军方和官僚中引起了恐慌，他们想象阿萨姆省和孟加拉省很快将被通过缅甸推进的日军和印度国民军联合拿下。在孟加拉的船只都被拆毁，以免落入入侵者之手。

随之而来的河流运输中断是导致次年可怕的孟加拉饥荒的部分原因。随着战争的继续，当印度商人撤回他们原有的支持时，官员们感到很沮丧。商人在战争初期通过合法商业和黑市经营获得了丰厚的利润，但一些在马来亚和缅甸追随英国步伐的商人蒙受了损失。无论怎样，他们对旨在吸收超额战时利润的新赋税感到不满。

在许多认为英属印度时代已经结束的人当中，有些人甚至认为加入日本的共荣圈会促进整个印度的利益。然而，到1942年底，日本人似乎在阿萨姆省边境停滞不前了，印度企业和英国人之间更正常的合作关系有所恢复，英国警察对罢工的暴力镇压行为鼓励了这种合作关系。

8月，停工活动开启了"退出印度"运动。国大党成员和学生一起在印度北部和西部的几个城市与成群结队的警察和士兵对峙。该月晚些时候，邻近的农村发起了反政府示威活动，学生们再次是动员者。孟加拉、奥里萨、孟买和卡纳塔克的部分地区的通信设施和军事设施遭到了乡村游击队的袭击。虽然这些活动基本没能阻碍战争的进行，但到1943年底，一些殖民地官员对平民对他们统治的敌意表达了担忧。报复行动从警察开枪升级到摧毁整个村庄，公开实施鞭刑，甚至在印度东部动用飞机进行机枪扫射。从1942年8月到1943年12月，被记录下来的有数百次手无寸铁的示威者遭到枪击的事件，其中三分之一发生在孟买，造成近2000人伤亡。此外，约有2500人被判处鞭刑。

在1942年和1943年的革命氛围中，主角是学生。当中层甚至上层种姓学生广泛遭到逮捕甚至死亡的案例被公之于众时，官方所声称的城乡混乱是犯罪分子和流氓所为被证明不实，警方也承认对财产的袭击相对很少。被认为不爱国的柴明达尔和地主被拒付租金，但由于人们越来越相信英国很可能会输掉战争，这样的情况很少。

像往常一样，有些地方的斗争性比其他地方更大。1942年至1945年，过去曾是民族主义活动温床的旁遮普省几乎没有出现反英行动，因为穆斯林、锡克教教徒和印度教教徒之间的三方社群冲突已经变得很激烈，对英属印度的抵抗已成为次要。此外，旁遮普的战争采购和士兵的汇款带来的经济繁荣抑制了爱国主义。马德拉斯也很平静，那里的国大党由拉贾戈帕拉查理领导，他更倾向于继续谈判而不是发生冲突。在马德拉斯的泰卢固语区和喀拉拉，他的温和主张得到加强，在那些地方，由于共产党的重大影响，战争得到了支持。

尽管为防止扰乱战争而对反政府行动采取了强力措施，但民族主义者最终取得了胜利，这在很大程度上是因为英国领导人中间的失败主义和低落的士气。阿奇博尔德·珀西瓦尔·韦维尔将军（Archibald Percival Wavell）在1943年末将就任总督时告诉丘吉尔，战争结束后控制印度所需的压制力量将超过英国的能力，即使世界舆论允许英国做这种努力。

同样矛盾的是，国大党的声誉在1937年至1939年被在其领导下开倒车的省政府部门所玷污，而警察的镇压和监禁又恢复了国大党的声誉。英国监狱监禁了国大党领导人，实际上使他们免于做出他们本来会面临的艰难抉择：是欢迎还是谴责日本胜利，是否支持苏巴斯·鲍斯的"自由印度"运动和印度国民军。对许多人来说，鲍斯的计划类似于日本法西斯主义者的计划，而日本法西斯分子正在输掉他们试图通过战争实现统治亚洲的赌注。尽管如此，鲍斯的士兵在缅甸的成功就像被监禁的国大党领导人做出的牺牲一样，都激发了印度人的爱国情绪。

战争中的经济

随着战争接近尾声，不断加深的社会困境对国大党的事业有益。在战争期间，膨胀的货币追逐着包括食品的有限商品，而繁荣的黑市很容易逃避薄弱的食品配给计划。许多地方的短缺变成了匮乏，1943年在孟加拉变成了可怕的饥荒。在夏季和秋季，沿海地区没有食物，因为在1942年，为了阻止日本可能的入侵，那些地方的船只都被拆毁了。来自沿海地区饥饿的难民挤满了通往加尔各答的道路，估计有300万人丧生。

虽然灾难困扰着孟加拉等地的穷人，但其他人却积累了大量财富。一些意外利润部分来自孟加拉的不幸，但来自战时经济的远比那些更多。的确，由于强制贷款和战争物资购买的延迟支付，印度从债务人转变为了英国债务的主要持有者。战争期间，印度生产商的产出增添了包括飞机在内的一系列新的工业产品，而印度资本家开始与国大党领导人进行规划讨论，以确保战争期间获得的技术发展势头不会减弱。冈萨亚·塔兹·比拉和杰汉吉尔·拉坦吉·达达博伊·塔塔（Jehangir Ratanji Dadabhoy Tata）发起了与英国和美国公司的技术协议和合作，并于1944年制订了一项名为"孟买计划"的技术转让许可计划。他们雄心勃勃地预言，通过十五年的密集工业驱动，印度的人均收入将翻一番。（这方面的例子是20世纪30年代的苏联工业化，那是斯大林强制的，但印度的情况不同，印度是通过国有和私营部门的混合来实现工业发展的。）

真纳的选择

诸如此类的乐观展望想当然地认为战后印度可以与英国和平地就独立问题进行谈判，没有考虑到伴随在次大陆建立一个单独的穆斯林家园的呼声可能出现的暴力分治，或对此有什么准备。穆斯林联盟和共产党在敌对行动中兴旺起来了。国大党在战争开始时退出了马德拉斯、联合省、比哈尔省、中央省和奥里萨省的政府，而穆斯林联盟此时则提升了其在那些地方以及阿萨姆省、信德省、孟加拉省和西北边境省的地位。此外，穆斯林联盟通过组织准军事辅助人员来保卫穆斯林及其社群，并以多种方式解决阶级利益问题，从而在战术上加强了自己。在孟加拉和旁遮普，穆斯林联盟采取了激进的社会政策，努力取代与印度教柴明达尔、地主和放债人做斗争的穆斯林佃农的左翼领导层。在另外情况下，穆斯林联盟说服了穆斯林商人，说如果他们有更多的政治优势，就可以扩大他们的贸易和制造业的份额。这些和其他论点通过印度北部许多地区致力于联盟事业的报纸得到了广泛宣传。

随着战争的结束，所有人的思想又都可以重新专注于争取独立的斗争了。1946年5月，当另一个英国内阁代表团在西姆拉（Sim-la）召集印度政客开会时，真纳似乎很脆弱，尽管他是穆斯林联盟的唯一发言人。他在旁遮普省议会及穆斯林领导的这个重要省的政府机构中几乎都没有得到什么支持。然而，他在英国的地位仍然很高，因为尽管英国政府官员并不比国大党更赞同一个单独的伊斯兰国家的想法，但他们比较接受由一方为所有印度穆斯林提供单一谈判声音的简单做法。这种情况使真纳更倾向于强调伊斯兰意识形态主张，而不是去与他那些持怀疑态度和分裂倾向的追随者就接替英属印度的具体政府结构问题展开无休止的争论。强调宗教定义的国家概念使穆斯林联盟获得了回报，它在1946年的省议会选举中赢得了四分之三的穆斯林选票，这是它在1937年未能完成的重任。

这是真纳的胜利，他迅速将那次投票阐释为民众对在次大陆建立家园的要求，并鼓励他的追随者庆祝选举取得的社群胜利。旁遮普省和印度北部其他地方的穆斯林与印度教教徒和锡克教教徒之间的紧张局势加剧了，因为尽管穆斯林联盟在1946年取得了成功，它却无法在除信德以外的任何地方组建省级政府机构，因为国大党通过谈判已将联盟排除在其他几个省的政府机构之外。最令人恼火的是旁遮普省的情况，在那里国大党与锡克教教徒结盟成立了一个政府。

在这一时刻，伦敦的重要决定改变了游戏规则。艾德礼政府宣布，权力将比预期更早地移交到"负责任的印度人手中"，真纳要求由穆斯林联盟控制拥有庞大的印度教和锡克教少数民族的整个旁遮普和孟加拉，但被拒绝。

真纳现在面临着一个令人不快的选择。穆斯林可以留在国大党控制下的联邦程度弱的印度联盟中，或者可以接受由"被分割"的旁遮普西部地区和孟加拉东部地区（不包括加尔各答）组成的次大陆分区。很难想象这样一个分裂的国家如何能管理好，更不用说它如何为选择留在印度共和国的数百万穆斯林提供任何保护。由于立即建立一个强大的中央权威和政治机构几乎是不可能的，真纳再次被迫让伊斯兰意识形态成为建立一个既没有足够资源又缺乏制度的国家的可怜替代品。克服旁遮普省和孟加拉省的次国家爱国主义和利益的重担落在了一个具有宗教合法性的中心身上。穆斯林政体不得不由在领土和政治上分裂的人民，以及与现代国家没有明显关联的宗教意识形态这些没有希望的材料来构建。

这与印度形成的对比再大不过了。印度的世俗意识形态，连同一个可行的联邦制体制和宪法框架，以及一个业已强大的中央，都是从英国继承下来的。国大党领导人，尤其是萨达尔·帕特尔，行动迅速，通过利用省一级相互竞争的情绪和利益来增加中央权力，就像英国人根据1935年《印度政府法案》控制中央集权时所做的那样。

真纳是一位很精明的政治家，他意识到在巴基斯坦的中央取代英属印度统治不会那么容易。正是出于这个原因，他担任了巴基斯坦独立后的首任总督。如果要有一个可行的中央，那么最快的方法就是真纳自己成为那个中央。

二战结束时，共产主义者不得不克服因为他们既支持对轴心国的战争又支持真纳建立一个独立穆斯林家园的要求（这符合列宁关于在苏联的民族自决权的学说）而受到的双重指责。共产党在1934年被取缔后，又在战争期间恢复了合法性，他们利用自己的自由组织起来了，党员人数从1942年的4000人增加到1948年的100000多人，同时，加入由共产党人领导的工会、基桑和学生团体这些群众组织的人数则数倍于这个数字。在全国许多地方与农民的合作为共产党提供了一个庞大的"票仓"，使其可以在战争结束后召集选举，并在国大党和穆斯林联盟之后排名第三。这种优越地位的结果之一是共产党在印度的许多地方赢得了知识分子，尤其是在加尔各答。为迎接1945年开始的自由运动最后一幕，共产党人蓄势待发。

分治的苦涩胜利

令人沮丧的缓慢且时断时续的谈判终于迎来了自由，但即使是在那样一个已经经历了十年战乱的世界中，争取自由的过程所不可避免地带来的死亡规模也是惊人的。谈判和暴力都是由相同团体实施的，即印度教教徒、穆斯林和锡克教教徒。

国大党和穆斯林联盟之间的谈判在战争的最后几天短暂地重新开始。1944年夏末，甘地和真纳讨论了在预期的英国权力移交之后建立穆斯林家园的想法。真纳拒绝了通过公民投票决定是否需要分离的提议，提出要求巴基斯坦领土由穆斯林占多数的所有省份组成，即旁遮普、信德、俾路支、西北边境、孟加拉和阿萨姆。由于穆斯林联盟的领导人确信一旦战争结束，国大党将重新确立其在1939年所放弃的省级权力，并且很有可能赢回联盟已设立政府的省份，这使得任何可能达成的协议都变得复杂了。讨论的失败使关注点转移到了来自伦敦的新提案上。

丘吉尔指示总督释放在战争期间被监禁的国大党领导人，以便他们有可能参加讨论下一步行动的会议。在位于喜马拉雅山脉的总督夏季总部西姆拉举行的会议注定是要失败的，因为从一开始，韦维尔勋爵就认为国大党只代表种姓印度教教徒，就像穆斯林联盟应该代表穆斯林一样。国大党抗议说其成员和领导人中也有低种姓的印度人和穆斯林。穆斯林毛拉纳·阿扎德不仅是前往西姆拉的国大党代表团团长，他还是1940年的国大党主席。真纳坚持认为，作为进一步参加会议的条件，穆斯林联盟必须代表所有穆斯林发言。这破坏了会议，实际上也证实了真纳的说法，即联盟可以否决英国试图强加的任何宪法安排。

亚洲非殖民化

海外的情况不再允许僵局。1945年7月，工党在一场包括终结帝国主义的国家政治变革浪潮中将丘吉尔的托利党人赶下了台。越南和印度尼西亚要求分别从法国和荷兰的统治中独立，并且开始了针对欧洲恢复统治的武装抵抗，这加剧了战后的反帝气氛。因此，具有讽刺意味的是，那些在英国人率领下参与接受日本在印度支那和印度尼西亚投降的印度军队，被指控将领土交还给了法国和荷兰官员。

在战后新的形势下，新任工党首相克莱门特·艾德礼呼吁举行自1937年以来的首次印度大选，这在意料之中，政府的另一项决定也是如此：对数百名曾在鲍斯军队中担任军官的印度士兵进行审判。1945年11月，当第一次审判在德里的红堡进行时，一名印度

教教徒、一名穆斯林和一名锡克教教徒受到指控，穆斯林联盟和国
大党强烈抗议，旁遮普的印度军队也发出了危险的牢骚。在印度支
那和印度尼西亚服役的印度士兵的忠诚度现在受到了质疑。据透
露，韦维尔当初曾因为这个原因表达了对往那里派遣印度军队的焦
虑，但被亚洲战时指挥官蒙巴顿子爵（Viscount Mountbatten）否决
了，蒙巴顿很快就会在印度开始一段短暂但意义重大的职业生涯。

韦维尔在1945年面对的问题不仅是印度士兵的忠诚度。战后，
孟买省和孟加拉省发生了粮食歉收，导致口粮急剧减少，而失业加
剧了这个困境。原本那些地方的食品通常是过剩的。之后，在1945
年11月，学生走上了加尔各答的街头，要求停止对印度国民军的
审判。他们遭到了警察开枪镇压，两人被射杀，一个是印度教教
徒，一个是穆斯林，这使跨宗教的团结具有了象征意义。加尔各答
在发生了更多的枪击镇压之后才恢复了秩序。

尽管甘地和尼赫鲁两人为警察辩护，许多国大党领导人都纷纷
谴责警察的行为。那些抗议活动向英国发出了一个信号，表明公众
对审判深感愤慨。之后，除了那些能被证明有谋杀和残暴行为的人
外，所有余下的被告都被释放了。但这还不足以平息公愤，1946年
2月，因一位名叫阿卜杜勒·拉希德（Abdul Rashid）的人被判处严
厉的七年监禁，加尔各答再次爆发示威游行和总罢工，并陷入动
荡，其间有80多人丧生。暴力和反暴力形势急剧扩大并蔓延到加
尔各答以外。铁路和邮政工人决定采取全国性罢工行动，部分是为
了回应加尔各答发生的镇压，同时也是为了抗议基本食品价格的
上涨。

除此之外，还发生了孟买海军人员兵变，这对英国人来说无疑
是最危险的事件。1946年2月，针对海军食品标准下降、印度和欧
洲海员之间的工资差异以及白人军官的种族侮辱等问题，发生了抗

议活动。水兵们也同情在德里受审的士兵以及那些反对为返回的荷兰殖民者保留印度尼西亚土地的人。海军的愤怒最初诉诸和平绝食，但暴力事件很快爆发，并升级到用舰炮轰击岸上的驻地。孟买平民于7月开始支持罢工，他们突破了海岸军营周围的封锁线，为罢工者提供食物。随着消息传到其他地方的海军部队，更多的罢工出现了。结果是，到1947年初，将近80艘舰船和20个岸上驻地站点的指挥官在应对兵变并试图用武力制止罢工。这激发了许多地方的学生和工人通过攻击警察和士兵来支持兵变者。在整个事件中有超过200名平民丧生。

对于印度民族主义领导人来说，这一时期同样是困难重重。萨达尔·帕特尔（他是"临时政府"的本土成员）和甘地谴责了这次兵变，帕特尔谴责是因为一个自由的印度也需要一支纪律严明的陆军和海军，而甘地谴责则是因为水手们树立了一个坏榜样。在他们两者发出抨击的背后，隐藏着无力遏制暴力潮流的沮丧情绪。现在，印度各地都可能会爆发失控的暴力事件。手无寸铁的抗议者的情绪有了新的变化，他们当中越来越多人来自中产阶级，他们坚决反对武力。大部分斗争反映了共产党人在其"反叛"的岁月中取得的中心地位，在此期间，他们以合法方式运作，赢得了能够进行有纪律的街头斗争的大量追随者。帕特尔和其他民族主义政客黯然看到，他们偏爱的非暴力抵抗加上谈判的策略输给了一种完全不同的政治。于是乎，英国发出的大选呼吁受到了国大党领导人的欢迎，他们希望转移目前在街头推动抗议的能量。

1945年12月和1946年1月的选举在穆斯林人口较少的选区为国大党赢得了想要的多数票。同时，国大党在中央议会和除孟加拉、信德、旁遮普以外的大多数省份赢得了微弱多数票。穆斯林联盟在其他选区的表现则与国大党一样好，赢得了根据1935年宪法规定为穆斯林保留的席位数的五分之四，但未能赢得在旁遮普省组建政府所需要的足够席位，并且，真纳在西姆拉宣称巴基斯坦应当拥有的阿萨姆和西北边境这两个省份，穆斯林联盟都输给了国大党。然而，这次选举的真正赢家是真纳和穆斯林联盟，因为投票是按照宗教路线进行的，虽然没有明确这是为巴基斯坦的一次投票，但真纳提取出了这种含义，并在接下去的动荡时期继续坚持。

1946年3月，英国内阁代表团再次出访印度。这一次，克莱门特·艾德礼授权斯塔福·克里普斯和他的两个同僚就建立一个临时政府的可能性进行考察，这个临时政府要能够起草英国当局可接受的宪法。自由不再是问题，只是时间和条件的问题。英国和国大党都试图阻止进一步的抗议，但难以平息的混乱在不断持续，铁路、邮政甚至警察都纷纷罢工，还有关于国大党左翼和共产党人要搞总罢工的说法。内阁代表团成员与国大党对正在发生的暴力和暴力威胁感到绝望，这加速了他们之间达成协议，但协议几乎没有获得任何公众认可。

内阁代表团最终想出了一种非常巧妙的蒙混方式，导致国大党和穆斯林联盟在理解相反的误解下接受了它。包括土邦国在内的整个印度将被划分为三个地区：一个在西北，一个在东北，以及其余地区，形成一个弱联邦。中央机关将处理国防、外交、货币等事务。对此，真纳和穆斯林联盟的印象是，该计划从本质上讲意味着一个单独的巴基斯坦，每个团体都有一个制宪会议。而另一方面，国大党认为提议的中央权力意味着拒绝关于巴基斯坦的要求。

然而，安排制宪会议选举的努力，因关于每个政党代表谁的问题而受挫：国大党声称代表所有人，而穆斯林联盟坚持认为只有它代表穆斯林。最后，真纳退出了所有讨论，他以令人感觉不祥的口吻表示，联盟将从1946年8月16日开始发起"直接行动"以实现巴基斯坦的独立。对于韦维尔来说，除了提议建立一个没有穆斯林联盟的临时政府之外，别无办法。因此，在9月，一个以尼赫鲁为首的国大党主导的政府成立了。此时，真纳的威胁已经成为现实，血腥暴力开始了，不仅涉及穆斯林联盟在整个印度北部对国大党的反抗，还涉及贫苦农民反对地主及其警察和司法盟友。英国和国大党领导人担心的混乱降临到了不幸的印度人民身上，在未来的一年时间里整个北方将血流成河。

按照真纳的命令，行动于1946年8月16日在加尔各答开始了。穆斯林的袭击是在孟加拉省的穆斯林首席部长的同谋下发起的，他承诺行动将不会受到警察或军队的干预。连续三天这样的袭击，以及随后锡克教教徒和印度教教徒的反击，造成了4000人死亡和这一数字两倍多的人受伤，其中大部分是穆斯林。孟买大批的穆斯林开始反击印度教教徒，尽管规模不是很大。暴力随后又回到了孟加拉省，这一次是在孟加拉东部的乡村，大量穆斯林租户袭击了印度教地主、商人和放债人。面对300人死亡和财产遭到破坏，警察再次袖手旁观。到10月，比哈尔省首次发生了印度教农民发动的类似袭击，造成了7000人死亡。

这些爆发的事件已经很严重了，而且许多人对生命的丧失已变得麻木，但旁遮普省的宗教骚乱比所有其他情况都更严重。从1947年8月开始，大约有5000名锡克教和印度教的商人与放债人在旁遮普西部以穆斯林为主的阿姆利则和木尔坦（Multan）之间的地方被屠杀，流血事件不断升级，直到数百万印度教教徒和锡克教教徒逃往东部而穆斯林向西流动。到1948年，旁遮普省的死亡人数已达到18万，其中三分之二是穆斯林。600万名穆斯林失去家园成为难民，而450万名印度教教徒和锡克教教徒来到那里寻求庇护。

1946年，尼赫鲁和他的政府只能眼睁睁地看着这种不同群体间仇恨所引发的令人震惊的大规模恐怖事件发生，因为英国从未兑现过派兵的承诺。最终，国大党长期坚持的世俗承诺也被削弱了，不得不接受以宗教为基础的次大陆分治。即便如此，政治划分也未能保护穆斯林、锡克教教徒和印度教教徒免遭相互屠杀。数百万难民无处能找到安宁，除非在死亡中。拥挤的火车往返于旁遮普省和孟加拉省之间，满载尸体抵达各自的目的地。

甘地被谋杀，暴力升级

甘地本人在1948年1月底成为宗教仇恨的受害者，当时他在德里被马哈拉施特拉印度教极端分子纳图拉姆·戈德斯刺杀。甘地的生命结束于印度伟大复兴到来的时刻，这样的时刻在几年之前几乎没有人认为可能会出现。在甘地从令人沮丧的英国撤军谈判中脱身之后，他偶尔会介入活跃的政治，那似乎也只是证实他的时代已经过去。当他向总督蒙巴顿子爵提议真纳应该被任命为统一印度的总理、英国人应该留下一段时间以保护多数的印度教教徒时，他的许多同僚都被说服了！

当1946年8月爆发大规模教派群体仇杀时，甘地在孟加拉省和比哈尔省冲入了情况最糟糕的地方，他在那些地方以禁食的方式进行说服、劝诱和威胁，以期结束冲突。在一个地方取得成功后，他就会被召唤到别处再去复制他的奇迹。当1947年8月下旬屠杀事件在加尔各答再次爆发时，他仿佛是施了魔法一样遏制了在那里发生的集体杀戮，实际上那是通过他的名字、声誉和个人追随者的力量做到的。1948年1月，他在德里试图化解印度教教徒和锡克教教徒要对穆斯林进行报复的呼声，报复是因为与他们信仰同一宗教的人在旁遮普省被杀。在德里，他禁食不仅是为了要约束那些一心想要进行集体报复的人，而且也是为了影响很强势的内政部长萨达尔·帕特尔，帕特尔拒绝按照协议与巴基斯坦分享前帝国国库的资产。分治已成事实，甘地坚持为巴基斯坦伸张正义，他多次与穆斯林团体进行充满危险的会面以平息他们的仇恨和恐惧，这促使戈德斯采取了狂热的行动。

甘地的死并没有结束大规模的宗教间的冲突，冲突只是到了彼此精疲力竭的时候才结束，这时印度政治开始恢复到更正常的轨道上：加尔各答学生走上街头反对法国人使用加尔各答机场为他们在越南的士兵运送补给；加尔各答和恒河流域其他地方的城市工人发起了纯粹的经济罢工。过去一直没有过严重的宗教不和的次大陆南部现在出现了公共骚乱，在那里，以及在越来越多的北方地区，政治焦点转移到了乡村，轰轰烈烈的阶级斗争正在登场。

与乡村的贫困一起加剧的是农业社会的动荡。1946年末，孟加拉北部的租佃条件变得非常苛刻，一个政府委员会提出佃农应获得他们所产出的作物的三分之二，这个比例远高于当时的普遍水平。那里的农民通过孟加拉的全印度基桑萨布哈承担这一变革的实施，来自孟加拉城镇的学生共产主义者被招募来组织当地的运动，反对顽固不化且强势的地主。当庄稼种植者在收获后从打谷场夺取了建议的三分之二的收成时，穆斯林领导的省级立法机构的一项新法律使他们的行为合法化了。大多数土地承租人是穆斯林，地主则是印度教教徒。

然而，在印度的另一端，一场政治危机出现了。共产党领导发动了对大地主的攻击，他们在那里发展起了一场强大的区域性农村运动，参与者有用椰子壳纤维制作绳索的工人，有榨取棕榈树汁液酿制乡村土酒的工人，有渔民，此外还有无地劳动者。1946年，当英国撤退时，特拉凡哥尔的大君和一位部长满怀着土邦国独立的愿望。省议会表面上"民主"的改革，实际上掩盖了古代地方自治的削弱，导致了当年10月针对大君计划的总罢工。对此，该土邦国以实施戒严令作为回应，造成800名示威者被杀，这一事件在1947年印度共和国成立后得到纪念，当时特拉凡哥尔被划为印度联盟新成立的喀拉拉邦的一部分。一个更严重的乡村动乱发生在马德拉斯省内被称为泰伦加纳（Telangana）的泰卢固语地区，动乱持续了五年，涉及武装农民在面积超过16000平方英里、包含3000个村庄的地区对土地改革的长期要求。

尽管这些暴动很严重，但它们过于分散，不足以影响到英国向次大陆继任者进行权力移交的最后阶段，不过这些运动警示人们，宗教间仇恨所导致的暴力可能会扩大。英国政府被其在印度的官员说服，确定了一个提前离开的最后期限：1948年6月，届时所有安排都将完成，权力和对各土邦国的主权将一道移交给被认为是控制次大陆各个部分的政治代理人。在可能出现巴尔干化的威胁下，所有印度政治头脑都集中在了蒙巴顿勋爵的详细建议上，他被赋予了完全的决策权。

蒙巴顿曾提出自由加分治，国大党在1946年底接受了该计划，尽管它被不祥地称为"巴尔干方案"。此外，总督坚持加快过渡的步伐，结果是在克莱门特·艾德礼2月份指定蒙巴顿为韦维尔的继任者后不到六个月，英国的权力就被移交了。英国议会于1947年7月18日颁布的《印度独立法》规定将于1947年8月15日实施，但该提议被尼赫鲁拒绝，他拒绝接受权力将从王室移交给英属印度各省的几个民选机构，按他的理解，据此，其中的孟加拉和旁遮普这两个省的议会可以就内部分治做出进一步的决定，而大约600个土邦可以选择加入巴基斯坦或印度，或者保持独立。这是回到了早先的内阁代表团的提议，对尼赫鲁和其他国大党领导人来说是不可接

受的，因为这是在号召创建数量如此之大的新国家，以至于它们的
存在将取决于持续的对英国或美国的臣服，美国在日本战败后正在
取代英国和其他欧洲国家，在亚洲占霸主地位。

因此，国大党领导人敦促蒙巴顿同意将次大陆划分为印度和巴
基斯坦这两个继承国这样简单而直接的提议。在独立的同时，印度
应该被授予自治领地位，如果需要的话，有权脱离英联邦。国大党
成员拒绝由制宪会议来建立这些国家的基础，而国大党的方案是可
以迅速实现的，并可能会避免进一步的暴力。蒙巴顿同意了，但旁
遮普的血腥分治是无法避免的。此外，这样的两国解决方案的便利
意味着对其他民族主义意愿的侵犯。一些孟加拉人曾在穆斯林占多
数但印度教教徒享有少数族裔权利的联合统治下为争取孟加拉的独
立而辛劳。同样，西北边境省的"边境的甘地"、世俗民主的坚定
支持者阿卜杜勒·加法尔·汗的许多追随者想要建立一个帕坦国
家。但是无论是国大党还是穆斯林联盟的领导层，都不会改变他们
将印度不同的政治因素迅速整合到仅两个国家中的一个或另一个中
的决心。

留给这项宏伟任务的时间很短，障碍似乎很大。例如，蒙巴顿
手下的一些官员认为，印度的王公，尤其是南部的海得拉巴、迈索
尔和特拉凡哥尔以及北部的博帕尔和克什米尔等大国的王公，他们
在历史上一直是英属印度的坚定支持者，应该得到独立国家地位的
奖励。另外还有成立新国家的要求，例如讲泰卢固语的安得拉人。
蒙巴顿顶住了他那些代表王公的下属的压力，并在管理整合过程中
帮助了国大党。

对于那些签署了协议将其领土并入印度联盟的王公，总督从税
收中向他们提供了丰厚的报酬（即所谓的"私囊"），以维持他们
的王室风格，甚至任命了一些王公为邦长。至于在印度境内建立新

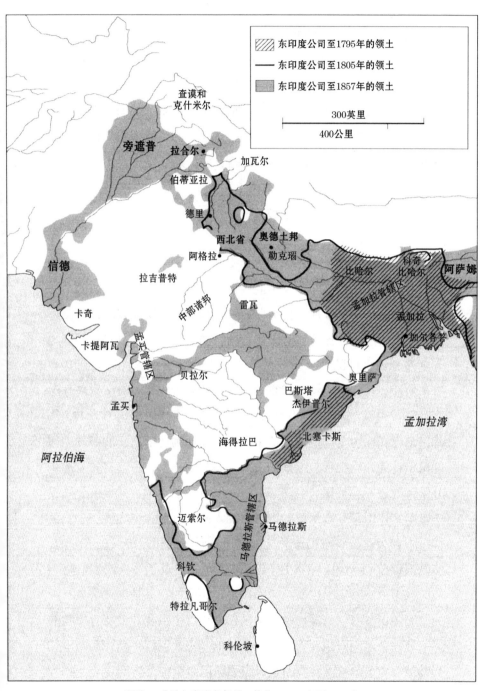

图例：
- 东印度公司至1795年的领土
- 东印度公司至1805年的领土
- 东印度公司至1857年的领土

300英里
400公里

查谟和克什米尔

旁遮普
拉合尔
加瓦尔
伯蒂亚拉
德里
西北省
奥德土邦
勒克瑙
阿格拉
比哈尔
科奇比哈尔
阿萨姆
信德
拉吉普特
中部诺邦
雷瓦
孟加拉管辖区
孟加拉
卡奇
加尔各答
卡提阿瓦
孟买管辖区
贝拉尔
奥里萨
孟买
巴斯塔
杰伊普尔
孟加拉湾
海得拉巴
北塞卡斯
阿拉伯海
迈索尔
马德拉斯管辖区
马德拉斯
科钦
特拉凡哥尔
科伦坡

地图7　分治与印度各邦的一体化，1947年至1949年的、以文化定义的邦的要求，由于国大党首席谈判代表 V.P. 梅农（Vappala Pangunni Menon）和萨达尔·帕特尔的承诺，这些要求被推迟到了 20 世纪 50 年代中期，印度各邦的迅速同化应归功于他们。各方都热情接受了分治的想法，对他们两人提供了帮助。现在，印度教和锡克教领导人甚至比穆斯林更认为，为了给他们能在其中拥有重要地位的可行的新国家铺平道路，分治是必要的。

权力终于移交

随着英国工党政府寻求权力移交的方案，穆斯林联盟和国大党之间的对立加深了，在拟议中的后殖民政府的结构中，妥协的余地也缩窄了。1946 年 8 月，真纳在加尔各答煽动穆斯林骚乱，这反过来又导致印度教在比哈尔省针对穆斯林的暴力行为，以及在其他地方更多暴力事件的发生。英国看不到不断升级的一直持续到 1947 年初的冲突有什么出路，就直接宣布了他们将在 1948 年 6 月离开印度，并任命蒙巴顿勋爵为总督，负责完成英国的撤离。1947 年 6 月，蒙巴顿在向全印度的广播中直言不讳地阐述了离开的条件：印度穆斯林的独立统治包括他们占人口多数的领土；旁遮普和孟加拉分治；通过一项英国议会法案授予印度自治领地位，并提供公民投票以确定该国某些有争议的地区将加入两个自治领中的哪一个。孟加拉省和旁遮普省根据国大党和穆斯林联盟的相互协议正式分治，英国议会分别于 1947 年 8 月 14 日和 15 日各通过了一项法案，将英国的权力分别移交给巴基斯坦和印度。印度的独立是由在德里召开的制宪会议宣布的，蒙巴顿勋爵被任命为这个英联邦最新自治领的第一任总督。当时也宣告了巴基斯坦的成立，但穆罕默德·阿里·真纳被宣布为总督并负责召集议会为新国家制定宪法。

因此，随着已宣布的权力移交日期临近，为产生英属印度的继任者，一切都匆忙准备就绪了。总而言之，似乎没有什么会遮掩贾瓦哈拉尔·尼赫鲁于8月15日宣布新印度国家建立的午夜演讲的辉煌。

新国家，旧民族

很快，独立的辉煌时刻被两起暴力事件打破了，这对随后将发生的事情来说可谓不祥之兆。伴随着旁遮普邦人民的迁移，出现了触目惊心的死亡人数，以及紧随其后的印度和巴基斯坦之间因克什米尔问题而爆发的战争，这两个事件导致了接下来的十五年中将要发生的很多事情。旁遮普邦出现暴力事件，部分源于蒙巴顿的官员确定印度和巴基斯坦之间边界的方式。为了避免公开争吵，边界是在独立前的最后几个月里被秘密划定的。旁遮普西部划让给巴基斯坦，这使锡克教教徒（旁遮普数量第三大的人口）长期居住的地区被割裂，他们的愤怒导致了对不幸的穆斯林难民的报复性袭击。由于害怕受到报复，旁遮普西部地区的锡克教和印度教难民逃离了巴基斯坦。克什米尔问题也同样严重影响到旁遮普，在问题爆发的那一刻，新旁遮普边境的双方立即开始相互仇恨。

领土的历程

按照商定好的原则，土邦领地应从属于巴基斯坦或印度，是看其居民的宗教信仰以及领土位置与这两个新国家中的哪一个更近。除少数情况外，领土的转让都是没有争议的，因为英国宗主权的继承者向各色王公开出了慷慨的条件。但有两个大王国的情况特别棘手：南部的海得拉巴和北部的克什米尔。在这两者中，主要人口的宗教信仰和统治者的宗教信仰不匹配。海得拉巴的穆斯林尼扎姆统治着印度教教徒，克什米尔的印度教大君统治着穆斯林。这两种情况的结果是不同的。

在海得拉巴，一个激进的伊斯兰政党成立了，其强力反对预期的与印度进行的联合。印度军队参与了一项"警察行动"，迅速解除了反对派的武装，并迫使他们通过谈判达成解决方案。海得拉巴于1950年加入印度，并且很快与新国家中的第一个邦——安得拉邦——合并，安得拉邦是根据语言线拆分原马德拉斯管辖区而形成的。

克什米尔的面积不像海得拉巴那样大，也不像海得拉巴这个独立王国那样古老。它是英国人在1846年第一次击败锡克教教徒后，作为对一位站在英国一边的前官员的奖赏而随意创建的。这个喜马拉雅王国通过旁遮普的一个地区与印度相连，但其人口的77%为穆斯林，并与巴基斯坦接壤。因此，预计当英国至高无上的统治于8月14日至15日结束时，其大君会加入巴基斯坦。当他犹豫不决时，巴基斯坦发动了一场游击袭击，意在恐吓其统治者屈服，而大君向蒙巴顿寻求帮助，蒙巴顿同意提供帮助，条件是该统治者加入印度。印度士兵进入克什米尔并将巴基斯坦支持的非正规军赶出了绝大部分地区。随后，联合国受邀前来调解这场争端。联合国代表团坚持必须搞清楚克什米尔人的意见，而印度则坚持在非正规武装人员从整个克什米尔被清除完之前不得举行公投。

到了1948年的最后几天，双方在联合国的调停下同意停火，等待全民公决来确定人民的意见。由于这一公民投票从未进行，英国当局的两个继承方之间关系恶化了，战争不断。自从作为独立国家存在以来，两方的外交政策和行为就一直受到克什米尔争端的左右。那里的僵局自1947年以来一直存在，不断提醒着人们那两个新国家诞生时的艰难。

独立的承诺

当次大陆终于获得独立时，除了分治引发的暴力之外，可以让英属印度的继任者稳步发展的所有必要的条件似乎都具备了：一个高度中央集权的国家体系，拥有高效官僚机构和具有服从文官统治传统的军队；先进的司法系统；蓬勃发展的大学和科研机构；部分工业化的经济体。这样的结构是印度在独立时显现出来的，而其他方面的条件也很明显。一个强大的国家体系已经为印度完成国家的现代化做好了准备。战争期间产生的英国未偿债务构成了启动现代化的资本基金，并且很快因美国领导的"援助印度俱乐部"以优惠条件提供的资本而得以增加，这似乎是鼓励印度按照社会主义和资本主义混合的原则实现国民经济发展的目标。

美国提供同情援助，部分原因是美国有其战略目标，即阻止共产主义扩张进入一个人口众多且充满希望的国家。然而，即使在冷战之前，美国战时总统富兰克林·罗斯福对温斯顿·丘吉尔施加的压力也推动了印度的独立事业。美国的同情心随着印度新民主政体的明显成功而加深，同时也受到了反苏外交的推动。同样让人欣慰的是，印度国大党很轻易地转变为了一个以广泛的、代表多方利益的中间派政治联盟为形式的政党，就像美国占主导地位的全国政党，两者的职责类似，都是去维持而不是改变现有的社会和经济模式。

在一个独立的印度，制定目标和为实现这些目标设计方法的政治结构，是贾瓦哈拉尔·尼赫鲁和萨达尔·瓦拉巴伊·帕特尔的共同遗产。在争取自由的最后斗争中，他们各自代表了围绕国大党运动中心的矛盾分歧的一个焦点，独立后这种矛盾与分歧在国大党中还继续存在。甘地不希望国大党成为一个传统政党，而是希望新国家的政治在代表不同利益和方案的派系中得到表达，包括甘地派。在他看来，国大党将消亡，或成为一个讨论国家问题的无党派舞台。

在很短的时间内，1952年和1957年的全国选举清楚地表明，国大党将会在对抗其他政党的挑战中主宰各邦以及中央的政治，例如反对公共部门控制经济的自由独立党等右翼政党，以及像带有法西斯色彩的印度人民党（Bharatiya Jana Sangh）那样的基于印度教宗派主义的政党。国大党还反对使美国和尼赫鲁都感到恐惧的印度共产党的发展。

国大党被打造成了一个广泛的中间派的竞选工具，这是尼赫鲁偏向左派的铁锤敲打帕特尔的右派铁砧的结果。如果甘地的这两位继任者都曾寻求实施适合其意识形态和阶级联系的政治盟友的方案的话，那么可能已出现了两个相互争夺权力的政党，以及符合两党制性质的权力交替。作为一个在印度城市和乡村地区都有基础的全国性政党，并凭借获得了国家自由的魅力，国大党被证明是一种工具，他们两人在其中都可以看到足够的空间，让他们去追求各自的政治目标。

印度宪法：纸上的承诺

筹划将于1950年1月26日颁布的宪法主要是帕特尔的工作，他于1950年底去世。帕特尔成功地挫败了尼赫鲁希望宪法应该由民选机构来制定的愿望，他主持了一个代表性低得多的制宪会议，这是韦维尔勋爵先前根据有限选举权的原则提出的。因此,新宪法成了1935年《印度政府法案》的修订版也就不足为奇了。本来被期待的,而且是许多人要求的民主修正案,没有被写进新的宪法。例如,印度各个新邦的总督应由普选产生而不是由中央任命的提议被放弃,因为印度与巴基斯坦在克什米尔的战争似乎证明了,一个更强大的中央政权是合理的。

通过保留1935年法案规定的中央行政部门可以取代各邦政府这一条文,一个更加民主的联邦制被抵制了。这个所谓的《总统管治令》(President's Rule)规定,印度总统可以像在他之前的英国总督一样,宣布紧急状态并控制印度共和国的任何一个邦,前提是在强制实施后的两个月内要获得议会同意,并且要在六个月内举行新的选举。只要国大党占据中心地位并统治大多数邦,这种紧急权力就几乎没有什么作用。但是,规定可以从地方民选的政府部门撤回已授权的统治权力长达六个月,这就对真正的多党联邦制构成了强大的潜在威胁,这一点在1959年显露出来。那一年,喀拉拉邦开始进行激进的土地改革后,尼赫鲁屈服于右翼内阁同僚的要求,在那里实行了总统管治,解散了喀拉拉邦民选的共产主义政府。

在长达270页的宪法条款的其他部分,包括有一个"基本权利"部分,其中大部分内容是印度国大党在20世纪20年代批评英国对个人权利的保护不力时提出的。新宪法保障言论、宗教和结社自由,保障财产权、受教育权,保护少数民族文化的权利,这些权利可以在法庭上强制执行。宪法中提到的其他个人的经济和社会权利包括就业、基本生活工资、工人参与公司管理、获得法律代表权和保护环境,这些权利被划定为"指导原则",旨在指导立法机构和行政部门开展业务,但不能在法庭上强制执行,这与前一组权利不同。

司法也进行了改革，这些改革交由安贝德卡尔博士负责监督，尼赫鲁也参与了审议。尼赫鲁同意应通过为土地改革等措施提供补偿来保护私有财产免受国家侵占，他的同僚要求这样做，目的是使任何涉及深度土地再分配的改革都会因成本过高而无法实施。尼赫鲁和安贝德卡尔都未能成功地反击帕特尔提出的另一项强烈的右翼要求：不能用任何一般属人法取代殖民时期律师为印度教教徒和穆斯林分别制定的单独法规。帕特尔和他的追随者担心那样的变化会支持贱民和女性根据法律寻求平等利益。安贝德卡尔因这一问题辞去了其在法律委员会的职务，而尼赫鲁则通过立法而不是修改宪法引入了重大改革措施来反击帕特尔的保守主义。

中心和国家

1950年的宪法将印度称为"巴拉特"（Bharat），这是一个古老的名称，并将其描述为一个"国家联盟"，由各种类型的领土组成，所有领土都源自殖民时代：前英属印度的各省，前土邦国，以及旧的和新的中央管辖地区，例如德里。甘地在1920年对国大党组织进行的改革已经预见到了根据语言和文化相似性来组建国家的要求，这鼓励了马德拉斯省讲泰卢固语的人组成了安得拉邦委员会。尼赫鲁承认以文化标准建立国家的想法的合法性，但他同时也认为领土重组是危险的，因为它可能导致之前预测的"巴尔干化"。

真正的危险是，政治体系会变得十分支离破碎，从而无法由一个强大的中央来决定印度在整个世界的形象。因此，尼赫鲁和他的同僚推迟了国家重组的行动，直到安得拉运动的一位领导人在1953年因绝食而去世，迫使人们向当时基于语言建邦的情感要求让步。在南方创建了四个邦：泰米尔纳德邦、安得拉邦、迈索尔邦（后成为卡纳塔克邦，由卡纳达语的分布定义）和喀拉拉邦，它们把来自特拉凡哥尔和科钦的土邦以及旧马德拉斯部分地区讲马拉雅拉姆语的人结合在了一起。

印度宪法于1956年做了修改，当时印度联邦各邦进行了重组。最初，联邦由前英国各省和前土邦国组成。这些要素在1956年被基于语言的十四个邦和六个所谓的联邦直辖区所取代，后者由德里和某些周边地区组成。修订后的结构遭到了尼赫鲁和其他人的抵制，因为它存在在国内鼓励亚民族主义的潜在危险，尽管这正是国大党自1920年以来的组织动员所遵循的路线。20世纪50年代的地方忠诚度与20世纪20年代时一样强大，这就是为什么组建自由印度的各邦时要求采用同样的原则。1956年的国家改革放弃了世俗主义和资源效率原则，让步于另一种社群主义原则。

1957年，新的以语言划分的选区进行了选举，选举结果证明，在大多数邦级国大党中，明确的"土地之子"的利益取得了胜利，这些利益在各个地方都集中在乡村富裕的农民阶层和城镇中下阶层的人身上。各种后果接踵而至了。首先，对土地持有的根本改革现在被排除在外了：除了废除之前英国在孟加拉和其他一些分散的地方造就的地产所有者柴明达尔外，政治上享有权利的富裕农民不会允许任何法律去削减他们的财富和控制权。其次，在许多地方，接受过西方教育的高种姓人（在大多数情况下是婆罗门）被那些代表乡村和城镇中下阶层的人从他们在邦一级国大党组织中的重要位置上赶走，后者的政治纲领在方针上不是那么具有民族性，而是狭隘地制定出来以满足区域政治文化中较富有的成员的需求的。

到20世纪50年代中期，政治结构已出现裂痕。一边是受语言以及文化约束的国家和地方政治及政客，另一边是受过教育的旧精英，他们受雇于印度公务员体系中的中央官僚机构和基于新的国家机构的世界级科学机构。行政和科学精英们都会与民族资产阶级合作并经常服务于他们。尼赫鲁和他的同僚，以及他们的继任者，掩盖了广大的城乡小农与大资本家及其专业和行政盟友所构成的少数阶层之间的分歧。

关于贫困问题未能兑现的承诺

尼赫鲁与他的许多国大党同僚不同，他因未能改善印度大量乡村贫困人口的状况而感到沮丧。1955年，他按捺不住自己的急切，他向国大党施压，要求国大党和印度政府宣布其目标是"社会主义的社会模式"。他解释说，这一目标将通过国家对生产资料的所有权和控制来实现。恐惧立即触及了国大党的神经，因为农场的领导者和工业家们担心，这不会仅是一种政治姿态。领导反对力量的是前甘地追随者、印度总督拉贾戈帕拉查理，他接下去创立了自由独立党，旨在赢得马德拉斯富裕农民的支持，马德拉斯是他自己权力的大本营。他的托词是1955年在泰米尔纳德邦阿瓦迪举行的国大党会议上做出的通过农业集体化消除乡村贫困的决定。尽管宪法已经谨慎地声明了"基本权利"，即没有足够补偿的强制征用财产为非法，但新政权的社会主义言论仍然引起了恐惧。

右翼的背叛立即迫使尼赫鲁的言辞从他试图用来挑战共产主义者号召力的"社会主义模式"转变为更加中立的言论，以对抗自由独立党的吸引力。因此，他几乎没有采取社会主义立场，而是再次退回到国大党长期把持的令人心安的中间路线。中间派政治一直是包容构成国大党多元化政治的广泛派别激情（如果不总是利益）的方式。

尽管尼赫鲁的态度温和，但他和国大党右翼之间的公开冲突有时还是会爆发。1950年，当有人试图巩固右翼在党内的统治时，尼赫鲁放弃了他一贯的中立立场，亲自反对帕特尔和右翼支持的国大党主席候选人，转而支持甘地派和社会主义者支持的候选人。1950年12月帕特尔去世后，尼赫鲁可以更自由地遏制他的保守派反对者。为压制那些对其现代化规划的批评，他甚至打破先例，成为党的主席。

尼赫鲁和国大党表面上仍然致力于通过计划式的经济现代化和福利措施来减少贫困。然而，收入和福利方面的巨大差距仍顽固地持续存在，在20世纪50年代甚至可能加剧了，尽管这一点被那十年期间颁布的两个"五年计划"的措辞模糊了。这些是计划以1938年国大党通过的十五年"孟买计划"草案为蓝本制订的。在20世纪50年代末第二个（五年）计划结束后，对经济的有效规划非正式地停止了，从那时起，作为目标提出的适度生产增长和福利改善的计划并未得到认真执行。计划对社会平等的理念有贡献，但并未促成其真正实现。

1950年至1954年，尼赫鲁以其同时担任总理和国大党主席的影响力，通过立法强制废除了印度北部和东部以及南部一些小地区的柴明达尔的土地所有权。英国的租佃法已经限制了康沃利斯勋爵于1793年造就的大地主和土地中介们的一些专断权力，因此，20世纪50年代限制个人土地持有规模的法律并不是革命性的，并且针对剩余权利的丧失也给予了慷慨的补偿。此外，给旧地主留下的往往是由他们最好的旧土地组成的大型"家庭农场"，他们很容易通过各种伎俩来规避转租禁令，例如将佃农称为"合伙人"。购买部分旧庄园的富裕农民是对柴明达尔土地进行分割的主要受益者，而且，当新的法律对可拥有的土地数量设定上限时，这些法律也很容易被强大的乡村阶级所规避，他们的集体投票支持了国大党。虽然在尼赫鲁担任总理期间，乡村贫困人口在印度的地位和福利有所改变，但他们仍然像以往一样脆弱。

在喀拉拉邦的对抗

1957年共产党在喀拉拉邦的胜利对国大党来说是一个令人不快的意外。喀拉拉邦共产党人不仅发起了堪称典范的土地改革计划，而且还在基础教育和医疗保健方面投入较多资金，使该邦成为印度联邦中最平等、受教育程度最高和最健康的邦，尽管它仍然是最贫穷的邦之一。在1952年和1957年的大选中，国大党在除喀拉拉邦以外的所有地方都赢得了多数席位。在他们获胜的地方，胜利是由主导了二十一个邦机构的富裕农民团体之间的联盟取得的成果。国大党不再由城市的居民和利益主导，而是由小镇和农村人领导。选举的成功基本上是由强大而富有的农民实现的，他们与抵制尼赫鲁试图实施有力土地改革的是同一群人。正是这个富农阶层利用了种姓忠诚和派系的杠杆来动员投票。与独立前一样，大城市的有钱人和实业家在国大党竞选活动中发挥了重要作用，他们支付全职党员、广告和所需的机动车辆的费用。和以前一样，大家认为，在甘地时代之后，阶级冲突将像他在世时一样会被噤声，在这种情况下才有了金钱资助。

因此，毫不奇怪，尼赫鲁应该是有需要摆脱喀拉拉邦"红色颠覆"的政治局面的压力的。尼赫鲁和国大党邦级政权的领导人不仅仅是因为尴尬而违反民主程序，他们担心印度资产阶级可能会将对国大党的支持转移向新的政党，针对尼赫鲁通过规划和私人与公共部门混合发展来进行印度经济转型的冒险方案，这些新的政党提出了替代方案来挑战国大党。当反共学生走上街头时，尼赫鲁找借口违背了他以前无懈可击的民主原则，解散了民选的共产党政府。而由此产生的"混乱"随后被用来证明1959年对喀拉拉邦实行总统管治是合理的。然而，该解决方案被证明只是昙花一现，因为共产党在1960年的选举中赢得了大约45%的喀拉拉邦选票，再次击败了国大党。

政治规则

当尼赫鲁的国大党腾出它曾一度追求占据的中左翼位置时，印度左翼政党开始上前填补空缺。社会党在议会下院拥有10%的席位，预计其代表人数会增加。这是一个合理的预期，从20世纪30年代中期开始，社会党一直是国大党的重要组成部分，直到1948年萨达尔·帕特尔声称它已被共产党接管而将其驱逐。随后的分裂削弱了社会党对国大党和印度共产党的挑战。但共产党人本身只是在孟加拉和喀拉拉邦获得持续的选举成功，在那里，他们实际上是组建了政府的。

20世纪50年代后期，在主张自由企业制度的自由独立党的政治右派中形成了一种对分散的印度教民族主义运动的整合，这些运动作为一个名为印度人民党的全国性党派开始参加选举，它的核心标志是作为一种民族"信仰"的印度教和作为民族语言的印地语，其社会基础包括印度北部小镇的集市居民以及商人、放债人和小规模的商品和劳务经纪人。来自巴基斯坦西部的苦难的旁遮普难民也是这个宗教政党的一个重要组成部分。自由独立党在争取国大党内部富人的支持，而印度人民党则通过强调其不同于名义上是世俗主义的国大党来争取广大中下阶层的拥护，它的民粹主义宗教倾向吸引了乡村的小规模财产持有者，他们是被支持自由党的大财主忽视、被敌视财产所有者的共产主义者拒绝的群体。印度人民党采用了历史上19世纪后期反对穆斯林、保护奶牛的辞藻。在不久前，它不祥地认同了国民志愿服务团（或称全国自助协会）。由于国民志愿服务团的一名成员刺杀了甘地，一些将甘地尊为国父的政治右翼人士不再效忠印度人民党，无论他们如何声称是被国大党和尼赫鲁平等主义经济和社会计划政策的"印度的"替代方案所吸引。

规划是尼赫鲁为增加国家财富和穷人福利而选择的手段。从1938年起，他开始领导国大党计划委员会，其目的是为未来的自由印度制定发展方案。在第二次世界大战期间，他的计划得到了孟买主要工业家的支持，冈萨亚·塔兹·比拉和杰汉吉尔·拉坦吉·达达博伊·塔塔为自由后的头几年制订了国家计划。这个"孟买计划"概述了一个由强大的国家管理的混合经济，超出私人投资者能力的必要基础设施投资由国家负责。公共部门将涵盖钢铁、化工和工程这些利润将长期处于低水平的重工业发展领域，满足消费者基本需求的供应留给较小的投资者和公司。1950年，尼赫鲁为国家计划委员会采用的正是这一战略。

在他的领导下，计划委员会采纳了苏联战略的一些特点。从1950年到尼赫鲁去世这段时间实施了两个"五年计划"，在农业与社区发展、灌溉与电力、工业与采矿、交通与通信以及社会服务方面进行了大量投资。第一个五年计划重点解决乡村贫困问题，特别是纠正农牧业落后的做法以及解决众多农民获得信贷的渠道受限的问题。发展支出总额的约15%用于这些方面，同样的比例用于灌溉和乡村电气化项目。工业和矿业发展获得的资金约为农业的一半，而交通运输，尤其是铁路，以及社会服务（卫生、教育、住房和福利计划）获得的资金较少。第一个五年计划的主要目标是实现食品自给自足，印度在二战后的几年里食品供应一直是不足的。

人口规划

对1951年进行的第一次全国人口普查结果的分析发现，人口的迅速增长这一因素没有得到充分考虑，以往的成就被证明是虚幻的，粮食生产的显著增长并没有带来人均粮食供应量的增加。1952年，印度成为世界上第一个奉行试图限制其人口自然增长的政策的国家。结果，印度在这方面的进展受到了非常广泛的研究、指导、讨论和批评，以至于印度最终矛盾地成为人口过剩的代名词。

1945年孟加拉饥荒委员会的报告中有麻烦将会来临的警告。然而，不幸的是，在1947年独立后，掌管卫生部的是拉贾库玛丽·阿姆利特·考尔（Rajkumari Amrit Kaur）这位公主出身的社会工作者，作为一名忠诚的甘地追随者，她坚决反对所有的避孕工具。然而，印度的人口问题就是在20世纪中叶逐渐显现的。在1911年和1921年间的人口普查中，人口实际上下降了0.3%（由于1918年至1920年的流感大流行）。1931年的人口普查显示人口增加了1.1%，此后继续上升，到1961年达到每年增长2%。

始于1952年的节育计划以"安全期避孕法"为重点，得到了来自世界卫生组织（WHO）提供的一名外国顾问和31000美元的预算。预算在每个五年计划中都有大幅增加，但在整个20世纪50年代仍然是尝试性的。事实上，直到1959年11月，尼赫鲁在一次电视采访中还在说："食品必须是重中之重。有些人想象我们将通过计划生育来解决印度的问题，我不同意。"

然而，就在那年，已经开始转向推广绝育，由于绝育是一种永久性方法，这就意味着人口工作从强调有益于母亲和儿童的健康和福利的生育间隔向限制家庭总人数转变。结果导致许多妇女过早和过快地生育孩子。在转向绝育后不久，金钱激励措施被引入。尽管该计划在理论上是自愿的，但这种措施的阶级偏见是显而易见的。"计划生育"也并非没有其他内部矛盾。在没有认真尝试进行财富重新分配的情况下，对个人土地持有设置上限实际上鼓励了财产持有者组建人口多的大家庭。

此外，种姓、国家和宗教社群之间的人口竞争使得那些具体团体的领导人不会热衷于限制其选民人数。印度教教徒和穆斯林互相盯着对方，担心他们"票仓"的人数优势。直到1976年，在中央资金和议会席位的分配中，避免会对计划生育成功率较高的邦产生惩罚的方式才得以采用。

1961年的人口普查使人们震惊地意识到，年人口增长率在20世纪50年代实际上在上升（而生育率直到1974年才达到顶峰）。规划者随后设定了到1973年将年出生率从41‰降低到25‰的目标。实际上，这个目标到现在还没有实现，但是"目的"和"目标"这两个词已经从计划生育的讨论中被去掉了，取而代之的是对妇幼保健计划的讨论。1971年，堕胎被合法化，女性的最低结婚年龄从十五岁提高到十八岁，男性从十八岁提高到二十一岁，尽管实际上女孩的平均结婚年龄仍低于法定最低年龄。

印度计划生育政策的大部分资金由中央政府提供，但从一开始也有来自各邦和一些外国机构的投入，包括美国国际开发署（USAID）、福特基金会、洛克菲勒基金会、人口理事会和几个联合国机构，以及来自瑞典和日本等国家的双边帮助。这种帮助并不总是以敏感的态度提供，而另一方也并非总是以纯朴的感激之情接受帮助。例如1966年，一些代表美国援助机构美国国际开发署的来访政要不顾印度卫生部长的抗议，要求停止其他援助项目，将资金转移到人口控制领域。1973年，由于美国在1971年印巴战争期间对巴基斯坦的偏袒，印度政府关闭了美国国际开发署在德里的办事处。此外，虽然世界卫生组织和联合国儿童基金会支持印度的计划生育政策，但苏联、瑞士、比利时、菲律宾和其他几个国家投票反对向印度提供联合国计划生育支持，声称其计划是强制性的。

印度计划生育政策实际强制执行的时期，从1976年4月开始，不到一年。之前一年，安拉阿巴德高等法院认定英迪拉·甘地夫人（Indira Gandhi）犯有选举违规，她的回应是在1975年6月宣布"紧急状态"，实施统治直至1977年1月。在此期间，公民权利被废除，报纸被审查，许多组织被取缔，数千人因政治原因入狱。

1976年4月颁布并从未撤销的《国家人口政策》（The National Population Policy）包括保健、营养和更加重视女童教育的规定，目标是最终实现平均有两个孩子的家庭规模，绝育有现金奖励。虽然中央政府没有计划立法强制绝育，但允许各邦通过自己的法律。人口政策的实施主要掌握在甘地夫人的儿子桑杰·甘地（Sanjay Gandhi）手中，他推动了集体绝育，尤其是在德里地区。男人们被贿赂或胁迫进入输精管结扎手术室，无论他们的年龄、医疗或婚姻状况如何，或者他们已经有多少孩子，给他们做结扎只是为了完成设定的"征召者"配额。结果，数百人死于手术后感染或该运动引发的骚乱。这些处理方式后来被认为是甘地夫人在1977年结束紧急状态后竞选失败的原因。

次年，输精管结扎手术的数量急剧下降。人口控制政策并没有被撤销，而是被淡化了。自那以后，绝育运动的重点开始转向女性，这可能是一个政治敏感度较低的目标。奇怪的是，紧急状态期间在德里非常不受欢迎的一些方法，例如输精管结扎手术营地，首先是在喀拉拉邦试用并取得了巨大成功的。

与其他邦不同，喀拉拉邦的妇女几个世纪以来一直享有相对较

高的地位。喀拉拉邦的性别比例几乎是"正常"的，妇女们的预期
寿命比男性长五年，识字率几乎相等。与印度其他地区相比，喀拉
拉邦人口拥有非常好的医疗服务，其生育率目前低于人口替换率。
它是第一个完成"人口转型"（出生率和死亡率从高到低）的邦，
尽管其他南部省，特别是邻近的泰米尔纳德邦，已经开始效仿。

工业发展

在第一个五年计划结束之前，投资就已开始转向工业发展方
面，以期待第二个五年计划期间工业有强劲增长。尽管乡村贫困和
人口膨胀带来了严重的问题，但1956年至1961年的第二个五年计
划的重点仍然保持不变。因此，第二个五年计划在钢铁生产和重型
工程方面的支出增加了一倍多，对农业和社会服务的投资相应地减
少了。用于后者的资金开始由外国提供，特别是美国。然而，从农
业发展向工业发展的过早转变留下了一个薄弱且有依赖性的农业体
系，阻碍了全面发展。

对第一个五年计划的成本的估算不得不持续提高，部分原因是
经验不足、规划者获得的信息不足，另外还有所需货物成本上升的
因素。到1956年，印度已经耗尽了权力移交时在英国积累的所有
战时英镑余额。除非有来自国外的援助，否则注定无法维持其庞大
的规划和发展计划。中国的集体合作生产方式被认为不适合致力于
小规模乡村资本主义的印度，而像美国这样的外国捐助者在以冷战
的眼光注视着中国，担心中国试图以其集体主义发展模式取代印度
的国家和私人资本混合的道路。然而，尼赫鲁和他负责规划的同僚
认为，在第二个五年计划期间，持续的推动可以减少贫困和落后，
因此短暂的外国支持被视为是一种可以容忍的必要。人们设想，在

摆脱落后的根源后，国家不久将进入一个长期的经济和社会自我维持增长时代，生活水平将提高到印度乡村贫困人口可以有钱购买新兴产业所生产的商品的程度。最终，第二个五年计划资金的六分之一是来自印度被迫依赖的一些西方国家，其余所需资金则是通过内部借款筹集。

平行线上的巴基斯坦

巴基斯坦的发展与其次大陆的姊妹国不同，甚至问题更多。一种观点认为，巴基斯坦是从 1000 年左右开始的历史进程中出现的，当时穆斯林突厥人闯入旁遮普，在人口稠密的恒河平原建立了伊斯兰统治。另一种观点是，该国起源于 1940 年穆斯林联盟的"拉合尔决议"，该决议要求在次大陆建立一个穆斯林家园。

1940 年，对印度穆斯林建立家园的决心是模糊的。穆斯林联盟在当年的决议中没有提到"巴基斯坦"这个名字，这个名字是乔杜里·雷马特·阿里（Chaudhri Rahmat Ali）在 20 世纪 30 年代还是剑桥的一名学生时创造的。决议也没有具体规定这个家园将如何构建。"拉合尔决议"只是声称，未来任何宪法安排都必须接受印度穆斯林是一个"民族"的说法。根据设想，在穆斯林占多数的西北和东北省份，穆斯林应该拥有自治权和主权。而在英属印度其他地方，穆斯林是少数民族，几乎没有什么话语权。

印度共和国的形成阶段可以说随着 1964 年尼赫鲁的去世而结束，但对于巴基斯坦来说，类似的阶段比较难定义。是在 1958 年 10 月阿尤布·汗（Ayub Khan）将军领导下的军队夺取控制权，从而确立了国家军队和高级官僚对政治家和宗教领袖的支配地位的时候吗？或者，巴基斯坦历史的形成阶段是否因 1971 年国土中孟加拉分支的分裂而结束？这种后来的"分割"、在孟加拉东部建立的独立孟加拉国，难道不是通过留下一块更加连贯的、注定要铭刻一个新的不同历史的巴基斯坦领土而解决了真纳的噩梦吗？

观点再次出现了分歧，因为，虽然次大陆西北部留下了一个更小、更紧凑的国家，但中部地区与以前被称为"西巴基斯坦"的省级地区之间的长期冲突并未减少。占主导地位的旁遮普人，是军事和官僚机构的中流砥柱和受益者，他们与在那些地区人数众多的信德人、俾路支人和帕坦人之间的争斗仍在继续。

巴基斯坦的国家建设

无论如何，印度次大陆的西北和东北翼在 1947 年 8 月 14 日，即印度共和国宣告成立的前一天成为巴基斯坦，但巴基斯坦的国家意识是衍生出来的，是为响应国大党的世俗民族主义而发明的，且多年来一直不确定。第一个任务是选择或建立首都。印度继承了建筑师埃德温·勒琴斯（Edward Lutyens）在新德里设计的、在 1911 年莫卧儿王朝被英国占领的历史遗址上建造的宏伟宫廷建筑群。只有信德的港口城市卡拉奇在规模和国际化方面接近德里，因此被确定为新的（巴基斯坦的）首都。只有 200 名前印度公务员选择了巴基斯坦，另外还有 36 名英国官员同意为这个新国家服务，他们不得不被安置在临时的棚子里。不过，警察和地方政府官员在旧的省级政权中已经各就各位，而当巴基斯坦最终获得了英国人在新德里留下财富（甘地迫使帕特尔让出）的一部分时，道路变得轻松了。

在新国家之间将武装力量进行拆分更加困难。由于战时扩张，印度军队在 1947 年增至 410000 人，由印度教教徒、穆斯林和锡克教教徒组成，没有任何军事单位是仅由穆斯林组成的。由于所有武器生产都集中在现在的印度，而且大部分武器和弹药储存都在那里，因此军事物资的处置也变得很复杂。关于军事资源的分配以及涉及分治的所有其他方面的决定，都是在旁遮普分治后的社群流血事件中做出的，这进一步增加了困难。不过，尽管锡克教教徒和穆斯林之间产生了仇恨，但最终还是进行了军队分割。巴基斯坦同意接受30%的陆军人员、40%的海军和20%的空军。

法律与秩序

这一结果使驻扎在巴基斯坦的将近一半的部队（包括印度教、锡克教和英国军队）都被撤走，这样，巴基斯坦失去了防御力量。巴基斯坦似乎迫切需要一支庞大的军队，不仅因为其感受到来自印度的威胁，还因为其大部分地区还处于混乱状态，犯罪团伙在旁遮普的边境村庄进行谋杀和抢劫。在其他地方，例如在西北边境，英国军队的撤离和非穆斯林向印度的迁移为帕坦部落成员提供制造更多混乱的机会。此外，位于巴基斯坦北部边境的阿富汗帕坦人开始抢夺19世纪末和20世纪被英国人占去的边境领土。克什米尔王公还做出了令人愤怒的加入印度的决定，这是最严重的。真纳很冲动，想要动用他微不足道的军事力量去扭转克什米尔的决定，但英国总司令奥金莱克（Claude John Eyre Auchinleck）警告他，这一行动将被视为是对印度的入侵。鉴于此，巴基斯坦部署了一支非正规部队，他们根本无法与印度军队匹敌。

所有这些情况都让巴基斯坦对国防感到焦虑，这决定了其外交政策并产生了其他影响。加强军队建设需要刚成立的官僚机构的合作，这造就了军事和行政部门的密切合作，形成了一个能够从相互竞争的政客和宗教领袖手中夺取政治控制权的联盟。

巴基斯坦宪法

巴基斯坦在独立后的第一年就失去了真纳，而他的同僚、北方邦穆斯林的强大领袖利亚卡特·阿里·汗于1951年被一名阿富汗人暗杀，原因至今成谜。阿里·汗曾以总理的身份在制宪议会的授权下行事，他推进了头几年陷入困境的政治进程，制宪议会一直在努力制定一部宪法，直到1956年1月颁布。与印度1950年的宪法一样，这是一份长篇文件，是以为继续英属印度的中央集权统治模式而颁布的1935年《印度政府法案》的条文为框架制定的。商定和批准宪法所需的时间长达九年，这反映了穆斯林联盟和其他政党的政客之间以及宗教和政治领导人之间的难以调和的分歧。

巴基斯坦的政客和他们在国大党的同行一样，认为应该建立一个现代化的行政和政治法律框架。然而，与印度不同的是，其宗教发言人拥有巨大的特权，他们坚持要建立一个伊斯兰政权。对于那些寻求现代国家的人来说，主要的严肃目标是建立一个平衡省和中央的既定利益的联邦制度。与多样的伊斯兰利益诉求相比，这是一个相对简单的目标。考虑到这些巨大的分歧，真纳这样的统治人物的缺席令人痛心，因为如果他还活着，他可能会调和相互冲突的目标并缩短宪法制定过程。事实上，支持政治现代化的人与其宗教对手之间的长期争论使双方都名誉扫地，为官僚和军人推进其他利益铺平了道路。

地域划分问题只是宪法被长期拖延的原因之一。占主导地位的旁遮普领导人与邻近的信德人、俾路支人和西北部的帕坦人分享权力的协议难以达成。除了这个困难之外，宗教领袖还要求任何宪法（如果真有必要用宪法补充先知穆罕默德为管理麦地那而制定的

《麦地那宪章》的话）必须基于伊斯兰原则，对此，各方没有达成普遍共识。对于许多巴基斯坦的宗教领袖来说，制宪会议的想法是亵渎神灵。位于旁遮普的伊斯兰毛拉组织伊斯兰促进会（Jamat-i-Islami）的领袖阿卜杜勒·阿拉·毛杜迪（Abdul Ala Maududi）坚持认为，伊斯兰教不需要西方宪法，先知在所有时候都会向所有穆斯林提供一部以伊斯兰教教规形式传播的神圣宪法。因此，对于毛杜迪和其他神职人员来说，穆斯林联盟正在从事一种叛教行为，偏离了正确的伊斯兰实践。特别是，在政治讨论中给予女性突出公共地位的行为受到了严厉批评。对联盟的非伊斯兰行为的指控以政治舞台同时向其他形式的反对派开放而告终，特别是对高级士兵和行政人员开放。

美国在经济上的介入

巴基斯坦的早期发展也受到与美国的特殊关系的影响。1947年10月，即独立的几个月后，巴基斯坦向华盛顿提出紧急请求，要求提供20亿美元的援助，以支付紧急行政和国防费用。作为援助的回报，政府愿意将其外交关系和国防政策与美国保持一致。巴基斯坦公开寻求委托关系，这与印度当时和后来的不结盟原则形成鲜明对比，但克什米尔战争加剧了巴基斯坦人的绝望，争端暴露了其军事弱点，加剧了对外部财政和外交支持的渴望。

当美国于1954年决定通过建立东南亚条约组织（the Southeast Asia Treaty Organization，SEATO）来扩大其世界影响力时，巴基斯坦这种屈辱的乞求境遇得到缓解。为了遏制亚洲的共产主义，美国与巴基斯坦建立了伙伴关系（尽管是种弱小的伙伴关系）。该伙伴关系包括用于提升军事实力的适度额外资源，并提高了军队在政治体系中的地位。由于美国人规定了接受援助的条件，巴基斯坦的中央官僚机构不断壮大。从东南亚条约组织成立到1979年美国带头反对苏联入侵阿富汗的二十五年间，美国武器的流入强化了巴基斯坦政府的军事化及其官僚机构，最终强化了军队和政府部门的高官已开始涉足的重要商圈。无论国内力量和来自印度的外部压力是如何决定国家政策的，巴基斯坦对美国的依赖从一开始就占了主导地位。

与独立后印度的国大党不同，1948年9月真纳去世后，穆斯林联盟失去了在巴基斯坦政治中的主导地位，分裂成了地区政党，每个政党都更关心如何建立自己的次国家选区，而不关心巴基斯坦的国家问题。巴基斯坦军队代表了最强大的国家机构，主动承担了国家建设的重大任务。士兵虽然不具备更好的"伊斯兰资格"，但他们有比政客们更好的美德和爱国精神，政客们获得的名声是腐败的自身利益追求者，几乎没有例外。1955年，美国邀请巴基斯坦加入了中东条约组织（Middle East Treaty Organization）[1]，冷战侵入到了次大陆，推动了之前已开始的巴基斯坦全面军事独裁统治。当那些军事现代化者决定把宪法搁置在一边并正式控制国家时，与美国的关系为他们提供了外部支持，这发生在1958年底。在阿尤布·汗的指导下，军政府将争吵不休的地方政党和宗教领袖搁置在一边，发起了一项旨在由旁遮普军队和信德工业家联盟控制的民族资本主义经济的农业和工业现代化计划。

政治和社会分裂

穆斯林联盟很快发现它有竞争对手，其中最重要的是人民联盟

---

① 中东条约组织为中央条约组织之前身，1955年正式成立时，正式名称为中央条约组织。

（Awami League），它在孟加拉特别强大，代表了这个人口众多且贫困的省份的特殊利益和问题。这一地区当时已更名为东巴基斯坦，它占领土的六分之一左右，但比西巴基斯坦多出近1000万人口（4200万孟加拉人，相对于西边的3300万人）。穆斯林联盟在东巴基斯坦的主要支持者和在西巴基斯坦一样，都是来自英属印度联合省的穆斯林难民。

在1951年西巴基斯坦的省级选举中，穆斯林联盟获得了压倒性多数席位，约占总数的四分之三。与此同时，在孟加拉，穆斯林联盟失去了对选民的控制，因为那里对旁遮普人担任高职位人数的比例感到不满，并且因为乌尔都语被强加为官方语言。诸如此类的问题为人民联盟与一些老国大党成员联合起来在投票和其他问题上反对穆斯林联盟开辟了道路。为支持一项激进的社会经济措施计划和保留孟加拉语作为国语，孟加拉发生了总罢工。这些示威活动在1952年继续进行，最终在东孟加拉省首府达卡被军事暴力镇压了。至此，对穆斯林联盟所剩的支持都烟消云散了。

在西巴基斯坦，特别是在军队和官僚机构中，20世纪50年代的人们担心人民联盟可能会受到孟加拉活跃的共产主义运动的影响，这种焦虑与美国冷战时期的核心问题和战略非常吻合。美国的战略规划者对试图将尼赫鲁的印度拉入南亚的反共集团的努力未果已感到绝望，因此欢迎巴基斯坦的旁遮普精英加入他们的行列中。

很快，集中在首都卡拉奇周围的巴基斯坦工业家加入了士兵和官员的联盟，要求获得信贷以从美国进口生产消费品的机器。他们还因为感激警察和军队维持秩序和阻止罢工而被这个联盟所吸引。在孟加拉，黄麻生产商和其他工业家也越来越感谢警察和军队对罢工的镇压，这促使那些努力维护孟加拉特色的政客采取了更激进的措施。当1954年3月与美国正式签署军事协定时，民众普遍反对这个协定，导致了在孟加拉的示威游行。为了平息这些反政府集会，针对由左翼政党联盟主导的一次东巴基斯坦集会，总督管治被强制执行。

孟加拉人反抗的根源在于他们对与旁遮普人在机会方面的差距扩大的愤怒。即使到了1956年，也还没有孟加拉人升至中央公务员的上层梯队，在东巴基斯坦的700多个下级官员职位中，90%由旁遮普人或穆哈吉尔（*muhajir*，字面意思是"难民"）担任，也就是来自英属印度旧联合省的讲乌尔都语的移民。孟加拉人和帕坦人被允许担任一些低层职位，但来自信德和俾路支斯坦的符合条件的申请人仍然被排除在意味着体面的工资和养老金福利的政府就业机会之外。到20世纪50年代后期，对旁遮普人和他们的穆哈吉尔盟友的反抗已经蔓延到包括西部以及孟加拉在内的所有省份。

尽管巴基斯坦的非旁遮普人因他们共同遭受的不平等而在一定程度上联合起来，但复杂的文化及阶级差异又将他们分开。在印度，国大党成功地调和了同样的复杂性和对抗。到20世纪50年代后期，国大党源于战胜了英国的声望可能已经减弱，但在尼赫鲁的领导下仍然受到尊重。尼赫鲁在世界、亚洲地区和次大陆的成就，也是任何巴基斯坦政客无法比拟的。在没有一个国家政党或领导人来平息巴基斯坦的分歧的情况下，作为黏合剂的宗教意识形态变得越来越重要。共同的信仰磨平了语言、文化和经济竞争所造成的部分尖锐棱角，在20世纪50年代巴基斯坦以农业为主的社会中，大家庭提供了形成社会凝聚力的主要场所，而与其他机构的联系则是通过当地占主导地位的家庭及其客户相互之间的惠顾关系来维持的。

1950年前后，一些全国调查显示，在巴基斯坦约7500万人口中，约有四分之三直接从事农业，国民总收入的60%左右来自农业。由于英国在旁遮普的沿河殖民地聚集区发展的先进灌溉技术，巴基斯坦有足够的粮食可用于出口，这为购买国家不生产的制成品提供了货币。因为现有的农村生产模式被认为是合适的、足够的，所以巴基斯坦几乎没有采取任何措施来改善农业或改变现存的阶级关系。拥有世系土地或通过扩张而拥有土地的地主"兄弟会"控制着所有地方经济、社会和政治关系，并在那样的位置上继续享有传统的宗教和社会尊重。

宗教与现代化

伊斯兰教，这里是说，在地方上的清真寺和穆斯林学校周围的小世界，保持了原本的模样，特别是在真纳和他的穆斯林联盟同僚放弃宗教改革的尝试之后。真纳他们因引入更统一的做法和信仰的努力引起了乡村精英的强烈不满，所以放弃了改革尝试。只要真纳和他的继任者只是泛泛地谈论伊斯兰教而不去干预高度多样化的当地习俗和相关的社会结构，乡村就很少会去关心城市里关于宗教的争议。

在那里，穆斯林联盟和其他政党不断抗争，反击像毛杜迪和他的伊斯兰促进会同伙们那样的宗教激进主义者的责难，捍卫他们的现代化政策。他们反击任何变革都是受印度启发、是"去伊斯兰化"这样的指控。为了安抚毛拉，除在首都卡拉奇这个最大的商业中心之外，饮酒在各地都被禁止。然而，公众的印象是，禁酒令的颁布与其说是出于虔诚，不如说是为了让政治腐败分子能从非法生产中获利。在斋月期间试图强制执行特定的、统一的宗教仪式的做法，导致了帕坦人的暴力反对，他们对政治领袖增加了更多的不信任。政策失败和丑闻促使政客们更加阴阳怪气地求助于宗教，对信仰的保护成为国家政策的有效替代品。军队和官僚机构现代化者和政治批评家很快对不断诉诸宗教的做法变得不耐烦，而于20世纪50年代和60年代期间在高级军官和官僚的保护下萌生的民族资产阶级也加入了他们的行列。

与在印度一样，计划是首选举措。巴基斯坦的五年计划于1954年开始实施，目的是将城市工业元素嫁接到以农业为主的社会。开发计划的指定代理人（也是第一受益者）是商界的中产阶级，他们中的许多人在分治时从印度移民到了巴基斯坦并聚集在新首都，在那里他们加入了老一代信德商人和银行家的行列。

定向经济变革的一个主要目标是修复因分治造成的经济错位。分治前的贸易涉及来自次大陆西北部的小麦和东北部的大米，它们被用来交换印度北部和世界其他地方的制成品。在独立的头几年，尽管克什米尔问题十分棘手，但估计巴基斯坦食品出口中的70%仍为了这样的目的穿越边境进入印度。1949年至1954年，为减少对国外制造业的依赖，国家直接支出发展经费，并在第一个五年计划中跟进。这些措施取得的成功体现在黄麻和原棉占出口额的比例从1949年的90%降至1960年的约50%，黄麻制品和棉制品占到了出口的四分之一。同期，进口也发生了变化，反映了经济结构的调整。1949年，国家实现了粮食自给自足，但进口棉纱、布匹和机械。到了1960年，粮食占进口额的15%左右，而支持国家制造业的机械进口增加到了进口总额的三分之一。

发展有着很强的城市偏向性，其中工业和采矿业以及住房和城市基础设施，约占发展总支出的一半。灌溉、电力、交通和通信各占发展总支出的10%左右，农业占不到5%。在最早的计划期间，没有在教育、卫生和其他社会发展领域的投资记录。到1960年，发展支出增加了五倍，但相对于所有这些公共和私人投资，人均收入几乎没有变化：人口从1949年的约7900万增加到1960年的9900

万，每年增加近3%。

与印度独立后最初的几十年一样，巴基斯坦也是依靠外国援助来弥合可用于投资的国内储蓄与其用于现代化建设的巨大公共支出之间的缺口。在20世纪60年代，外援占比上升到该国生产的所有商品和服务价值的7%以上，其中大部分援助用于非农业支出。因此，该国的农民首当其冲地为经济发展做出了牺牲。不仅农业被剥夺了增加产出和农村收入所需的投资，而且由于替代进口商品的工业发展受到进口管制的保护，像化肥那样的农业生产资料进口的成本还增加了农民的负担。

国家高额的军费开支减少了原本可以用来提高生产力和收入的资源，这也与印度一样。结果是，在这两个国家，大规模贫困、大量文盲和落后的情况持续存在，而人口增长消耗了经济的微弱增长，那种人口增长的规模在整个次大陆以及地球上被称为"第三世界"的其他部分都投下了20世纪60年代大规模饥饿的阴影。

真纳关于成立巴基斯坦的诉求背后的两个国家主张被证明犯下了双重错误，他的错误预示了恐怕是1947年8月正式终结的民族主义时代最重大的后果。他邀请印度穆斯林去巴基斯坦定居，有整整三分之一的人没有听从他，结果在印巴分治后，印度仍然是世界上主要的伊斯兰国家之一。1971年孟加拉穆斯林为他们自己的民族国家孟加拉国而开展的运动，鲜明地否定了两个国家这一主张。如果可以有两个国家，那为什么不可以是三个？而次大陆其他省份心怀不满的团体则一直继续奉行社群分离主义的逻辑。东孟加拉邦的叛离也证明了真纳的第二个相关错误，即：他假设伊斯兰教可以解决巴基斯坦的所有次国家身份认同问题。在他死后不久，这个分裂国家西部的几个主要民族语言区之间的争吵达到了阻止宪法颁布的程度，为1958年发生的军事政变埋下了伏笔。

绿色革命：富足的承诺

"绿色革命"使印度、巴基斯坦以及1972年之后的孟加拉国避免或推迟了大范围饥荒会带来的最坏后果。次大陆的农业转型始于20世纪60年代，当时引进了水稻和小麦种植的一揽子改进措施，包括使用新的高产种子、化肥和杀虫剂以及基于管井、电动泵组和广泛电气化的灌溉措施。结果是带来了粮食生产的巨大飞跃。

然而，虽然20世纪60年代初期人们担心的粮食短缺问题得以避免，但绿色革命技术却加剧了次大陆各地的社会紧张局势。需要的投入是昂贵的，因此只有那些已经有能力支付成本的人实现了产量提高。各地富裕的农民都变得更加富有，而过去很少从事雇佣劳动的农户现在发现自己被卷入了为他人从事有偿工作的行列，土地的集约化耕作使那些工作成为可能和必要。阶级差异加深了，在高度帝国主义的时代和独立后的最初几十年中幸存下来的旧社群组织形式现在已经解体。在土地上工作的妇女的劣势更加恶化，并且还产生了其他不可预见的社会和经济后果。高产谷物品种增加了收成，也增加了作物的不稳定性。结果是，在"不正常"的年份里，由于有救济计划，依赖农场的工人有时会过得更好，而独立的农民和牧民的情况则更糟。

此外，绿色革命的成功在一段时间内将印度从一个食品进口国转变成了食品出口国，这助长了其狂妄自大的情绪。现代农业的环境影响，例如化肥被冲入河流的影响，产生抗药性昆虫和病害的杀虫剂的影响，以及在日益缺水的土地上增加用水量的影响，都被忽视了。甚至，即使在农产品产量开始下降时，技术的信徒们还是相信科学可以一次又一次地创造奇迹，足以抵消任何不利条件。

新旧环境问题

印度易于出现工业化国家和贫穷国家的所有环境问题：城市扩张、噪声、污染、森林砍伐、荒漠化、淤积、洪水和干旱，过去也一直是这样。但它在几个方面具有特殊意义，特别是因为它在欠发达国家中推动了一些最强有力和最具创新性的环境运动。有时，这些努力甚至有当政的尼赫鲁家族的成员参与，比如贾瓦哈拉尔·尼赫鲁将一些以前的王公狩猎保护区变成了永久的野生动物保护区，他的女儿英迪拉·甘地开始拯救老虎，而她的儿媳担任了环境部长。

水坝项目

另一方面，印度政府经常反对"自下而上"的环保运动。自独立以来，由于种种原因，印度一直对大型水电项目特别热衷，即使是在"第三世界"国家中也显得特别，现在世界上的大型水坝有一半以上在印度，那里也曾多次发生与此类计划的生态威胁进行对抗的史诗般的战斗。那些计划通常主要旨在为相对富裕的城市提供水资源和电力，但在此过程中迫使在这些社区长期居住的人迁往他乡。在数以百万计的流离失所者中，只有一小部分得到了重新安置，那些安置还并不总是令他们满意。（据保守估计，过去四十年来，印度约有1400万人因大型水坝项目而流离失所，只有350万人被国家重新安置，其他人大多落脚到了大城市的贫民窟。）

喀拉拉邦无声谷（Silent Valley）的一项大型水坝项目计划因甘地夫人的干预而被放弃，甘地夫人屈服于被广为宣传的抗议活动。

而在最近的一场反对古吉拉特邦、马哈拉施特拉邦和中央邦境内的讷尔默达河谷流域开发计划的运动中，人们发现她的继任政府面对国内外广泛的反对，仍坚定不移地决心继续推进。该计划旨在提供灌溉、饮用水和电力，计划里设想的30座大坝，有10座在讷尔默达河上，其余的在支流上，还有135座中型和3000座小型水坝。萨尔达尔萨罗瓦尔水坝项目在淹没面积和迁移人口方面位居第二，其建设始于1961年，但在世界银行于1985年同意提供4.5亿美元的信贷和贷款之前一直进展缓慢，这一资金是当时大坝建设成本的18%和输水项目成本的30%。它将占地37000公顷，要直接迁移27000个家庭（152000人），但受到不利影响的人口总数将超过100万。那些没有土地所有权的人将得不到补偿。那些正式受到"项目影响"或属于"被驱逐者"的人可能也什么都得不到。

抗议行动最终成功迫使世界银行以恢复村庄的计划存在缺陷为由重新审查了对该项目的支持。但印度政府更愿意单独行动，并于1993年4月拒绝了2亿英镑的贷款，理由是银行的条件损害了国家的"自尊"。

洪涝管理

大型水坝因环境及社会原因而受到批评：它们不但没能防洪，反而被指责加剧了洪水。在洪水易发地区，不仅是在印度，越来越被认可的观点是，在固有的洪水泛滥区，所有试图去控制大水量的尝试都已经或者必将最终失败。旨在控制河流的堤防破坏了自然排水系统；河道变窄增加了淤塞和河床的抬高，当水溢出时会造成更严重的后果，而溢出最终都会发生。

特别是，喜马拉雅山脉属于非常新的、活跃的山脉，有猛烈的风暴和强降雨。此外，地震还对这些山脉发生影响，造成了大量的土壤运动和山体滑坡。因此，那些河流天然就具有河水会暴涨的特性。据记载，甚至在过去几个世纪的森林砍伐之前，下方的平原就曾发生过很多次洪水。例如，阿萨姆邦的洪水主要是由地质和地震引起的。地震造成山体滑坡和淤塞，暂时阻塞，使河流回流。当这些天然水坝决堤时，洪水尤其具有破坏性。（即使是人造水坝也必须允许在坝内水压大的情况下大量放水，以防止溃堤。）

在持续不断的人口增长中，防止人们侵占易受自然洪水侵袭的地区是最难的一件事。另一种已提出的策略是让人类学会与所处的环境共存，而不是去试图排干湿地、改变自然排水模式甚至让河流改道。迄今为止，太多重塑环境的重大尝试产生了无法预见或无法控制的后果，无论是经济、社会还是政治上的。

印度和东巴基斯坦（后称为孟加拉国）之间长期存在的关于流经两国的恒河河水的分流问题，是对环境进行控制的尝试会产生政治影响的一个显著例子。恒河的水流受较大的季节性变化影响。在季风来临期间，它通常会造成毁灭性的洪水，而在旱季，它又不足以满足人口稠密的孟加拉地区的用水需求。从1951年开始，印度计划在靠近恒河流入孟加拉处附近的法拉卡（Farakka）建造拦河坝，目的是将足够的水引入胡格利河（Hughli）支流，以冲刷位于下游的、在迅速淤塞的加尔各答港。尽管这遭到巴基斯坦和后来的孟加拉国的抗议，印度还是单方面进行了建设。自1975年以来，该项目已经分流了足以造成环境破坏的水量，影响了大约3500万孟加拉国人，不仅破坏了灌溉计划，而且矛盾的是，还加剧了洪水造成的破坏，原因是河床因淤积的增加被抬高，导致洪水进一步蔓延到陆地上。

建造这座拦河坝的社会后果包括造成受影响地区的大约200万

人流离失所，其中大量移民迁居到了印度，引发了印度阿萨姆邦的种族冲突，并促使与印度人民党结盟的右翼印度教宗教激进主义团体在接收了大量移民的地区的印度教教徒中煽动反穆斯林情绪。

争夺森林

也有人认为山区的森林砍伐状态对释放到平原的水量没有太大影响。树叶的蒸腾作用和降雨的变化意味着树木既能释放水分又能吸收水分，尤其是在下大雨时。不过，恢复森林覆盖的紧迫性有其他原因，包括山地居民自身的福祉。与其他位于热带并以农业为主的国家一样，森林在维持动植物乃至人类生命所需的环境平衡方面发挥着特别重要的作用。根据印度全国农业委员会的建议，森林覆盖率应是33%，但目前印度只有少数地区仍然保持着这么高的水平，而且这些地区大多位于东北部丘陵的那些邦内。在查谟和克什米尔，这一比例仅为3%，总体平均水平也仅为10%左右。印度许多地区的木材短缺非常严重，以至于动物粪便最常被用作燃料，这又减少了其作为肥料的用量从而影响了最贫困农民的生产力。

使森林脱离地方控制的政治手段经常产生有害影响。灾难性洪水越来越困扰在喜马拉雅山下方平原上定居的农民，将问题归咎于通常是部落的、传统上从事狩猎和采集或轮耕农业的山地人，通常是不公正的，可以说是有政治动机的，尽管有时候，贱民（"被压迫者"）针对权利和传统生计被剥夺的抗议采取了蓄意破坏的形式（这反过来又被用作实施更加坚决的剥夺的理由）。

世界著名的"契普克"（Chipko，在印地语中意为"拥抱"）森林保护运动的根基之一是森林具有特殊意义的传统。在藏品丰富的契普克文化资源库中，有一个涉及比什诺伊（Bishnoi）教派成员的引人注目的传奇事件，该教派1485年成立于拉贾斯坦邦，其立下的规矩包括禁止砍伐绿树。在18世纪，焦特布尔（Jodhpur）的大君派一些人到比什诺伊村去伐木，用于为一座新宫殿烧石灰窑。一位名叫阿姆丽塔·德维（Amrita Devi）的村民为保护树木树立了一个榜样，她拥抱着第一棵被标记为要砍伐的树，她和那棵树都被砍倒了。其他人也纷纷效仿，直到364名村民被砍死，大君这才改变了主意。

不过，真正系统地进行大面积伐木的是英国人，他们根据当时的需求和盈利情况，会在不同时间对特定类型树木进行选择性砍伐。自独立以来，英国将保存下来的森林的所有权移交给印度政府之后，印度政府根据不同的政策决定，每年都会拍卖被标为砍伐的树木的配额，工业界是最受青睐的竞标者；或者根据不同的政策决定，以新树种取代本地树种。

物种的斗争：适者生存的树

19世纪初，在击败马拉塔人之后，东印度公司把属于马拉塔人坎霍吉·安格尔（Kanhoji Angre）家族的柚木种植园夷为平地。然而，拿破仑战争刺激了对用于建造船只的柚木的旺盛需求。修建铁路时，大量树木被砍伐以提供枕木，但浪费如此之多，许多砍伐的树木被丢弃、腐烂。在煤矿运营之前，需要燃烧木材来为机车提供动力。扭曲的长叶松不适合做枕木，但后来因它的树脂可被用来生产松节油而有了对这类树的需求。喜马拉雅橡树（*banj*）这一本地树种的叶子和树枝是被当地人分别用作饲料和燃料的，这种树木被清除了，以腾出地方来种植长叶松。（具有讽刺意味的是，长期以来一直被认为毫无用处的那种橡树，现在已知可用于制作高质量的羽毛球拍。) 在20世纪初期，人们对竹子的态度也发生了类似的转变，从根除政策变为禁止当地人随意拿来做手工艺品。后殖民政策进一步推动了这些趋势，种植了外来的桉树，这种桉树的种植劳动密集度较低，主要用于纸浆木材工业。

1865年，促进收购指定用于铁路供应的林区的法律开始实施。1878年的《印度森林法》（The Indian Forest Act of 1878）宣称森林的原始所有权属于国家，旨在将地方权力削减为国家酌情授予的特权。荒地和休耕地被列为"森林"，这样就只为当地居民留下了一点燃料，而为商业开发开辟了道路，然后以牺牲传统上属于土著人民特权的"小森林产品"（MFP）为代价来强调商业开发，这些小森林产品包括除木材之外的一切：树脂（用于生产松节油和虫胶）、油、种子、坚果、药材、水果、象牙、蜂蜜和野生蚕丝（柞蚕丝），部落人过去常常用它们与定居群体换取谷物。

在两次世界大战期间，印度是中东地区唯一的木材来源地。照着英国人的样子，印度当地统治者也开始对他们的森林进行商业开发。鉴于木材的商业价值，农业和林业被认为是对立而非一体化的，因此山地的轮耕农业被认为是一种必须摒弃的累赘，其从业者沦为了雇佣劳动者或耕农。

与甘地的关联

契普克运动的另一个根基在于甘地的非暴力不合作的教义和方法。（甘地自己的愿景，以他的简单生活、自给自足的村庄理想为中心，通常被认为既是生态的又是心灵上的。）该运动的两位最杰出的代言人与在喜马拉雅山工作的甘地信徒们有着密切的联系，他们为山区人民改善健康和卫生条件，发展手工业。他们所使用的方法本质上是甘地式的，围绕拥抱树木（活动家献出自己的生命而不是攻击他的对手）和帕达亚特拉（*padayatra*，"徒步"）这两个中心，具有教育意图。

抗议传统权利和生计被侵占的和平或暴力的示威活动，在印度森林业中由来已久，但随着1927年《森林法》的通过，怨恨达到了新的高度。结果，有几个"森林非暴力不合作"团体被组织起来了，村民以象征性但和平的方式维护他们的权利。这些遭到了暴力镇压、造成许多人丧生的示威活动最终取得了部分成功。

独立之后，以前鼓励和支持森林抗议的国大党接手了帝国主义者留下的权力和政策，其对印度国家现代化的渴望进一步推动了这些权力和政策。后殖民时代殖民政策的延续见证了1973年森林运动的更正式阶段的出现，当时由甘地的追随者组织的制造农具的合作社被剥夺了在附近森林砍伐白蜡木树木的权利，这些树木被分配给了安拉阿巴德的一家体育用品制造商。当地的"自治社会"（DGSS）组织了抗议活动，村民们聚集在标记为要砍伐的树木周围，说服或迷惑了伐木工人撤退。

此后的几十年里，契普克运动本身蔓延到了印度的其他地区，在南部卡纳塔克邦被取名为阿皮科（*Appiko*，在卡纳达语中意为"拥抱"）。这个运动还在当地资源开发权的纠纷中深化了，发展出了更明确的哲学和生态立场，将其与印度边界以外的类似运动联系起来了，并使其两位代言人成为世界知名人士。

契普克的第三个根基较浅且不稳定。契普克运动被广泛报道为女性运动。周游世界的桑德拉·巴胡古纳（Sunderlal Bahuguna）称他自己为"女性的信使"，公共关系宣传突出强调了女性个人的领导力，例如阿姆丽塔·德维和高拉·德维（Gaura Devi），她们领导27位女性于1974年在男人们被骗离开后拯救了雷尼森林。但运动本身是男性领导人之一的昌迪·普拉萨德·巴特（Chandi Prasad Bhatt）的决定。总的来说，女性的角色，就像她们的经典角色一样，是手臂而不是大脑。

然而，与其他"草根"运动一样，这场斗争的一个影响是让女性的经典角色受到了质疑。1980年发生了一场女性和她们的男性亲属之间的冲突，当时男性愿意接受政府的提议，要以社群森林换取一揽子村庄改善计划，但女性意识到失去树木意味着她们寻找日常必需品就要经过更加疲惫的远足。妇女的参与不可避免地挑战了她们在乡村社会中的传统地位，这在契普克运动本身中就可以看到。

环境退化对妇女的影响尤其严重，她们通常负责家里的燃料、水和定期膳食。当被问及想要哪些树时，男人会说果树（可以卖钱），女人则想要燃料和饲料树种。"男人的树木"通常是那些可以产出经济作物的，"妇女的树木"则直接提供妇女行使日常责任所需的材料以及间接以牛奶和肥料的形式为家庭提供营养和其他家庭必需品，两者之间是存在区别的（同样的情形在非洲也已被发现）。钱放在女性手中时，通常会被用于改善家庭健康和福利，但如果交给或划拨给男性，则经常会被用于购买饮料、烟草或其他男性娱乐品。

除了收集燃料和饲料外，妇女传统上还收获许多"小型林产品"，包括用于制作绳索和篮子的纤维以及水果、药材和种子。穷人特别依赖采集小型林产品（以及其他常见的权利）来取得现金和直接消费，这可以为拥有不到5英亩地的家庭带来其收入的55%。国有化意味着小型林产品只能合法地出售给政府，而政府与采集者尤其是女性做生意的方式很是反复无常。采集者可以将产品以更低的价格去非法出售。无论如何，采集者只能得到产品市场价格的一小部分。

环境话语的破碎

契普克运动在国际上享有很高的声誉，并且成功地采用并促进了越来越具有环保意识的话语（如果不是行动的话），那些用词现在甚至在被政府和世界银行等主要国际机构使用。但是，就像甘地本人一样，它在阻挡势不可当的"发展"进程方面并不是那么成功。国家对资源的所有权不可避免地会伴随专业的"科学"与地方的、传统的和女性的智慧的分离，而这通常大大早于人们对所涉及的现象有任何真正科学的理解，以及会伴随地方和国家的"需求"或至少是利益的分离。

关于森林政策，国家所有权和控制意味着单一树种栽培的增加，例如用于工业纸浆的桉树和热带松树，以及用于家具的柚木、红木，还导致了对林产品提供惠及工业家的补贴。即使是所谓的为了当地社区利益的"社会林业"计划，也经常强调经济作物。事实上，社会林业的主要成功是在农田上种植工业软木树种。桉树置换了农业劳动力和粮食作物，而私营农民可以免费获得树苗和国家帮助。主要的失败是在为乡村需求提供生存物质方面。乡村穷人通常只能通过砍伐树木和耕作来控制土地，这甚至会削减他们自己在森林保护方面的利益。

此外，契普克运动本身也在内部被撕裂了。在其两位主要代言人中，昌迪·普拉萨德·巴特认为，森林必须为了人民的使用和福利而得到保留及保护，这意味着只要经济增长由当地人控制并从中获利，他就不会反对。另一方面，桑德拉·巴胡古纳更倾向于"深层生态学"，强调人类在更大的自然网络中的位置。（森林运动的第三个分支多为传统上的左翼，强调经济发展和社会转型。）

人口压力

鉴于国家面临的人口压力，印度最近对环境问题的关注变得越来越紧迫。一个长期存在的问题是要保持足以维持不断增长的人口的粮食生产水平。从1921年左右到1981年，次大陆的人口以稳步加速的节奏增长。虽然有这种惊人的趋势，灌溉区、一年两熟地区的大幅扩张以及自20世纪60年代以来的"绿色革命"技术的传播使粮食生产速度超过了人口增长率，但这是在以社会和环境为代价的基础上实现的，而且即使在增加的产量已趋于平稳的情况下，这些代价仍在偿还中。目前尚不清楚，能跟上人口仍在增长的步伐的那种"巨大飞跃"是否会重复，更不用说无限期持续了。长期以来被视为免费商品的自然资源是否能够维持目前的人口，这一点确实尚不得而知。

此后，出生率的缓慢下降使人口增长速度有所放缓，但由于早期的高出生率已导致人口相对年轻，这种增长还将持续至少半个世纪。人口绝对年度增长（现在印度大约为2000万，整个南亚超过2500万）仍然是一个令人担忧的主要原因。此外，一方面，印度新兴的中产阶级（现在被认为有多达3亿人）的消费水平不断上升，另一方面，有限资源基础的不断恶化，可用于扩大种植的新土地的缺乏，以及全球粮食储备迫在眉睫的短缺，使这个问题变得更加严重。在印度的地平线上目前还没有出现解决这种情况的技术方法，新的出现严重短缺的时期会不会像印度过去一再发生的那样，带来重大且不可预见的社会和政治变化，对这个问题，人们无法感到有信心。

最后，印度虎①再次受到灭绝的威胁，人们愿意为用于传统药物的老虎身体材料支付高昂的价格。

妇女的状况：未兑现的承诺

19世纪初是发生了一些社会改革的时期，当时外国侵略者将杀女婴和娑提定为非法。辩论接着转向如何处理寡妇（尽管不是不想要的女孩）的问题，寡妇被所有人视为是构成社会问题的群体。虽然严格来说，强制守寡应该是保留给较高种姓的做法，因为它是被普遍接受的种姓"纯洁"的标志，但那些希望提高地位的种姓往往对寡妇婚姻施加限制，作为朝提高地位方向迈出的第一步。

1881年进行的第一次人口普查显示，所有种姓的妇女中有五分之一是寡妇。进入20世纪下半叶，所有男性评论者，包括印度人和英国人，都接受"年轻寡妇"的定义，即指那些已结婚但尚未圆房的妇女，这些人，用甘地自己的话说，"对社会来说是腐败的根源和危险的毒素"。[1] 第一个补救措施似乎很明显是让她们结婚，尽管甚至甘地也持有这样矛盾的观点：如果已经圆房，寡妇就不应该再婚。

无论如何，高种姓改革者试图鼓励男人娶寡妇（寡妇和其他女人一样，在这件事上没有发言权），结果黯然失败。改革者随后将注意力转向提高同意年龄，即与女孩发生性关系的合法年龄，即使是在婚内。当然，这并没有解决"年轻寡妇"的问题。1860年，同意年龄定为十岁。（请注意，当时英格兰的同意年龄也只是十二岁。）在19世纪80年代，女性自己开始就这一问题进行鼓动，一份

----

① 印度虎，又名孟加拉虎。

要求将同意年龄提高到十二岁的请愿书得到了2000人的签名，并被转交给了维多利亚女王。《同意年龄法案》于1891年得到通过。

直到1929年，结婚年龄才固定为女孩十四岁，男孩十八岁。1955年的《印度婚姻法》（The Hindu Marriage Act of 1955）将印度教女孩的最低结婚年龄定为十八岁，这仍比缓慢上升的平均年龄高出几乎两岁。然而，在大多数情况下，这些问题是由每个宗教团体自己决定的。

另一个受到改革者关注的改善寡妇状况的途径是教育。人们认为，受过教育的女孩可能会晚些结婚。教育对寡妇更有利，因为女人一旦结婚，就不再是娘家的责任，而一旦丧偶，往往会遭到公婆的排斥或虐待。因此，在19世纪和20世纪初，社会改革者开设了许多女子学校。

20世纪女性的平均结婚年龄稳步上升。1901年是十三岁，到1961年已上升到十六岁。然而，女性的识字率仍然很低。1901年，当大约10%的男性被判定为识字时，只有1%的女性识字；1951年，男性识字率上升到25%，而女性的总识字率为8%。尽管十年后有13%的女性可以阅读，但这仍然不足以改变印度大部分地区女性的地位。（目前女性识字率仍然只有27%，是男性的一半。）而且，不同地区的数据差异很大，农村识字率远低于城市。

妇女遭受的许多其他形式的歧视没有得到纠正，有些还被制度化了。1955年《印度婚姻法》允许女性与男性一样可主动离婚，但在离婚的"合理理由"诉求方面未能给予女性与男性相同的地位。此外，丈夫有权要求妻子辞去他们认为不方便或不合适的工作。

其他邪恶行为实际上增加了。嫁妆，与娑提一样，最初是印度教高种姓地位的标志。它逐渐已被几乎所有阶层的人采用，因为向新郎及其家人支付嫁妆以提高"处女的礼物"（kanya dana）价值的这一做法被认为比向新娘的家人支付（"聘礼"）的做法更受人尊敬，这长期以来一直是中等种姓（和穆斯林）的习俗。1961年《禁止嫁妆法》（The Dowry Prohibition Act of 1961，穆斯林和克什米尔邦被排除在外）从未得到认真执行，因此女方的家庭在继续承受着来自姻亲的压力，要求增加结婚时支付的嫁妆，这种压力还包括对不幸的妻子的骚扰和虐待。这种做法有时以自杀或谋杀告终，而且由于20世纪采用嫁妆的种姓数量增加，越来越多的妇女被置于危险之中，被索要的金额不断增加。

在1881年的第一次人口普查结果中，人口中男性的数量超过了女性，而在同等的营养和照料条件下，这一比例按理应该显示出女性的优势，反映出女性更长的自然寿命。在整个20世纪，印度人口中男性对女性的比例继续向女性反向倾斜：1901年，每1000名男性对应有972名女性；1951年，该数字下降到946；1961年为942。这是总体平均值，其中有地区差异。喀拉拉、奥里萨和泰米尔纳德这些邦一直表现出较高（尽管仍然较低）的男女比例，而在其他像克什米尔、旁遮普和拉贾斯坦那样的邦，这一比率要低得多（巴基斯坦甚至更低）。不知道人口普查结果在多大程度上会因仍然过着相对隐蔽生活的女孩和妇女被漏查而被扭曲。此外，整个亚洲（甚至非洲部分地区，尽管非洲其他地区的家庭在努力减少生男孩）的比例是低于正常水平的。然而，在印度，就像在其他一些国家一样，可以肯定的是，有人故意通过杀女婴或更常见的差别照料的做法来处理不想要的女性，差别照料是指女童以及妇女得到的食品以及营养较少并常被剥夺接受医疗的机会。由于现在可以确定胎儿性别，因此流产大量不想要的女性胎儿的做法也越来越多。虽然在印度，这种做法被犯罪者与嫁妆和女儿结婚的毁灭性费用相联系，但在新郎家庭承担婚姻费用的地方，这种事情也会发生。但无论怎

图32　三名选民在泰米尔纳德邦的一个投票站外排队，1996年，K.加詹德兰和《前线杂志》（*Frontline*）提供。

样，抚养和安置男孩们的预期费用通常会被心平气静地加以考虑。

农业领域的妇女

印度妇女尽管在职业和商业上取得了一些进步，但在职业发展方面她们仍然像以往一样被固定在农业和琐碎的工作方面，这意味着从事工资最低的工作。1911年，四分之三的职业妇女是耕种者或农业工人，1961年，劳动力就业中的女性人数几乎翻了一番，而该比例则有提高，到1991年超过了80%。总体而言，将近70%的人口以土地资源为生，而妇女贡献了农业生产所涉及的劳动力总数的55%至66%。

即使作为农业工人，妇女的地位也已经恶化。1951年至1991年，作为劳动力就业的比例从31%增加到44%，而作为佃农的比例从45%下降到35%。直到20世纪初，印度80%的自然资源都是公共财产，目前55%为私人所有，28%由政府控制。剩下的以妇女为重度使用者的公共资源则管理不善并且已经恶化，因为这些资源现在主要由穷人使用。总的来说，私有化了的所有权被赋予了男性，负责管理政府所控制的资源的政府雇员大多是男性。农业推广工作也一直侧重于男性农民。

绿色革命意味着灌溉和碾磨等操作的机械化，这些操作已由男性接管，这让过去从事脱粒工作的女性对家庭劳动种植的谷物的控制力变小了，现在这些谷物都是直接从田地到磨坊。现金收入通常发给男性。此外，高产谷物被培育成了茎秆较短的品种，而且由于谷物不易脱落，需要捡拾的谷物减少。较短、较硬的茎不太适合用作动物饲料，而提供动物饲料通常仍是妇女的责任。妇女对粮食生产和收入控制力的减少造成了她们地位的相对丧失和作为妻子被殴打情况的增加。

印度的妇女运动

尼赫鲁反对那些希望男女关系或阶级结构不变的同僚，但他并不是性革命派。尽管他在议会联席会议上辩论时确实支持1961年的《禁止嫁妆法》，但他敦促通过该法案是将其作为一项家庭救济措施，就此他震惊地提到了因家人没有办法为她们安排合适的婚姻而蒙羞自杀的印度女孩人数。

玛格丽特·考辛斯（Margaret Cousins）声称在印度发起妇女选举权的想法是她的主张，就像安妮·贝赞特那样，这位爱尔兰妇女成为印度改革者。1917年，考辛斯向总督提交了一份由沙拉金尼·奈都领导的妇女代表团提交的备忘录，要求为妇女的健康和教育提供更好的设施，废除女性无资格在行政和地方政府领域工作的规定。此外，鉴于总督关心印度的权力如何向自治政府扩大，备忘录也要求在与男性相同的基础上给予妇女选举权。尽管起初被驳回，但妇女选举权最终在印度得以实现，而在印度反对的声音远低于这个问题在西方遇到的情况。

1926年，考辛斯创立了全印度妇女大会（All India Women's Conference），大会后来成为关注社会和教育改革的主要论坛。尽管如此，直到20世纪70年代，妇女的权利和福利问题仍然是以儿童、家庭或国家进步的名义提出的。然而，在那十年里，有一场过去一直热心关注保持女性气质和向公众保证烹饪活动将被保留的运动，开始涉及了一系列影响所有阶级和种姓妇女的紧迫问题，包括童婚、嫁妆、性骚扰、强奸和家庭暴力，以及特别影响贫困妇女的过度工作、剥削、营养不良和过度生育。从那时起，印度的女权主义在行动主义、影响力和成熟度方面已经可与西方女权主义相媲美或超过了西方，尽管巨大的障碍仍然存在。

社群政治：破碎的多元主义

以语言、领土、宗教和包括种姓在内的独特社会文化形式表达的南亚"社群"政治在过去的一个世纪中反复出现。例如，19世纪后期的语言冲突体现在对用梵语和印地语的"本土"天城文文字取代乌尔都语采用的阿拉伯文字的要求上。另一个例子是20世纪20年代马德拉斯管辖区中讲泰卢固语的人要求在马德拉斯管辖区境内单独管理领土，并最终建立一个单独的国家。到这一要求被接受时，印度穆斯林据其宗教信仰而成为一个独立国家的观念已因巴基斯坦的成立而得以实现。

印度和巴基斯坦这两个国家的国家体系和组成社群的政治在建国的头几十年间就存在显著差异，而到了20世纪60年代中期，这两个国家的政治都以危险的方式发生了变化。巴基斯坦实行的社群政治形式是种族式的，主要是围绕孟加拉人、信德人、帕坦人和俾路支人对那些在军事和官僚机构中的，以及越来越多进入大企业中的旁遮普人的霸权的反抗。旁遮普特权极其关注非旁遮普人政治，并将这种政治塑造成一种对领土区域的要求，在这些区域中，他们可以最大限度地为自己创造机会，或者至少可以平衡旁遮普人已在全国积累的优势。在印度，旁遮普特权阶层关注的是在就业竞争中的宗教、种姓和语言，以及不断变化的社会和经济气候环境下的特权。

巴基斯坦境内的旁遮普统治权

在印度共和国有着广泛分散的超地方权力团体，这样的权力源于那些团体的数量和经济上的支配地位。相比之下，巴基斯坦仅仅是旁遮普人在享有政治统治权。其结果是，民族政治的重点是地区政党和派系对中央的反对，中央官僚机构和军队是旁遮普人的专属领地。旁遮普人享有的另一个优势是他们凭借英国时代修建的运河

图33 古拉姆·谢赫（Ghulam Shaikh）的《待售城市》（*City for Sale*）。布面油画，1981年—1984年，306厘米×204.5厘米。这幅画讽刺地将巴洛达的公共骚乱与同时期电影院正在放映的电影《希尔希拉》（*Silsila*）并置。画家评论说："这两起事件构成了粗俗和暴力的高度：公开展示隐私和从集体屠杀中无耻地牟取暴利。"右边的三个男人和左边一个卖蔬菜的女人构成了进一步的讽刺：骚乱中生活照常进行（IS15-1986，由维多利亚和阿尔伯特博物馆提供）。

灌溉获得的财富。在巴基斯坦血腥的诞生阵痛期间，这一殖民遗产得到了保护，当时数百万穆斯林从旁遮普邦东部和其他地方逃离，以避免被锡克教教徒和印度教教徒屠杀。当局随后将旁遮普的难民永久安置限制在其他旁遮普人那边。来自恒河流域和其他地方的讲乌尔都语的难民定居在信德，一个相对贫穷的农业区。至于卡拉奇和其他信德的以印度教为主的城市人口，1948年1月爆发了针对他们的人为袭击，促使他们逃往了印度，随后他们的房屋和企业被来自印度的讲乌尔都语的难民接管。

孟加拉人、帕坦人、信德人和俾路支人在他们不同的地区家园与旁遮普人控制的中心对抗，取得了不同程度的成功。在孟加拉和西北省有同质的孟加拉语和普什图语人口，他们有着政治动员的历史。对孟加拉人而言，行动始于反对1905年孟加拉分治的鼓动，而对普什图人而言，则始于20世纪20年代阿卜杜勒·加法尔·汗为支持甘地的非暴力不合作运动而成功联合帕坦氏族。在一些军事独裁者领导下，孟加拉与旁遮普人主导的中央之间有着长期冲突，导致巴基斯坦的国家语言乌尔都语被强加给了孟加拉人，并且他们被排除在高级公务员职位之外。20世纪60年代大规模且具有威胁性的孟加拉示威活动引发了旁遮普士兵的暴力镇压，直到随之而来的1971年短暂的血腥内战，印度代表已分离了的孟加拉国介入了这场内战。

印度的种姓、宗教和语言

社群政治不可避免地涉及对"公正"的诉求，包括被压迫者要求获得特殊利益以补偿过去受到的不公正对待，或者某个历史地区的人民作为"土地之子"对获得特殊机会的"自然正义"的要求。

在20世纪60年代的印度，并不存在某一群体有类似旁遮普人在巴基斯坦那样的统治地位。相反，从低种姓开始，许多群体都提出了对就业和教育配额的要求，那些是在法律上被称为"在册种姓"的人，是以前的、甘地的"哈里让"贱民，他们的新名称来自印度1950年宪法的一个章节，该章节列出了有权接受正面差别待遇的历史上曾受压迫的群体。自20世纪70年代以来，另一个广泛使用的名称是达利特人（字面意思是"被压迫者"）。贱民对在就业或教育配额方面获得优先权的要求遭到了包括相对富裕的"土地之子"等其他人的反对，他们认为，即使他们自己不是贱民也应该得到类似的保护。

印度的社群意识和政治方面的某些表现确实类似于巴基斯坦的地方政治。1947年，在分治前夕，一些属于穆斯林联盟的孟加拉人与其他一些属于印度国大党的人一起提议建立一个单独的孟加拉邦，其中有这样的意味，穆斯林和印度教教徒的语言和文化正在进行统一，他们之间的分歧并没有那么大。真纳支持这个想法，但国大党领导人拒绝了，部分原因是他们认为这是可怕的巴尔干化，另一部分原因是国大党的商界领袖不愿看到加尔各答的资源被国家控制的资本主义夺走。

亚民族主义情绪的另一种表现来自独立后被划入印度联盟的旁遮普的地区，那里开始鼓动建立一个名为卡利斯坦（Khalistan）的国家作为锡克教教徒的家园。在这个地方，宗教和语言的民族认同结合在了一起，因为旁遮普语是写在锡克教经文《阿底·格兰特》（*Adi Granth*）中的。

小资产阶级的权力

很容易假设，人们对他们的出生地和居住地、语言、宗教和种姓的认同是与生俱来的，意味着无条件的忠诚。不可否认，身份的归属成分，例如"母语"，是很重要的，同时，社会阶层、特定实践和历史环境也会影响并改变这种传承。

中下阶层似乎与社群政治密切相关。一种解释是，在中产阶级里的这一部分中，在次大陆和在其他地方一样，被认为具有社会声望但又触手可及的就业机会的竞争尤为激烈，例如政府和企业中的城市白领工作。在20世纪，相对于次大陆上诸如地主、产业工人和独立农民这些较老的阶层，文书工作者代表了一个在不断扩大的社会类别。作为一个分化出来的阶级部分，他们是在18世纪后期出现的，是更大的历史变化的一种体现。随着机会的出现，东印度公司的文职就业岗位迅速发展，主要是在政府服务领域，也在管理机构和其他欧洲风格的公司的管理层中。在20世纪，对有固定工资、养老金和声望的政府就业机会的竞争日益激烈。那些受过英语教育和有政府工作的人希望他们的儿子能接替他们，并试图排除潜在的竞争对手。一些较老的群体失去了主导地位。穆斯林在联合省公务员中就业的减少是众所周知的：从1857年占据大约三分之二的高级职位，到1913年只占三分之一。那些填补了工作岗位的人和那些被排除在外的人都应同样注意到了这一事实。

种族就业竞争的另一个例子是非婆罗门讲泰米尔语的人士发起的达罗毗荼运动，他们反对泰米尔婆罗门在马德拉斯管辖区对令人梦寐以求的政府工作的垄断。顺着当时的情绪，非婆罗门坚持己见的逻辑结果是呼吁为所有讲达罗毗荼语言的非婆罗门创建一个独立的家园"德拉维斯坦"（Dravidistan）。这是泰米尔的"土地之子"的要求，巧妙地反驳了婆罗门自称是来自雅利安北部的移民的古老说法，并否认他们在他们出生的地方拥有真正的根源。这还催生了一场名为"自我尊重"（Self-Respect）的宗教改革运动，它呼吁所有非婆罗门教徒否定婆罗门祭司的主张，从而相应地修改仪式和社会习俗。在这场运动中产生了正义党，它在1919年宪法框架下赢得了选举。

20世纪头20年的非婆罗门知识分子要求英国当局增加低种姓的政府教育和就业机会。这一要求通过1921年在马德拉斯正义党执政的政府发出的倡议得到满足。然而，德拉维斯坦计划失败了，因为非泰米尔人憎恨泰米尔政客的统治野心。无论如何，这已为泰米尔德拉维达进步联盟（Dravida Munnetra Kazhagam，DMK）的成立奠定了基础，该组织在20世纪60年代取代国大党成为泰米尔纳德邦的执政党。

落后阶层

地方种姓占优势和有影响力的省份推动地方种姓优先发展的运动，数量比民族宗教政党更多。甘地对国大党的改革促进了这些运动，他在20世纪30年代的政治风格鼓励人数众多的有地种姓的代言人控制地方和省级国大党机构。1953年，这些在地区占主导地位且政治化了的中下阶层和种姓群体成功地迫使不情愿的中央政府为他们提供了与贱民一样的在教育和就业方面的正面差别待遇政策。这些所谓的"落后阶层"约有2400个，他们获得了与宪法中定义的"在册种姓"所拥有的类似权利，这部分人估计占印度人口的三分之一。农村和小城镇的"落后阶级"由各邦分别定义，各邦也为他们的"落后"制定了补救措施。

"落后阶层"中中产和富裕的农民比例过大。由于改革使他们可以购买或使用土地,以及绿色革命带来的农业生产的改善,他们的财富增加了,并且,他们的地方权力也随之增加了。他们要求的帮扶包括为他们的儿子提供受教育的名额和政府就业的配额。这不仅减少了同一邦内贱民的稀缺机会,而且明确将从其他邦来的合格候选人排除在竞争之外。这种本土主义运动最险恶的例子之一是位于孟买的湿婆军(Shiv Sena,神的军队),它于20世纪60年代中期成立,目的是骚扰和恐吓在该市工作的南印度人。他们的暴力策略后来也扩展到马哈拉施特拉邦的穆斯林身上。

20世纪20年代和30年代的长期经济萧条加剧了争夺稀缺工作和教育机会的群体之间的敌对,对在小城镇和城市的最底层工人来说尤其险恶,在那里,为低级工作而进行的争斗一直在发生,例如为了得到在市场上搬运货物或在建筑工地搬运材料的工作。在经济萧条的几十年里,来自农村寻找工作的移民不断催生这些卑微就业机会的竞争。当相互竞争的群体很容易被宗教或语言差异所标记时,社群动员和暴力对抗的基础就已在眼前了。成熟的区域商业集团则面临大型国家和国际公司侵入其市场的压力,当这样的担心也被加入上述那些干柴烈火的因素当中时,有组织、有资金的社群冲突便成倍增加了。

印度与世界

对于身处20世纪50年代的尼赫鲁和印度来说,外部因素与国内局势一样重要,外部因素还包括对美国及其盟国提供发展资金的依赖之外的其他方面。事实上,尼赫鲁的成就在对外关系领域似乎最令人印象深刻。在国内，为了平衡共产党领导的左翼和社群主义右翼，他在印度政治光谱的两端之间被拉来拉去，他的世俗化和反贫困计划被打了折扣，但世界一致认为他是印度伟大的政治家之一。

1947年印度共和国所诞生的世界是一个危险的分裂世界，但一个新的大国必将在其中找到一个属于自己的角色。尼赫鲁制定印度外交政策时所处的背景是超级大国之间的冷战竞争，在这场竞争中，印度和中国都因其领土和人民的庞大数量而成为耀眼的目标。

反对帝国主义在尼赫鲁的对策中占据了很大一部分，这并不奇怪。在外交关系上，印度没有人能与尼赫鲁相提并论，也许除了克里什那·梅农，那是他的老朋友，他在联合国的代表，或许是他在左翼最亲密的朋友。无论如何，他们两人都将反帝视为印度结盟和对抗的基础。在超级大国之间，尼赫鲁认为美国人更危险。在他看来，美国人继承了大英帝国的利益以及其统治世界的资本主义，而苏联在俄国革命时放弃了帝国，其在二战后在欧洲的扩张被谅解。巴基斯坦为了迎合美国"遏制"苏联在亚洲影响的目标而将自己置于美国客户的地位，这使来自美国的危险预感加深了。

1948年，克什米尔战争使巴基斯坦相信，印度在次大陆的军事力量比它自己所能达到的任何力量都要强大，因此它需要外部盟友。围绕克什米尔的冲突也使印度和巴基斯坦确信，不能依赖联合国，联合国没能以使两方中的任何一方满意的方式解决问题。尽管如此，尼赫鲁在朝鲜战争期间向联合国提供了大量协助，朝鲜战争最终使美国人与印度的中国朋友走向对立。印度为朝鲜战争战俘遣返问题的谈判提供了帮助，这种干预受到各方赞赏。在越南民族主义者挫败了战后法国重建殖民政权的企图后，印度通过斡旋结束了法国与越南之间的战争，再次在外交政策上取得了成功。1954年的日内瓦会议，印度的协助被认为起到了重要作用，那个会议终结了法国对印度支那的控制。

万隆与不结盟

当巴基斯坦加入美国支持的东南亚条约组织时，在尼赫鲁和克里什那·梅农眼里，那是美国的霸权行径在通过像巴基斯坦这样的代理人在亚洲蔓延，因此加以谴责。作为对抗，印度于1955年组织了一次在印度尼西亚的万隆市（Bandung）举行的、非常成功的亚洲和非洲前殖民地国家会议。会议的一个重大事件是尼赫鲁阐述了不结盟原则：拒绝加入超级大国正在建立的两大阵营中的任何一个，同时保留在国际问题上根据每一事件本身的是非曲直采取立场的权利。

在他的领导下，来自两个超级大国要求印度选边站的压力被抵制了。资本主义"第一"世界和社会主义"第二"世界冷战巨头之间的斗争中的问题，将在它们出现并影响后殖民发展中社会的"第三世界"时得到处理。在万隆会议的前一年，印度与中国签订了承认西藏是中国领土的条约，为实现反帝团结铺平了道路。

万隆会议为印度赢得了世界的尊重。1955年，为构建更密切的印苏关系，包括苏共第一书记赫鲁晓夫和部长会议主席布尔加宁在内的几位重要苏联领导人访问印度，这使万隆会议的影响达到了巅峰。总而言之，尼赫鲁的外交似乎是对印度国际重要性的光辉印证，这无疑是尼赫鲁最伟大的时刻。第二个五年计划启动的目的是希望它能使已经是世界上工业化程度最高的国家之一的印度成为一个真正的现代化国家。国大党在其政敌面前似乎是无敌的，在全国享有巨大的威望和热爱。伟大的外交成就似乎是为其成就加冕。然而，这种时光转瞬即逝，很快，麻烦的迹象就出现了。

世界媒体开始对冷战冲突中不结盟和公正的主张提出尴尬的问题。有人问，为什么1956年英国和以色列人入侵纳赛尔（Nasser）统治下的埃及时，印度人迅速谴责，而苏联入侵匈牙利时，印度却没有表示反对？印度对美国发展信贷和贷款的依赖难道不会损害真正不结盟立场所需的公正性吗？不过，印中关系的破裂从哪个角度讲都是最令人痛心的。1962年10月，尼赫鲁实际上与另一个不结盟国家开战了，为了捍卫印度自己也承认是被英国殖民主义不公正地划定的边界。

万隆错位

正是在西藏南部边境，在贫瘠的喜马拉雅山高处，中国危机的出现不仅让尼赫鲁难堪，而且对他的政治地位造成了打击，他再也没有从中恢复过来。显然，伴随他不屈不挠地走过新印度艰辛建国历程的那种坚韧不拔，在20世纪60年代初期耗尽了。在一个像印度一样古老、最近的关系又如此亲密的国家那里遭受军事失败已经够令人烦恼了，更糟糕的是，与中国的冲突使印度的政策似乎又回到了帝国主义的原则和先例，成为对万隆反帝立场的嘲弄。

对于尼赫鲁来说，尽管其他外交政策的成功在某种程度上抵消了他在中国问题上的失败，但他以前的地位却无法恢复。1960年，他在贝尔格莱德（Belgrade）的一次会议上重新扮演了他在不结盟国家中的领导角色，然后试图利用他的声望说服苏联领导人赫鲁晓夫停止核试验。接着，在1961年，他放弃了说服葡萄牙独裁者安东尼奥·德·奥利维拉·萨拉查（Antonio de Oliviera Salazar）撤出果阿和其他仍由葡萄牙占领的印度领土的耐心尝试，这震惊了世界。一支印度军队被派往占领果阿。尽管这背离了尼赫鲁所希望采取的互不侵犯原则，但在长期无果的外交努力失败后，世界上大多数人都对这种诉诸武力的行动表示同情。然而，在中国问题上，尼赫鲁表现得自欺欺人，更糟糕的是，他甚至为他自己都承认的，是为被英帝国主义者划定的边界辩护甚至开战。不过，最终带来灾祸的是他内部政治对手的煽动。在接下来的两年里，他都处于失望当中并疾病缠身，于1964年5月去世。

被信守的承诺，未兑现的承诺

独立为印度开启了历史发展的新阶段，其进程在短短几年内就显现出来了。在尼赫鲁的领导下，印度取得了重大成就，其中包括：以普选为基础并结合了世俗以及平等原则的民主宪法；某些特权阶层被消除，例如王公和柴明达尔；在仍然占主导地位的印度农业社会中引入了新的土地所有模式；承认并试图抑制人口急剧增长，改善人民总体健康和妇女地位，无论所做的尝试有多大缺陷。国家致力于推行将继承下来的殖民时期的工业基础快速现代化的计划，同时，地方对农业生产社会基础的控制得到加强。在外交政策方面，尼赫鲁还塑造了一种独特的地缘政治，其基础是不与任何一个冷战超级大国结盟，而是与后殖民世界的其他国家合作。尼赫鲁的胜利在与当时新近取得胜利的中国共产党的关系中体现得最为彻底。1961年，在葡萄牙独裁政权一直坚持拒绝通过外交途径解决欧洲帝国主义在次大陆最后一点领土问题之后，他夺取了位于印度西海岸的葡萄牙殖民地果阿，他的反帝成就走上了巅峰。

但在20世纪50年代辉煌的十年之后，他去世前的最后几年令人失望。最真实的莫过于他和他的国大党同僚未能为印度民族奠定一个摆脱掉历史性社群主义危险残余的基础，而社群主义是在复杂多样的次大陆中发展起来的。甘地模糊地表达出的梦想是重新找回现实的社群，使其成为一个振兴、道德和自由的印度的基础，而在资本主义和社会主义为印度以及世界上大部分地区的人民指引了通过工业发展来改善他们自己和他们孩子的生活这一方向的世纪里，甘地的这一梦想是不可能实现的。尼赫鲁了解这两种引人注目的当代力量的缺陷，他相信可以在两种选择的最坏方面之间找到或设计出道路。现在我们可以说他的判断是有缺陷的，无论我们多么欣赏他对一个更好的印度的憧憬。在他生命的尽头，他似乎意识到这个国家没有走上社会正义和平等的道路。尽管印度在其民主制度和科学技术方面取得了实实在在的成就，它正走向一个与世界上大多数社会没什么不同或比它们更好的未来，但它是走在最贫穷国家的行列里。

另一个印度

大卫·阿诺德

1947年中的几个月里，随着国家命运不确定性的增加以及独立日的临近，印度民族主义领导人仍然有可能相信分治只会是"短暂的"。正如贾瓦哈拉尔·尼赫鲁所说，"巴基斯坦一定会回到我们身边"。[1] 实际经历很快表明并非如此。印度和巴基斯坦在克什米尔问题上几乎立即爆发的冲突以及随后两国在1965年和1971年爆发的进一步的战争，打消了所有挥之不去的幻想，并且表明，无论分治时对边界线的划定是多么武断，其结果都无法轻易被推翻。1971年12月，印度军队帮助打败了巴基斯坦军队，解放了孟加拉国，这个结果巩固并证实了印度在南亚的军事和政治优势，但在印度或国际上几乎没有人期望这会逆转1947年8月残酷的"活体解剖"以及东孟加拉会重新进入渴望统一的印度。在此之前，分治造成的创伤性暴力和大规模流离失所，国家建设和内部控制的当务之急，印度和巴基斯坦截然不同的国内政策、宪法进程和国际取向，以及两国之间的持续敌对，所有这些都表明1947年的后殖民问题的解决方案势必将持续下去，并成为南亚地缘政治的永久特征。

1947年印度在英国撤离后进行了彻底的重组，迅速将遍布其领土的旧土邦领地纳入其中，设计出了一个主要按照语言进行组织的新的邦结构。在随后的几十年中，通过武力和说服，通过务实的奖励与和解过程，或通过呼吁一个总体的民族认同，印度克服了在南部的泰米尔纳德邦、北部的旁遮普邦以及东北部的阿萨姆邦、曼尼普尔邦和那加兰邦的具有潜在威胁性的分离主义运动（虽然其中一些斗争，特别是在东北部的斗争，还在持续）。通过强大的军事，尽管自1987年以来叛乱不断加剧，印度仍保留了其在1947年至1948年间获得的三分之二的克什米尔地区。2009年，泰米尔猛虎组织（Tamil Tigers）在斯里兰卡的最终失败可被视为是进一步肯定了1947年8月由英国法令建立起的印度的稳定，因为如果长达二十五年的泰米尔伊拉姆独立运动（Tamil Eelam）取得成功，那很可能会重新点燃起建立一个横跨保克海峡（Palk Strait）的独立泰米尔国家的希望。

因此，21世纪初的印度与本书前8节中描述和讨论的是一个完全不同的实体。虽然"印度次大陆"一词仍保留了一些残余用法，尤其是在英国，但如今更普遍使用的是"南亚"这样更中性的说法，以及以那里为家或祖先在那里的"南亚人"这个说法。至少在大众的想象中，关于印度，与其说是要定义一个文明，不如说是要界定一个国家。"新国家，旧民族"一节概述了1947年分治造成的许多裂痕和隔阂，以及印度和巴基斯坦之间日益扩大的分歧，但该章节也试图坚持这样一种观点，即这两个新国家在独立后继续分享许多历史遗产，并经历了许多共同的政治和发展问题。但是，随着殖民历史不断远去，以及1971年独立的孟加拉国的建立（两个继承国因而成为三个），印度依旧占据与佛陀和阿育王、笈多王朝、朱罗王朝，莫卧儿和英国殖民那些时期的印度曾经占据的相同的地理舞台和社会文化空间，这样的观念，或甚至是印度民族主义运动所热切渴望的观念，都越来越难以维持。现在与我们生活在一起的是另一个印度。因此，本节转向了这个1971年后的新印度，试图对近几十年来一个新的、截然不同的印度是否已经出现、发展到什么程度以及它的主要特征可能是什么进行评价。

尼赫鲁共识

在贾瓦哈拉尔·尼赫鲁担任印度总理期间（从1947年印度独立到1964年尼赫鲁去世），特别是在20世纪50年代和60年代初期，事后看来，出现了被人们认为存在的"尼赫鲁共识"。这个表述在一些方面反映了1947年以来在印度历史上和现代印度民族国家理想的形成中尼赫鲁本人的中心地位以及他的个性、政治风格和哲学，尽管可以说，这对像安贝德卡尔那样的人物是不公正的，那些人越来越被公认也发挥了决定性的作用。"尼赫鲁共识"的概念体现了三个主要特征：第一个是消除贫困、以进口替代和快速工业化为基础实现经济自给自足、摆脱印度落后的经济现状及对英国和其他发达工业国家的依赖，并将这些作为印度的头等大事；第二个原则是在一个世俗国家内（这与巴基斯坦形成鲜明对比）建立一个致力于自由、平等和民主理想的现代社会；第三个要素是基于在冷战世界中敌对的东西方势力集团之间的不结盟外交政策，并通过反对帝国主义和避免任何可能使印度再次沦为半殖民地的军事和政治联盟或经济联系来进一步维持这种外交政策。

这种现代主义、世俗主义的"共识"因尼赫鲁个人的权威而得到加强，在内政部长瓦拉巴伊·帕特尔于1950年去世后，这一共识在全印度舞台上基本上没有受到任何挑战。它也得到了国大党内主流的支持，起初是来自组成印度联盟的各邦，后来，随着对许多邦控制的逐渐减弱，这种支持转而来自印度人民院（Lok Sabha，议会下院）和印度政府。批评者会争辩说，现实中的"共识"只存在于讲英语的精英阶层中，存在于那些在民族主义斗争中成长起来的人中，他们被反殖民主义所锻造出的理想主义，受到了西方教育、对自由民主的外来理想的接触，以及对一个开明的、了解人们需求并代表他们行事的技术官僚机构效能的信仰这三方面的锤炼，它不一定是政府圈子和受过英国教育的少数群体之外的广大民众的共同愿景，甚至对于许多在非常不同的社会环境中学习从政并更加接近他们所在邦社群、种姓和地区"乡音"政治的年轻一代政治家来说，也不一定是他们的共同愿景。

同样令人吃惊的是，这是一个"尼赫鲁共识"，而不是"甘地共识"。尽管尼赫鲁的社会主义理想使许多认为他过于激进的人疏远了他（同时也让其他人因为他不够激进而陷入失望），但"尼赫鲁共识"帮助建立了独立后印度的主流意识形态，而甘地主义没有做到。其中是有（并且会继续有）从甘地的理想和他的非暴力行动方式（包括为政治目的禁食）中汲取灵感的运动，但那些大多属于反抗活动的性质，即反政府运动或反资本主义的活动。尽管甘地在印度一直受到崇敬，尽管到处都有迈着大步的圣雄的市政雕像，城市为纪念甘地而重新命名街道，政客们会象征性地穿戴科哈迪服饰，但甘地对印度独立后的政治和社会议程的影响微乎其微。最近，他甚至被用来代表印度教保守主义和宗派主义，而一个进步而世俗的印度需要与之斗争。

另一方面，"尼赫鲁共识"在其提出者于1964年去世之后持续存在了很久，甚至在某些方面一直持续到20世纪80年代，尽管这一意识形态立场的关键要素已在这一过程中被侵蚀了。1962年，印度在中国手中的耻辱性失败不仅大大削弱了尼赫鲁的国际地位，也削弱了他所非常积极认同的不结盟政策。1971年，在印度与巴基斯坦重新爆发战争、国际孤立迫在眉睫之际，尼赫鲁的女儿英迪拉·甘地夫人的政府转向俄罗斯寻求外交和经济支持。自苏联解体以来，特别是自20世纪90年代末克林顿和布什政府先后执政以来，印度与美国的关系已更加融洽，而对美国这个世界强国，尼赫鲁一直是持怀疑态度的。在印度，长期以来美国一直被视为对巴基斯坦有不合理的同情。印度的外交政策不再以20世纪50年代的高道德基调和尖锐的反帝模式开展，但是，印度对自身规模和自己正在形成的超级大国地位充满信心，对巴基斯坦和中国始终保持警惕，一直在继续寻求保持其不卷入结盟的自由。

　　"尼赫鲁共识"的局限性越来越明显。如前一章所讲，利用进

图34　英迪拉·甘地夫人向投票人群演讲（RIA Novosti/TopFoto版权所有）。

口替代和国家指导的五年规划来解决大规模贫困和建立工业经济的政策在20世纪70年代早期遇到了困难。尽管印度人口迅速增长（因而产生了巨大的国内市场），但直到20世纪90年代初经济自由化开始之前，印度经济因缺乏竞争和创新而在很大程度上停滞不前。即便如此，贫困是国家政府要克服的首要问题之一这一在民族主义时代确立的核心思想仍然突出，尽管有的时候，比如甘地夫人在1971年的竞选中提出"消除贫困，拯救国家"（garibi hatao）的口号，它的核心思想似乎更像是对一种曾经根深蒂固的理想的民粹主义的模仿，而不是一个真诚承诺的表达。

侵蚀共识

英迪拉·甘地呼吁"消除贫困"的主要目的是在旧国大党内击败对手，而这一呼吁给人们带来的期待，如果不彻底改革经济，或者彻底背离印度的民主体制，她是不可能兑现的。随着国内紧张局势的加剧，特别是食品和燃料的价格居高不下，资深的国大社会党成员、前甘地主义者贾亚普拉卡什·纳拉扬（Jaya-prakash Naray-an）领导了一场旨在鼓动民众不满情绪的运动。他威胁要在政府和公共生活中进行殖民统治的终结未能实现的"彻底革命"。1975年6月12日，安拉阿巴德高等法院裁定甘地夫人在她的选区犯有腐败行为，并宣布她四年前的选举无效。1975年6月26日，她因受到这一对其权威的挑战而做出回应，宣布进入紧急状态，具有讽刺意味的是，紧急状态实施形式的灵感来自20世纪30年代初期英国颁布的反国大党法令。

这种向中央集权专制的踉跄急转，包括了中止所有宪法权利和公民自由（包括人身保护令）、对媒体实行严格审查（媒体已成为对甘地夫人伤害最大的批评者之一)、对数千名反对者未经审判就实施监禁，以及推迟人民院的选举。一个合规议会通过了一项宪法修正案，免除了对甘地夫人的选举舞弊指控。这位总理又恢复了民粹主义的辞藻，宣布"直接打击贫困"，但却没有建立实现这一目标的新机制。与在巴基斯坦不同的是，在印度，军队没有作为国家控制的前线工具而被部署，尽管中央控制的准军事警察和情报机构[由印度调查分析局（Research and Analysis Wing，RAW）领导]被广泛部署，发挥类似的威慑和监视作用。印度持续不断地遭受口号化，一再呼吁要努力工作和遵守纪律。甘地夫人对自己鲁莽的次子桑杰给予了过度信任，这一举措似乎体现了印度日益增长的王朝主义。她的这位次子发起了一场激进的、主要针对旧德里以及那里主要居住着穆斯林人口的贫民窟清理运动，在大规模的驱逐中，没有为改善穷人生活条件而采取任何配套措施。桑杰·甘地还领导了一场旨在遏制印度人口快速增长的输精管结扎手术和绝育运动，但与清理贫民窟的举措一样，该运动是针对穷人的斗争，把容易成为目标（且看起来很不雅观）的穷人作为印度现代化进程中的障碍。罗欣顿·米斯特里（Rohinton Mistry）引人入胜的小说《微妙的平衡》①（*A Fine Balance*）恰如其分地捕捉到了这一时期的暴力、穷人的受害、国家以及桑杰·甘地的亲信的腐败和权力的滥用。

甘地夫人对她自己的声望过于自信，并被指控背叛了她父亲的遗产，在这种情况下，她呼吁在1977年3月举行选举，结果惨败给了印度人民党领导的反对派，德里连续三十年的国大党统治结束了。从短期来看，甘地夫人的紧急状态可以被看作是"世界上最大的民主国家"发展史上短暂的（如果可以被称作有益的话）反常现

---

① 该书中文版采取的译名为《大地之上》。

象，她的失败确凿地验证了民众执着追求民主规范和反对独裁统治的持续力量。然而，紧急状态也可被视为是对"尼赫鲁共识"的第一次重大违背，是一个新的政府和公共生活时代的开始。印度出现了一种新的权利文化，仿佛是对紧急状态十九个月期间对自由进行系统性剥夺的反应（与甘地对义务和服务的坚持形成鲜明对比）。在媒体活动的爆炸式增长中，大量新的报纸和杂志出现了，它们可以自由地表达对政府的批评，要求民主权利。印度最高法院开始审理公民的权利似乎受到侵犯这样涉及公共利益的诉讼案件，这往往导致司法部门与中央和各邦政府发生冲突。紧急状态结束后，包括警察罢工在内的一波抗议运动和罢工浪潮随之而来，并出现了新一轮围绕嫁妆谋杀、强奸和暴力侵害妇女等问题发起的女性抗议运动。随着新一批成员以前所未有的程度从低层阶级和所谓的"落后种姓"中被选入议会，老牌的、讲英语的政治精英们的统治地位被进一步削弱。

1977年，印度也首次经历了中央联合政府。曾经是甘地夫人副手的老资格甘地主义者莫拉吉·德赛（Morarji Desai）就任总理：他领导了一个日益难以管理的联盟，在这个联盟中，右翼人民党是最大的组成部分，但也包含了一些地区性的政党，例如由查兰·辛格（Charan Singh）领导的以农民为基础的印度民众党（Bharatiya Lok Dal）。新政府的确恢复了公民自由，但除此之外几乎没有取得任何成就。1979年，德赛被迫辞职，查兰·辛格接任，但由于未能在人民院获得多数席位，他的政府也垮台了。值得注意的是，在甘地夫人遇到选举克星之后不到三年，1980年1月的新选举使她以压倒性优势重新掌权。在避免20世纪70年代中期的过度行为的同时，甘地夫人恢复了高度个性化的政府风格。过去的理想主义被摒弃，一种新的实用主义政治盛行了。在据说有不法行为的邦实行了总统管治；邦政府首席部长由总理随心所欲地选拔和更换（比如在安得拉邦）。在"英迪拉·拉吉"①这个戏称之下，总理的个人魅力对国大党的地位来说至关重要，也是她得以凌驾于敢于挑战她的权威地位的政党领袖之上，向群众发出呼吁的手段。她似乎在又一次培养桑杰为她的继任者，直到他死于德里的一次空难。之后，她转向了她的大儿子拉吉夫，在当时，拉吉夫是一名并不关心政治的印度航空公司的普通飞行员。

为了将权力掌握在自己手中，甘地夫人开始对印度的种族和宗教团体进行要弄式的操纵，与尼赫鲁的世俗国家理想进行政治博弈并将后者进一步置于危险境地。锡克教教徒是最先卷入随之而来的恶性政治旋涡的群体之一。许多锡克教教徒不满足于1966年在印度联盟内形成一个独立的旁遮普邦，希望完全得到当时与哈里亚纳邦共享的昌迪加尔（Chandigarh），这座由法国建筑师勒·柯布西耶（Le Corbusier）为尼赫鲁设计的现代主义城市。他们要独享这座城市，作为对在分治中被划给巴基斯坦的拉合尔的替代。在散居国外的，尤其是在英国的锡克教教徒的积极支持下，对建立一个自治的，也许完全独立的锡克教国家卡利斯坦的呼声不断上升。到当时为止，阿卡利党（Akali Dal）是锡克教的主要政党，而阿卡利党是人民党的支持者，因此不受甘地夫人的青睐，甘地夫人支持卡利斯坦事业年轻的狂热者贾奈尔·辛格·宾德兰瓦勒（Jarnail Singh Bhindranwale），但这仅仅是鼓励了他和他的追随者提出更极端的主张。1983年底，宾德兰瓦勒占领了阿姆利则金庙建筑群的一部分，并发誓在赢得卡利斯坦之前不会离开。

这不是甘地夫人会同意的要求。政府需要控制毗邻巴基斯坦的

---

① "英迪拉·拉吉"，Indira Raj，Raj 是殖民地时期英属印度的说法：British Raj。

旁遮普邦（其战略重要性在1965年的战争中得到了彰显），更不用说需要维护印度的领土完整，而且还因为，锡克教教徒尽管仅占印度总人口的2%，但他们像在殖民时代晚期一样继续在印度军队中占很大比例。1984年6月，锡克教教徒和印度教教徒之间的关系迅速恶化，当时总理在所谓的"蓝星行动"（Operation Bluestar）中命令军队进入金庙的神圣区域。宾德兰瓦勒和他的许多武装同伙在袭击中丧生，寺庙部分遭到严重破坏。这次枪战不仅使甘地夫人的个人形象受损，而且似乎进一步表明，印度与尼赫鲁时代的世俗主义理想已经相去甚远。这一插曲产生了迅速而戏剧性的后果：1984年10月31日，甘地夫人被她的两名锡克教保镖刺杀，这与1948年圣雄甘地被刺一样是重大事件，但后果却截然不同。对她死亡的愤怒是针对锡克教社群的，尤其是在德里。三天的纵火和混乱接踵而至，警察和国大党官员对这些残酷事件视而不见，甚至纵容它们。仅在德里就有1000多名锡克教教徒被杀，但没有人因他们的死而受到审判。那些相当于是反锡克教的大屠杀和系统地针对少数族裔社区的攻击（加上当局的不作为），是印度教右派后来在1992年和2002年对穆斯林所犯下的暴力的一个令人震惊的先例。

拉吉夫·甘地在他母亲死后接任了总理一职。最初人们松了一口气，觉得被称为"纯净先生"、摆脱了近年来的政治泥潭和自私操纵的人正在接管权力。人们希望他能为这个似乎正日益腐败的国家政府注入新的开放性和现代化的进取精神。1984年12月，拉吉夫·甘地利用社会上对其死去的母亲的广泛同情，带领国大党参加选举，取得巨大的胜利。之前甘地夫人的政策出现了一些倒退：拉吉夫是印度第一位不是在反殖民的自由斗争中长大的总理，他将自己塑造成一个坚定的现代化者，谈到他的使命是"为印度迎接21世纪做准备"，并鼓励印度朝着电信革命迈出前景难料的第一步。

在政治上，他寻求与一些非国大党的地区政党达成和解，包括1985年在旁遮普邦执政的阿卡利党。但在"蓝星行动"之后，旁遮普邦现在已被诸如暗杀、爆炸以及锡克教分离主义者和国家安全部队之间爆发的枪战等暴力活动深深困扰。直到20世纪90年代，公民秩序才完全恢复。

但是，拉吉夫和他的母亲一样无法抗拒玩弄社群政治的诱惑，特别是他在1986年介入沙·巴诺案（Shah Bano case）。该案涉及一个有争议的穆斯林离婚裁决，拉吉夫·甘地推翻了之前最高法院做出的维持《刑事诉讼法》第125条的规定的判决，他似乎要让穆斯林社群全权负责自己的民法，并要让在印度实行适用于所有社群的统一民法的前景消逝。可以说，这不能仅仅归咎于拉吉夫。尼赫鲁监督了印度教法律的改革和编纂，由于担心遭到反对，他对穆斯林民法未做任何修改。有很多迹象表明，世俗主义理想即使在其明显处于高峰时也没有得到完美实施，这是诸多迹象中的一个。沙·巴诺案似乎进一步削弱了印度作为世俗国家的目标，助长了印度教右派的诉求，即穆斯林被"安抚"并获得了特权法律地位，同时大多数印度教教徒却没有享有特殊的权利和保护。

随着权力的傲慢占据上风，拉吉夫·甘地超越狭隘政治和腐败的形象持续下跌。国大党的道德权威在甘地夫人领导时期就已经被削弱，现在则进一步陷入丑闻，特别是有报道称瑞典军火制造商博福斯公司（A.B. Bofors）向印度高官阶的部长和官员（甚至可能对拉吉夫本人）行贿以获得利润丰厚的国防合同。在尼赫鲁的领导下，印度曾试图抑制军费开支以为发展提供资金，但在20世纪80年代与巴基斯坦和中国发生冲突后，印度已成为国际军火贸易的一个备受追捧的市场。以前笼罩着桑杰·甘地的任人唯亲和图谋私利阴影，现在似乎已经转移到了他的哥哥身上。此外，1987年印度派遣军队前往斯里兰卡执行一项未考虑周全的"维和任务",此举迅速使其与泰米尔叛乱分子发生了冲突,拉吉夫对此负有责任。在1989年的选举中,钟摆再次摆离国大党,它只赢得了不到一半的下议院席位。1991年5月,拉吉夫·甘地还未能恢复他的权威就被泰米尔猛虎组织以自杀式炸弹袭击暗杀。在共产党和印度人民党的支持下,维什瓦纳特·普拉塔普·辛格(Vishwanath Pratap Singh)作为少数派民族阵线的领导人上台。只于1977年至1979年有暂时中断的持续四十年的国大党一党统治最终结束了,联合政府的新时代已拉开序幕。

左翼的失败

可以预见,对"尼赫鲁共识"的政治优势和思想权威的主要挑战将会来自左翼的政党,而且那些左翼的政党也最有可能用阶级政治取代在殖民统治中已根深蒂固的社群话语。印度共产党(CPI)早在1920年就成立了,但在1929年发生了导致许多英国和印度共产主义组织者被监禁的"阴谋"案后,在殖民统治的压制下,它被打入了地下状态。20世纪30年代,随着城市工人和乡村农民组织的壮大,组织罢工、抗议游行和示威的往往是于1934年成立的国大社会党或特定的工会组织和基桑萨布哈(农民联盟)。在20世纪30年代和40年代的印度左倾文学和知识分子圈子中,俄罗斯共产主义为印度的后殖民未来提供了一个吸引人的模式,当英国在第二次世界大战中途与苏联结盟,使政府不得不重新将共产党合法化时,共产党在全国许多地方成为强大的政治力量。

在20世纪40年代末和50年代初,印度共产党领导或支持了一大波工业罢工和农民起义运动,最著名的农民起义发生在印度南部的泰伦加纳，那里的海得拉巴土邦国的解体使农民能够发动反对封建地主的武装运动，这对尼赫鲁和帕特尔政府构成了重大挑战，并可以说是将共产主义在农村中的影响推到了顶峰。但在一个政治领袖的人格仍然最重要的社会中，共产主义者未能培养出能与甘地、尼赫鲁或安贝德卡尔等人物相媲美的全印度领导人。此外，许多共产党领导人是高种姓知识分子，他们缺乏对低种姓和贱民劳动者遭受的切身苦难和社会剥削的实际体验。再者，国大党作为领导民族独立的政党的声望还在持续，其有效地（甚至是残酷地）使用军队和武装警察去镇压共产党支持的骚乱，这次起义浪潮被打败了。到了1951年，在莫斯科的要求下，印度共产党放弃了其试图通过暴力手段夺取政权的战略。

尽管共产主义在20世纪50年代和60年代被广泛认为是对国大党"一党统治"的主要威胁，但它未能取得突破，即使在可能最有利于它的国家经济困难和政治不确定的时期也是如此。与此同时，在20世纪50年代初期，通过引入苏联式的五年计划和尼赫鲁倡导的"主要生产资料为社会所有或控制的社会主义社会模式"，通过废除柴明达尔和建立正式限制个人可拥有土地面积的土地上限，并同意创建语言邦的要求，正是国大党确立了自己的民粹主义资格。

同样，在动员民众支持和呼吁地区忠诚方面，地区政党远比共产党有效。在这方面最成功的地区政党之一是德拉维达进步联盟，它于1967年首次在南部的泰米尔纳德邦执政，之后通过其后来的化身执政，包括全印度德拉维达进步联盟（All-India Anna Dravida Munnetra Kazhagam，AIADMK）。全印度德拉维达进步联盟的领导人、电影明星拉马钱德兰（M. G. Ramachandran）从1977年到1987年的十年间担任泰米尔纳德邦首席部长，被广泛称为泰米尔偶像派男演员和穷人的捍卫者。拉马钱德兰的"自信的民粹主义"为低种姓的泰米尔人创造就业机会、为穷人提供食品补贴和为学童提供午餐。在比哈尔邦和北方邦，一些区域性政党出现了，例如1992年穆拉亚姆·辛格·亚达夫（Mulayam Singh Yadav）创立的萨马杰瓦迪党（Samajwadi），由"贱民女王"玛雅瓦蒂（Mayawati）领导的大众社会党（Bahujan Samaj Party），他们代表低种姓和贱民，挑战高种姓和讲英语的政治精英的统治地位。

一个并行的抑或更险恶的发展是湿婆军在孟买的崛起。湿婆军由记者巴拉萨赫博·撒克里（Balasaheb Thackeray）于1966年创立，湿婆军不仅认同好战的印度教（它的名字都暗指印度教神湿婆和马拉塔勇士国王西瓦吉），而且还认同排外的"土地之子"意识形态，其意味着给马哈拉施特拉邦人提供工作，而拒绝给从印度南部和北部拥入这座城市的移民工作。有时，湿婆军会针对那些它认为是"局外人"的人使用街头暴力和人身恐吓，例如在1992年的反穆斯林骚乱期间发生的事件。但该党对占印度最大城市一半人口的失业者和贫民窟居民这些城市贫民有着毋庸置疑的吸引力。迎合群众利益和情感的能力显然不是左派独有的。

自20世纪50年代以来，共产党本身的策略已经从起义转向议会，寻求通过投票箱取得在其他地方无法获得的权力。这一策略早期在喀拉拉邦取得了成果，1957年南布迪里巴德（E. M. S. Namboodiripad）领导的共产主义政府在那里执政后，开始实施一项比国大党控制的任何一个邦都激进得多的土地改革计划。然而，印度政府（在时任国大党主席甘地夫人的提议下）以公共秩序为由，罢免了共产主义政府，实行了一段时间的总统管治。尽管新的选举使非共产主义政府上台，但在喀拉拉邦和西孟加拉邦，共产主义者在20世纪60年代以来的大部分时间里一直掌权，在西孟加拉邦几乎是不间断地执政了三十年。不过，人们经常争论说，独特的社会和经济因素是共产主义者在这些邦持续成功而没有在任何其他邦成功的原因，例如，这些因素包括，喀拉拉邦的高识字率，独立前在特拉凡哥尔和科钦这些邦缺少有效的国大党组织。在许多方面，西孟加拉邦和喀拉拉邦的共产党人的所作所为与其他地区政党非常相似，以讨价还价来争取中央的经济支持，在全印度层面结成联盟。

印度共产主义的抱负因在战略问题上反复出现内部分歧和冲突而受到进一步制约。自20世纪50年代后期以来，共产主义者以至少三种方式发生了分裂。第一种方式发生在更温和的、与莫斯科结盟的印度共产党和更激进的印度共产党〔马克思主义，或称CPI（M）〕之间，这种分裂形成于1963年，但也主要走议会路线。几年后，随着纳萨尔派（Naxalite）运动的出现，第二次大分裂发生了。这场草根运动受毛泽东思想革命策略和中国"文化大革命"的启发，起源于20世纪60年代中期的西孟加拉邦纳萨尔巴里（Naxalbari）北部地区。该运动主张用武力消灭地主和官僚，激发革命意识。运动主要赢得了乡村贫民和无地者的支持，包括阿迪瓦西（*adivasis*，部落）的支持，在20世纪70年代后期的发展对象还包括了政治幻灭、思想高尚的加尔各答和其他城市地区的学生。与三十年前的泰伦加纳斗争一样，装备简陋的纳萨尔派无法与警察和军队匹敌，遭到了野蛮镇压。该运动似乎在20世纪80年代初已被镇压，但在印度东部沿从比哈尔邦到安得拉邦的"红色走廊"的部分地区，间歇性的纳萨尔派活动仍在继续，这使被主流的共产主义党派抛弃的群众斗争和武装反抗的思想继续活跃。印度政府一直在关注发生在其邻国尼泊尔的以毛泽东思想为指导的起义的成功、国王被罢黜和2005年加德满都政府被接管，并对此表示担忧，但就目前而言，一个共产主义领导的革命在印度似乎不太可能。

苏联解体震惊了印度的许多左翼知识分子和活动家。没有俄罗斯作为鼓舞和盟友，共产主义运动在很大程度上就无人问津了。此外，尽管自1990年以来，许多新的地区运动和政党在动员印度下层阶级方面做得卓有成效，但共产党人的支持基础并没有发展到这些新的政治化团体之中。尽管1996年西孟加拉邦的乔蒂·巴苏（Jyoti Basu）失去了可能成为总理的机会，但共产党人也没有能利用他们的议会策略来打造有效的全印度领导角色。虽然有大众政治中萌生了"新左派"的说法，但无论是在农民和无地劳动者中，还是在城市和产业工人中，都没有确凿的证据表明阶级团结取代了社群和种姓政治。种姓和社群经过振兴和改造，适应了后独立时代变化的社会和政治环境，在促进群众动员和选举成功方面往往比阶级身份更有影响力。

印度教民族主义

对"尼赫鲁共识"和国大党曾经的支配地位的最大或者至少是最有效的反对，不是来自左翼政党，而是来自印度教右翼。印度教右翼在印度政治中有着悠久的历史，它的起源可以追溯到19世纪90年代的巴尔·甘加达尔·提拉克以及他倡导的激进民族主义的一个派别，该派别将印度教视为是与英国人和穆斯林截然不同的、印度民族身份的精髓。为组织纪念印度教象头神和马拉塔勇士族长西瓦吉的两个年度庆典活动，提拉克寻求了群众支持。西瓦吉对莫卧儿统治的武装反抗使他成为抵御"外来"穆斯林的强大象征，并暗示对英国统治压迫的反抗。提拉克与恐怖主义藕断丝连，他因明显相信暴力的效用，两次被英国人监禁。

另一位马哈拉施特拉邦的婆罗门维纳亚克·达莫德尔·萨瓦卡是一位更具影响力的人物。萨瓦卡出生于1883年，他因"极端主义"观点被长期监禁在安达曼群岛（Andamans）。1923年，他写下了后来被视为印度教右翼宣言的《印度教教徒特性：谁是印度教教徒？》（*Hindutva:Who is a Hindu?*），这本极具争议的小册子与世俗民族主义思想明显对立，它试图定义"印度教特性"以及印度教在印度民族概念中的中心地位。萨瓦卡声称，"一个国家能够实现完美的团结和凝聚力的理想条件"，会"在那些居住在他们所崇拜的土地上的人身上找到，他们祖先的土地也是他们的众神和神使的土地，是预言家和先知的土地；他们的历史场景也是他们神话中的场景"。在他看来，"印度教教徒是唯一有幸拥有这些理想条件的人，同时，这些理想条件能激励民族的团结、凝聚力和卓越"。[2]《印度教教徒特性》写于分治前近二十五年，也大大早于真纳呼吁建立独立的伊斯兰国家的时间，其概述了印度作为一个基本上是印度教的国家的愿景，在这个国家，穆斯林和其他少数宗教群体必须接受印度教的统治，否则他们将在自己的土地上作为外国人去过痛苦的生活。印度民族主义在M.S.戈尔瓦卡（M. S. Golwalkar）的领导下呈现出更为极端的形式，其1939年出版的短评《我们，或我们的民族特性定义》（*We，Or Our National Identity Defined*），将印度教教徒视为占主导地位的种族，呼吁印度的少数种族"完全服从印度教民族"，其中有着当代纳粹意识形态的影响。

意识形态的主张越来越多地被组织付诸实践。萨瓦卡于1915年参与了印度教大斋会的创立，这是一个充当印度教民族主义喉舌的全印度机构，并通过安拉阿巴德的马丹·莫罕·马拉维亚①（Madan Mohan Malaviya）等有影响力的人物，与国大党共同分享领导权，这个组织有时被认为在20世纪20年代和30年代将国大党推

① 马丹·莫罕·马拉维亚，印度学者、教育改革家和政治家，曾四次担任印度国大党主席。

向了更加社群主义的立场。它在联合省和旁遮普省尤其强大，提倡保护奶牛，采用高度梵文化的印地语，为扩大其吸引力并获得支持，也参与各种社会和教育活动。大斋会的外围组织是激进的志愿者组织国民志愿服务团（或称全国志愿者协会），这个组织成立于1925年，其各个分支培养了一种对身体素质的崇尚，助长了激进的印度教意识形态。其支持者主要来自婆罗门和其他高种姓的印度教教徒，以及来自马哈拉施特拉邦等具有激进的印度教传统的地区，他们受到欧洲法西斯运动的影响，攻击甘地所谓与印度穆斯林和解的方式。1948年1月甘地之死所引发的公众强烈的呐喊，使国民志愿服务团和大斋会遭受了重大挫折。涉及的主要人物，包括刺客纳图拉姆·戈德斯，与志愿服务团和萨瓦卡派的印度教民族主义者有着密切的联系。印度民族主义似乎声名狼藉，国民志愿服务团则暂时被禁。

在20世纪50年代和60年代，印度教大斋会和国民志愿服务团只在印度政治生活的主流之外影子般地存在。然而，与巴基斯坦的持续冲突，以及冲突助长的对印度穆斯林的敌意，再加上对国大党和左翼政党日益失望，使印度教右翼在20世纪70年代有了增强实力的机会。1977年甘地夫人在大选中失败，中央政府的控制权移交给了由印度人民党领导的不稳定的联盟，该联盟包括持不同政见的国大党成员和印度教右翼民族主义者。虽然人民党统治的插曲是短暂的，但它表明了出现全印度反对一个不完全赞同尼赫鲁的愿景的国大党的可能性。国大党在小资产阶级中获得了支持，而这些小资产阶级认为在国大党多年的统治下自己获得的收益微乎其微。

印度教右翼的崛起

在20世纪80年代和90年代，印度公共生活中出现了一股明显的印度教力量。从20世纪70年代后期被击败的人民党（Janata）领导的联盟中发展起来的印度人民党包括了阿塔尔·比哈里·瓦杰帕伊（Atal Bihari Vajpayee）和拉尔·克里希纳·阿德瓦尼（Lal Krishna Advani）这样的最杰出的领导人，这两人之前均与国民志愿服务团有关联。印度人民党在印度北部社会保守的印地语中心地带实力最强，在印度其他地方也获得了影响力，特别是在古吉拉特邦和卡纳塔克邦。印度人民党是更广泛的右翼印度教组织大"家族"的一部分，这个大"家族"由世界印度教大会主持。该大会成立于1964年，表面上是一个在世界范围内传播印度教意识形态的文化机构，声称只对文化和社会服务感兴趣，但其实际上在暗中帮助指导和协调印度人民党和其他宗派机构的活动。与迅速消退的"尼赫鲁共识"形成对比的是，印度人民党及其相关组织拒绝了印度国家的"伪世俗主义"，他们认为那是歧视印度教多数派，同时又偏袒穆斯林和其他包括基督徒的少数群体的利益。印度教右翼追寻印度教的荣耀并颂扬作为印度教国家的印度，作为对世俗主义的替代，这一策略有时不仅影响国内政策，而且支持对巴基斯坦采取更具对抗性的立场。

甘地夫人及其儿子、继承人拉吉夫的国大党政府笼罩着腐败、任人唯亲和社群政治的阴影，这对印度人民党长期争取政治权力的运动有帮助，但同时印度人民党从印度教的大众宗教虔诚浪潮中也得到了支持。这种浪潮在1987年至1988年全印电视台（Durdar-shan）这家国营印度电视台每周播出的印度史诗《罗摩衍那》连续剧中得以宣传和强化，该连续剧吸引了人数众多的观众。据估计，印度90%的有电视的家庭观看了这个连续剧。这个系列剧成为一种共同的虔诚体验，可谓是电视时代的巴克蒂，但其也宣传了宗教史诗只有单一版本的观点，而《罗摩衍那》史诗以前是以对其所做的诠释的丰富性而闻名的。《罗摩衍那》周日早上的定期放映增强了公众对罗摩（以及神王猴子军的领袖哈努曼）的依属感和个人奉献感，并帮助宣传了罗摩的妻子悉多长期受苦但尽职尽责的理想化版本。

媒体引发的"罗摩衍那热"很快出现了更广泛的公共表达，这集中表现为对那座被称为巴布里的清真寺（Babri Masjid）的日益增长的激昂情绪，该清真寺建于莫卧儿皇帝巴布尔统治时期的1528年，位于北方邦阿约提亚镇，据说（根据尚有争议的历史证据）其位于更早的、罗摩出生的一座印度教神庙的遗址上。世界印度教大会要求拆除那座清真寺，代之以一座新的供奉罗摩的神庙。"重建"神庙的运动［被称为拉姆·詹马布米争端（Ram Janmabhumi issue）］标志着一种新的印度教派别的出现，用著名印度历史学家罗米拉·塔帕尔的话来说，它是"好战的、侵略性的和圣战式的"。她指出，这种新的印度教与"印度教哲学的开放性"或"仪式和信仰特征的普遍性"几乎没有共同之处，而这两点是到当时为止印度教"无数教派和分支"的特点。[3]本书一开始首先讨论了"历史学家的选择"，但历史学家并不总是可以自由选择如何解释过去。试图通过以自己的沙文主义形象改写印度的历史来巩固其文化霸权，这在印度教右翼的崛起和影响中并非不重要。这已激起了对印度的过去应有更加全面的理解这一观点的热烈辩护，激发了对印度历史写作的性质和目的进行批判性的重新评估。

在1989年的选举中，印度人民党领袖拉尔·克里希纳·阿德瓦尼曾就拉姆·詹马布米争端开展了竞选活动，1990年9月，他打扮成罗摩并手持弓箭，乘坐一辆装饰成印度战车的吉普车开始了6000英里的北印度之旅，号召人们捐款并呼吁支持建造神庙。他的"拉斯亚特拉"①（Ratha Yatra）从一个城镇开到另一个城镇，激发了印度教的宗教热情以及反穆斯林的情绪。教派冲突的浪潮本就已愈演愈烈，最终于1989年在比哈尔邦的巴加尔布尔（Bhagalpur）发生的冲突中达到高潮，有多达1000人被杀，大部分是穆斯林。自分治以来，在许多富裕、地位较高的家庭离开了印度前往巴基斯坦后，剩下的穆斯林的社会经济地位因失业、政治排斥和宗教歧视而进一步受到伤害，许多地方的穆斯林沦为贫困的下层阶级。将占人口13%左右的穆斯林（印度拥有世界第二多穆斯林人口）视为"外乡人"，说他们是有威胁的少数群体，这使右翼理论家能够基于所谓的印度教多数人的共同利益和身份认同来呼吁民族团结，并掩盖困扰整个印度社会的深刻的政治和社会分歧。

　　1992年12月6日，在阿约提亚的紧张局势持续数月后，来自印度北部的印度教志愿者（*kar sevaks*）聚集在巴布里清真寺，他们冲破警察防线，用镐和铁棍捣毁了清真寺的圆顶和墙壁。印度各地爆发了反穆斯林骚乱，造成数千名穆斯林丧生。印度人民党和世界印度教大会都正式否认负有责任，但国大党领导的P.V.纳拉辛哈·拉奥（Pamulaparthi Venkata Narasimha Rao）中央联合政府做出回应，解散了四个人民党领导的邦政府，并逮捕了几位人民党领导人。阿约提亚事件引发的暴民暴力和宗教狂热在印度和世界各地引起了震惊。世俗主义即使没有消亡，也受到了印度公共生活"藏红花化"（saffronization）的深刻挑战（印度人民党不仅采用罗摩和莲花作为

---

　　① "拉斯亚特拉"，原意是印度教的战车节，这里指战车。

图35　2005年古吉拉特邦印度人民党集会上的拉尔·克里希纳·阿德瓦尼（今日印度/盖帝图像有限公司版权所有）。

其选举标志，还借用了圣人长袍的神圣藏红花色）。尼赫鲁时代的理性进步主义和世俗政体似乎在巴布里清真寺的废墟中终结了。

　　印度人民党极力利用这种情况，试图通过阿约提亚事件在政治上获利（尽管承诺的神庙甚至还没有开始建造）。1996年，印度人民党成为人民院中最大的单一政党，尽管还未能建立稳定的多数派政府。然而，两年后，一个右翼的全国民主联盟（National Democratic Alliance）政府上台了，是由人民党主导的，由瓦杰帕伊担任总理。全国民主联盟统治时期的特点是印度外交和国防政策出现了新的侵略性，包括1998年在靠近巴基斯坦边境的拉贾斯坦邦波卡兰（Pokharan）进行的核爆炸。2002年2月至3月在古吉拉特邦发生的可怕事件进一步加剧了印度国内的社群冲突。从阿约提亚返回的印度教志愿者与戈特拉（Godhra）火车站的贫困穆斯林居民发生冲突后，2000名穆斯林被杀，有许多人遭到强奸、折磨和残害，这是自分治以来最严重的社群暴力事件之一。这似乎特别令人震惊，因为这件事发生在古吉拉特邦，那里是与甘地及其非暴力和族群和谐的信条最密切相关的地方。但是，宣布要使古吉拉特邦成为"印度教特性实验室"的人民党首席部长纳伦德拉·莫迪（Narendra Modi），在骚乱之后，在邦议会选举中再次当选，人民党在议会中的多数席位再次增加。然而，全国民主联盟在2004年大选中出人意料地遭到了失败，并且在2009年再次被国大党领导的联合进步联盟（United Progressive Alliance）击败，加上在邦议会的几次失败，这些开始表明潮流可能已经转向反对人民党。即便真是如此，人民党对印度公共生活的分裂影响以及随之而来的印度政治的印度教化也无法轻易抹去。

经济自由化

印度带着要摆脱殖民统治经济束缚的决心进入了独立后时代。民族主义运动意识形态的核心几乎一开始就是相信英国人系统地摧毁了印度数百年的贸易和工业遗产，以便将印度转变为自己量产的商品的市场，并将其作为英国工业经济的初级产品的廉价来源地。尽管1906年以后的斯瓦德西运动对经济的影响有限（至少在短期内），但其意识形态意义却是巨大的。摆脱了殖民经济政策束缚的印度工业，实际上在英国统治的最后几十年已开始蓬勃发展，尤其是有第二次世界大战的刺激，尽管受到全球经济萧条的影响。

在尼赫鲁的领导下，印度通过征收高额进口关税和限制外国公司的经营许可，或迫使它们作为少数股东与印度合作伙伴进行合作，通过这些系统的举措来排斥外国制造的商品。以国家支持和私营企业相结合的方式，鼓励国内工业，特别是钢铁生产、采矿、化工和电力行业，并把国家发展需求的重点明确放在个人消费品之上。早期的五年计划（其重要性已在第9章中指出）在重建受到分治影响严重打击的基础设施和鼓励重工业发展方面取得了一些成功。在1951年至1956年的第一个五年计划中，农业产量增长了25%，在第二个五年计划（1956年—1961年）中继续增长了20%。到20世纪60年代初，在外国援助下，印度的工业产值以每年约7%的速度增长，外国援助包括俄罗斯对比莱（Bhilai）的一家钢铁厂和兰契的一家重型机械厂的帮助。在头两个五年计划里，印度的国民收入每年增长4%，不过2%的人口增长率抵消了由此获得的收益。20世纪60年代和70年代的情况表明，印度仍然容易受到季风的破坏以及干旱和粮食短缺的影响：1965年至1966年印度被迫转向从美国进口粮食，而甘地夫人被迫使卢比贬值。绿色革命通过提高国内粮食产量带来了一些喘息机会，但这方面的收益在区域上分布不均，旁遮普、哈里亚纳和泰米尔纳德是新品种引进最成功的邦。在社会方面也分布不均，农业劳动者几乎没有享受到富裕的农民农场主所获得的回报。在没有外部竞争来鼓励创新或促进发展更高水平的性能和生产力的情况下，印度庞大的内部市场没有得到蓬勃发展。棉纺织等一些主导产业产能过剩，孟买和坎普尔的纺织厂陷入了被闲置的境地。

由于渴望摆脱这种经济停滞，但也是出于政治上的权宜之计，拉吉夫·甘地政府启动了早就应该采取的举措，来摆脱自20世纪40年代后期以来积聚起的官僚管理负担，鼓励诸如电信和计算机新产业发展，并在经历了近乎五十年的孤立后向全球开放市场。20世纪 90 年代初，在曼莫汉·辛格①（Manmohan Singh）担任纳拉辛哈·拉奥联合政府的财政部长期间一直保持了这种势头。面对日益加深的经济危机，印度向国际货币基金组织寻求 14 亿美元的贷款，在这种情况下，曼莫汉·辛格承诺，印度政府将进行一系列激进的改革。国家控制（包括出口补贴）被取消，关税降低了，公共部门产业的数量减少了，大多数行业所需的许可证被终止。印度证券交易所成立了（刺激了小投资者数量迅速增加），卢比被贬值（自1947 年以来的第二次），税收制度被简化和合理化了。在金融改革的头三年，印度的年增长率达到了 7%（是十年前的两到三倍），此后一直保持在较高水平。

历经了几十年近乎停滞的状态之后，印度的国内和出口经济自20 世纪 90 年代初以来一直以惊人的速度增长。以前印度的许多主要工业和商业城市都位于该国的北半部：孟买以及艾哈迈达巴德、坎普尔和加尔各答。近几十年来，不仅德里出现了急剧的扩张（以及孟买大都市和像有钻石切割业的苏拉特等其他城市的持续崛起），还有几个如雨后春笋般成长的南部城市——班加罗尔、海得拉巴和马德拉斯（金奈），与北方相比，这些地方曾看上去是商业和工业的死水。这些地方以前缺乏发展，这是南方城市能够发展得更快的部分原因，其基础设施建设更高效，工作作业规范方面的限制更少，扩张空间更大，且拥有大量有技能和受过教育的工人（包括讲英语的毕业生）。印度的传统商业阶层，包括马瓦里人、帕西人和仄迪人（Chettis），在最近的扩张中发挥了作用，例如，塔塔家族在印度本土通过国际投资和合作伙伴关系在继续增长和扩大规模。不过也出现了新的企业家群体，其中一些可追溯到低种姓的农业社

---

① 曼莫汉·辛格，出生于 1932 年，印度资深政治家，国大党元老，2004 年至 2014年任印度总理。

区。"贱民资本主义"已开始被视为是印度前贱民实现一定程度的经济繁荣和取得社会尊重的方式之一，这些是国家未能提供给他们的。

新兴中产阶级的惊人增长是国内市场扩张以及消费主义蓬勃发展的一个重要因素，假如甘地和尼赫鲁仍在世的话都会感到震惊。在10亿多的总人口中，现在新兴中产阶级人数估计有1.5亿。印度自20世纪90年代初以来的快速经济增长还得到了印度侨民的帮助。前几代印度人作为契约劳工迁移到斐济和纳塔尔①等地，这仍然是影响印度当前的国际主义和其之所以声称自己是"全球性国家"的一个因素。但是，分治后向英国和美国的移民潮对一个新的"非定居印度人"社群的建立来说是最为重要的因素，通过在全球化经济中的技术专长、商业知识和金融资源的自由流动，这些人的海外教育、技术技能和创业动力帮助推动了印度的发展。尽管对消费主义的兴起以及外国影响导致的印度品位和道德的败坏不断有抱怨的声音（一些是来自印度教右翼的），旧的抵制英货运动（斯瓦德西）理想在很大程度上已被一种这样的信念所取代：印度通过利用国内资源和海外联系构建与外部世界紧密相连的经济体，成为全球经济参与者，将获益最多。经济特区已被创建为免税避风港，企业在里面可以不受全国通行的劳动法和环境保护法的约束进行运营，这些都是政策已发生根本性变化的标志。距离经济自由化开始不到二十年，印度现在已与中国一起被称为"亚洲巨人"，成为21世纪经济强国之一。

经济自由化和参与全球化经济为许多印度人带来了财富和物质利益，不仅帮助增加了印度中产阶级的规模，而且还增强了他们的

---

① 这里应该是指南非1994年前的纳塔尔省。

信心，最终摆脱了甘地经济的紧缩政策和尼赫鲁的国家社会主义。在城市街道上看到的汽车数量和种类，聚集在德里市中心周围的商店、餐馆、酒吧和夜总会，以及几乎无处不在的电视、电影院和昂贵消费品的流光溢彩的广告，无不反映出现在的印度已迥异于20世纪50年代和60年代的印度了。乐观主义者从中看到了印度的未来。然而，一个人要想看印度截然不同的一面，他并不怎么需要是个悲观主义者。20世纪90年代，超过2.6亿人（占总人口的近30%）生活在贫困线以下。很大一部分人口要么被排除在繁荣时期的经济之外，要么他们作为廉价但艰辛的劳动力（如在服装业）被剥削以推动印度充满活力的出口贸易。虽然超过6000万印度人拥有电视机，但近三分之一的成年人口（有超过一半的成年女性）仍然是文盲。

　　许多曾经肆虐印度的疾病，诸如天花、鼠疫和霍乱，可能已经被根除，或者由于医疗和卫生的进步已失去了以前的效力，但20世纪80年代以来对健康的其他危害仍然存在，或者像艾滋病那样，已经开始以惊人的速度增长。对妇女的攻击仍在继续，包括臭名昭著的嫁妆谋杀，根据一些说法，嫁妆谋杀每年要致使15000名妇女丧生。工矿企业向农村地区的扩张，往往导致政府以公共利益为由占用土地，而对土地所有者的补偿，如果有的话也不足。苦苦挣扎的农民，比如在安得拉邦的农民，因高昂的电费、收成的下降和庄稼无利可图的价格而被迫绝望自杀：仅在瓦朗加尔这一个区，自20世纪90年代后期以来就有上千起中毒事件和数百起死亡报告。许多人仍然无法获得清洁的饮用水，而且，灌溉和工业的大量开采导致了地下水位下降，干旱和粮食供应的减少再次威胁到印度。众所周知，尼赫鲁在20世纪50年代将印度巴克拉大坝（Bhakra Nangal dam）的建设誉为现代印度的圣殿，但今天印度农村居民中的许多人，包括部落居民，正因像在讷尔默达河上的大规模水坝建设那样的项目而流离失所，那是最具争议且被一再抗议的项目。工业和商业的迅猛增长不仅增加了对印度日益危险的环境危害，而且还增加了对广大民众健康的危害。1984年12月博帕尔联合碳化物工厂发生有毒气体泄漏，导致了2000多人死亡和50000多人持续健康不良，这一事件说明了监管不力的行业可能会造成的非常真实的危险。这些问题绝不是印度独有的，的确，它们在"发展中世界"的大部分地区都很常见。但它们代表了作为"亚洲巨人"的消极一面，使人们常常对当前和未来印度的无限乐观持有所保留的态度。

印度国家

与社群问题一起，国家的形式和功能的不断变化也是本书主要关注的问题之一。自1947年印度独立以来，有关印度国家的性质和演变已有很多讨论和广泛分析。正如可以预料到的那样，对此存在着大相径庭的观点，但可以很容易地确定一些基本模式（并非所有模式都一定相互排斥）。一种解释是将印度国家视为一个后殖民机构，一种继续维持印度殖民历史的关键方面，或帮助维持印度对前殖民势力或当代新帝国势力的从属地位的治理形式。尽管近年来中央和各邦政府有时给予外国资本以特权，但很难就从属地位问题展开毫无保留的论证。致力于经济自主和政治独立的印度在20世纪40年代后期推翻了英国在殖民时代所享有的支配地位。印度可能仍然会保留为英联邦成员，并与英国保持相对密切的关系，但尼赫鲁选择不切断这种联系是印度的选择，并不代表任何持续的从属关系。印度现在拥有自己的核武库和超过10亿的人口，其本身就具备成为一个大国的规模和实力。

话虽如此，在独立后的几年里，可以这样认为：在制度方面，印度国家在继续被殖民遗产所塑造，例如，在前殖民服务（colonial services）的挥之不去的传统中，公务员和警官的招聘以及他们的责任和态度，社群代表这样的观念被纳入国家结构和民主进程的方式，都反映了那些遗产。可追溯到19世纪中叶并以维多利亚时代的犯罪、道德和秩序概念制定的《印度刑法典》（Indian Penal Code）和《刑事诉讼法》的殖民起源和倾向，有时非常明显（其中一个例子是《印度刑法典》第377条，禁止"违反自然法则的性行为"，并已被引用来禁止同性恋）。但是，殖民时代现在似乎已在越来越远离印度，过分强调殖民时代在意识形态上或实践上的持续影响是错误的。

其他对当代印度国家更引人注目的解读出现了。其中一个观点是：印度是"世界上最大的民主国家"，但这种民主与其说是通过

图36　印度妇女抗议讷尔默达河水坝项目（路透社/卡玛尔·基肖尔版权所有）。

在英国统治下建立代议制机构和扩大选民人数而形成的，不如说是由印度开国元勋甘地、尼赫鲁、帕特尔和安贝德卡尔的努力以及体现在1950年的印度宪法中的1946年至1949年的制宪议会的工作所打造的。这种通过定期举行全国性选举和邦议会投票得到加强的民主秩序，可以说，始终如一地支撑了一个基本的民主国家结构，尽管有紧急状态的异常情况以及明显持久的甘地-尼赫鲁王朝时期。从这种观点来看，印度国家仍然广泛响应人民的需求：积极解决发展和歧视、贫困和社会不公等问题，即使对宪法中做出的承诺的兑现常常是优柔寡断和零敲碎打的。

此外，国家有时会率先进行变革，这些变革具有深远的、有人可能会说是"民主的"社会影响。这方面的一个主要例子是辛格政府于1990年决定实施曼达尔委员会（Mandal Commission）的建议，尽管是出于机会主义的原因。该委员会由人民党政府于1978年成立，旨在调查印度"落后阶层"尽管占人口的50%以上，但在经济和社会方面仍处于不利地位的原因，并提出适当的建议。该委员会提议，由于高等种姓还在继续主导印度的教育和政府就业，所有此类职位的27%应保留给"落后阶层"。20世纪90年代这些建议的实施引起了高种姓的抗议风暴，他们认为他们的社会地位和经济前景正在从根本上受到损害。印度教右翼的兴起要部分归因于这种愤怒感和对印度教民族的呼吁：团结起来反对"外来的"元素，反对内部按种姓划分的严重分裂的社会。同样，印度许多经济最落后和最受社会压迫的贱民很快意识到，这种支持曼达尔的举措不是在赋予他们权力，而是在将权力赋予那些等级比他们自己高、倾向于要压迫他们并憎恨他们自信心的提升的种姓。尽管如此，国家还是能够表现出自己是人民群众利益的捍卫者，反对那些可能被视为代表了特权继承者的人。民主正在被赋予新的边界。

但是，将国家视为印度民主愿望的体现这一观点很容易受到挑战。在一些评论家看来，国家，至少在全印度层面，往往更像是一个展示印度的舞台而非一个国家，如在德里的共和国日游行（Republic Day parades），或任命"少数族裔"人物（一名锡克教教徒，一名穆斯林，一名贱民，一名女人）作为国家的总统，作为一个团结和谐的国家理想的体现，而这一理想与大部分人的日常现实截然不同。除这个官方国家外，印度还拥有一个"影子国家"，一个"本土"政体，在它内部，种姓制度和裙带关系盛行，但它仍然以腐败、暴力和看似无原则的方式负责满足或回绝人民的日常需要。在这样一个资源稀缺的环境中，获得国家权力往往是通过非常规和非法的方式，比如通过贿赂和操纵投票，或者通过预先计划的作为说服、胁迫和控制工具的骚乱。

今天的印度并不容易符合本书前几章所使用的"分立国家"的范畴。1947年以来的宪法和政治实践都强调了中央政府在从军队到国家计划以及钢铁厂等重要资产的分配等问题上的关键作用。为赢得并保持邦政府及其选民的忠诚，中央政府有效地部署了其可支配的资源，由于需要奖励地区政党自20世纪80年代以来对历届联合政府的支持，这一战略变得更加必要。然而，政府的大量日常事务，以及人们所实际体验到的国家的大部分事务，包括治安、教育的提供以及健康和福利计划的实施，都是在各邦政府的指导下进行，并且政府在很大程度上对其政治议程负责。随着邦政府对自己的行政政策承担了更大的责任，并设计了实施政策的新机构，曾经是英属印度帝国"钢铁框架"的印度公务员系统、独立后被重新命名为印度行政服务局的这一全印度公务员的权威机构缩小了。各邦之间的冲突并非鲜为人知，比如卡纳塔克邦和泰米尔纳德邦之间持续存在的关于卡韦里河水资源利用的争端，这一问题在1991年引发了反泰米尔人的骚乱。语言政策问题和印度国内的移民（向孟买等大都市中心的流动或从尼泊尔和孟加拉国跨越国际边界的移民）一再造成邦之间以及邦与中央政府之间出现紧张局势。

对印度国家最具批判性、最极端的观点反驳了"民主"这一习惯说法，认为印度代表了"民主专制"，暗示印度与其邻国巴基斯坦之间的差异并不像人们普遍认为的那么大。印度可能没有像巴基斯坦那样，在自1947年以来的一半时间里实施军事统治，但其武装部队已经并将继续发挥不小的作用。超过100万人守卫着印度与巴基斯坦和中国的边界，还有中央政府的准军事边境安全部队。如果没有军队，一些重要战略地区，甚至20世纪70年代的旁遮普邦，可能早就脱离了印度的控制。在国内安全问题上，国家可以调集大批武装警察来保护它认为是自己的利益，或它认为适合保护的阶级和社群的利益。如果不使用武力，印度的许多水坝建设、采矿和工业计划都会被民众反对的力量所挫败。即使在甘地夫人的领导下，印度中央政府的专制潜力和尼赫鲁家族的王朝主义达到了顶峰，非民主统治的阴影仍然困扰着德里对国家一些最动荡地区的控制。也许现在比过去任何时候都更是这样，国家，无论是真实的还是想象的，在印度人民的生活中都占据着前所未有的重要地位。

注　释

导论

[1] Satapatha-Brahmana, I Kanda, [4] Adhyaya, [1] Brahmana, verses 14–15, according to the text of the Madhyandina School, translated by Julius Eggeling. Oxford, 1882.

[2] 'Motupalli Pillar-Inscription of Ganapatideva: AD 1244–5', edited by E. Hultzsch, in *Epigraphica Indica*, 12, 1913–14, pp. 188ff.

[3] G. W. F. Hegel, *The Philosophy of History*, translated by J. Sibree. Buffalo, NY: Prometheus Press, 1991.

远古时期

[1] Rigveda (RV), I, 1; translated by R. N. Dandekar, in W. Theodore de Bary (ed.), *Sources of Indian Tradition*. New York: Columbia University Press, 1958, p. 9.

[2] RV, X, 129, 3, 6, 7; translated by Wendy Doniger, *The Rigveda*. Harmondsworth: Penguin, 1981, p. 25.

[3] RV, X, 90, 6, 12; translated by R. T. H. Griffith, Benares, 1896–7.

[4] RV X, 27, 11.

[5] RV I, 117, 8.

[6] Isha Upanishad, 8; translated by F. Max Muller, *Sacred Books of the East*, Part 1, Vol. I. Oxford: Oxford University Press, 1879–82, p. 312.

[7] Shvetashvatara Upanishad, Adhayaya III, 2, 11, in F. Max Muller, *Sacred Books of the East*, Vol. XV. Oxford: Clarendon Press, 1884, pp. 244, 246.

[8] RV III, 55, 16.

[9] RV X, 85, 26.

[10] RV X, 95, 15.

[11] RV III, 2, 23.

[12] Stephanie Jamison, *Sacrificed Wife/Sacrificer's Wife: Women, Ritual and Hospitality in Ancient India*. Oxford: Oxford University Press, 1996.

[13] Vajradhvaja Sutra, *Shiksha-samuccaya*, compiled by Shantideva, chiefly from earlier Mahayana Sutras; translated by Cecil Bendall and W. H. D. Rouse. London: John Murray, 1922, p. 256.

[14] Tarkarahasyadipikvrtti of Acarya Gunaratna and Yuktiprabodha of Upadhyaya Meghavijaya, both in Padmanabh S. Jaini, *Gender and Salvation*. Berkeley: University of California Press, 1991, pp. 153, no. 21, and 167, no. 17.

[15] Culla Vagga X, 1, in Henry Clarke Warren, *Buddhism in Translations*. Cambridge: Harvard University Press, 1922, p. 441.

[16] Anguttara-Nikaya, IV, 8, 10; quoted from Cornelia D. Church, 'Temptress, wife, nun: women's role in early Buddhism', *Anima: an Experiential Journal*, 1(2), 1975, p. 55, and cited by Rita Gross, *Buddhism*

after Patriarchy. Albany: State University of New York Press, 1993, p. 42; see also Albert Schweitzer, *Indian Thought and Its Development.* Boston: Beacon Press, 1936, p. 95.

[17] Yuktiprabodha, in Padmanabh S. Jaini, *Gender and Salvation.* Berkeley: University of California Press, 1991, p. 179.

[18] *The Laws of Manu,* VII, 3–6, 8; translated by Georg Buhler, Vol. XXV, *The Sacred Books of the East.* Oxford: Clarendon Press, 1886.

[19] Ibid., X, 5.

[20] Bhagavad Gita, X, 20–41; translated by S. Radhakrishnan, in Sarvepalli Radhakrishnan and Charles A. Moore, *A Source Book in Indian Philosophy.* Bombay: Oxford University Press, 1957, pp. 136–8.

[21] *The Laws of Manu,* IX, 14, 15, 17.

[22] Ibid., III, 61.

[23] Ibid., I, 33.

[24] Ibid., V, 147, 148; IX, 3.

[25] Ibid., III, 56, 57.

[26] Ibid., V, 154, 155, 156, 166.

[27] Ibid., VIII, 416.

[28] Ibid., IX, 194, 195.

[29] Ibid., V, 157, 158.

[30] Sunil Sethi, *India Today,* April 1985, p. 57; quoted in I. Julia Leslie, *The Perfect Wife.* Delhi: Oxford University Press, 1989, p. 279.

[31] Sundaramurti Swami, 68, in F. Kingsbury and G. E. Phillips, *Hymns of the Tamil Shaivite Saints.* London: Oxford University Press, 1921, p. 75.

中世纪的印度

[1] Quoted in Hermann Kulke and Dietmar Rothermund, *A History of India.* London: Croom Helm, 1986, p. 126; translated by K. A. Nilakanta Sastri, 'A Tamil merchant guild in Sumatra', *Tijdschrift voor Indische Taal-, Land- en Volkenkunde,* 72, 1932, pp. 321–5; see also K. A. Nilakanta Sastri, *A History of South India from Prehistoric Times to the Fall of Vijayanagar.* Indian Branch: Oxford University Press, 1932, pp. 321–2.

[2] Ziauddin Barni, *Tarikh-i-Firuz Shahi;* translated in William Theodore de Bary et al. (compilers), *Sources of Indian Tradition.* New York: Columbia University Press, 1958, pp. 521–2.

[3] S. H. Askari (trans.), 'The correspondence of two fourteenth century Sufi saints of Bihar with the contemporary sovereigns of Delhi and Bengal', *Journal of the Bihar Research Society,* 42, 1956, p. 187.

近代早期的印度

[1] 'Abdul-Qadir Badauni', Muntakhab ut-Tawarikh, II; translated in William Theodore de Bary et al. (compilers), *Sources of Indian Tradition.* New York: Columbia University Press, 1958, pp. 439–40.

[2] Declaration of Akbar's status as judge. Ibid., pp. 507–8.

[3] Muhsin-i-Fani, *Dabistan-i-Mazahib,* 443.

[4] Abul Fazl, *Ain-i-Akbari,* 505.

[5] From Hasrat, *Dara Shikoh;* translated in William Theodore de Bary et al., op. cit., n. 1, pp. 446–8.

[6] N. Banhatti (ed.), *Ajnapatra.* Poona, 1974; translated in Andre Wink, *Land and Sovereignty in India.* Cambridge: Cambridge University Press, 1986, p. 186.

东印度公司

[1] *The Laws of Manu,* VIII, 415; translated by Georg Buhler, Vol. XXV, *The Sacred Books of the East.* Oxford: Clarendon Press, 1886.

[2] Extract from the charge, Parliamentary Papers, 1828, Vol. 24, pp. 9–10.

[3] 20 June 1774, Bengal Revenue Consultations Legislative Report No. 351.

[4] Raja Rammohun Roy, 'A second conference between an advocate for, and an opponent of, the practice of burning widows alive', in *English Works, Part III* (ed. Kalidas Nag and Debajyoti Burman). Calcutta: Sadharan Brahmo Samaj, 1945, pp. 26–7.

[5] Petition to Lord William Bentinck against Regulation XVII of 1829, printed in A. F. Salahuddin Ahmed, *Social Ideas and Social Change in Bengal, 1818 – 1835*. Leiden: E. J. Brill, 1965, p. 176.

[6] London, Public Record Office, Privy Council Registers (PC 2), 7 July 1832.

皇权取代东印度公司

[1] From *Madras Secret Proceedings*, 25 August 1825, Vol. 103, pp. 305–408. Quoted in Burton Stein, *Thomas Munro*. Delhi: Oxford University Press, 1989, pp. 290–1.

[2] In W. Theodore de Bary (ed.), *Sources of Indian Tradition*, Vol. II. New York: Columbia University Press, 1958, pp. 44–5.

[3] Raja Rammohun Roy, 'A letter on English education', in *English Works*, Part IV (ed. Kalidas Nag and Debajyoti Burman). Calcutta: Sadharan Brahmo Samaj, 1945, pp. 33–6.

[4] Pundita Ramabai Sarasvati, *The High-Caste Hindu Woman*. London: George Bell, 1888, p. 52.

迈向自由

[1] *Harijan*, 19 December 1936.

[2] Nalin Vilochan Sharma, 'A biography of Jagjivan Ram', *The Working Man*. Patna: Jagjivan Ram Abinandan Granth Committee, 1957, p. 83.

[3] Partha Mitter, *Art and Nationalism in Colonial India*, 1850–1922. Cambridge: Cambridge University Press, 1994, p. 170.

[4] *Harijan*, 12 December 1936.

[5] M. K. Gandhi, *Satyagraha in South Africa*. Ahmedabad: Navajivan Publishing House, 1928, p. 245; translated by Valji Govind Desai.

[6] *Harijan*, 7 July 1946.

甘地的胜利

[1] C. Rajagopalachari, *Ambedkar Refuted*. Bombay: Hind Kitab, 1946, p. 14.

[2] 28 March 1930, Thakurdas Papers, Nehru Memorial Museum Library, Delhi. Quoted in A. D. D. Gordon, *Businessmen and Politics*. Canberra, 1978, p. 202.

新国家,旧民族

[1] *Young India*, 26 August 1926.

另一个印度

[1] Quoted in Alok Bhalla, *Partition Dialogues: Memories of a Lost Home*. New Delhi: Oxford University Press, 2006, p. 46.

[2] Cited in Barbara D. Metcalf and Thomas R. Metcalf, *A Concise History of India*. Cambridge: Cambridge University Press, 2002, pp. 224–5.

[3] Romila Thapar, 'A historical perspective on the story of Rama', in S. Gopal (ed.), *Anatomy of a Confrontation: The Babri Masjid - Ramjanmabhumi Issue*. New Delhi: Penguin, 1991, p. 160.

延伸阅读（参考书目）

第一部分　导论

有许多关于印度历史的优秀综合指南，包括几部百科全书和历史地图集，其覆盖范围广阔、说明材料丰富：Joseph E. Schwartzberg (ed.), *Historical Atlas of South Asia* (Chicago: University of Chicago Press, 1978), Francis Robinson (ed.), *The Cambridge Encyclopedia of India, Pakistan, Bangladesh, Sri Lanka, Nepal, Bhutan and the Maldives* (Cambridge: Cambridge University Press, 1989)，以及 Gordon Johnson, *Cultural Atlas of India* (New York: Time-Life, 1995). 关于印度历史上的"次生"维度，见 Ranajit Guha and Gayatri Chakravorty Spivak (eds), *Selected Subaltern Studies* (New York: Oxford University Press, 1988)，以及 Crispin Bates, *Subalterns and the Raj: South Asia since 1600* (Abingdon: Routledge, 2007)，而关于环境在南亚历史中的作用，见 Madhav Gadgil and Ramachandra Guha, *This Fissured Land: An Ecological History of India* (Delhi: Oxford University Press, 1992)。

第二部分　古代印度

关于哈拉帕或印度河流域文明，有大量文献，包括 B. B. Lal and S. P. Gupta (eds), *Frontiers of the Indus Civilization* (New Delhi: Books and Books, 1984); Bridget Allchin and Raymond Allchin, *Origins of a Civilization: The Prehistory and Early Archaeology of South Asia* (New Delhi: Viking, 1997); Shereen Ratnagar, *The End of the Great Harappan Tradition* (New Delhi: Manohar, 2000)。有关该时期的长期观点，请参阅 Romila Thapar, *Early India: From the Origins to AD 1300* (London: Penguin, 2002)，关于古印度和国家的兴起，请参阅 Romila Thapar, *From Lineage to State: Social Formations in the Mid-First Millennium BC in the Ganga Valley* (Bombay: Oxford University Press, 1984); Romila Thapar, *Asoka and the Decline of the Mauryas* (Oxford: Oxford University Press, 1961, 2nd edition 1997); Jeannine Auboyer, *Daily Life in Ancient India, from Approximately 200 BC to 700 AD* (trans. Simon Watson Taylor, New York: Macmillan, 1968)。

经典著作 A. L. Basha, *The Wonder that Was India* (London: Sidgwick & Jackson, 1963)对丰富多样的印度文化的出现进行了广泛的讨论，在以下著作中有更详细的阐述：T. W. Rhys Davies (trans.), *Buddhist Birth Stories, or Jataka Tales* (London: Trubner, 1880); John D. Smith (trans.), *The Mahabharata* (London: Penguin, 2009); Robert P. Goldman et al. (eds and trans.), *The Ramayana of Valmiki* (Princeton: Princeton University Press, 1984–91); Wendy Doniger O'Flaherty (ed. and trans.), *Hindu Myths: A Sourcebook* (Harmondsworth: Penguin, 1975). 关于印度教的普遍兴起，可以参阅 Gavin Flood, *An Introduction to Hinduism* (Cambridge: Cambridge University Press, 1996); Wendy Doniger, *The Hindus: An Alternative History* (New York: Penguin, 2009)。关于印度与外界的联系和影响，可参阅 George Woodcock, *The Greeks in India* (London: Faber, 1966); Xinru Liu, *Ancient India and Ancient China: Trade and Religious Exchanges* (Delhi: Oxford University Press, 1994)。对于印度城市生活性质的不同看法，请参阅 Diana Eck, *Banaras: City of Light* (Princeton: Princeton University Press, 1982)，以及 R. E. Frykenberg (ed.), *Delhi through the Ages* (Delhi: Oxford University Press, 1986)。

第三部分 中世纪和近代早期的印度

对于这个漫长时期的早期部分,特别参阅 Brajadulal Chattopahyaya, *The Making of Early Medieval India* (Delhi: Oxford University Press, 1994),以及 R. S. Sharma, *Indian Feudalism, c. AD 300–1200* (1980, New Delhi: Macmillan, 2006)。有关更广泛的主题和发展,请参阅 Tapan Raychaudhuri and Irfan Habib (eds), *The Cambridge Economic History of India, Volume 1, c. 1200–c. 1750* (Cambridge: Cambridge University Press, 1982), K. N. Chaudhuri, *Trade and Civilisation in the Indian Ocean* (Cambridge: Cambridge University Press, 1985), André Wink, *Al-Hind: The Making of the Indo-Islamic World*, 2 vols (Leiden: Brill, 1990, 1997), Richard M. Eaton, *The Rise of Islam and the Bengal Frontier, 1204–1760* (Berkeley: University of California Press, 1993) 以及他的 *Essays on Islam and Indian History* (Delhi: Oxford University Press, 2000),还有 David Ludden, *Peasant History in South India* (Princeton: Princeton University Press, 1985),以及 Catherine B. Asher and Cynthia Talbot, *India before Europe* (Cambridge: Cambridge University Press, 2006)。有关一个重要的区域性视角,请参阅 Burton Stein (ed.), *Essays on South India* (Honolulu: University of Hawaii Press, 1975)。Stein 的 *Vijayanagara* (Cambridge: Cambridge University Press, 1989) 最好与早期作品一起阅读,比如 T. V. Mahalingam, *Administration and Social Life under Vijayanagar* (Madras: Madras University Press, 1940)。

关于莫卧儿统治下的国家和社会,请参阅 John F. Richards, *The Mughal Empire* (Cambridge: Cambridge University Press, 1993), Harbans Mukhia, *The Mughals of India* (Oxford: Blackwell, 2004), Muzaffar Alam and Sanjay Subrahmanyam (eds), *The Mughal State, 1526–1750* (Delhi: Oxford University Press, 1998),以及 Muzaffar Alam, *The Crisis of Empire in Mughal North India* (Delhi: Oxford University Press, 1986)。

这些作品可以通过 A. S. Beveridge (trans.), *Babur-Nama* (reprinted Delhi: Oxford University Press, 1970)提供的更详细的见解,加以有用的补充,还有其他近期版本的巴布尔回忆录,包括 Dilip Hiro (ed.), *Babur Nama: Journal of Emperor Babur* (New Delhi: Penguin, 2006)以及一些开创性研究: Irfan Habib, *The Agrarian System of Mughal India, 1556–1707* (Bombay: Asia Publishing House, 1963), Stephen P. Blake, *Shahjahanabad: The Sovereign City in Mughal India, 1639–1739* (Cambridge: Cambridge University Press, 1991),以及 Ruby Lal, *Domesticity and Power in the Early Mughal World* (Cambridge: Cambridge University Press, 2005)。关于这一时期的艺术、建筑和手工艺,请参阅 Mattiebelle Gittinger, *Master Dyers to the World: Technique and Trade in Early Indian Dyed Cotton Textiles* (Washington, DC: Textile Museum, 1982), George Michell and Antonio Martinelli, *The Royal Palaces of India* (London: Thames & Hudson, 1994)。

关于内部和外部贸易不断变化的性质和作用,请参阅 Sanjay Subrahmanyam, *The Political Economy of Commerce: Southern India, 1500–1650* (Cambridge: Cambridge University Press, 1990) 和同一作者的 *Improvising Empire: Portuguese Trade and Empire In the Bay of Bengal, 1500 1700* (Cambridge: Cambridge University Press, 1990), M. N. Pearson, *The Portuguese in India* (Cambridge: Cambridge University Press, 1987), Om Prakash, *European Commercial Enterprise in Pre-colonial India* (Cambridge: Cambridge University Press, 1998),以及 K. N. Chaudhuri, *The Trading World of India and the East India Company, 1668–1768* (Cambridge: Cambridge University Press, 1978)。关于马拉塔人和马拉塔国家的兴起,参阅 Stewart Gordon, *The Marathas, 1600–1818* (Cambridge: Cambridge University Press, 1993), James W. Laine, *Shivaji: Hindu King in Islamic India* (Oxford: Oxford University Press, 2003),以及 André Wink, *Land and Sovereignty in India: Agrarian Society and Politics under the Eighteenth-Century Maratha Svarajya* (Cambridge: Cambridge University Press, 1988)。

关于莫卧儿帝国和向殖民统治过渡的备受争议的后果,请参阅 Seema Alavi (ed.), *The Eighteenth Century* (Delhi: Oxford University Press, 2002),以及 Richard B. Barnett (ed.), *Rethinking Early Modern India* (New Delhi: Manohar, 2002)。以下书目讨论了印度与英国统治的连续性: C. A. Bayly, *Indian Society and the Making of the British Empire* (Cambridge: Cambridge University Press, 1988)。除了 Robert Eric Frykenberg (ed.), *Land Control and Social Structure in Indian History* (Madison: University of Wisconsin Press, 1969) 之外,还有一组关于英国统治和印度农村的开创性文章,参阅 Eric Stokes' 的 *The Peasant and the Raj* (Cambridge: Cambridge University Press, 1978)中关于早期殖民的性质政权及其与印度社会的关系的文章,以及他在 *The Peasant Armed* (Oxford: Clarendon Press, 1986)中对 1857 年起义的讨论。以下这些著作对欧洲统治者和印度社会之间的关系从非常不同的角度进行了审视: Burton Stein, *Thomas Munro: The*

Origins of the Colonial State and His Vision of Empire (Delhi: Oxford University Press, 1989), David Kopf, *British Orientalism and the Bengal Renaissance: The Dynamics of Indian Modernization, 1773-1835* (Berkeley: University of California Press, 1969), C. A. Bayly, *Empire and Information: Intelligence Gathering and Social Communication in India, 1780-1870* (Cambridge: Cambridge University Press, 1996), 以及 Indrani Chatterjee, *Slavery and the Household in Colonial Bengal, 1770 - 1880* (Delhi: Oxford University Press, 1979)。

第四部分 当代南亚

印度社会性质的变化,以及对印度社会组织的殖民主义观念的变化,在以下这些书里有讨论:Kenneth W. Jones, *Socio-Religious Movements in British India* (Cambridge: Cambridge University Press, 1989), Susan Bayly, *Caste, Society and Politics in India from the Eighteenth Century to the Modern Age* (Cambridge: Cambridge University Press, 1999), 和 Nicholas B. Dirks, *Castes of Mind: Colonialism and the Making of Modern India* (Princeton: Princeton University Press, 2001)。有关区域性的例子,请参阅 C. A. Bayly, *Rulers, Townsmen and Bazaars: North Indian Society in the Age of British Expansion, 1770-1870* (Cambridge: Cambridge University Press, 1983), 以及 Sanjay Joshi, *Fractured Modernity: Making of a Middle Class in Colonial North India* (Delhi: Oxford University Press, 2001)。关于女性作为变革的推动者或感知对象,请参阅:Meredith Borthwick, *The Changing Role of Women in Bengal, 1849-1905* (Princeton: Princeton University Press, 1984), Geraldine Forbes, *Women in Modern India* (Cambridge: Cambridge University Press, 1996), Radha Kumar, *A History of Doing: An Illustrated Account of Movements for Women's Rights and Feminism in India, 1800-1990* (London: Verso, 1993), 以及 Kumkum Sangari and Sudesh Vaid (eds), *Recasting Women: Essays in Colonial History* (New Delhi: Kali for Women, 1989)中具有影响力的文章。

关于经济、环境和人口变化,请参阅 Kingsley Davis, *The Population of India and Pakistan* (Princeton: Princeton University Press, 1951)。不过这应该由 Robert Cassen, *Twenty-First Century India: Population, Economy, Human development and the Environment* (Oxford: Oxford University Press, 2004) 进行更新。另见 Dharma Kumar (ed.), *The Cambridge Economic History of India, Volume 2, c.1757-c.1970* (Cambridge: Cambridge University Press, 1983), B. R. Tomlinson, *The Economy of Modern India, 1869-1970* (Cambridge: Cambridge University Press, 1993), Tim Dyson (ed.), *India's Demography: Studies in Famine, Disease and Society* (London: Curzon Press, 1989), 以及 Sumit Guha (ed.), *Agricultural Productivity in British India: Growth, Stagnation or Decline?* (Delhi: Oxford University Press, 1992), 关于具体饥荒的性质和影响,参阅 Sanjay Sharma, *Famine, Philanthropy and the Colonial State: North India in the Early Nineteenth Century* (Delhi: Oxford University Press, 2001), 以及 David Hall-Matthews, *Peasants, Famine and the State in Colonial Western India* (Basingstoke: Palgrave Macmillan, 2005)。

1857年—1858年的兵变和叛乱已经从各种不同的角度进行了评估,一些例子请参阅 Biswamoy Pati (ed.), *The 1857 Rebellion* (Delhi: Oxford University Press, 2007), William Dalrymple, *The Last Mughal: The Fall of a Dynasty* (New Delhi: Viking, 2006), Joyce Lebra-Chapman, *The Rani of Jhansi: A Study in Female Heroism in India* (Honolulu: University of Hawaii Press, 1986), 而 C. A. Bayly, *Empire and Information: Intelligence Gathering and Social Communication in India, 1780-1870* (Cambridge: Cambridge University Press, 1996) 提供了更广泛的背景。民族主义时代的政治史已被广泛讨论,对于一些一般性观点,请参阅: Anil Seal, *The Emergence of Indian Nationalism: Competition and Collaboration in the Later Nineteenth Century* (Cambridge: Cambridge University Press, 1968), 以及 D. A. Low (ed.), *Congress and the Raj: Facets of the Indian Struggle, 1917-47* (1977, 2nd edition, Delhi: Oxford University Press, 2004)。关于甘地,参阅 Judith M. Brown, *Gandhi: Prisoner of Hope* (New Haven: Yale University Press, 1989), 以及 David Arnold, *Gandhi* (Harlow: Longman, 2001)。对于特别谴责性的观点,见 Michael Edwardes, *The Myth of the Mahatma: Gandhi, the British and the Raj* (London: Constable, 1986)。Eleanor Zelliot, *From Untouchable to Dalit: Essays on the Ambedkar Movement* (New Delhi: Manohar, 1992) 对这一时期的其他关键人物之一提供了重要见解, 而 Emma Tarlo, *Clothing Matters: Dress and Identity in India* (London: Hurst, 1996), 以及 Partha Mitter, *Art and Nationalism in Colonial India, 1850-1922* (Cambridge: Cambridge University Press, 1994) 阐明了民族主义时代的重要社会和文化方面。最近的许多著作都讨论了分治及其后果,包括: Gyanendra Pandey, *Remembering Partition: Violence, Nationalism and History in India* (Cambridge: Cambridge University Press, 2001), Ritu Menon and Kamla Bhasin, *Borders and Boundaries: Women in India's Partition* (New Delhi: Kali for Women, 1998), Urvashi Butalia, *The Other Side of Silence: Voices from the Partition of India* (New Delhi: Viking, 1998), 以及 Suvir Kaul (ed.), *The Partitions of Memory: The Afterlife of the Division of India* (Delhi: Permanent Black, 2001)。

自 1947 年以来的印度政治以及不断变化的社会和经济条件,一直是越来越多学术文献的主题,属于最具信息性和洞察力的作品是:Ramachandra Guha, *India after Gandhi: The History of the World's Largest Democracy* (London: Macmillan, 2007), Nivedita Menon and Aditya Nigam, *Power and Contestation: India since 1989* (London: Zed Books, 2007), Stuart Corbridge, Glyn Williams, Manoj Srivastava and René Véron, *Seeing the State: Governance and Governmentality in India* (Cambridge: Cambridge University Press, 2005), Christophe Jaffrelot, *India's Silent Revolution: The Rise of the Lower Castes in North India* (London: Hurst, 2003), 以及 Dietmar Rothermund, *India: The Rise of an Asian Giant* (London: Yale University Press, 2008)。关于环境方面,参阅 Amita Baviskar, *In the Belly of the River: Tribal Conflicts over Development in the Narmada Valley* (Delhi: Oxford University Press, 1995), Thomas Weber, *Hugging the Trees: The Story of the Chipko Movement* (New Delhi: Viking, 1987), 以及 Ramachandra Guha, *The Unquiet Woods: Ecological Change and Peasant Resistance in the Himalaya* (Berkeley: University of California Press, 1990)。